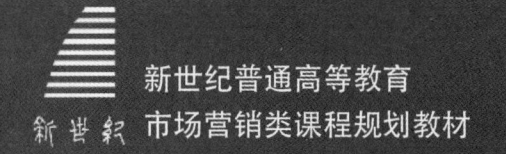

新世纪普通高等教育
市场营销类课程规划教材

现代推销学
（第三版）

Modern Selling

总主编 郭国庆
主　编 郑锐洪
　　　　李玉峰

大连理工大学出版社

图书在版编目(CIP)数据

现代推销学 / 郑锐洪，李玉峰主编. -- 3 版. -- 大连：大连理工大学出版社，2021.2(2023.3重印)
新世纪普通高等教育市场营销类课程规划教材
ISBN 978-7-5685-2948-8

Ⅰ. ①现… Ⅱ. ①郑… ②李… Ⅲ. ①推销－高等学校－教材 Ⅳ. ①F713.3

中国版本图书馆 CIP 数据核字(2021)第 018286 号

XIANDAI TUIXIAOXUE

大连理工大学出版社出版
地址：大连市软件园路 80 号　邮政编码：116023
发行：0411-84708842　邮购：0411-84708943　传真：0411-84701466
E-mail：dutp@dutp.cn　URL：https://www.dutp.cn
大连图腾彩色印刷有限公司印刷　大连理工大学出版社发行

幅面尺寸：185mm×260mm　印张：16.75　字数：402千字
2013 年 10 月第 1 版　　　　　　2021 年 2 月第 3 版
2023 年 3 月第 2 次印刷

责任编辑：王晓历　　　　　　　　责任校对：李明轩
　　　　　　　　封面设计：对岸书影

ISBN 978-7-5685-2948-8　　　　　定　价：49.80 元

本书如有印装质量问题，请与我社发行部联系更换。

新世纪普通高等教育市场营销类课程规划教材编审委员会

主任委员：

郭国庆　中国人民大学

副主任委员（按拼音排序）：

安贺新　中央财经大学

杜　岩　山东财经大学

王天春　东北财经大学

张泉馨　山东大学

周志民　深圳大学

委员（按拼音排序）：

常相全　济南大学

陈转青　河南科技大学

戴　勇　江苏大学

邓　镝　渤海大学

杜海玲　辽宁对外经贸学院

高　贺　大连交通大学

关　辉　大连大学

郝胜宇　大连海事大学

何　丹　东北财经大学津桥商学院

姜　岩　大连交通大学

金依明　辽宁对外经贸学院

李　丹　大连艺术学院

李　莉　大连工业大学

李玉峰　上海海洋大学

廖佳丽　山东工商学院

刘国防　武汉工程大学

刘世雄　深圳大学

吕洪兵　大连交通大学

牟莉莉　辽宁对外经贸学院

乔　辉　武汉工程大学

申文青	广州大学松田学院
史保金	河南科技大学
孙晓红	渤海大学
陶化冶	山东工商学院
王　鹏	山东财经大学
王素梅	长江师范学院
王伟芳	北京石油化工学院
王伟娅	东北财经大学
吴国庆	河南科技学院
姚　飞	天津工业大学
伊　铭	上海商学院
于国庆	大连艺术学院
于　宁	东北财经大学
张德南	大连交通大学
赵瑞琴	河北农业大学
郑　红	北京第二外国语学院
郑锐洪	天津工业大学
朱德明	三峡大学
朱捍华	上海金融学院

前　　言

从职业的角度来看，推销首先是一个行业，一个富有诱惑力的行业，目前在中国仍然是一个热门的行业。推销行业意味着丰厚的回报，意味着有机会快速实现资本的原始积累，它为创业和追求更大的事业发展奠定基础，万事开头难，事实上，世界上的很多富豪都是做推销起家的。推销也是一种工作，一种刺激而富有挑战性的工作。这种工作要求业务人员具有较高的综合素质，能够巧妙地融知识、勇气、意志和智慧于一身，适合具有上进心和勇于挑战的年轻人。

从学科的角度来看，推销既是一门科学，又是一种艺术，同时还是一种实践性很强的销售技术。作为一门科学，推销在西方已经发展了几十年，有着一套完整的、系统的理论和方法，是广大销售从业人员实践经验的总结，这些有益的知识和经验可以帮助成长中的新一代推销人员少走弯路，缩短经验积累的时间。作为一种艺术，它有很多微妙之处需要琢磨、领会，只有懂得灵活地运用推销的方法和技巧，才能游刃有余地做好推销工作。推销作为一种销售技术，需要经过长期探索，反复演练、实践，才能达到熟练运用的境界，同时还需要引入科学技术进行推销方法的创新。

随着市场经济的深入开展，推销行为已经渗透到我们生活的方方面面，影响着我们每个人、每个家庭乃至每个企业的前途。虽然有人认为推销只是"市场营销冰山的一角"，彼得·德鲁克甚至提出"市场营销的目的在于使推销成为多余"，但就我国目前的市场情况而言，推销仍然是不少企业和个人的生存之道。特别是人员推销因具有人际交往的特征，面对面充分交流，可以增进感情和信任，适用于金融、保险、卫生、旅游、房地产等现代服务业、机器设备等先进制造业以及新兴消费品行业。推销工作承担的是企业产品或服务的"最后一公里"功能，在我国全面建成小康社会的进程中发挥了重要作用。党的二十大报告提出"加快构建新发展格局、着力推动高质量发展"的首要任务，在促进国内国际经济大循环的进程中，推销工作都将发挥重要作用。在未来更好地满足人民群众日益增长的美好生活需要方面，商品推销将扮演重要角色。

纵观目前国内图书市场，关于推销方面的教材已经不少，但真正好的、适用的教材不多。有的是比较宏观的、注重理论体系完整性的教科书，缺少操作性的内容；有的是比较微观的、操作性强的销售技能培训读物，缺乏理论的提升；有的是国外翻译过来的"推销管理"教材，其文字生硬，内容不切合中国实际。总之，教师感觉不好用，学生感觉不好学。本教材是汇聚编者多年企业销售经验的力作，试图将推销理论与中国市场的操作实际结合起来，希望给读者呈现一本既有一定理论深度，又有丰富的操作策略和方法，对中国本土销售工作者和高等院校工商管理相关专业学生来说既实用又具可读性的优秀教科书，也可以作为企业销售人员的参考读物和营销培训教材。

本教材在结构构思和内容安排上充分体现以推销的实际工作过程为导向，分为四个篇章，依据"推销认知—推销前准备—推销过程控制—推销管理与服务"的实践逻辑编排内容，体现从理念到操作、再到管理的推销活动过程，内容层层深入，技能循序渐进，从管理的高度诠释企业推销工作的全过程，并配合"案例分享"加深理解。

本教材的编写特别注重理论与实践的结合，策略向方法、技能的转化。为了编写出一本学生好学、教师好用的应用型本科教材，我们从以下方面进行了创新的尝试：

1. 追求体系的完整感

本教材以推销的"工作过程"为导向，全书共11章的内容体现了"树立现代推销理念—进行推销前的素质准备—掌握推销过程的步骤、策略与方法—推销管理与服务提升"的逻辑，紧密结合企业推销工作的实际，以便于学以致用。

2. 注重理论的可读性

本教材在编写过程中尽量避免使用晦涩的语言和冗长的语句表达含混的思想，而是力求用流畅的文字表达深邃的思想，用简洁明了的语言准确传达推销的策略与方法要领，同时增加销售管理领域的"知识链接"，以增强教材的可读性。

3. 重视案例的本土化

推销工作具有很强的本土化特征，因此，本教材在编写过程中大多采用中国企业的案例、发生在我们身边的案例，有的甚至是编者根据亲身经历编写的案例，尽量少使用国外案例，以增强案例的关联性、适用性和说服力。

4. 突出方法的实用性

本教材在内容编排上加强了推销实施和推销管理过程的操作性策略和方法，以体现企业推销工作的实践性、应用性特征。其中不少的策略与方法都是编者在多年营销实践中的经验总结，具有很强的可操作性和宝贵的使用价值。

同时，本版还与时俱进融入了相关思政内容，体现二十大报告精神。二十大报告明确提出了中国式现代化建设的奋斗目标，企业推销工作应在我国商品流通与经济建设中贡献力量，以帮助创建高效顺畅的商品流通体系，助力满足人民群众日益增长的美好生活需要。同时，企业推销工作还应坚定"文化自信"，发扬中华民族优秀传统美德，坚守社会主义核心价值观，遵守社会主义的商业伦理，形成具有中国特色的商品推销与流通解决方案。

本教材配套微课、电子教案、课件、大纲、习题及答案。本教材推出视频微课及知识拓展链接，学生可即时扫描二维码进行观看与阅读，真正实现教材的数字化、信息化、立体化。本教材力求增强学生学习的自主性与自由性，将课堂教学与课下学习紧密结合，力图为广大读者提供更为全面且多样化的教材配套服务。

本教材由天津工业大学郑锐洪、上海海洋大学李玉峰两位具有企业实践经验的资深教授任主编。具体编写分工如下：郑锐洪编写第一至第四章、第十至第十一章，李玉峰编写第五至第九章。全书由郑锐洪统稿并定稿。本教材在编写过程中得到我国知名营销专家、中国人民大学郭国庆教授的指导，在此致以特别的敬意！本教材中吸收了不少学者的闪光思想，借鉴了学界同仁的一些精彩案例，在此一并表达诚挚的谢意！

在本教材编写过程中，我们虽然付出了十分的努力，但还是觉得有的地方不尽如人意。特别是现代技术日新月异，推销情境复杂多变，任何的策略和方法都可能是适应当时、当地的一计之策，不敢轻言真理。因此，本教材仍可能存在错漏和不足之处，诚挚地希望业内专家、读者批评指正，以便我们不断修订完善。

编　者
2023年3月

所有意见和建议请发往：dutpbk@163.com
欢迎访问高教数字化服务平台：https://www.dutp.cn/hep/
联系电话：0411-84708445　84708462

目 录

第一篇 推销认知

第一章 推销概述 3
第一节 推销的内涵界定 4
第二节 推销与营销的关系 12
第三节 推销工作的流程 14
第四节 推销行为的伦理规范 17

第二章 推销理论与模式 24
第一节 推销三角理论 25
第二节 推销方格理论 26
第三节 四种典型推销模式 31
第四节 新时期推销创新 38

第二篇 推销前准备

第三章 推销人员素质 47
第一节 推销人员的基本素质准备 48
第二节 推销人员的知识准备 54
第三节 推销人员的能力准备 58
第四节 成功推销人员的特质 60

第四章 推销实践技能 67
第一节 沟通概述 68
第二节 沟通的核心技能 73
第三节 礼仪概述 84
第四节 推销基本礼仪 85

第三篇 推销过程控制

第五章 锁定目标客户 97
第一节 寻找潜在客户 98
第二节 建立目标客户档案 103
第三节 准确定位目标客户 113

第六章　有效接近目标客户 ·· 119
　　第一节　接近目标客户的方法 ·· 120
　　第二节　有效接近目标客户的技巧 ·· 124
　　第三节　约见目标客户 ·· 132
　　第四节　建立信任 ·· 135

第七章　推销业务洽谈技巧 ·· 144
　　第一节　推销洽谈的主要内容 ·· 145
　　第二节　推销洽谈的关键步骤 ·· 148
　　第三节　推销洽谈的有效策略 ·· 152
　　第四节　推销洽谈的具体方法 ·· 156

第八章　客户异议处理策略 ·· 161
　　第一节　客户异议的类型及成因 ·· 162
　　第二节　正确处理客户异议 ·· 165
　　第三节　处理客户异议的方法 ·· 168

第九章　促成业务成交 ·· 177
　　第一节　促成业务成交的信号 ·· 178
　　第二节　促成业务成交的步骤 ·· 182
　　第三节　促成业务成交的方法和技巧 ··· 187

第四篇　推销管理与服务

第十章　推销管理 ··· 197
　　第一节　推销业务管理 ·· 198
　　第二节　推销组织设计 ·· 205
　　第三节　推销队伍管理 ·· 208
　　第四节　销售账款控制 ·· 221

第十一章　推销服务 ··· 226
　　第一节　认识推销服务 ·· 227
　　第二节　顾客投诉的处理 ·· 235
　　第三节　大客户管理 ··· 242
　　第四节　客户关系管理 ·· 249

参考文献 ··· 260

第一篇

推销认知

推销既是一门科学,又是一种艺术。
推销是一种说服和暗示,一种沟通和促进。

本篇共分为两章:
- 第一章 推销概述
- 第二章 推销理论与模式

第一章 推销概述

学习目标

知识目标
- 认识推销的内涵、实质和特点
- 了解推销与销售、营销的区别
- 了解推销工作的流程
- 掌握推销工作的伦理原则

能力目标
- 掌握推销工作的流程设计
- 分析推销工作的要求、特点
- 树立推销工作的商业伦理规范

案例导入

台湾富豪王永庆的推销心经

台湾富豪王永庆年轻时在台湾嘉义靠卖大米为生。当时由于米铺多,竞争激烈,王永庆在偏僻小巷中的铺面,一开始就面临门庭冷清的经营局面。为了生计,也为了在市场上立足,王永庆在提高米的质量和服务质量上做起了文章。首先,王永庆从淘米开始了自己的努力。经过细致挑拣的大米,因为没有了沙子、小石头和杂物从而提高了档次,受到了顾客的青睐。其次,王永庆开始为顾客提供送米上门的服务。对于习惯了自己买米扛回家和体弱、工作忙的一些顾客来说,这样的便民服务无疑又让小王得到了很多好评和认可。再次,送货上门的同时开展问卷调查工作。当时尚无问卷调查之说,但是从王永庆询问记录顾客米缸的大小、家庭成员的人数、大人小孩的比例、大米的消耗等数据来看,他做的也就是问卷的事情。在收集到资料后,顾客会发现,每当他们的米快要用完的时候,这个小王就会把米送到自家门口,让顾客总是心里热乎乎的。最后,把米倒进米缸。这原本是个很简单的动作,但是,就在这个简单的动作中,王永庆又一次用细心和职业的素养让顾客感动了。他在把新米倒进米缸前,一定是将旧米倒出,擦干净米缸,然后倒进新米,再把旧米放在上层。这一系列的动作是对顾客的体贴,也赢得了顾客的心。

(案例来源:瞧这网官网,经典营销案例)

【思考】 台湾富豪王永庆的推销经历给我们什么启示?

第一节　推销的内涵界定

一、推销行为界定

1. 认识推销

说起"推销"(Selling)，大家并不陌生。推销是人们所熟悉的一种社会行为，它是伴随着商品交换的产生而产生，伴随着商品交换的发展而发展的。推销作为现代企业经营活动的一个重要环节，渗透在人们的日常生活之中。总之，随着市场经济的深入开展，推销行为时时刻刻地存在于我们的生活中，影响着我们每个人、每个家庭、每个企业乃至每个国家的前途。

仔细想来，我们或者在推销我们的产品和服务，或者在推销我们自己，每一个人每一分钟都没有停止推销。从街市里沿街叫卖的小贩，到街头上五彩缤纷的路牌广告，再到各种宣传媒介的商品信息；从婴儿对母亲的微笑，到朋友之间的互相招呼，再到下属对上司的工作汇报，其实都是一种社会推销行为。从广义上来理解，不同职业的人也都是不同行业的推销人员，如作家推销其作品，医生推销其医术，教师推销其专业知识，政治家推销其政见等。因此，推销不仅是一种企业销售行为，而且是一种社会交往行为。

人在社会中的所有交往行为都可以视为一种推销行为。一个人要获得成功，就要不断地取得别人的理解、好感、信任和支持，就要赢得友谊、爱情以及事业上的合作伙伴，实际上就是不断推销自己。实践经验表明，推销是一种生存能力，也是一种社会本领，自我推销能力的大小深深影响着每一个人一生的成败。因此，想要拥有成功的事业和人生，不妨使自己成为一个成功的推销专家，推销产品的同时顺便推销自己。

2. 界定推销

目前，国内外关于"推销"的定义或说法有180多种。其中，世界著名的欧洲推销专家海因兹·姆·戈德曼认为，"推销就是要顾客深信，他购买你的产品是会得到某些好处的。"日本的推销大师原一平认为，"推销就是热情，就是战斗，就是勤奋地去工作、去追求。"澳大利亚推销专家则认为，"推销是说服人们对推销人员所宣传的商品、劳务或意见理解、认同并愿意购买。"其核心是发现和说服，也就是要发现人们的需要和欲望，并说服他们采用推销的商品或劳务，以满足其需要。我国的一些权威人士则认为，"推销是指推销人员在一定的推销环境里，运用各种推销技术和推销手段，说服一定的推销对象，同时也达到推销人员自身特定目的的活动。"

推销可以分为广义的推销和狭义的推销两个方面。

广义的推销是指推销的主动发起者采用一定的技巧，传递有关信息，刺激推销对象，使其接受并实施推销内容的活动与过程。从这个角度讲，推销是一种说服、暗示，也是一种沟通、促进，当今社会生活中处处充满推销，每个人都在进行着推销活动。

狭义的推销是一种上门的或者面对面的人员推销行为，是指推销人员与顾客通过直接接触，运用一定的推销方法和手段，将自己的商品或劳务信息传递给顾客，并促使其购买的销售行为和过程。换言之，推销就是运用一切可能的方法和手段把产品或服务提供给顾客,并促使其接受或购买的过程。因此,狭义的推销是以企业或推销人员为推销的主体,以产品或服务为推销内容,以目标市场的购买者为推销对象的。本书主要从狭义的角度,即直接的、面对面的人员推销的角度,来阐释现代推销学的过程和行动内容。

3. 推销的认识误区

由于在改革开放初期,很多身无特殊专长的人,在谋职无门的情况下,才去做了销售,因此,社会对推销工作以及从事推销工作的推销人员产生了认识误区,认为推销是一件很容易的事情,只要是一个正常的人就能做的工作,只要会与人打交道、勤快就可以将推销工作做好,并且认为推销不是一个值得尊敬的职业。一些人认为好产品自然会畅销,推销属于无谓的投入,是浪费金钱。还有很多人把推销与沿街叫卖、上门兜售联系在一起,认为推销人员都唯利是图、不择手段;推销是不道德的行为,以推销为职业的人都花言巧语,是不可靠的。这些误解对推销人员的形象及推销的发展影响很大。也正因如此,大多数的推销人员,当亲友问起其工作时,只能含糊其词,不能以推销为荣,主要源于社会对现代推销工作和推销人员的误解。

对于推销,社会上存在种种不同的误解:

(1)推销就是"高明的骗术"。

(2)推销就是"耍嘴皮子、吹牛"。

(3)推销就是"说服、诱导顾客"。

(4)推销就是"迫使顾客掏钱"。

(5)推销就是"拉关系,赚回扣"。

(6)推销都是"骗钱,牟取暴利"。

　……

把推销描绘成一种骗人的把戏,一种见不得人的行为,这些错误的认识,阻碍了人们对于推销学以及推销活动过程的探讨和研究。

对于推销工作,社会上也存在种种不同的看法:

(1)推销一般是那些文化水平低、没有什么能力的人做的工作。

(2)做推销工作赚不了什么大钱,还可能随时被公司解雇。

(3)推销就是欺骗顾客,让顾客购买他不需要的商品或服务。

(4)酒香不怕巷子深,好的产品或服务是不需要推销的。

(5)被推销的商品或服务一定是有问题的。

(6)推销属于低知识含量的夕阳行业,很快会被淘汰。

　……

这些认识误区阻挡了很多渴望进入推销行列的年轻人的脚步,把推销看成一种不负责任的销售行为,也影响了企业优秀推销队伍的建立。

其实,推销为交换提供了一种机制,通过这个机制,顾客的需要得到了满足,企业也得到了发展。推销是一种神圣的工作,是具有很强挑战性的工作,虽然也是比较艰苦的行业,但是也是能够成就大事业和实现自我价值的工作。世界上很多大企业的老板或CEO都是从做推销起步的,华人富豪李嘉诚、王永庆等都是靠推销起家的。据权威部门统计,世界上90%以上的巨富是从推销人员做起的,推销是充满挑战和发展空间的朝阳行业,推销很需要责任感,同时报酬也很丰厚。因此,正确认识推销是投入推销行业、掌握推销技巧、提高推销技能的前提。

4. 推销的实质

综上所述,推销既是一门科学,又是一门艺术,同时还是一种技术。作为一门科学,推销在西方已经发展了几十年,有着一套完整的、系统的理论和方法,是人们实践经验的结晶。这些知识和经验是可以通过学习间接得到的。推销是一门艺术,它有很多微妙之处需要领会,只有懂得灵活运用推销的方法和技巧,从事推销工作才可能游刃有余。而推销作为一种技术,是需要长期积累,反复演练、摸索、实践,才能达到熟练运用的境界,推销的独特之处在于它可以满足每个顾客的具体需求。我们可以从以下几个方面来全面理解"推销"这一销售行为的实质,以帮助我们正确理解"推销"和做好"推销工作"。

(1)推销是一个具有挑战性的行业

从本身的字面含义分析,推销就是通过"推"的方式,把自己的产品或服务"销"出去的过程,这是一个运动、变化的过程,也是一个艰难、复杂的过程,"销"是该运动过程的目的和结果。从表面看来,推销是一件很平常的事情,一件很简单的事情,但事实上,改革开放以来,随着市场经济的深入开展,我国市场上出现产品过剩现象,市场竞争日渐加剧,企业通过推销占领市场成为必然的选择,推销竞争白热化。因此,推销工作对于当代企业的生存和发展来说,是一件极其重要的事情。

同时,推销也成了一个热门的行业,有数百万人专门从事各种产品的推销工作,形成一支浩浩荡荡的推销大军。但推销人员之间的竞争也日益激烈,推销行业也成为既有吸引力又很有挑战性的行业。从事商品的推销工作,可以帮助一个年轻人改善经济状况,构建事业发展的基础,实现自身的价值,但不是任何人都可以做好推销工作的,它需要很高的综合素质和能力,特别是不怕苦、不怕累、积极上进、勇于创新的精神。

(2)推销活动是一个系统的交换过程

推销过程包括寻找顾客、接近顾客、推销洽谈、处理顾客问题、促成交易、交易反馈等环节,各环节相互制约、相互影响,最后形成交易。推销过程是人们感情、能量、信息、物质、货币等经济社会要素不断进行交换和交易的系统过程。推销活动的主要要素包括推销主体(推销人员)、推销对象(顾客、用户等)、推销客体(产品、劳务、观念等),它们相互影响、相互作用,主宰推销的结果。这三个要素在整个推销过程中是相互依存、相互关联的,实现了能量和信息的交换以及商品使用价值和价值的转换。

(3)推销是满足顾客需求的过程

市场经济的主体是消费者,生产者、经营者的经营活动能否成功,关键取决于其提供的产品和服务能否符合消费者的需求。市场营销的基本原理表明,一切商业活动必须以更好地满足消费者的需要为出发点,而推销活动也不例外,也必须以满足消费者的需求为中心,不能违背消费者的意愿强制推销,更不能坑蒙拐骗,同时还要考虑消费者需求的现实性,即消费者是否急需,是否有能力购买。因此,推销人员在进行推销活动时,应该做到以下几点:

①寻找对产品使用价值有急切需求的顾客,并由此确定推销目标和计划。产品的使用价值是促使顾客购买的首要因素,寻找有急切需求的顾客是推销人员的重要任务。

②通过推销要满足顾客的主要需求。顾客的需求总是多种多样,而其中有极少数需求是主要的,推销人员所推销产品的主要特点只有与顾客的主要需求相吻合才可能取得成功。

③通过推销要满足顾客的潜在需求。已经存在并已被顾客认识的需求是推销机会,但还没有被顾客认识的潜在需求更是推销的契机,推销工作要具有前瞻性。成功的推销人员往往善于发现顾客的潜在需求,通过说服、刺激与引导,促成交易。

(4)推销的核心内容是说服顾客

很多专业推销人员,虽然从事推销工作多年,但绩效并不理想,其中一个很重要的原因就是只注重前期的情感投入,但抓不住推销工作的核心内容,即说服顾客。推销技巧看似形形色色,但只要我们抓住说服顾客的要领,就可能会成功。因为说服顾客接受并购买特定的产品或服务并不是一件容易的事情,要做到令对方心悦诚服、自愿购买就更加困难,这就需要推销人员把推销工作的重点放在说服环节上。

说服力的强弱是衡量推销人员素质、水平的重要标准。怎样才能更有说服力?这不仅需要推销人员具备专业的知识、良好的口才,更重要的是要掌握说服别人的原则和技巧,要抓住对方切身利益展开说服工作,使顾客相信推销人员所推销的产品是顾客所需要的,由此产生认同感、信任感,才能达到良好的推销效果。说服是一门艺术,不但要消除顾客对产品的顾虑、疑问,而且要增强顾客对推销产品的认同、信任,还要激发顾客对产品的购买欲望。不仅要让顾客清楚产品的功能价值和附加价值,与顾客拉近感情上的距离,还要与顾客进行心灵的沟通并达成理念上的共识,这样才能促使其做出购买决策。

(5)推销既是商品交换与服务顾客的过程,又是信息反馈的过程

推销首要的功能是实现商品交换与服务顾客,表现为商品买卖、商务沟通、售后服务、客户关系的管理过程。通过推销活动,实现企业(产品)、顾客与推销人员三者之间的价值交换,这也是社会分工的必然结果。企业通过推销活动实现产品功能价值,获得经营利润;顾客通过推销活动获得自己需要的产品,即获得产品的使用价值;推销人员通过推销活动实现自己的人生价值,同时获得薪酬或佣金,这是推销工作的动力所在。

同时,推销活动又是信息沟通与信息反馈的重要过程。一方面,推销工作需要将行业、企业、产品的相关信息传递给顾客,通过信息的传播、接受、加工、反馈、储存、处理等环节,实现推销人员与顾客的双向信息互动,加强顾客的有效认知以促进销售;另一方面,推销工作也需要顾客、行业甚至竞争对手反馈信息给企业,了解顾客需求变化及市场竞争状况,以便企业进行新产品开发和市场策略的决策。

二、推销的类型与特点

推销代表一种行业,也是一种工作。推销是一种富有吸引力和挑战性的工作,容易获得较高的回报或收入,也是一种非常自由和轻松的工作。因为每一个人的情况不同,对推销工作会有不同的感受和认识。按照推销大师原一平的说法:"销售(推销)是一项报酬率非常高的艰难工作,也是一项报酬率最低的轻松工作。所有的决定均取决于自己,一切操之在我。我可以是一个高收入的辛勤工作者,也可以成为一个收入最低的轻松工作者。销售就是热情,就是战斗,就是勤奋工作,就是忍耐,就是执着的追求,就是时间的魔鬼,就是勇气。"可见,推销并不是一项简单的工作,它需要推销人员巧妙地融知识、天赋和才干于一身。

> **知识链接**
>
> **你适合从事推销工作吗？**
>
> 推销工作是一项很具挑战性的工作，成功的推销人员需要具备以下素质：
>
> 1. 感觉敏锐，对与人打交道有浓厚兴趣。这种技能可以帮助推销人员更加准确地把握顾客的实际需要，发现顾客的问题。因为它能使推销人员发觉顾客在想什么，并能理解他们为什么那样想。
>
> 2. 沟通能力强。这不仅意味着向顾客传递信息的能力，更为重要的是一种聆听和理解的能力。清楚什么时候停下来不说和什么时候听顾客说是十分重要的。
>
> 3. 有决心。尽管要求推销人员能把被拒绝当作一件常事，但对于真正想在推销行业获取成功的人来说，他们是决不会轻易满足于被拒绝的。事实上，顾客在说"不"的时候，很有可能意味着也许可以尝试一下，没准能取得成功。有决心的推销人员有一种成功的欲望和意志，而对他们来说，成功就是做成一笔交易。
>
> 4. 自律乐观。很多推销人员大部分的时间都处于无人监管的状态，除了与顾客接触外，他们都是独立自主的。作为推销人员，又必须时刻准备着遇到挫折、遭到拒绝和承受失败。因此，推销人员必须既自律又乐观。
>
> （资料来源：[美]戴维·乔布等著.推销与销售管理（第7版）.俞利军译.北京：中国人民大学出版社，2007年9月，第6页）

1. 推销的类型

推销目前主要有交易型推销（Transactional Selling）和顾问型推销（Consultative Selling）两种类型。

（1）交易型推销

交易型推销是指有效地针对价格敏感型顾客的需要进行销售的一种推销过程。买卖双方只对交易的产品及其功能和价格感兴趣，交易结束，推销活动即随之结束，没有售后服务和客户关系管理的内容。

价格敏感型顾客主要对产品价格和便利性感兴趣，他们对自己的需要有充分的认识，并可能已经了解他们想要购买的产品或服务的大量信息，因此，交易型推销大多采用低成本的推销策略。低成本的推销策略包括电话推销、直邮和互联网推销等。这种推销方法通常为那些认为不需要花费太多时间来评估顾客需要、解决问题、构建关系或售后跟踪的营销人员所采用。

（2）顾问型推销

顾问型推销强调推销人员要了解和把握顾客的实际需求，充当顾客的购买顾问，帮助顾客提供商品购买的解决方案。顾问型推销出现于20世纪70年代初，是市场营销观念在推销领域的应用和延伸。

这种推销方式强调通过推销人员和顾客之间的有效沟通来识别需要，帮助顾客解决合理购买问题，因此非常符合现代顾客的购买心理需求。推销人员通过适当的询问和仔细地倾听顾客的意见，扮演顾问的角色并提供深思熟虑的推荐意见，建立起双向沟通渠道，以帮助顾客形成解决方案。推销人员要站在顾客角度考虑,为长期伙伴关系奠定基础,以商谈代替操纵,赢得顾客信任。因此,采用顾问型推销方式的推销人员要具备倾听、识别顾客需求和提供一个或多个解决方案的关键能力。

在企业营销实践中,具有市场营销观念的生产、服务、零售和批发公司都已经采用或者正在采用顾问型推销实践并取得成效。顾问型推销方式的主要特点包括以下几个:

①顾客被视为服务的对象,而不仅仅是推销产品的对象。顾问型推销人员认为他们的职责就是给顾客以充分的咨询与指引,帮助顾客做出明智的决定。因此,顾问型推销人员首先要是一个信息专家或产品行家,同时还要是一个热心者。顾问型推销一般采用四步骤推销流程,包括发现需要、选择解决方案、需要——满足和推销服务,如图1-1所示。

发现需要 → 选择解决方案 → 需要——满足 → 推销服务

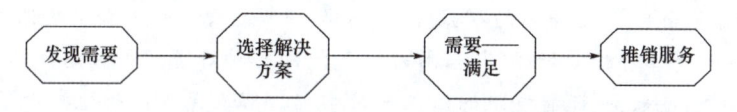

图 1-1　顾问型推销流程

②顾问型推销人员不像早期的小贩那样采用高压的推销陈述对顾客进行强力推销,相反,他们在拜访顾客之前先进行调研,在推销拜访过程中进行询问,尽可能多地了解顾客的需要和感知,通过双向沟通确认顾客的需要,尊重顾客并帮助顾客做出正确决策。

③顾问型推销强调提供专业信息、技术咨询和双向沟通,而不是操纵。这种方法使推销人员和购买者建立起更加信任的关系。推销人员通过帮助购买者在充分了解信息的情况下做出更明智的购买决策,从而为产品推销过程增加价值。

④顾问型推销强调售后服务。在越来越多的现代交易活动中,顾客在接受推销的产品之后产生了更高的服务期望,售后服务增加了推销的价值,这种个性化的售后服务包括信用安排、产品的配送和安装、服务保证以及对顾客投诉的妥善处理等,推销人员与顾客的平等、互利加强了客户关系,更加有利于公司业务的进一步开展。

因此,顾问型推销是适应现代消费需求的高层次推销方式,是一个复杂的寻找解决方案的过程和持续进取的过程,它对推销人员的意识、知识和能力都有很高的要求。顾问型推销是现代企业的推销追求,成为顾问型推销人员是现代推销人员的发展目标。

案例分享

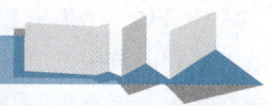

小方的冷淡与"热情"

气派豪华、灯红酒绿的中餐厅里,顾客熙熙攘攘,服务员在餐桌之间穿梭忙碌。一群客人走进餐厅,引座员立即迎上前去,把客人引到一张空餐桌前,让客人各自入座,正好10位坐满一桌。

服务员小方及时上前给客人一一上茶。客人中一位似乎是主人的先生拿起一份菜单仔细翻阅起来。小方上完茶后,便站在那位先生的旁边,一手拿小本子,一手握圆珠笔,面含微笑地静静等候他点菜。

那位先生先点了几个冷盘,接着有点犹豫起来,似乎不知点哪个菜好,停顿了一会儿,便对小方说:"请问你们这里有哪些好的海鲜菜肴?"

"这……",小方一时答不上来,"这就难说了,本餐厅海鲜菜肴品种倒不少,但不同的海鲜菜肴档次不同,价格也不同,再说不同的客人口味也各不相同,所以很难说哪个海鲜菜肴特别好。反正菜单上都有,您还是看菜单自己挑吧。"

小方一番话说得似乎头头是道,但那位先生听了不免有点失望,只应了一句:"好吧,我自己来点。"于是他随便点了几个海鲜和其他一些菜肴。

当客人点完菜后,小方又问道:"请问先生要些什么酒和饮料?"

客人答道:"一人来一罐××啤酒吧。"又问:"饮料有哪些品种?"

小方似乎一下来了灵感!说道:"哦,对了,本餐厅最近新进了一批法国高档矿泉水,有不冒气泡的和冒气泡的两种,你们可以尝一下啊!""矿泉水?"客人感到有点意外,矿泉水不在他的考虑范围内。

"先生,这可是全世界最著名的矿泉水。"客人一听这话,觉得不能在朋友面前丢了面子,便问了一句:"那么哪种更好呢?""当然是冒气泡的那种好了!"小方越说越来劲。

小方说:"那就再来10瓶冒气泡的法国矿泉水吧。"客人无可选择地接受了小方的推销。服务员把啤酒、矿泉水打开,冷盘、菜肴、点心上全,客人在主人的盛情之下美餐一顿。

(资料来源:A5创业网官网)

2.推销的特点

不论人员推销,还是利用媒体推销,在推销过程中都要掌握推销活动的特点,灵活运用多种推销策略和技巧,才可能有效提高推销效率。推销作为一种直接的销售行为,表现出如下主要特征:

(1)推销目标的指向性

推销是对特定对象的销售行为,是企业在特定的市场环境中为特定的产品寻找买主并实现交易的商业活动,它首先必须确定目标顾客或潜在顾客,然后再有针对性地向目标对象传递产品及企业信息,并进而说服其购买。因此,与销售的泛对象不同,推销总是有特定对象的。任何一位推销人员的任何一次推销活动,都具有这种目标的指向性。推销不可能是漫无目的的,没有特定对象的推销不太容易取得成功。

(2)推销过程的互动性

推销是推销人员与顾客之间关于产品及其价值的信息交流与价值交换。换句话说,推销并非只是一个推销人员向顾客单向传递信息的过程,而是信息传递与反馈的双向沟通过程。推销人员一方面向顾客提供有关产品、企业及售后服务等方面的信息;另一方面必须了解顾客的需求反应,了解顾客对企业产品的意见和建议,并且及时反馈给企业,为企业领导进行经营决策提供依据。

(3)推销工作的主动性

推销是一项开创性的工作,需要不断地去开发客户资源,主动和顾客接触,因此,对于推销人员的主动性、进取心有较高的要求。推销是把产品用最短的时间、最合适的方式让客户了解并让他们采取购买行动的行为过程。销售本身是一个需要主动性和创新精神的行业,推销工作也是一项需要艰苦努力而不断进取的工作。

(4)推销工作的服务性

在销售行业有这么一句话,推销就是要创造推销人员与顾客面对面接触的机会,以达到把高质量的产品或周到而完善的服务介绍给顾客的目的。推销需要售后服务,推销本身也是一种服务,属于现代服务业范畴,现在的顾客不仅是买产品,也是在买服务。所以说,成功的推销是对顾客最好的服务。

(5)推销活动的互利性

现代推销活动是一种互利互惠的双赢行为,企业不仅需要将产品推销出去以获取利润,满足顾客需求,更重要的是使所推销的产品或服务让顾客满意。成功的推销需要买卖双方都有利可图,企业通过推销活动实现了产品价值,获得了赢利;顾客通过推销活动获得物超所值的商品使用价值,获得了需求的满足,其结果是"双赢"。只有这样,企业才可能持续发展,任何只顾单方面利益的推销行为都是没有生命力的。

(6)推销手段的说服性

推销活动中,推销人员推销产品,但使用者是顾客,所以,推销的中心是人而不是物。说服是推销的重要手段,也是推销活动的核心工作。为了争取顾客的信任,使顾客接受企业的产品,并且采取购买行动,推销人员必须将商品的特点和优点,耐心地向顾客展示、介绍,影响并促使顾客接受推销人员的观点、商品或劳务。总之,说服是讲究艺术的。

(7)推销方法的灵活性

虽然推销对象具有特定性,但顾客的偏好和个性心理特征千差万别,推销环境与顾客需求都是千变万化的,其他不确定性影响因素也多种多样。因此,推销没有固定格式,推销活动必须适应推销环境的这种变化,具体问题具体分析,因地制宜、灵活机动地运用推销的原理和技巧,恰当地调整推销的策略和方法。从某种程度上来说,采取因地制宜、灵活机动的战略和战术,是推销活动的一个重要特征。

(8)推销工作的挑战性

推销工作给人们一种易于赚钱和成就事业的印象,有很大的想象空间,是一种有很强吸引力的工作,同时,推销工作对推销人员的素质与能力也有较高的要求,不是任何人都适合做推销。成功的推销人员除了具有基本的专业知识、文化素质和社会沟通交往能力外,还要具有非凡的自信心、吃苦耐劳的精神、面对挫折的勇气与强烈的成功欲望。另外,来自推销目标任务完成方面的压力,推销竞争环境变化方面的压力,也决定了推销工作具有挑战性。

知识链接

专业推销的十大成功因素

专业推销的十大成功因素是:

1. 倾听能力。
2. 跟进能力。
3. 因时制宜地改变销售模式的能力。
4. 对任务的执着精神。
5. 组织技能。
6. 口头沟通能力。
7. 与组织中不同等级人员交流的能力。
8. 克服障碍的示范能力。
9. 成交能力。

10.个人规划和时间管理能力。

(资料来源:[美]戴维·乔布等著.推销与销售管理(第7版).俞利军译.北京:中国人民大学出版社,2007年9月,第6页)

推销、销售与营销

第二节　推销与营销的关系

有人说,营销就是推销。的确,营销离不开推销,但是仅靠推销,树立不起一流的品牌;仅靠推销,也实现不了营销的目标。那么,营销和推销之间究竟是一种什么样的关系呢?

一、推销与营销

很多人将推销与营销混为一谈,错误地认为营销等同于推销。其实,现代企业的市场营销活动,包括市场调研、商品推销、目标市场选择、市场定位、产品开发、定价、分销、促销、品牌建设、营销策划、销售管理、客户关系管理等一系列丰富的活动内容,推销仅仅是市场营销活动的一小部分,而且是最基础的部分。而市场营销的精神是企业通过使用一定的营销策略与方法("营"的过程),比竞争对手更有效地销售产品("销"的结果),其中,"营"的过程就显得更加重要,而"销"只是"营"的结果,因此,市场营销的含义比推销更广泛、更丰富,层次更高,要求也更高。按照菲利普·科特勒的说法,推销不是市场营销的最重要部分,推销只是"市场营销冰山"的一角。但是,营销的目的还是"销","营"只是手段。企业只有将产品卖出去并把货款收回来才是硬道理。换句话说,作为营销的一种职能,推销在现代经济活动中仍然具有它的位置。

早期的营销与推销几乎是同义语。如第二次世界大战前的英文词典曾将Marketing释义为"推销"或"销售",以至迄今国内外仍存在"营销即推销"的误解。事实上,推销是企业营销人员的工作职能之一,但不一定是最重要的职能。这是因为,如果企业的营销人员做好了市场研究工作,了解了消费者的需求,并根据消费者的需求设计和生产适销对路的产品,同时进行合理的定价,做好渠道分销、终端促销等营销工作,那么产品的销售或推销就是轻而易举的事情。然而,这只是一个美好的愿望,事实上,推销不可或缺。

营销与推销存在原则上的区别。营销属于顾客导向或市场导向,特别重视顾客的需求和市场竞争的需要,主要考虑如何更好地满足顾客需求,并根据顾客的需求设计产品和进行产品创新;根据顾客的需求定价,使顾客愿意接受和能够购买产品;根据顾客的需求确定分销渠道,以方便顾客购买;同时根据顾客的需求进行促销,及时传播商品信息并与消费者充分沟通。而传统的推销,主要指面对面的或一对一的直接人员推销,属于企业导向或产品导向,站在自己企业的立场考虑问题,重视的是卖方的需求,以销售现有的产品、实现企业赢利为主要目标,不顾消费者的需求和感受。

推销与营销的主要关系特征体现在以下三个方面:

(1)推销只是营销的基础职能

推销仅仅是营销过程中的一个基础步骤或者一项基本活动,在整个营销活动中并不是最主要的部分。当企业面临的销售压力很大时,很多人都会把推销放在非常重要的位置。

但是,如果企业通过周密的市场调研、科学的市场细分、有针对性的目标市场选择,按照顾客的要求组织设计产品,按照顾客能接受的价格水平定价,按照顾客购买的便利性来构建分销渠道时,推销就不会显得那么重要了。从整体营销的视角来看,推销只是其中的一个基础性环节,在营销中并没有太重要的位置。

(2)推销是"市场营销冰山"的一角

推销的目的就是要尽可能多地实现公司产品的销售,营销的目的大抵也是如此,只是营销追求的是比竞争对手更有效地满足市场需求、实现产品销售,所以,两者的落脚点是一样的。如果把营销形象地比作一座"冰山"的话,推销就是"冰山"露出水面的一角。由此可见,推销只是营销活动中的一部分内容,而且要依赖营销这座"冰山"才可能有保障,否则推销的目标就不能实现了。因此,必须踏踏实实地做好营销的每一项工作,才能帮助实现推销目标。当然,营销的目的也是销售,两者是紧密联系的。

(3)营销的最终目标是"使推销成为多余"

管理学大师彼得·德鲁克说过:"市场营销的目标是使推销成为多余。"也就是说,如果能够重视并科学地做好营销管理工作,就可以使推销压力变得越来越小。不过,目前推销作为营销的基础环节也有它存在的必要和可能,原因就在于营销作为一种操作技术,其基础就是产品的推销,还因为营销的目的就是销售,处于营销过程末端的推销不可能没有压力。当然,从战略的角度看,推销不是最重要的,营销工作做得越有成效,推销压力就越小。因此,要重视营销工作的整体性和协调性,提高企业的整体营销水平,达到"使推销成为多余"的目标。

由此可见,营销的出发点是市场(需求),传统推销的出发点是企业(产品);营销是以满足消费者的需求为核心,传统推销是以销售企业的产品为核心;营销采取的是整体营销手段,传统推销更侧重个体推销的技巧。现代推销观念把推销看作营销组合中的一个重要环节,也是营销不可缺少的基础而重要的内容。

二、推销与销售

也有人将推销与销售混同使用。其实,严格来讲,销售与推销是有分别的。因为销售包含批发、零售、代理、分销、促销、推销等诸多形式和内容,而推销只是销售的一种方式而已。可见,销售比推销范围更广,内容更丰富。

但在现实生活中,由于推销与销售的实质是一样的,目的都是将产品卖出去,把货款收回来,因此,在日常业务用语中,经常将推销与销售混同使用,不做严格的区别,本书中也有推销与销售两个概念交替使用的情况。正因为有上述概念混同使用的情况,但实际上概念间又有分别,因此,在此对推销与销售相关概念进行辨析。

1. 推销与销售(Sales)

本书中的推销主要指的是狭义的推销,是指推销人员与顾客通过直接接触,运用一定的推销方法和手段,将自己的商品或劳务信息传递给顾客,并促使其购买的销售行为和过程。Selling 是一个动词,表现一个主观动作;Sales 是一个名词,表明一个客观事实。推销大多是指一种上门的或者面对面的人员推销行为,推销的主体主要是个人。而销售是企业将自己的产品或服务卖给顾客,从而实现产品价值和企业盈利的经营行为。销售的主体可能是个人(销售人员),也可能是企业组织。销售的方式可以是直接的(直销),也可以是间接的(分销);可以是面对面的,也可以是通过中间商或者网络等其他媒介的。由此可见,销售的方式、内涵及范围都比推销大,推销只是销售的一种方式,推销大多是指人员推销,其主观能动性的特点体现得更为显著。

2. 推销与分销(Distribution)

推销大多是指人员推销,这种推销关系是直接的,属于一级渠道关系;而分销主要是指通过中间分销机构(经销商、代理商、零售商、中介、经纪人等)实现销售的企业经营行为,属于间接销售,体现出多层次的渠道关系特征。推销人员与分销渠道中的中间商接触,也是推销工作的一部分。因此,中间商既是生产企业分销的对象,又是推销人员推销的对象,对机团或组织的推销就包含这部分内容。总之,推销是单层次的,分销是多层次的。

3. 推销与促销(Promotion)

促销,顾名思义,就是促进产品销售的意思。促销的主要手段和方式包括人员推销、广告、公共关系、营业推广,其中人员推销是促销的一个重要组成部分。而推销的主要工具和方法在于"推",推销的主要主体是个人,这与促销形成了方式上的差别。虽然目前已经出现了利用电话、网络媒介的推销行为,但推销的主要人员特征还没有实质性的改变。

综上,推销与销售、营销的概念无论从内涵还是外延上讲都不完全相同。推销是销售的基础,销售又是营销的一个重要构成部分,推销与销售、营销之间密切联系,其外延有逐级扩大的趋势。推销与销售工作做得好,有利于企业整体营销的开展;企业营销工作做得有成效,销售和推销工作的压力也就小了。因此,要在战略上藐视推销,战术上重视推销。推销与销售、营销的关系如图1-2所示。

图1-2 推销与销售、营销的关系

第三节 推销工作的流程

推销既然是一门科学,一种艺术和技术,就应该有其相对稳定的一些规范、环节和流程。根据企业推销实践经验,以推销"工作过程"为导向,一般推销活动的流程可以归纳为三个阶段:推销人员素质准备;推销活动实施;推销服务与管理。每个阶段又包含多个具体的操作环节。一般推销活动流程如图1-3所示。

一、推销人员素质准备

如前所述,推销是一种极具挑战性的工作,也是一种极其复杂的社会交换行为,它不但要求销售业务人员具有丰富的业务知识和较高的专业素质,同时要求销售业务人员具有丰富的社会知识,特别是人际交往与沟通的技能。因此,在正式开展推销业务之前,必须做好以下两个方面的推销人员素质准备:

1. 推销沟通与礼仪

熟悉商务推销的基本礼仪与沟通技巧,包括个人形象塑造、迎来送往的礼节、人际沟通交流的技巧等,这是从事商务活动的基本素质要求。

```
推销人员素质准备 ──→ 推销沟通与礼仪
                 └→ 推销人员专业素质与能力

推销活动实施 ──→ 寻找目标顾客
             ├→ 接近目标顾客
             ├→ 洽谈推销业务
             ├→ 处理顾客异议
             └→ 促成业务交易

推销服务与管理 ──→ 推销服务
              ├→ 推销管理
              └→ 信息反馈
```

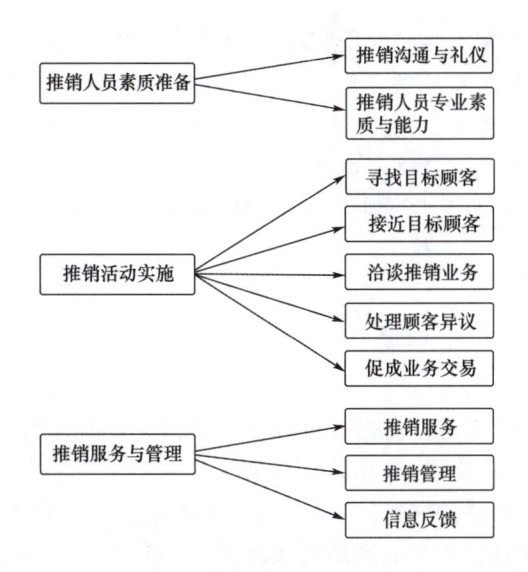

图1-3　一般推销活动流程

2. 推销人员专业素质与能力

培养和提高相关专业素质与能力,包括知识素质(产品、企业、行业及顾客的相关知识)、文化素质、心理素质(自信心、忍耐力等)和道德素质(敬业精神等)。

推销人员在进行推销前需要准备的内容很多,除了要做好上述推销人员在商务沟通与礼仪和专业素质与能力方面的准备外,还应该做一些相关业务准备,具体包括:了解自己的顾客,熟悉推销的产品及企业,了解竞争者及其行业状况,确定推销目标,制订拜访计划等。

知识链接

推销前需要问自己的问题

商品推销也是一件很复杂的事情,推销的过程涉及产品、企业、顾客、竞争者以及自身的环境与心理因素,各种不确定的因素都可能影响到推销的效果。因此,为了使推销工作能够顺利进行并且取得成功,在推销前不妨问自己一些问题,以便届时从容应对。

(1)对顾客来说,这次访问的时机是否适当?
(2)对即将见面的顾客是否有充分的了解?
(3)是否与顾客事先以电话或书信联络约定?
(4)有无忽略对本次买卖有决定权的人?
(5)访问顾客有没有准备好良好的理由?
(6)顾客现在是否真正需要我们的商品?
(7)顾客对于购买该商品是否确实拥有资金及权限?
(8)对所推销的商品,能否立即举出三个以上的优点?
(9)对所推销的商品,顾客提出咨询时能否立即答复?
(10)为应付顾客可能的变化,有没有准备好多个谈话的话题?
(11)有没有准备好与顾客见面时的第一句话?

(12)对商品能够带给顾客的利益,能否充分说明?
(13)有没有事先设想顾客可能提出的反对意见及应对方案?
(14)遇到顾客提出反对意见,有没有准备好应付的方法?
(15)有没有事先练习产品说明方法,以便提高说服效果?
(资料来源:陈守则等.现代推销学教程.北京:机械工业出版社,2010)

二、推销活动实施

1. 寻找目标顾客

寻找目标顾客的步骤为:

(1)确定潜在顾客及其来源。凡是有可能使用推销人员所推销产品的一切单位和个人都可能成为潜在顾客。一般来说,潜在顾客从来源上可分为三类:一是过去没有买过企业的产品,以后可能购买企业产品的顾客;二是过去曾经购买过企业的产品,但现在已不再购买企业产品的顾客;三是正在消费企业产品的顾客。

(2)进行顾客资格审查。推销人员寻找到的可能会成为潜在顾客的组织和个人,有的可能是伪顾客,必须进行资格审查、筛选,审查合格者才能列入企业的潜在顾客名单。判断一个组织或个人是否可以成为企业潜在顾客的标准包括:

①是否需要企业的产品?
②是否接受产品的价格?
③是否有能力支付货款?
④是否有一定的需求容量?

(3)确定寻找潜在顾客的方法。寻找潜在顾客的方法包括:资料查阅法、顾客介绍法、中心开花法、地毯式搜索法、委托代理法、市场咨询法、通信网络法、广告征询法、组织介绍法等。

2. 接近目标顾客

推销的对象是顾客,约见目标顾客是推销的重要环节。从某种程度上来说,能否约见到顾客是推销能否成功的关键。接近是指在进行实质性洽谈之前,推销人员努力获得顾客接见,双方相互了解的过程,接近是实质性洽谈的前奏。约见和接近是推销准备过程的延伸,又是实质性推销的开始。

3. 洽谈推销业务

业务洽谈过程是推销人员掌握顾客购买心理变化、诱导顾客采取购买行为的实质性过程,它是推销的核心环节,对推销的进程及成败起到关键性作用。因此,推销洽谈的步骤、方法或技巧都要以顾客心理变化和推销环境的变化为基础灵活展开。

4. 处理顾客异议

在洽谈推销业务和推销服务过程中,顾客都有可能提出各种各样的意见,这时候就需要推销人员进行适当的解释,以消除疑虑。情况严重者需要销售人员采取措施以解决问题,必要时甚至需要业务人员做出补偿承诺或拟订解决方案,以消除顾客不满。

5. 促成业务交易

促成业务交易是推销追求的结果,成交是一个过程,而不是瞬间行为,因此,推销人员要学会控制谈判进程,把握成交的机会,要善于促成业务交易。而推销人员要想捕捉成交机会,成功与顾客达成交易,必须掌握促进成交的一些方法与策略。

三、推销服务与管理

1. 推销服务

推销服务既是上一次推销过程的延伸，又是下一次推销活动的开始。推销服务是一个长期的过程，主要内容包括售后服务、顾客投诉处理、大客户维护、客户关系管理等，其服务质量评价标准是客户的满意度。在市场竞争激烈的今天，推销服务已成为吸引客户和培养消费者忠诚度的一个重要因素。从某种程度上来看，推销服务甚至比产品销售过程还要重要。因此，做好推销服务工作，可以全面提升企业的服务品质，赢得客户的信赖和忠诚，并以此维持和扩大产品销量，这是现代经营的一种重要策略。

2. 推销管理

推销是一种企业经营行为，需要监督与管理。推销管理包括对推销人员或销售业务部门的时间管理、日常业务管理、销售组织设计、销售队伍管理、应收账款管理等内容。其中，销售队伍管理是一个比较困难和复杂的环节，包括销售队伍的设计、建立、培训、考核、激励、发展规划等，销售队伍的战斗力是影响企业销售业绩的关键要素。

3. 信息反馈

推销人员的职责不仅是推销产品，而且还要向公司反馈各种市场信息，以作公司决策参考。销售业务人员一方面要将公司的产品信息、新产品开发信息以及市场政策信息及时传达给消费者，另一方面也要将市场的信息（消费者需求信息、行业竞争信息）反馈给公司相关部门，如用户需求信息、产品使用情况信息、竞争对手信息等，以便为改进产品、调整营销策略提供依据，否则，公司的决策将成为无源之水。

第四节　推销行为的伦理规范

一、销售行业的道德失范

在日常的销售活动中，由于受到过度营销风气的影响，过度推销的现象非常严重。比如，过分夸大产品的功能，过度使用广告轰炸，在信息不对称的前提下容易对顾客产生诱导甚至误导；推销假冒伪劣产品；涉嫌价格欺诈；虚假促销；空头承诺。总之，不道德的推销行为对于顾客来讲是不公平的，轻则直接损害消费者的利益，重则殃及整个社会的利益以及伦理道德准则，也不利于经济秩序的健康发展。具体来讲，现代销售行为的道德失范大体表现在如下几个方面：

1. 产品假冒伪劣严重

市场中的假冒伪劣产品非常常见。例如，许多企业因看到人们追求名牌的心理，纷纷炮制名牌，如仿制"梦特娇"、"鳄鱼"、"金利来"和"花花公子"等，有些企业甚至生产致命的假酒和假药、毁坏面容的化妆品、使农民颗粒不收的假种子。假冒伪劣产品已经渗透到了各行各业，包括衣、食、住、行等各个方面，深深损害了人们的消费利益，害人害己。

据国家质量技术监督局统计,全国产品质量合格率仅为75%,中小企业的产品质量合格率更低。这些事件向人们敲响了警钟,必须重视质量建设,把质量提到议事日程上。

2. 价格欺诈与价格陷阱

有些企业打着价格的幌子,使消费者上当受骗。例如,"1元购机"、"跳楼价"、"震撼价"、"清仓转行最后三天"、"大甩卖"和"全市最低价"等,大多是价格陷阱。由此,价格投诉成为一个热点问题,其中以电信、教育、医疗、交通、住房、药品等方面的价格欺诈及投诉最为突出。一些公用事业单位利用自身的垄断地位多收费、乱收费,甚至收费不提供收据等现象时有发生。商场里名目繁多的打折、优惠等,暴露出价格中的大量水分。

案例分享

"买100送100"的背后

中秋来临,某店推出中秋送大礼终端促销方案,其核心是"买100送100"优惠活动。商场将"买100送100"字样印在宽大的横幅上,悬挂在店门上方,吸引了很多过往行人的注意,很多人认为这是一个享受优惠购物的机会。小张周末也和她的老公匆匆赶去该店购物,并且在商场门口拿到促销单仔细阅读。促销方式是这样的:促销时间为9月15日~10月31日,凡促销期间在本店购物均享受"买100送100"优惠,即买100元商品赠送价值100元优惠卡一张,多买多送,优惠卡在下次购买时抵现金,购足200元才能使用一张优惠卡,10月31日前有效。小张暗自高兴,直接到以前经常去的某品牌时装专卖柜,准备购买上次看中的那套300元的时装,以了结自己的心愿。结果,到专卖柜前一看,那套原来300元的时装现在竟标价600元!于是,小张知道商场"买100送100"的门道了!羊毛出在羊身上,小张不愿被宰,悻悻而归。

3. 虚假促销与虚假广告

为了提升销量,有的企业进行虚假促销,夸大产品性能、功效,有意提供不完整信息,隐瞒产品或服务的缺陷信息,甚至做虚假的"特价、减价"广告和不文明广告,传播不健康文化,刊登有偿新闻,故意贬低竞争对手等。如一些广告随意夸大功效,使用绝对化语言,进行伪科学的表述,利用科技、环保概念进行商业炒作,假借患者、专家、医疗机构名义,甚至不具备资质的企业也敢做广告。又如有些药品、保健品等广告随意夸大功效,宣称产品"包治百病,药到病除"。

4. 虚假承诺售后服务

许多企业在产品销售过程中,对消费者百般热情,笑脸相迎,承诺实行"三包",保证产品质量,可以在15日内无条件退换货等。但当购买的产品出现了问题,顾客寻求处理时,对方的热情却一落千丈,采用拖延战术,或者干脆翻脸不认账,这种现象非常普遍。服务营销、售后服务是企业营销竞争的利器,因为只有完善售后服务,提供给消费者更多的附加价值,才能让消费者满意,才能赢得顾客。但是,一些企业的售后服务只是一个说辞,很难落到实处,到真正需要退货、换货之时,多采用推托和回避的处理方式。

案例分享

变相收费不可取

一天下午,李佳正和朋友逛街。一个提着化妆品口袋的姑娘很礼貌地叫住她说:"您好,耽误您一分钟行吗?我是欧盟化妆品公司的营销代表,这是我们公司的化妆品,送您免费试用……",李佳担心上当不想要,但那位姑娘继续拦着她说:"我们公司是国际品牌,产品刚进入国内市场,特别举办赠送活动,一套200多元的化妆品免费送给您,征求您的意见。"李佳动心了,于是停下来看,姑娘抢着说:"产品免费送您使用,但由于我们到这里来赠送产品要花路费,公司规定每赠送一套产品收取30元的交通费。"李佳听说要付交通费,心里实在不爽。要送就送,不送拉倒,何必要这些花招,浪费时间。

(资料来源:梁红波.现代推销实务.北京:人民邮电出版社,2010)

此外,推销人员还面临行贿、欺诈、强买强卖、互惠购买等不道德行为。在签约和履行合约方面,宴请、送礼、娱乐、拉关系、关联交易等"灰色销售"现象严重;欺骗性承诺、强迫甚至胁迫销售影响消费者的信心;使用不公平的格式合同,强加霸王条款;不履行承诺,故意曲解并违反合同等,在现代销售活动中经常出现。特别是强制推销,往往违背消费者意志,对销售行业的健康发展造成负面影响。由于上述不道德销售行为的影响,社会对推销行为、推销人员产生不理解甚至抵触行为,这对于推销行业的发展是非常不利的。因此,我们有必要澄清,也有责任要求销售人员遵守社会道德规范。

二、商品推销的伦理原则

我们的社会既是一个法制的社会,也是一个伦理的社会。企业的商业活动不但受国家法律法规的规范,还受到地方风土人情、风俗文化及伦理道德的制约。我国是一个文明古国,礼仪之邦,历来注重儒家道德文化的修养,但近些年,由于受到西方物质文明和不健康道德观的冲击,在企业的经营活动过程中也出现了很多道德失范的现象,这对于我国经济社会的文明发展都是不利的。因此,需要规范相关销售人员的商业道德行为,以净化我们的商业环境。

知识链接

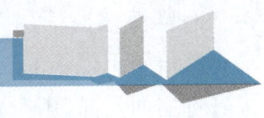

赫克金法则:做一个好人比什么都重要

美国的一项调查表明,优秀销售人员的业绩是普通销售人员的300倍。并有资料显示,优秀销售人员与长相无关,与年龄无关,也与性格无关。那么,究竟什么样的人才能成为优秀销售人员呢?美国营销专家赫克金有句名言,"要当一名优秀销售人员,首先要做一个好人。"这就是赫克金的诚信法则。诚信是一个优秀销售人员必备的品质,它能帮助销售人员赢得顾客的认可和尊重,赢得持续稳定增长的客户群体。"勿以恶小而为之,勿以善小而不为",用善意和真诚装点你的皮肤,用勤奋和踏实铸就你的血肉,用关爱和正直锻造你的筋骨,这种自然的亲和与谦逊是每个销售人员成功的前提。
(资料来源:陈守友.每天一堂销售课.北京:人民邮电出版社,2009)

根据现代商业发展的规范管理要求,推销工作应该遵循如下商业伦理原则:

1. 尊重顾客意愿,反对强制推销

现代推销要遵循现代营销的顾客导向和市场导向原则,以顾客需求为中心生产和推销产品,目的是满足消费者多样化、个性化的需求。当今社会推崇人性化的管理思想,推销也要充分尊重顾客的意愿,努力将公司目标与顾客意愿结合起来,实现供求双方的双赢,反对违背消费者意愿的强制推销行为。

所谓强制推销,就是企业在向消费者推广自己的产品或服务的过程中带有直接或间接的不平等性质,使消费者感觉到某种压力而不得不接受的销售行为。强制推销的结果是使消费者感到不悦或反感,影响顾客满意和顾客忠诚,不利于生意的持续发展,属于推销的"短期行为",因为消费者是聪明、理智的,最终是"用脚投票"的,企业不能失去消费者,否则就会失去生命之源。推销人员必须学会理解人的本性,学会尊重顾客,设身处地为别人着想,照顾和体谅别人的感受,处理好人际关系,这对成功推销有非常大的帮助。

2. 坚持互利互惠,反对损人利己

推销活动是厂商之间通过交换分别实现产品价值和使用价值的过程,成功的推销应该能够照顾到双方的利益,任何有损于其中一方利益的销售行为都是不会长久的。推销人员在推销活动中要设法满足自己和顾客所追逐的目标,实现"双赢"是培养忠诚客户的要求,是顾客重复购买的基础,也是取得顾客口碑传颂效果的条件。

互惠互利是指在推销过程中,推销人员要以交易能为双方都带来较大的利益或者能够为双方都减少损失为出发点,不能从事伤害一方或给一方带来损失的推销活动。推销人员在贯彻互利互惠原则时,必须善于认识顾客的核心利益,并与顾客加强沟通,在推销之前分析交易活动的结果能够给顾客带来的各种利益,因为不同商品带给顾客的利益会有差异。要在准确判断推销产品给顾客带来的利益基础上找到双方利益的均衡点,开展双赢推销活动。同时,一个优秀的推销人员,不仅要看到当前的推销利益,而且要看到长远的推销利益;不仅要看到直接的推销利益,还要看到间接的推销利益,要多因素综合评价利益均衡点。

3. 坚持诚实信用,反对商业欺诈

诚信属于道德范畴,包括诚实和信用,其内涵主要体现在两个方面:一是实事求是,销售货真价实的产品,不夸大,不欺骗;二是信守承诺,提供顾客急需的服务,不反悔,不敷衍。在现代推销活动中,诚信居于举足轻重的地位,双方是否有信用,是否诚实可靠,是推销成功与否的基础,而推销货真价实的产品是诚信推销的根本。诚信推销既是推销人员的素质与道德要求,也是职业规范的要求。诚实的意义在于不欺诈,中国商业文化倡导的"生意不成仁义在",正是诚信经营的写照。

4. 保护消费者权益,反对不正当竞争

随着我国不断推进的社会治理法治化建设,消费者的地位得到很大改善,消费者的权益受到社会的广泛重视和制度、法律的保障,特别是现代顾客导向的营销和推销,以满足消费

者的需求为己任,以充分尊重消费者的权益为特征。国务院1993年颁布了《消费者权益保护法》用于保护消费者的基本权益不受侵害,其中规定了消费者的九项基本权益,包括安全权、知情权、选择权、公平交易权、求偿权、结社权、获知权、受尊重权和监督权。根据我国实际,重点突出以下六项权益:

(1)自愿选择权。选择权是确保消费者在消费生活中行为自由、生活自主的法律保障。

(2)公平交易权。一是消费者有权获得质量保障、价格合理、计量准确等公平交易条件;二是消费者有权拒绝经营者的强制交易行为。

(3)安全权。消费者有权要求经营者提供符合保障人身安全、财产安全要求的商品和服务。

(4)知情权。知情权是消费者了解商品和服务,避免因盲目购买、使用商品和接受服务而遭受损害的法律保障。

(5)索赔权。索赔权是法律赋予消费者在其权益受到损害时的一种救济权,使消费者所受损害能够得到经营者的赔偿,同时对经营者的欺诈行为进行惩罚。

(6)受尊重权。消费者在购买、使用商品,接受服务时享有人格尊严、民族风俗习惯受到尊重的权利,坚决制止侵犯消费者人身权利的行为。

此外,我国还制定了《反不正当竞争法》、《产品质量法》、《食品安全法》和《商标法》等法律法规,形成了消费者权益保护的法律体系,使消费者权益在法律上有了切实可行的保障。虽然消费者权益、企业权益可以通过国家法律法规来保护,但要从根本上解决这个问题,伦理道德层面的规范工作更加重要。只有销售人员的职业道德意识和职业操守加强了,销售主体才可能自觉地关心消费者权益和减少不正当竞争,商业环境才可能得以净化。

5.坚持绿色推销,弘扬社会责任

绿色推销的理论基础是绿色营销。绿色营销的产生是基于人类面临危及自身生存和发展的几大社会问题:全球人口呈几何级数增长造成的资源短缺和资源争夺,工业化带来的环境污染、气候变暖、资源枯竭,生态的恶化使得人类的健康、安全得不到保障。绿色营销要求营销者关注环境、资源等自然和社会生态,关注消费者的安全和健康以及社会权利,反对以环境污染、资源浪费、消费者安全为代价获取短期经济效益。它要求企业从产品设计、生产、营销到使用的整个过程都要充分维护环保利益,做到安全、卫生、无公害,反对任何"营销近视症"和企业"短期行为"。绿色推销同样要求销售人员保护自然环境和社会生态,实现企业经济利益与消费者利益、环境利益的统一,实现经济与生态环境的协调共生,反对任何破坏生态、浪费资源和损人利己的事情。

另外,企业是社会的一个分子,正如彼得·德鲁克所说:"工商企业是社会的一种器官。"因此,企业应该义不容辞地履行作为"社会公民"的社会责任,做一些有益于全社会的事情。企业的社会责任意味着企业在创造利润、实现股东利益最大化的同时,应该考虑相关者的利益,承担对社会和环境的责任,包括遵守商业道德、诚信经营、安全生产、保护生态、节约能源、维护劳动者权益、遵纪守法等。推销亦不能损公肥私,不能追求短期的利益。企业履行社会责任绝不是简单的成本投入,而是一种战略投资,因为企业履行社会责任往往能够赢得社会各界的信任和支持。实践经验表明,企业承担的社会责任往往与企业的经济绩效正相关,因此,国内外多数知名企业都会积极投身社会公益事业。

本章小结

推销既是一门科学,也是一种艺术和技术,同时还是一种具有挑战性的工作。推销虽然有狭义和广义的理解,也有交易型推销和顾问型推销的分别,但推销的核心内容是说服。虽然"市场营销的目标是使推销成为多余"(彼得·德鲁克语),但是推销作为市场营销的基础,在我国市场经济还不成熟、完善的情况下,仍然是企业需要开展的重要工作。本章介绍了推销的基本概念、推销的特点,辨析了推销、销售与营销,阐述了推销工作的一般流程,讨论了销售行业的道德失范现象和现代推销的商业伦理原则。

思考与练习

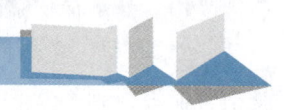

一、名词解释

推销　交易型推销　顾问型推销

二、选择题

1. 推销既是一门科学,也是一门艺术,还是一种技术。推销的核心内容是(　　)。
   A. 产品　　　　　B. 交易　　　　　C. 说服　　　　　D. 服务

2. (　　)推销强调推销人员要了解和把握顾客的实际需求,充当顾客的购买顾问,帮助顾客提供商品购买的解决方案。
   A. 交易型　　　　B. 交换型　　　　C. 顾问型　　　　D. 互利型

3. "市场营销的目标是使推销成为多余"是著名管理专家(　　)的观点。
   A. 戈德曼　　　　B. 科特勒　　　　C. 德鲁克　　　　D. 西蒙

4. 根据我国实际,消费者权益主要包括自愿选择权、公平交易权、安全权、(　　)、索赔权、受尊重权等六项权益。
   A. 自由权　　　　B. 生活权　　　　C. 知情权　　　　D. 投诉权

5. "要当一名优秀销售人员,首先做一个好人",推销学的赫克金法则就是(　　)。
   A. 关系法则　　　B. 交换法则　　　C. 诚信法则　　　D. 质量法则

三、简答题

1. 怎样理解"市场营销的目标是使推销成为多余"这句话?
2. 你认为应该具备怎样的素质与能力才能胜任推销工作?
3. 互联网时代的推销工作有什么样的特点?

应用分析

硬汉史泰龙的"自我推销"经历

史泰龙是享誉世界的电影明星,但鲜为人知的是他年轻时候遭遇的挫折。史泰龙年轻时非常穷困潦倒,在他30岁生日时,饱受穷困之苦的他面对妻子用1.5美元买来的生日蛋糕发誓说:"我一定要摆脱贫困。"他当时梦想是当演员,于是就去纽约电影公司应聘。

由于史泰龙的英语发音不标准,长相又不怎么样,虽然他跑了50多家电影公司,但是都遭到了拒绝。他当时只有一个想法:"过去不等于未来,过去的失败不等于未来会失败。"他继续找电影公司应聘,又被拒绝了50多次,但他仍然坚持自己的想法:"过去不等于未来。"他后来回过头又去找应聘过的电影公司继续推销自己,结果还是被拒绝,他失败了150多次之后心中还是那个想法:"过去不等于未来。"

在经历这么多次失败之后,史泰龙推销自己做演员的信念未变,但他改变了策略。他用一段时间写了一个剧本,然后拿着剧本向电影公司推销自己。在失败了180多次之后,终于有一家电影公司同意用他的剧本,但还是不让他当演员,于是他拒绝了这家电影公司的要求,一直到第186次应聘,史泰龙才如愿以偿当上了演员,从此火得一发不可收拾。史泰龙演的第一部电影《洛基》就是他自己编写的剧本并一炮走红,成就了全球演艺界的硬汉演员,成了全球片酬最高的男演员之一。

(资料来源:钟立群,李彦琴.现代推销技术.北京:电子工业出版社出版,2013)

【思考】 史泰龙的"推销"经历对于推销工作有什么启示?

第二章 推销理论与模式

学习目标

知识目标
- 了解推销三角理论
- 了解推销方格理论
- 了解四种典型推销模式
- 熟悉推销创新理论

能力目标
- 学会分析推销三角理论的管理意义
- 学会运用推销人员方格和顾客方格
- 掌握四种典型推销模式的特点
- 能够预测新时期推销创新的趋势

案例导入

搭话儿见功夫

有一天,一位年轻的女士来到某服装店,仔细打量着挂在衣架上的几款"鄂尔多斯"牌羊毛衫。随后,她从衣架上取下一款黄蓝相间、几何图案的羊毛衫,端详了一会儿,对营业员说:"请问这件羊毛衫多少钱?""758元。"营业员回答。"好,我要了,就这件吧!"那位女士把羊毛衫放在服务台上,边掏钱包边说。在为她包装衣服的时候,营业员恭维了她一句:"小姐真有眼力,很多人都喜欢这款衣服。"年轻女士听了这句话,沉思片刻,然后微笑着对营业员说:"抱歉,我不要啦!"

营业员傻眼了,没想到一句恭维话反倒使顾客中止了购买,为什么呢?营业员客气地问:"小姐,怎么啦,这衣服您不喜欢吗?""有点。"她也很客气地回答,然后准备离开。营业员立刻意识到刚才那句恭维可能是个错误,必须赶紧补救。趁她还未走开,营业员赶紧问:"小姐,您能否告诉我您喜欢哪种款式的?我们这几款羊毛衫是专门为像您这样气质高雅的年轻女士设计的,如果您不喜欢可否留下宝贵的意见,以便我们改进。"听了这话,她解释道:"其实,这几款都不错,我只是不太喜欢和别人穿一样的衣服。"原来这是位不追求时尚,有自己的主见,喜欢与众不同的顾客。"小姐,您误会了。我刚才说很多人都喜欢您看中的这件衣服,但是由于产品质量好,价格也高一点,所以买的人并不多,您是这两天里第一位买这种款式的顾客。而且,这种款式我们总共才进了10件……"经过一番争取,年轻女士最后终于买走了那件羊毛衫。

(资料来源:董亚辉,霍亚楼.推销技术.2版.北京:对外经济贸易大学出版社,2012)

【思考】 本案例里的情况转折说明了什么问题?

第一节　推销三角理论

推销学大师戈德曼认为,如果一个推销人员想获得成功就必须以工作为己任,并且必须对自己从事的工作充满信心。一些职业的推销人员,在遇到顾客对他所提供的产品不感兴趣的时候,能够保持精力旺盛,不灰心,不气馁,针对顾客的实际情况,想方设法去赢得顾客。那么,怎样使推销人员树立起对所从事工作的必胜信心呢?这种必胜信心的表现形式又是什么呢?这些将是推销三角理论所要回答的问题。推销三角理论是阐述推销活动的三个因素(推销人员、推销的产品或服务、推销人员所在的企业)之间关系的理论,它是为推销人员奠定推销心理基础,激发推销人员的积极性,提高其推销技术的基础理论。建立信任是职业推销人员坚定信心、推销成功的基础与关键要素。

推销三角理论(图 2-1)认为,推销活动中最重要的三个要素是产品(服务)、企业(品牌)、自己(推销能力)。

这就好比三角形的三条边,合起来就构成了稳定的三角形结构,缺一不可。其中,企业的产品用英文表示为 Goods,推销人员所代表的企业用英文表示为 Enterprise,而推销人员用英文表示为 Myself(自己),这三个英文单词的首字母合起来便为 GEM,故西方营销界也称推销三角理论为 GEM 模式,译为"吉姆模式"。

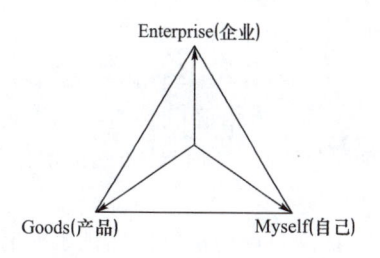

图 2-1　推销三角理论

推销人员只有同时做到以下三个相信,才能激发自己的销售热情,才能充分发挥自己的推销才能,自如地运用各种推销策略和技巧,取得较好的推销业绩。

1.推销人员相信自己所推销的产品(服务)

推销人员应当充分相信自己所推销的产品,因为产品是推销人员推销的客体。它给顾客提供使用价值,给顾客带来需求上的满足。推销人员要相信所推销的产品货真价实,相信自己的产品具有使用价值,才可以将产品成功地推销出去。

现代产品的概念是一个具有使用价值的实体产品,它包括了三个层次的内容:

(1)核心产品。核心产品是指产品能给顾客带来的效用和利益,这是满足顾客需求的核心,是顾客真正想购买的东西。

(2)形式产品。形式产品是指产品的形式结构和外观部分,包括产品的质量、形状、外观、颜色、商标、包装等,它是核心产品的表现形式。

(3)延伸产品。延伸产品也称附加产品,是指顾客购买产品能获得的附加利益和服务,包括信贷、送货、安装、培训、维修等销售服务。

推销人员相信自己所推销的产品,首先必须对产品三个层次的概念十分清楚,并且对竞争产品有较清晰的了解,从而对自己所推销的产品的效用、质量、价格等建立起自信。在向顾客推销、介绍产品时,便能根据顾客的不同需求有目的地做出有理有据的阐述,才能更加主动有效地处理顾客的各种异议。当然,推销人员对自己所推销的产品也不应盲目自信。

自信应源于对产品的充分了解,源于对产品知识、功能效用和与其他产品相比的相对特征、优势及其合理使用方法的充分了解。

2. 推销人员相信自己所代表的企业(品牌)

在推销活动中,推销人员是企业形象的代言人,对外代表着企业,他们的一举一动都会影响顾客对其所代表企业的看法和印象。同时,推销人员的工作态度、服务质量和推销业绩直接影响企业的经济效益、社会效益和发展前景。因此,只有当推销人员充分相信自己所代表的企业,并形成认同感,才能使其产生从事推销工作的向心力、荣誉感和责任感,从而产生主人翁的工作热情,并在推销工作中发挥创造精神。

推销人员对所代表企业的信任,包括相信企业经营行为的合理性、合法性,相信企业的经营、决策和管理能力,相信企业的实力和行业影响力,相信企业改革和发展的前景等。信任是成功的动力,连自己所代表企业都不相信的推销人员是不可能在推销工作中取得成功的。

然而,推销人员对所代表企业的信任应该是客观的,而不应是盲目的,因为企业的优势和劣势是相对的。推销人员对企业的优势、劣势要用辩证的眼光来分析,认识到在自己和企业其他人员的努力下,企业的劣势可以变为优势,落后可以变为先进。企业不论大、小、新、旧,都有自己的长处,这种长处是推销人员建立信任的基点,也是成功推销的基础。

3. 推销人员相信自己的推销能力

推销人员的自信心是完成推销任务,实现销售目标的首要前提。推销人员的自信心来源于如下的诸多方面:

(1)认为自己所从事的推销事业有意义,并且有希望取得成功。

(2)认为自己具有从事推销事业并取得成功的智慧和能力。

(3)认为自己所推销的产品具有竞争力,行业发展有前景,对前途充满信心。

然而,万事开头难,推销人员的事业总是从无到有、从小到大、从缺乏经验到经验丰富逐步发展的。如果推销人员遇到了几次失败或挫折就气馁,就失去信心,是不可能做好推销工作的,因此,推销人员必须有遭遇挫折的心理准备,才能保持自信心。

推销人员信心缺乏的表现往往有以下三个方面:

(1)认为自己天生就不是做推销的"料"。

(2)害怕被顾客拒绝,觉得被拒绝很没面子。

(3)担心从事的推销工作会成为"蚀本生意",而不愿承担经济风险。

成功的推销人员需要克服上述心理障碍,因为成功的推销人员没有一个是一帆风顺的。推销大师乔·吉拉德也曾欠债六万美元,但凭着自己顽强的毅力和自信,在逆境中求生存、求发展,最终成为享誉世界的汽车推销大王。

第二节 推销方格理论

推销方格理论是美国著名管理学家布莱克和蒙顿教授的管理方格理论在推销领域中的具体应用。他们于1964年提出了管理方格理论,在1970年将这种理论应用于推销学理论体系中,形成一种新的推销技术理论,即推销方格理论。在西方国家,推销方格理论被视为推销学基本理论的一大突破,被业界广泛地运用于实际推销工作中,用于指导和培训推销队伍并收到了良好的效果。推销方格理论以行为科学为理论依据,着重研究和分析推销人员与顾客之间的人际关系态度和产品买卖心态,其实质与中国《孙子兵法》中的"知己知彼,百战不殆"的军事战略有异曲同工之妙。因此,正确地掌握和运用推销方格理论,对于推销人员正确认识自己推销工作中的不足,培养和开发自己的推销能力,了解推销对象(顾客)对于推销人员及推销活动的态度,恰当地处理好与推销对象的关系,把握推销活动的主动权,提高推销工作效率都具有十分重要的作用。

一、推销人员方格

推销人员在推销活动中都有两个明确的目标:一是要全力说服顾客,完成当前商品销售的任务,即销售任务导向;二是要努力迎合顾客的偏好,与顾客建立良好的关系,为以后的销售工作打基础,即顾客服务导向。不同的推销人员因成长环境和公司要求不同,在推销过程中的战略指导思想就会有所不同,因而形成不同的推销导向。如果把这两个推销目标导向用平面坐标图表示出来,就形成了推销人员方格,如图2-2所示。

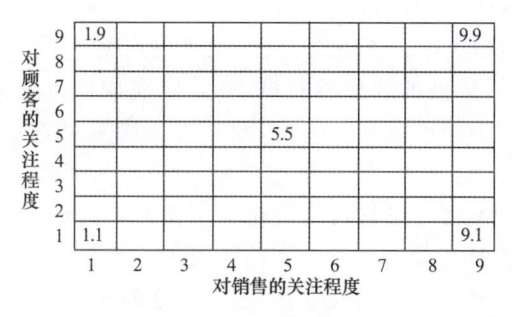

图 2-2 推销人员方格

图2-2中,数值越大,表明推销人员对相关事情的关注程度越高。其中,关注程度从弱到强依次分为九个等级。因此,从理论上来讲,推销人员的推销心态有81(9×9)种之多。由于相邻的两种心态之间的差别很小,布莱克和蒙顿把推销人员的推销导向(心态)分为五种典型类型,即事不关己型、顾客导向型、强力推销型、推销技巧型、解决问题型,每一种类型都有其显著的特征。

1. 事不关己型

事不关己型,即推销人员方格中的(1.1)型。推销人员既不关心自己的推销任务能否完成,也不关心顾客的需求和利益能否满足。这种类型的推销人员对推销工作缺乏必要的信心和责任感,没有成就感,也没有明确的奋斗目标。他们对顾客缺乏热情,对待工作的态度也不积极,回答顾客所提出的问题时极不耐心,甚至在推销过程中常常与顾客发生争吵。这种类型的推销人员态度消极,不适合从事推销工作。

事不关己型推销人员消极心态产生的原因为:一是推销人员缺乏敬业精神而不思进取;二是有可能因为企业缺乏有效的激励机制。因此,要改变这种消极推销态度,一是推销人员要树立正确的、积极的推销观念,树立积极向上的人生观,严格要求自己,正确对待推销工作,热情对待顾客;二是企业要建立明确有效的奖惩制度,奖勤罚懒,以激发推销人员的销售热情。

2. 顾客导向型

顾客导向型,即推销人员方格中的(1.9)型。推销人员非常重视与顾客建立关系,而不太关心销售任务的完成情况。推销人员非常注重在顾客心目中树立良好的自我形象,处处为顾客着想,甚至有时会出现放弃原则来迎合顾客、讨好顾客,以达到与顾客建立良好关系的目的。这类推销人员只重视建立与顾客之间的良好关系,而忽视了当前推销任务的完成,他们有时还会不顾公司利益,因此不是推销人员应该具有的好心态。

顾客导向型推销人员顾客导向心态产生的原因为:一是推销人员片面强调了人际关系在推销过程中的作用,重关系而轻利益;二是推销人员对以顾客为中心的现代推销观念实质认识不清,行为出现了偏颇。因此,成功的推销人员应该客观认识到:一方面,人际关系对增加订单、完成推销任务有积极作用,但这种关系如果不能使销售额增加,那么,对于推销事业就没有实际意义;另一方面,推销人员也要坚持为顾客服务的思想,在公司政策允许的范围内为顾客着想,同时又必须善于进行顾客教育,对顾客明显的偏见、误解必须表明自己的态度和立场,维护公司利益,这样既能处理好与顾客的关系,又有利于推销目标的实现。

3. 强力推销型

强力推销型,也称任务导向型,即推销人员方格中的(9.1)型。这种推销人员的心态与顾客导向型推销人员的心态正好相反,只重视推销任务的完成,不考虑顾客的利益和与顾客的关系。他们具有强烈的责任感和事业心,以完成推销任务为己任。他们千方百计地说服顾客购买,甚至不择手段强行推销,而不考虑顾客是否真正需要所推销的商品。这类推销人员有很强的推销意识,但在推销过程中一般只考虑个人的推销成果,不会顾及与顾客之间的关系,更不会考虑其行为给企业形象带来的负面影响,难免偏颇。

强力推销型推销人员任务导向心态产生的原因主要是,推销人员对"达成交易"是推销工作的中心任务这一观点产生了片面性理解,以至急于求成,不择手段。其实,应充分认识到,"达成交易"作为推销工作的中心任务,是针对推销工作的长期性而言的,决不能要求推销人员每一次业务拜访都能达成交易,不能演变为强制推销。如果推销人员只顾完成销售任务而不尊重顾客,不考虑顾客的感受和需要就强行推销,最终会赶走顾客,也就是所谓的"欲速则不达"。

4. 推销技巧型

推销技巧型,也称平衡推销型,即推销人员方格中的(5.5)型。这类推销人员既关心推销的成果,又关心与顾客之间的关系。推销人员关注推销工作成效,十分重视对顾客心理和购买动机的研究,善于平衡推销业绩与顾客关系,善于运用推销技巧达成销售目标。若在推销中与顾客意见不一致,一般都能采取折中的办法,使双方互相妥协,而实现双赢。这类推销人员心理态度平衡,作风扎实,既不一味取悦于顾客,又不一味强行推销,既不愿意丢掉生意,又不愿意丢掉顾客,避免冲突,力求成交,是一种在和平的氛围中巧妙利用推销技巧达成交易的推销态度,符合中庸之道,也能取得较好业绩。

虽然推销技巧型推销人员踏实肯干、经验丰富、老练成熟,往往也具有较好的推销业绩,但他们太过追求推销各方利益的平衡,往往不太可能成为推销专家。他们在推销中比较注意推销技巧,注重顾客的心理反应,注重说服顾客的艺术,而不十分关心顾客的真正需求,也不十分关心自己的销售额。因而,虽然这种类型的推销人员善于平衡利益关系,但实际上也很难适应现代推销竞争的需要。

5. 解决问题型

解决问题型,也称理想型,即推销人员方格中的(9.9)型。这类推销人员是一种比较理想的推销人员,他们的推销心态也是极为上进的。他们对自己的推销工作及其效果非常重视,并且十分关心顾客的真正需要,目的是实现推销业绩和顾客利益的最大化。他们注重研究整个推销过程,总是把推销的成功建立在满足推销主体、对象双方需求的基础上,能够针对顾客的问题提出整体解决方案,并在此基础上完成自己的推销目标。这种推销人员能够最大限度地满足顾客的各种需求,同时取得最佳的推销效果。

解决问题型推销人员具有积极上进的推销心态,能够最大限度地同时关注推销业绩和顾客利益,达到企业销售目标,这也是企业推销追求的一种境界。解决问题型推销人员具备现代推销人员的基本心态和能力,能够适应现代推销竞争的需求,能够成为最理想、最优秀的推销人员。但事实上,要同时实现推销业绩和顾客利益的最大化,的确是一件很困难的事情。

二、顾客方格

在推销活动中,顾客对商品推销活动的看法可以从两个方面进行分析:一是顾客对推销人员的看法,二是顾客对购买活动本身的看法。这两个方面的看法形成了顾客在购买活动过程中的两个目标:一是希望与推销人员建立良好的人际关系,为日后的购买及长期合作建立基础;二是希望通过与推销人员的讨价还价,为自己赢得较多的利益,或者以其他有利的条件达成交易。每个顾客对这两个具体目标的关心程度是有所不同的,由此影响其购买行为,将其表现在方格图上就称为顾客方格,如图2-3所示。

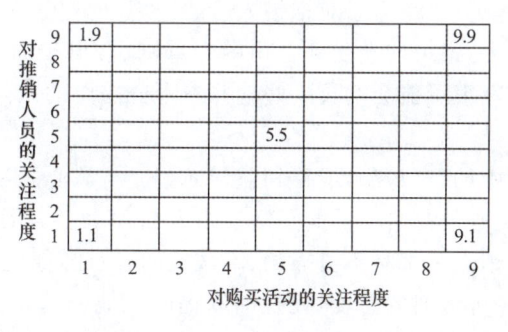

图 2-3 顾客方格

在图2-3中,横坐标是顾客对购买活动的关注程度,纵坐标是顾客对推销人员的关注程度。不同位置的方格,代表着顾客不同的购买心态。数值越大,表示顾客对相关事情的关注程度越高。其中,具有代表性的心态有五种,即漠不关心型、软心肠型、防卫型、干练型、寻求答案型,每一种心态都有各自的典型特征。

1. 漠不关心型

漠不关心型,即顾客方格中的(1.1)型。具有这种心态的顾客对自己的购买活动和推销人员均漠然置之,既不关心推销人员,又不关心自己的购买活动。这类顾客往往认为购买行为与自己无关,因而在购买活动中缺乏激情和责任感,对推销人员敷衍了事,不喜欢推销人员上门拜访,对购买活动的细节和过程也不上心。他们既不设身处地为推销人员着想,又不想与推销人员打交道,常常应付了事。他们把购买行为当成例行公事,不想负任何责任,尽量避免做购买决策;或者是受人之托购买,没有决策权,因而对购买活动漠不关心。具有这种心态的顾客把购买活动视为一种负担,对达成交易的条件及商品本身和推销人员等问题淡然处之。

因此,漠不关心型的顾客是最难打交道的,也是推销人员最难取得推销业绩的推销对象。对于这类顾客,推销人员应先主动了解情况,尽量把顾客的切身利益与其购买行为结合起来,使其产生关注,要利用自己对产品及市场的丰富知识,激发、引导顾客产生购买兴趣与责任感。如果不能达到效果,推销人员就应该采取果断放弃的策略。

2. 软心肠型

软心肠型,即顾客方格中的(1.9)型。具有这种心态的顾客对推销人员极为关心,而对购买活动则不太关心。他们重视与推销人员的感情,同情、理解推销人员,经常设身处地为推销人员着想,也极易被推销人员的情绪所感染,容易被推销人员的说法所打动。例如,当别人说东西买贵了,他反而会说:"别人也要吃饭,站了那么久,也够辛苦的","从很远的地方过来,贵一点也是应该的"。这种人就是典型的软心肠型顾客。

对于软心肠型顾客,只要推销人员对他们表示极大的友好、尊重和关心,满足他们的自尊心,他们就可能产生购买行为。由于这种类型的顾客心地善良,但缺少必要的商品知识和购买经验,往往不能理智地处理自己的需要与实际购买的关系,受推销人员左右而产生感性的冲动性购买。这类顾客具有重感情、盲目购买的特点,很多老年消费者就属于软心肠型顾客,因此往往成为推销人员进行感情投资的重要目标。

软心肠型购买心态产生的原因为:一是出于顾客的个性心理特征,爱屋及乌,这种心态的顾客心地善良,喜欢与人交往,如果他们对该推销人员十分满意,也就会连带喜欢上他所推销的所有商品并持续购买;二是出于对推销人员的同情,他们认为推销人员的工作十分辛苦,如果没有把商品卖出去,很可能会受到上司的责骂,就会出于同情而持续购买。基于以上两种原因,软心肠型顾客很可能会购买一些他并不十分需要的东西而造成资源浪费。

3. 防卫型

防卫型,即顾客方格中的(9.1)型,或称利益导向型。与软心肠型购买心态恰恰相反,具有这种心态的顾客唯一关心的是自己的购买活动以及自身利益是否受到侵害,而不关心推销人员。在他们看来,推销人员都是不可靠的、不诚实的,因此,他们对推销人员怀有戒备之心,态度冷淡,甚至抱有一种敌对的态度,处处加以提防。他们对购买行为的每一个决策都相当谨慎,对每一点利益都精打细算、斤斤计较、寸土必争,唯恐被推销人员所欺骗。因此,这类顾客的生意最难做,即使成交,其赢利也甚微。

防卫型购买心态的产生,或是出于顾客本身的个性心理特征,缺乏主见,个性多疑,天生有一种对人的不信任感;或是受以往偏见的影响,认为推销人员都只会靠花言巧语骗人;或是曾经轻信过某些推销人员而上当受骗,本能地对推销人员产生反感等。他们不欢迎推销人员,并不是他们不需要推销人员所推销的产品,而是他们心里不能接受推销这种行为。对于具有这种购买心态的顾客,推销人员首先要做的,不应该是直接推销产品,而应该是推销自己,以实际行动去赢得顾客的信任,消除顾客的偏见,再引导其去分析从购买活动中获得的利益,打消顾虑,这样才能收到良好的推销效果。

4. 干练型

干练型,即顾客方格中的(5.5)型。干练型购买心态是指顾客既关心自己的购买活动,又关心推销人员的推销工作,是一种比较合理的顾客购买心态。具有干练型购买心态的顾客往往具有相关商品知识和社会经验,具有理智、自信的特点。他们在购买过程中比较冷静,既能尊重推销人员的人格,愿意听取推销人员的建议和意见,也有自己的观点和判断,其购买行为科学、客观。例如,在进行购买决策时,他们常常根据自己的知识和别人的经验来选择厂家和品牌,再决定合理的购买数量,他们所做出的任何购买决策,都要经过全面的分析和客观的判断,不受推销人员左右,不会盲目购买。

具有干练型购买心态的顾客一般知识、经验都比较丰富,比较自信,甚至具有强烈的责任感,但有时也会受虚荣心影响。有时他们购买的商品并不一定是自己实际需要的东西,而是为了满足自己的虚荣心,抬高自己的身价。对待这类顾客,推销人员应该讲事实,摆道理,让他们自己去判断,不能急于求成。当顾客犹豫购买时,推销人员给予适度赞赏,也许会达到促进购买的效果。

5. 寻求答案型

寻求答案型,即顾客方格中的(9.9)型。具有这种购买心态的顾客既高度关心自己的购买活动和结果,清楚地知道自己的购买需要及价值,同时又高度关心推销人员的工作,与推销人员建立良好的人际关系,愿意与推销人员进行真诚的合作。他们最能接受的是推销人员能够设身处地为自己着想,并能为自己实实在在地解决问题。他们善于通过购买活动与推销人员建立彼此信赖的良好关系,通过购买活动买到质优价廉的产品。

寻求答案型的顾客在做购买决策时很理智、实在,不感情用事,很少受推销广告的影响,更不会轻信推销人员的言语,他们理智决策,有时也会独断,但遇到意外时他们会主动寻求推销人员的帮助,求得明智的解决方案。因此,从现代推销学的角度来看,寻求答案型的顾客是最成熟和值得信赖的顾客。对于这种类型的顾客,推销人员一定要做好顾客的参谋,真心诚意地为顾客服务,才能收到良好的销售效果。

第三节 四种典型推销模式

所谓推销模式就是根据各种推销活动的特点、顾客购买行为各阶段的心理特征以及推销人员应采用的相关策略,归纳总结出的一套具有代表性的程序化推销操作方式。本节将依次介绍爱达模式、迪伯达模式、埃德帕模式和费比模式等具有典型意义的推销模式。其中,爱达模式、迪伯达模式和埃德帕模式都是国际推销协会名誉会长、欧洲市场及推销咨询协会名誉会长、著名的推销专家海因兹·姆·戈德曼根据自身推销经验总结出来的推销模式,并在其《推销技巧——怎样赢得顾客》一书中详细介绍了这些模式。然而,在推销活动中,由于市场环境的多样性、推销活动过程的复杂性和变动性,推销人员不应生搬硬套标准化的推销程序模式,而应以典型推销模式理论为指引,具体问题具体分析,灵活运用这些模式理论,才能有效提高推销效率。

一、爱达(AIDA)模式

"AIDA"是 Attention(注意)、Interest(兴趣)、Desire(欲望)、Action(行动)首字母的缩写。"爱达"是"AIDA"的译音,"AIDA"所代表的四个英文单词分别表示爱达模式的四个主要步骤。爱达模式如图 2-4 所示。

```
Attention        Interest         Desire          Action
引起顾客  →    激发顾客   →    刺激顾客   →    促进顾客
注意            兴趣            欲望            购买
```

图 2-4　爱达模式

爱达模式的核心内容可以概括为：推销人员首先必须把顾客的注意力吸引过来并转移到所推销的商品上，使顾客对所推销的商品（品牌）开始进行关注并产生兴趣，顾客的购买欲望随之产生，随后的工作就是促进顾客做出购买行动。其中"引起顾客注意"（Attention）是该模式的核心特色。

案例分享

引起顾客关注

华人首富李嘉诚年轻时曾经做过多年的推销工作，推销过五金产品和塑胶洒水器等。在其推销生涯中曾经有一则故事广为传诵。有一天，他带着洒水器到几家公司推销都没有成功，客户对他关于洒水器的介绍都没有兴趣。于是，他在进入另一家公司推销时灵机一动，说洒水器出了点问题想借水管试一下，对方同意后，年轻的李嘉诚就开始"表演"起来，他迅速将水喷洒到办公室玻璃墙上，又迅速用自带的毛巾将水擦拭干净，公司工作人员没有怪罪李嘉诚，反而被这个年轻人的"即兴表演"所吸引，最后购买了十几个产品。李嘉诚从这次尝试中获得了意外的收获，认识到要想推销成功，不能墨守成规，必须先想办法吸引顾客的注意以引起对方关注。

当今市场经济是眼球经济，注意力是一种资源，"注意力营销"大行其道，所以遵从注意力推销的爱达模式具有很强的实用性。从应用范围看，爱达模式特别适用于有形店铺的推销行为，如店面推销、柜台推销、展销会推销等；也适用于一些易于携带、展示的生活用品和办公用品的推销，如化妆品；同时适用于新推销人员以及面对陌生推销对象的推销行动。其主要内容和特点包括：

1. 引起顾客注意

引起顾客注意需要从推销人员自身做起。首先，在形象方面，推销人员要注重自己的穿着打扮，给顾客留下整洁良好的印象。推销人员最好着职业装且颜色和款式尽量稳重大方；保持头发整洁，保持皮鞋干净；装饰品不宜过多；最好带一个大一点的公文包。其次，讲好第一句话也很关键。推销人员的开场白直接形成其对顾客的第一印象，在很大程度上影响推销的结果，这就是心理学上的"晕轮效应"。最后，推销人员应提前准备、设计面对陌生顾客的开场白，了解顾客的背景和偏好，展示产品并尽量从产品话题入手，这样的开场白才会引起顾客注意。总之，能否引起顾客注意是推销能否成功的关键。

2. 激发顾客兴趣

在引起顾客注意之后，就要通过产品展示和介绍使顾客对所推销的产品产生兴趣。介绍和演示是提高顾客兴趣的有效手段，两种手段往往同时使用，即推销人员边演示边介绍。"耳听为虚，眼见为实"，演示是提高顾客关注度最有效的手段，现场演示能够让顾客非常直观地感受产品的性能和特点。推销人员做演示时应注意：注重产品使用过程的演示以及演示过程的新颖性;应专业、熟练;最好让顾客参与(试听音乐 CD、试驾汽车、免费品尝食品等);要突出重点,集中演示;目的明确,使顾客从演示中获得知识、做出正确判断。

3. 刺激顾客欲望

顾客产生兴趣并不代表他能立即购买,还需要进一步说服和刺激。顾客对产品产生浓厚兴趣只表示他具有强烈的需求意识,而要最后形成购买行为,还需要考虑两个条件:购买能力和购买决策权。在这个阶段,推销人员需要做的就是根据顾客的需求情况、经济情况、社会地位和产品的功能价值进行分析,为顾客提供多种选择方案并帮助他们下决心做出购买选择,需要推销人员具有较强的说服力。折扣价格、分期付款和按揭是解决购买能力不足的有效方法,如果顾客在决策时犹豫不决,就需要推销人员给予顾客鼓励和信心。

4. 促进顾客购买

顾客一旦产生了强烈的购买冲动,采取购买行动就是自然而然的事情了,这时推销人员不能掉以轻心,应该顺水推舟,速战速决,以免顾客受其他外界因素影响而改变态度。有时候,顾客会在最后关头突然变卦,这种事情时有发生,因为人的情绪是可以发生变化的。在成交阶段,推销人员可以使用一些技巧促使顾客采取购买行动,例如,提醒顾客该款产品很畅销,如果现在不买,很可能以后会出现涨价或者断货等情况;告诉顾客现在是优惠期,马上购买会比较划算,过期则不能享受价格优惠等,促使顾客立即采取购买行动。

二、迪伯达(DIPADA)模式

"DIPADA"是 Definition(发现)、Identification(结合)、Proof(证实)、Acceptance(接受)、Desire(欲望)、Action(行动)的首字母缩写。"迪伯达"是"DIPADA"的译音,"DIPADA"所代表的六个英文单词表示迪伯达模式的六个主要步骤,迪伯达模式如图 2-5 所示。

```
Definition(准确地发现顾客的需求与欲望)
          ↓
Identification(将顾客需求与推销产品相结合)
          ↓
Proof(证实所推销产品能够满足顾客需求)
          ↓
Acceptance(促使顾客接受所推销的产品)
          ↓
Desire(有效刺激顾客的购买欲望)
          ↓
Action(促进顾客采取购买行动)
```

图 2-5 迪伯达模式

根据迪伯达模式,在推销过程中,推销人员必须先准确地发现顾客的需求和欲望,然后把它们与自己所推销的商品联系起来。推销人员应想办法向顾客证明,他所推销的商品符合顾客的需求和欲望,为顾客所必需,并促使其购买,这就是迪伯达模式的要点。其中"证实"(Proof)是该模式的核心特色。

案例分享

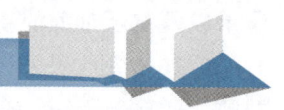

创造顾客接触产品的机会

某电脑销售公司刚开张不久,就在当地市场代理了一个新的电脑品牌,在销售竞争中处于劣势,公司张老板很着急,希望想出办法扭转颓势。经过思索,张老板决定针对公司用户采用"先试用后购买"的策略,以抢占机团顾客。公司提供足够数量的样机供顾客试用,试用期为一个月,顾客不满意可以退货。试用期间公司准备了丰富的产品技术资料(使用说明书、宣传单等),并到顾客公司对其进行关于产品的功能配置、操作技术的培训,向其通报试用该产品的客户信息并安排对方代表人员到相关客户处参观,派遣优秀技术人员进行现场指导和培训。结果,进行试用的公司大部分都接受了该产品,较少出现退货现象,"先试用后购买"策略取得了成功,其代理的电脑品牌也获得了很高的知名度和市场占有率。因此,推销工作不仅需要将顾客需求与推销产品结合,更重要的是能够证实该产品能够很好地满足顾客的需求。

从应用范围看,迪伯达模式比较适用于生产资料、机器设备等产品的推销;适用于对老顾客及熟悉顾客的推销;适用于保险、技术服务、咨询服务、信息情报、劳务市场上无形产品的推销以及开展无形交易;适用于对组织或机团购买者的推销。

1. 准确地发现顾客的需求与欲望

企业的推销实践表明,成功的推销首先要把重点放在了解顾客的需求和欲望上,而不是急于宣传所要推销的产品。只有准确发现顾客的欲望和偏好,才能以此作为说服的要点,有的放矢,唤起顾客的购买欲望。因此,准确发现顾客的需求、了解其偏好是有效说服顾客的基础,是提高推销效率的根本立足点。

2. 将顾客需求与推销产品相结合

在了解顾客欲望和偏好的基础上,有目的地介绍所推销的产品,充分展示产品的功能、优点和特点,把顾客的需求和欲望与所推销的产品结合起来。主要方法有以下三个:

(1)需求结合法。把握顾客的需求和欲望,从产品功能、价格、质量、售后服务等方面准确地向顾客说明该商品正是他所需求的。

(2)关系结合法。联想并借助各种人际关系和工作关系,使顾客认可该产品能满足他个人或其单位的相关实际需求。

(3)逻辑结合法。通过利弊分析和逻辑推理方法,向顾客说明购买该产品是其明智的选择,为顾客的购买行为提供信心依据。

3. 证实所推销产品能够满足顾客需求

以一定的方法向顾客证实所推销产品能满足其真正的需求,能够给顾客带来超值的功能,让顾客感受到物超所值。证实的方法多种多样,可提供如人证、物证或例证等有说服力的证据,如顾客所认识的某人用了该产品效果如何,顾客所知道的某单位用了该产品情况怎么样等。可提供产品信息、功能介绍的宣传单,还可以现场展示产品的性能特征,让消费者亲自参与体验,感受真实的产品特征,增强接受度。

4. 促使顾客接受所推销的产品

结合和证实都是手段,促使顾客产生购买欲望才是目的。推销人员通过对本产品的介

绍和与同类产品的比较分析,促使顾客接受所推销的产品。具体方法包括:

(1)示范法。推销人员通过现场示范的直观效果促使顾客接受产品。如推销人员在示范过程中,显示产品操作简单,性能优良,价廉物美。

(2)提问法。推销人员在讲解及演示的过程中,可以不断发问以了解顾客是否认同或理解自己所做的介绍,从而使顾客逐步接受所介绍的产品及理念。

(3)总结法。推销人员在讲解及演示的过程中,通过对前阶段双方的价值意向和见解的总结归纳,取长补短,求同存异,促使顾客接受所推销的产品。

(4)试用法。把已介绍和经过证实的产品留给顾客试用一段时间,同时征求顾客的使用意见和改进意见,以达到促使顾客接受所推销产品的效果。

5.有效刺激顾客的购买欲望

刺激顾客的购买欲望是爱达模式的第三个步骤,也是迪伯达模式的一个推销步骤,同时也是推销过程的一个关键性阶段。如果顾客已经明确对推销人员的示范产生了兴趣和信心,但仍未采取购买行动,说明顾客的购买欲望还未被完全激起。此时,最重要的是要想办法使顾客相信,该产品正是他所需要的产品,且正是购买的最好时机,如不立即购买有可能会升价,有可能会断货。具体方法参照爱达模式中的相关阐述。

6.促进顾客采取购买行动

促进顾客采取购买行动是推销工作的重要步骤,也是推销所应达到的最后目标。促使顾客购买的方式多种多样,具体参照爱达模式中的相关阐述。这时推销人员最应该采取的态度就是顺水推舟,速战速决,直接进入签约付款阶段,以免拖延时间太长而导致爽约。

三、埃德帕(IDEPA)模式

"IDEPA"是 Identification(结合)、Demonstration(示范)、Elimination(淘汰)、Proof(证实)、Acceptance(接受)首字母的缩写。"埃德帕"是"IDEPA"的译音,"IDEPA"所代表的五个英文单词表示埃德帕模式的五个主要步骤,埃德帕模式如图2-6所示。

```
Identification(将顾客需求与推销产品相结合)
          ↓
Demonstration(向顾客示范所推销的产品)
          ↓
Elimination(淘汰不适合顾客的相关产品)
          ↓
Proof(证实顾客的选择是正确的)
          ↓
Acceptance(促进顾客接受并采取购买行为)
```

图 2-6　埃德帕模式

从应用范围看,埃德帕模式适用于有明确的购买欲望和购买目标的顾客,是零售行业推销较适用的模式。当顾客主动来到零售商店,提出他要购买哪些产品时,或者手里拿着购货清单,照单购买时,可以采用埃德帕模式。

埃德帕模式中 Identification、Proof、Acceptance 三个步骤所应达到的目标和应采取的行动与迪伯达模式基本相同,这里不再一一叙述。其中,"示范"(Demonstration)是该模式的主要特点,能够满足新时期消费者对购买过程体验的需求。

案例分享

精彩展示:让产品自己说话

世界推销大王乔·吉拉德在推销汽车时有一个独特方法,就是当客户到了他所在的专卖店,看中了某款汽车,并询问该车的性能时,乔·吉拉德二话不说,跳上汽车,猛踩油门,汽车风驰电掣地向远方驶去,在视线范围内又猛一掉头,朝着顾客所在的地方疾驶过来,顾客还没回过神来,汽车在离顾客十几米的地方戛然停稳。顾客惊恐之际,乔·吉拉德会询问顾客,感觉汽车性能如何。顾客无不暗自佩服,连连称道。乔·吉拉德利用自己娴熟的驾驶技术,给顾客一个出乎意料的精彩展示,征服了顾客,赢得了生意。

在埃德帕模式的操作过程中,有以下两个方面的问题需要注意:

(1)推销人员应向顾客示范合适的产品,力求有效结合顾客的需要。如顾客带来进货清单,可按清单上所列品种照单示范,尽量让顾客参与其中。如有新产品、潜在畅销产品、进销差价大的特殊品等,推销人员应主动向顾客示范,推销成功的概率也比较大。

(2)适时淘汰不适合顾客的产品,主要指淘汰那些不适应顾客需要、与顾客欲望距离较大的产品。主动淘汰一部分产品,实现产品优化,可以使顾客更容易买到合适的产品。在产品示范与商务沟通过程中,推销人员应尽量了解顾客进货的档次、数量和目标市场消费者的需求特点,做到示范和淘汰产品都恰到好处。

四、费比(FABE)模式

费比模式是由美国俄克拉荷马大学的企业管理博士、中国台湾中兴大学商学院院长郭昆漠教授总结出来的一种推销模式。"FABE"是 Feature(特征)、Advantage(优点)、Benefit(利益)、Evidence(依据)首字母的缩写。费比是英文"FABE"的译音,"FABE"所代表的四个英文单词表示费比模式的四个主要步骤,费比模式如图2-7所示。

```
┌─────────────────────────────────────┐
│ Feature(向顾客详细介绍产品的特征)    │
└─────────────────────────────────────┘
                  ↓
┌─────────────────────────────────────┐
│ Advantage(充分分析和展示产品的优点)  │
└─────────────────────────────────────┘
                  ↓
┌─────────────────────────────────────┐
│ Benefit(尽可能列举产品给顾客带来的利益)│
└─────────────────────────────────────┘
                  ↓
┌─────────────────────────────────────┐
│ Evidence(以事实依据说服顾客购买)     │
└─────────────────────────────────────┘
```

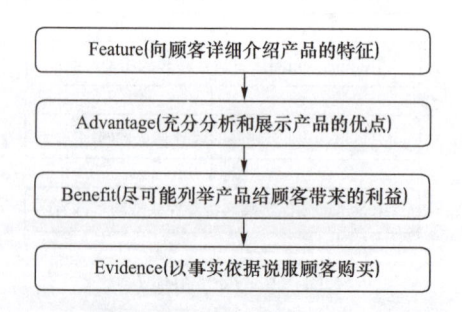

图2-7 费比模式

与其他几个模式相比,费比模式有一个显著的特点:事先把产品特征、优点及能够给顾客带来的利益等列出来,印在宣传单上或写在卡片上,这样就能使顾客一目了然,更好地了解有关的内容,节省顾客疑问的时间,减少顾客异议的内容。正是由于费比模式具有重点突出、简明扼要的特点,在推销实践中显示出计划性和有效性,它受到很多推销人员的大力推崇。其主要内容和特点体现在以下几个方面:

1.向顾客详细介绍产品的特征

推销人员在见到顾客后,要以合适的语调、准确的语言向顾客介绍产品的特征。介绍的内容包括:产品的性能、构造、作用,使用的简易及方便程度,耐久性、经济性、外观优点及价格情况等。如果是新产品则应更详细地介绍,如果产品在用料或加工工艺方面有所改进,亦应介绍清楚。如果上述内容复杂难记,推销人员可事先制作成宣传单或卡片,以便在向顾客介绍时方便将材料或卡片交给顾客。因此,提前制作好宣传单或卡片成为费比模式的主要特色,也是该模式成功的关键。

2.充分分析和展示产品的优点

推销人员应寻找出推销产品区别于竞争产品在外观设计、功能特点、使用方法、售后服务以及产地、品质、品牌、创始人等方面的独特特征,进行差异化的推介说明,以便激发消费者的兴趣和便于记忆。在产品展示过程中,要充分挖掘产品的优点,简明扼要地介绍给顾客,不要拖泥带水和面面俱到。如果是新产品,要说明该产品开发的目的、背景、设计时的主导思想、开发意义以及相对于老产品的差别化优势等。当面对的是具有专业知识的顾客,则尽量以专业术语进行介绍,并力求用词简练、准确。

3.尽可能列举产品给顾客带来的利益

顾客购买产品追求的是使用价值、声誉价值以及消费者剩余(高性价比)等,因此,分析产品给顾客带来的价值和利益是费比模式中最重要的一环。推销人员应在了解顾客需求的基础上,把产品所能带给顾客的预期利益尽可能讲清楚,给消费者一个购买的理由。不仅要讲产品实体、功能的利益,而且要讲产品给顾客带来的内在的、形式的及附加的利益。在对顾客需求偏好了解不多的情况下,应边讲边观察顾客的专注程度与态度,在顾客表现关注的方面要特别注意多讲、细讲,多举例说明。

4.以事实依据说服顾客购买

推销人员应以真实数字、实物、人证、物证、例证等作为有说服力的证据,消除顾客的各种异议与疑虑,使顾客相信购买该产品是正确的、明智的、合算的,从而产生从众的购买和消费行为。

案例分享

突出产品特征与利益点

有一年,美国某地的某苹果基地种植的苹果由于受冰雹、霜冻等自然灾害的侵袭,果皮上出现了点点斑痕,卖相不好。虽然该苹果没有受到污染,内在品质好,口感脆甜,但是在当年的销售过程中遇到了麻烦,销售情况不佳。水果批发商布朗先生面对这种情况很着急,经过几天的思索,他终于想出了一个办法。他在店门口竖立一个醒目的大招牌,上面写着:"苹果上应该有斑痕,因为那是下冰雹时碰撞的痕迹。这些苹果都生长在寒冷的高山上,而只有在寒冷的高山上才能产出这般香甜爽口、清脆多汁的上等苹果。货量有限,欲购从速。"创意一出,布朗的店门口络绎不绝,小贩之间也互相传播着这个信息,布朗还把这个创意在当地报纸上登出,斑点苹果得到了当地消费者的认可,没过多久,布朗的存货就销售一空。有趣的是,经过一个销售季节,斑点苹果成为高品质美味苹果的代名词,有些果贩还专门向布朗预约了来年的销售生意。

第四节 新时期推销创新

一、关系推销

关系推销是从关系营销中延伸出来的概念,在实践中逐渐被认同和加以运用。关系推销的理论基础是关系营销,即企业通过与客户建立和发展持续稳定的关系,以提高企业经营效益。在20世纪80年代,西方的一些企业家发现,通过和客户建立稳定良好的关系,可以改善企业的经营绩效,这个现实使他们认识到,维持一个老客户往往比开发一个新客户更重要,于是产生了关系营销。关系营销自20世纪90年代传入我国,得到了广泛的发展和应用,因为我国是一个讲求人情关系的国度,关系营销在我国具有深厚的文化基础,并且有广泛的应用前景。而关系推销就是关系营销理念在现代推销活动中的运用,两者的实质是一样的。

1. 关系推销的含义

关系推销是指企业要与顾客、经销商建立更加紧密的工作关系和相互依赖的人情关系,从而发展双方的连续性交往与合作,以提高品牌的忠诚度,巩固和扩大产品的销售。其实,从人际交往的角度来看,做销售的过程就是推销人员或企业与其商业伙伴从相识到相交、相知,由生人变成熟人的相互信任过程。"先做朋友,再做生意"成为行业内的口头禅。建立和维护客户关系在推销活动中处于非常重要的位置。

2. 关系推销的特征

关系推销注重和顾客建立长期的关系,注重生意的持续发展,注重"回头客"而不是"一锤子买卖",现代关系推销具有以下几个方面的显著特征:

(1) 双向沟通

只有广泛的信息交流和信息共享,才可能使企业赢得各方利益相关者的支持与合作。传统推销是单向的信息传递,顾客处于被动地位;在关系推销过程中,推销人员或企业非常注重与顾客的互动交流,注意听取顾客意见,沟通是双向的,顾客是主动的。

(2) 互利互惠

关系推销旨在通过合作增加关系各方的利益,而不是通过损害其中一方或多方的利益来达到自己单方面的利益。关系推销把顾客放到平等、主动的地位,尊重他们的需要,兼顾他们的利益,强调互利合作,因为只有通过合作才能实现双赢。

(3) 情感交融

与交易营销不同,关系营销强调情感的认同。关系能否得到稳定发展,情感因素起到重要的作用。因此,关系推销不只是要实现物质利益的互惠双赢,还要让参与各方能从关系建立与维护过程中获得情感交流的机会以及情感需求的满足。

(4) 持续发展

与传统推销只注重一次性交易不同,关系推销强调推销业务的持续发展,要求建立专门的产品和服务部门,用以跟踪顾客、分销商、供应商及其他参与者的需要与态度,广泛了解关系的动态变化,及时反馈信息,采取措施消除不稳定因素,维持良性关系发展。

案例分享

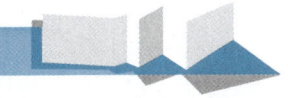

伊利新品亲子品鉴会

前几年,伊利酸奶新品推出市场前后在其全国各分厂所在城市开展了近半年的新品亲子品鉴公关推广活动。以某市为例,其新品亲子品鉴活动流程如下:(1)通过伊利官方网站、当地报纸、当地销售终端发布品鉴会信息及参会流程,有意者可通过网络注册或通过电话注册申请参会;(2)每周六、日分别组织一场新品亲子品鉴会,分别征集20~30个家庭,每个家庭一个家长可带一个孩子参会,主要针对小学、幼儿园的小朋友;(3)周六、日早上指定时间分别在指定地点集合,大巴免费接送;(4)早上送到城郊伊利工厂,首先带家长及孩子参观工厂及生产车间,然后参加新品品鉴会,厂方介绍公司情况、品牌发展及新品情况,品尝新品酸奶,填写问卷,彼此交流、学习、互动;(5)会后合影留念,还赠送酸奶礼品及宣传资料;(6)中午提供快餐,饭后大巴送回市里指定地点。这是一种典型的公关推销推广活动,家长孩子都玩得很开心,觉得很充实、有收获、活动很有意义,事实证明该活动对于提高消费者的品牌认知度、产品认可度,对于新品推广和培育忠诚顾客行之有效。

二、知识推销

知识推销的理论基础是知识营销。知识营销是指企业通过产品或行业知识的传播与推广,达到促进产品销售的目的。简单来讲,就是先学习,后购买。推销人员通过学习认知产品或行业知识,激发潜在消费者的内在需求,形成购买欲望,促进购买行为。因此,知识营销往往是高科技产品、健康产品、医药产品、美容产品以及新产品的有效营销方式。知识推销的原理与知识营销相同,也是让顾客先学习认知,后购买消费。推销人员或企业可以通过举办各种讲座、培训班、技术辅导等方式推广自己的产品。喜欢摄影的人更可能购买最先进的照相机,考驾照的人往往也是最可能买车的人,因此,计算机培训学院、驾校等培训机构往往是知识推销最直接的场所,有些药店也通过免费咨询、听诊等方式推销药品。

1. 知识推销的含义

知识推销是指推销人员或企业向目标消费群体传播相关科学知识,进而激发消费者的需要和欲望,最后达到销售产品目的的一种推销方式。知识推销通过科普、宣传等方式让消费者不仅知其然,而且知其所以然,通过认知产品达到销售产品的目的,是一种具有知识含量的先进推销方式。作为一个企业,在进行产品研发的同时,就要考虑到知识的推广,即消费者的教育问题,运用知识推销降低产品风险。如比尔·盖茨斥资两亿元成立盖茨图书馆基金会,为全球一些低收入地区的图书馆配备最先进的计算机,培训其关于Windows系统的使用,又捐赠相关软件让当地群众了解计算机知识。比尔·盖茨这种"先教电脑知识,再卖电脑"的做法就是典型的知识推销。

2. 知识推销的特征

知识推销以产品相关知识的传播为载体,与传统的推销方式相比,具有以下特征:
(1)推销的产品不同

随着科技的进步,传统产品逐步被高技术含量的知识型产品所替代,因此,知识推销成为必然。推销人员不仅要懂得推销技巧，还要掌握产品的科技知识，才能把这些产品有效地推销给消费者。如果推销人员对产品本身的技术、使用功能、维修知识一知半解，对消费者的疑问不能解答清楚，发生故障也不能迅速修正，那么推销也很难成功。

(2) 推销的方式不同

传统推销以单向传递产品信息、上门推销等方式推动产品销售为主，消费者是被动获取知识；而知识推销以买卖双方互动沟通信息、咨询、培训等方式拉动产品销售为主，消费者是主动获取知识。在目前的知识推销中，网络媒体正在成为主要的推销平台。

(3) 推销的环境不同

在目前的知识经济时代，企业的推销环境发生了巨大变化。企业面临的是一个"更加平坦的世界"，经济全球化已经成为现实，企业产品的知识含量也越来越高，因此，全球化和高科技使得知识推销的应用范围越来越广。全球网络化为信息共享、知识传播创造了条件，人们更加关注通过网络获取相关产品知识。

案例分享

昂立的知识推销

上海交大昂立公司是一家生物保健品公司，该公司曾经开展"送你一把金钥匙"科普活动。该公司通过在社区举办科普讲座，宣传科学健康理念，传播健康保健知识；通过向市民赠送生物科学书籍，举办科普知识竞赛等，激发了市民对生物科技产品的需求，达到了推销产品的目的。公司昂立1号等微生态试剂产品在短短的10年间，销售额达到近百亿元，创造了辉煌的销售业绩。

三、网络推销

互联网已经进入百姓的生活，并且成为人们日常生活中不可或缺的一部分。互联网在推销与销售管理上的应用仍然是一个相对较新的领域，它的潜力在于将对企业建立品牌、销售产品和服务、建立关系等方式产生革命性的影响[1]。人们不但通过网络学习知识、获得信息，而且越来越多的人通过网络购物，实现消费和娱乐。顾客能够登录网站实现日常购买，企业和推销人员也可以利用互联网平台实现产品信息的发布和产品的销售，关注客户并建立客户关系，为客户提供个性化解决方案，同时寻找新业务，其中的发展空间不可估量。因此，有人说，21世纪是电子商务的世纪，"网络推销"可能会成为一个极具发展潜力的新职业，它可能就是下一个值得挖掘的"金矿"。戴尔、阿里巴巴、当当网、亚马逊的销售成功向人们昭示了这一点。

1. 网络推销的含义

网络推销是利用互联网技术和平台构建基于网络的虚拟市场，向目标顾客开展商品或服务销售的经营活动。互联网的发展是网络推销产生的技术基础，互联网上各种各样的产品和服务，体现出其连接、传输、互动、存取各类形式信息的功能，使互联网成了具备商业交易与互动沟通能力的经营平台。通过互联网，企业可以开展一系列的经营活动，

---

[1] 戴维·乔布等. 推销与销售管理(第7版). 北京：中国人民大学出版社，2007.

如信息发布、网站推广、销售促进、品牌建立、渠道建设、网上调研、顾客服务等。

2. 网络推销的特征

网络推销这种新的基于互联网的推销方式必然会对旧的推销方式产生影响,传统的推销人员及面对面推销方式(如店面推销、上门推销)势必会受到冲击。在美国等地已经出现这样的势头,大部分企业利用网络进行推销,其传统的推销人员已逐渐减少,如网上书店、超市、二手车市场等,传统推销人员已转变为网络管理员和信息处理员。企业利用互联网开展经营活动,显示出越来越多的优势。互联网的全球性、虚拟性、互动性和高成长性,造就了一个独特的推销环境,使网络推销具有如下诸多特点和优势:

(1) 交互性

企业通过网络推销可以与顾客进行实时沟通,向顾客传递高效有用的信息,并更有效、更明确地了解和挖掘顾客的潜在需求,实现及时反馈和更新。

(2) 个性化

消费者通过互联网选择自己喜欢的产品,披露个人的需求信息,企业可以根据顾客的个性需求及特征,为其定制符合其个性化要求的产品和提供一对一的服务。

(3) 低成本

低成本是现代企业热衷于网络推销的最直接原因。企业以互联网为推销工具,可以大大降低企业的交易成本,把价值让渡给目标顾客,亦可以减少顾客的购买成本。通过网络交易,买卖双方都得以降低成本,实现双赢。

(4) 指向性

企业通过互联网推销产品,还可以做到具有针对性。一方面,不同类型的顾客会去搜寻不同内容的网站,如汽车发烧友会关注汽车网站;另一方面,经营不同产品的企业也可以到不同的论坛发布产品信息,做到有的放矢。

案例分享

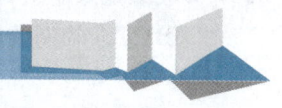

网络推销与定制化

戴尔(Dell)公司是全球知名的经营 PC 的企业,其主要通过互联网络推销自己的产品,并成就了自己的霸业,在行业内独树一帜。戴尔利用互联网发布产品信息,推出几种电脑套装产品供客户选择,同时公布了各种规格的零部件售价,客户可以根据自己的工作特点及特殊需要进行"点菜"组装,公司根据客户的订单进行个性化的生产(组合),提供个性化的售中、售后服务。这种销售模式满足了消费者的个性化需求,一经推出就得到了消费者的认同,也帮助戴尔成就了伟业。

四、体验推销

体验推销又称体验式推销,其理论基础来源于 20 世纪末在西方兴起的体验营销(Experiential Marketing),也称体验式营销。按照伯恩德·H.施密特在其《体验式营销》一书中的观点,体验式营销是站在消费者的感官(Sense)、情感(Feel)、思考(Think)、行动(Action)、关联(Relation)五个方面,重新定义设计营销的方式,它在内容上包括感官娱乐体验、精神愉悦体验、情感感动体验、心灵震撼体验四个方面。体验营销打破了传统上"理性消费者"的假设,认为消费者是理性与感性兼具的,消费者在消费前、消费时、消费后的体验感受,才是消费者行为的关键。随着经济的发展和人们消费水平的提高,消费者越来越关注购物过程的美好感受和该产品消费过程的独特体验,越来越希望能够参与到购物,甚至产品的生产过程中,换句话说,越来越注重参与、互动、体验的消费需求。因此,新时期体验式营销或体验式推销都必将具有广阔的应用前景。

1. 体验推销的含义

所谓体验推销是指企业以消费者为中心,通过对事件、情景的安排以及特定体验过程的设计,让消费者在体验中产生美妙而深刻的印象,并获得精神满足,从而实现产品销售的过程。在人们的消费需求日趋差异性、个性化、多样化的今天,消费者已经不仅关注产品本身所带来的使用价值或功能价值,而且更重视在产品购买、消费过程中获得的愉悦、美好或震撼的"体验感觉",更加重视心理价值。

2. 体验推销的特征

体验推销是满足顾客体验心理需求的一种推销方式,要求顾客积极主动地参与。企业在实施体验推销的过程中,各个部门之间要高度协调,注重体验传递的一致性和整体性,为消费者营造购物过程的整体体验,以使消费者"难忘"而购买。与传统推销方式相比,体验推销具有如下显著特征:

(1)在产品策略上,传统推销注重产品的品质及其功能,即使用价值,而体验推销只把产品视为道具,更关注产品的体验特征,专注于传递给顾客个性化的购物及消费体验价值。

(2)在定价策略上,传统推销运用成本、需求及竞争定价法,考量的是性价比,而体验推销基于顾客可感知的体验价值进行定价,把价格视为衡量体验的一种功用,如顾客在星巴克就愿意为40~50元一杯的咖啡体验付费。

(3)在渠道策略上,传统推销可以根据产品的不同而采用直销或分销方式,而体验推销一般只依靠便于控制的直接渠道创造并传递体验,在企业精心设计的体验场景中,所有接触到顾客的物体都可以成为传递体验价值的载体。

(4)在促销策略上,传统推销可以运用人员推销、广告、营业推广及公共关系等促销方式,而体验推销则把各种促销手段融入体验过程之中,以情感为基点,通过参与互动使信息传递流畅,消费者置身体验场景流连忘返。体验推销具有很强的市场渗透力,很多跨国公司在开拓中国市场的过程中都曾经运用和实施体验推销策略,并取得了很大的成功,如哈根达斯、星巴克、耐克、可口可乐和百事可乐等。

案例分享

营销氛围让顾客充分参与体验

宜家家居是体验推销的典型代表。在宜家购物,消费者可以完全自由地选择,充分享受逛商场的乐趣,没有人主动来干预和打扰。宜家公司从产品设计、销售环境布局到购买过程,为顾客全面营造体验氛围,鼓励消费者在卖场进行全面的亲身体验。1953年,宜家在自己的发源地瑞典就开辟了样板房,让消费者可以亲自体验,可谓是体验推销的先驱。宜家进入中国以后,其样板间的设计充分结合中国人的生活要求和特点,充分考虑不同产品的颜色、灯光、材料等的搭配效果，力图打造具有中国特色的家居产品，并鼓励消费者买回家后自己进行搭配。而在产品上，宜家也设计了消费者自己动手体验的过程，宜家的大件产品都是可以拆分的，因此消费者可以将部件带回家自己组装，还提供各种各样的工具以帮助安装，并配备了安装的指导手册和宣传片。另外，宜家出售的一些沙发，在展示处还特别提示顾客："请坐上去！感觉一下它是多么的舒服！"宜家出售的席梦思床，消费者可以躺上去感受。总之，在宜家购物，消费者会感觉到惬意、舒适。

本章小结

任何学科都有其理论基础。本章首先介绍了推销三角理论，认为推销活动中最重要的三个要素是产品（服务）、企业（品牌）、自己（推销能力）；然后介绍了推销方格理论，包括推销人员方格和顾客方格；还介绍了爱达模式、迪伯达模式、埃德帕模式和费比模式四种具有典型意义的推销模式，其中，爱达模式的核心是引起注意（Attention），迪伯达模式的核心是证实（Proof），示范（Demonstration）是埃德帕模式的主要特点，展示优点（Advantage）是费比模式的主要特征；最后还讨论了新时期的推销创新，包括关系推销、知识推销、网络推销、体验推销等。

思考与练习

一、名词解释

爱达模式　迪伯达模式　埃德帕模式　费比模式

二、选择题

1. 推销三角理论认为，推销活动中最重要的三个要素是产品（服务）、企业（品牌）、（　　）（推销能力）。

　　A. 价格　　　　B. 地点　　　　C. 关系　　　　D. 自己

2. 推销方格理论是美国著名管理学家布莱克和蒙顿教授的管理方格理论在推销领域中的具体运用，包括推销人员方格和（　　）。

　　A. 销售方格　　B. 绩效方格　　C. 领导方格　　D. 顾客方格

3. 爱达模式、迪伯达模式和埃德帕模式都是著名推销专家（　　）根据自身推销经验总结出来的推销模式，在其《推销技巧——怎样赢得顾客》中有详细介绍。

　　A. 科特勒　　　B. 原一平　　　C. 杰拉德　　　D. 戈德曼

4. 互联网的全球性、虚拟性、互动性和高成长性使网络推销具有交互性、个性化、低成本和（　　）的特点及优势。

　　A. 直接性　　　B. 生动性　　　C. 娱乐性　　　D. 指向性

5. 根据伯恩德·H.施密特的观点，体验式营销是站在消费者的感官、情感、思考、行动和（　　）五个方面，重新定义设计营销的方式。

　　A. 成本　　　　B. 便利　　　　C. 沟通　　　　D. 关联

三、简答题

1. 推销人员方格和顾客方格对推销工作有什么指导意义？

2.在四种典型模式中你最认同哪一种推销模式？为什么？
3.怎样看待体验式推销的行业特征与应用前景？

应用分析

把握心理巧推销

潘德仁先生在推销过程中非常善于琢磨客户的心理，抓住客户需求，并运用娴熟的语言技巧来引导客户做出购买决定。他曾经获得香港第十八届杰出推销员的殊荣。

潘先生曾经在一家办公用品公司当推销员。一次，他来到一个客户办公室推销自己公司的碎纸机，客户在听完了产品介绍、弄清了购买细节后，他表示愿意购买一台，并表示将在第二天到潘先生处订货。

第二天，潘先生左等右等，还是不见客户前来，他便登门拜访，却发现客户坐在办公桌前看另外一家办公用品公司的样本册，而且目光停留在其中一页一动不动。潘先生凭着对本行业产品的全面了解，一眼便知客户正在关注的产品和昨天他所推销的产品属于同一类型，区别仅仅在于对方产品有扇清除纸屑的小拉门。

潘先生彬彬有礼地说："打扰您了，我在公司等了好久还不见您来，知道您一定很忙，所以就亲自来您这儿了。"

客户只应了一声"请坐"，又低头去看刚才那一页。潘先生已经猜出客户喜欢碎纸机，成交有戏。沉思片刻之后，找到一把椅子在客户边上坐下，然后对客户说："我们公司的碎纸机上有圆洞，同样可以取出纸屑，而且方便美观得多，圆洞设计比方门设计方便耐用，又更平滑、流畅、美观，圆满的设计包您用了满意。"

潘先生的解释打消了客户心中的顾虑，于是点了点头，同意签订购买订单。

（资料来源：瞧这网官网，推销案例：以不变应万变）

【思考】

1.潘先生采用的是哪一种推销模式？
2.从潘先生的成功推销中你获得什么启示？

第二篇

推销前准备

推销人员在推销的过程中,首先推销的是自己,其次推销的是商品的功能,最后才是推销商品本身。

本篇共分为两章:
- 第三章　推销人员素质
- 第四章　推销实践技能

第一部

合同总论

第三章　推销人员素质

学习目标

知识目标
- 了解推销人员的基本素质
- 了解推销人员的业务知识
- 了解推销人员的核心能力
- 理解优秀推销人员的特质

能力目标
- 能够进行推销人员的基本素质培育
- 能够把握推销人员应具备的业务知识
- 能够打造推销人员的核心能力
- 能够挖掘优秀推销人员的特质

案例导入

推销员得有专业知识

星期六下午,一位顾客找到某公司总经理,称自己一个小时前在该公司购买的某品牌羊毛衫"名不副实"。总经理耐心地听完了顾客的诉说,原来这件套衫的成分标志上表明人造丝占55%,尼龙占45%,而顾客所出示的发票上却标示"羊毛衫",顾客还说,促销员在介绍该产品时也说是羊毛衫。经与该促销员核实,顾客所反映的情况基本属实。问题就在于该促销员对商品的情况知之甚少,使顾客觉得上当受骗了。无奈,总经理只得对顾客做出解释并赔礼道歉,同时同意退货处理。事后,总经理做了一个决定:促销员上岗前必须经过商品知识考核,不合格者不得上岗。

【思考】 促销员需要具备哪些方面的素质?

推销是一项事业,更是一种艺术。推销工作不仅能为人们带来财富,而且能够锻炼推销人员为人处世的技能,通过推销可使推销人员的各项能力倍增,推销人员会更有智慧,在生活的各个方面得心应手。推销是世界上最具挑战性的工作之一,有人说,能做好推销工作的人,其他任何事情都能做好。

第一节　推销人员的基本素质准备

推销并不是一项轻而易举的工作,而是一项极富创造性与挑战性的工作。销售工作的丰厚回报与挑战性吸引着大批人从事这项工作,但真正在销售岗位上成功的人却很少。要想做好推销工作,推销人员需要做好充分的自我准备,其中,个人的综合素质和能力是所有准备工作的关键,因此,首先要做好推销人员的自我准备。

推销过程就是一个信息传递的过程,推销人员要以自己丰富的学识、生动的语言和过人的魅力感染顾客,改变顾客的态度,从而使其接受商品。推销人员在推销过程中,首先推销的是自己,其次推销的是商品的功能,最后才是推销商品本身。推销是一种人与人直接打交道的过程。要想让别人接纳你所推销的商品,首先就要求你自己被顾客接受,因此,推销人员必须不断提升自身的素质。

一、道德素质

所谓推销道德是指推销活动行为规范的总和。推销道德的基本原则是:诚信、负责、公平。"做人之道,以诚为本",推销人员应该养成高尚的职业道德情操,不弄虚作假、以劣充优,不招摇撞骗、坑害顾客,不见利忘义、唯利是图。做销售工作首先是"做人","小胜靠智,大胜靠德",因此,推销人员要具备良好的道德素质、正确的经营思想、良好的职业道德,要具有高度的责任感,并为人诚信。

古人云:言而无信,不知其可也。诚信是推销人员具备良好道德素质的基本准则,诚信包括对企业诚信和对客户诚信。对企业来说,推销人员的诚信不仅表现为不说假话(诚信的最低标准),还应该包括真实地反映情况、不歪曲事实、能够及时察觉问题的真相等,这些都是诚信的范畴。缺乏诚信常常使推销人员处于不利的地位。从客户的角度来看,绝大多数客户认为诚信是推销人员应具备的根本要素,诚信的概念应当解释为"真诚、实在"更为贴切。这就要求推销人员不仅在外表上体现实在,在内涵上也要体现真诚实在,并将此作为重要的追求目标。诚实守信,是做生意之本,也是做人之本。推销工作最忌讳的就是推销人员为了眼前的一点利益去欺骗客户。个别推销人员自以为是,采用欺骗手段获得客户的信任,自以为能将客户玩弄于股掌之间,殊不知,这纯粹是玩火自焚,一旦东窗事发,受损失的还是自己。推销人员切忌为了盲目追求销售业绩而不择手段,更不能认为只要自己业绩好,公司形象好不好无所谓。

案例分享

耍"小聪明"要不得

有一年,长江和淮河都发大水,造成铁路货运中断,某厂在苏州工厂生产的产品发不过来。就在那时,一个客户要一批货,而且要得很急。经理让业务员尽量跟客户把情况说清楚,并告知客户正在组织空运。但业务员却想将仓库里的一批退货发过去。那批货虽说是退货,但并不存在质量问题,是因为客户改行而把剩下的货退回来了。虽然质量没问题,但在仓库里放了很久,再加上来回运输,包装不仅弄脏了,而且还有些变形。

经理:"那批货不能发。"

业务员:"那怎么办?如果明天中午不能送去,这单生意就失去了。"

经理:"没有办法,你跟客户解释解释吧。如果我们不能发货,只损失一单生意。如果把这批包装有问题的产品发过去,则可能永远失去这个客户。"

业务员:"包装问题我跟他解释一下就行了。别说我们的产品质量没有问题,即使知道产品有问题,别人不也在照卖不误吗?"

经理:"虽然产品没有内在的质量问题,但包装弄脏了甚至变形了,这就破坏了我们产品一贯保持的高雅与时尚的形象,所以不能卖。如果卖了,不仅有损产品形象,而且有损我们公司的形象。市场竞争的核心就是诚信,不能靠欺骗客户赚钱。只有愚蠢的人才只顾赚今天的钱,聪明的人不仅要赚今天的钱,而且还要考虑赚明天的钱。"

二、文化素质

优秀的推销人员还应具备良好的文化素质。对于推销人员来说,具备良好的文化素质,能够提升个人在客户心目中的整体形象,同时,可以有更多与客户的谈资。在文化素质方面,要求推销人员具有一定的专业知识,如经济学、市场学、心理学、社会学等,除此之外,还应在文学、艺术、地理、历史、哲学、自然科学、国际时事、外语、礼仪表达、风土人情等方面充实自己。

业务员具有较好的文化修养,能够与顾客进行更好的交流,利于出谋划策,便于审时度势,对于做好推销工作是非常有利的。具体表现在以下几个方面:

(1)拥有丰富、扎实的文化知识是塑造推销人员个人良好形象的重要因素,推销人员在客户的心目中可以树立专业且综合素质高的形象,此种形象可以促使客户对推销人员所在公司及所销售产品形成正面的印象。

(2)丰富的文化知识可以成为推销人员与客户沟通交往时的谈资,共同的爱好或见解有助于拉近推销人员与客户之间的距离,有利于增进客情。曾经有一位推销人员,在向一个潜在的大客户进行推销时遇到困难,他每次去拜访该客户,客户都是冷漠相待,不论推销人员说什么客户都没有任何兴趣。后来,推销人员经过侧面了解到,该客户虽然已经四十多岁,但是个超级动漫迷,尤其对于日本的动漫如痴如醉。推销人员自己对动漫并没有太大的兴趣,但是他马上找来日本动漫方面的书籍和影片,经过将近二十天的学习和了解,对于动漫的相关知识有了大体的认识后,他又开始去拜访客户。客户的态度依旧冷漠,推销人员逐渐将话题转向动漫,激发了客户的谈话兴趣,最后,他们的交谈完全变成了客户自己的演讲,客户感叹:"在我这个年纪,能够找到动漫知己真的很难得,这真是个愉快的下午。"最终的结局是推销人员成功获得订单,并且跟该客户成了好朋友。

(3)推销人员了解必要的社会习俗和风土人情方面的知识,在与客户交往的过程中,可以避免因不了解对方的风俗习惯而做出让客户不满意的行为。例如,如果客户是回族人,在请对方吃饭的时候就要严格遵守回族的风俗习惯,猪肉绝对不能出现在餐桌上,也不宜向对方推介猪肉的相关产品。金利来最早进入的是中国香港地区市场,当时,其中文名字是用英文直译的金狮(Gold Lion)。但是因为中国香港地区和广东省的部分人比较喜欢赌博,而在广东话里金狮的谐音是"金输",很不吉利。所以金利来就改用直译加音译的方式,起了这个吉利、好听的名字。

三、心理素质

优秀的推销人员应该具备良好的心理素质。良好的心理素质包括以下几个方面:

1. 坚定的自信心

萧伯纳曾说过:"有自信心的人,可以化渺小为伟大,化平庸为神奇。"自信心是支撑人们做任何工作都走向成功的基础,而对于推销人员来说,强大的自信心尤为重要。据统计,在所有的工作当中,销售工作的淘汰率是最高的。面对激烈的竞争、客户傲慢的态度和多次无情的拒绝,推销人员的自信心极易受到冲击,大多数推销人员都会开始怀疑自己是否具备做推销工作的素质和能力。自信具有传染性,推销人员对自己具有足够的信心,可以感染客户,使之对自己产生信任感。相信自己,相信自己一定能成功,这一点对于推销人员而言至关重要。

(1)相信自己的企业

推销人员只有充分相信自己的企业,才能具备从事推销工作应有的向心力、荣誉感和责任感,才能使其具备主人翁的工作热情,并在推销事业中发挥创造精神。只有相信自己的企业,推销人员才能在推销工作中脚踏实地、信心百倍,才能在遇到错综复杂的情况时,保持头脑冷静,才能以企业为后盾,大胆开创推销新局面。同时,相信自己的企业有利于增强自信心。连自己的企业都不相信的推销人员是不可能长期有所作为的。推销人员对企业的相信,包括相信企业经营行为的合法性、合理性,相信企业的决策、管理能力,相信企业改革和发展的前景等。

(2)相信自己的产品

推销人员对本企业产品建立信心的基本前提是产品是可以信任的,是符合质量标准和适销对路的。"己所不欲,勿施于人",世界著名的激励大师金克拉曾说过:"别推销连自己都不相信的产品。"推销人员只有相信和喜欢本企业的产品,才会充分调动积极情绪,充满热情地投入推销工作中,并用自己的热情感染对方接受产品。

(3)相信自己

推销人员的自信心是完成推销任务、实现自己的目标的前提。自信心能够激励推销人员自强不息,激发推销人员开拓进取的活力和创造力,有利于推销人员充分调动自己内在的潜能;自信心可以提高推销人员的勇气,促使推销人员勇于克服困难,勇于面对现实;自信心能帮助推销人员赢得顾客的信任,因为只有对自己充满信心,才能感染顾客、影响顾客、改变顾客的态度,使顾客对推销人员产生信心,进而相信并购买推销人员所推销的产品。推销人员对自己的相信包括:相信自己从事的推销工作有意义;相信自己从事推销工作的智慧和能力;相信自己充满美好的明天。

案例分享

一次,推销人员张珊在拜访完某跨国公司的采购部门后,经理给了她一份下游客户的"采购员谈判技巧"。"采购员谈判技巧"上写着:

(1)永远不要去喜欢一个推销人员,尽管他是我们的合作者。
(2)要把推销人员当作你的头号敌人。
(3)永远不要接受第一次报价,让推销人员乞求你,这将为我们提供更多的机会。
(4)永远保持最低价纪录,并且还要不断地要求降价,直到推销人员停止提供折扣。
(5)每当推销人员的对手进行促销时,你就问他:"你们为什么不做促销?"并要求同样的条件。
(6)永远记住这个口号:"你卖我买,但我不是总要买你卖的。"
……

张珊好不容易建立起来的自信心瞬间被击溃。她说:"看完这个,我真后悔选择推销人员这个职业!"但是推销人员小李并不这样认为,他把材料拿过去看了看,对张珊说:"我给你几条建议。"

(1)你要把对方的采购员作为我们的头号敌人,永远与他们玩心理游戏。
(2)永远不要在第一次报价后就"交枪",对方的贪婪是无止境的,要记得给自己留退路。
(3)对方的采购员越嚣张,你就越沉稳,把精明和算计都藏在肚子里。
(4)就算他说要换供应商,你也不要慌张,大智若愚,不急着降价。
(5)对于你所面对的采购员,要把他身上的每一个毛孔都摸透,你的信念永远是:"他可以买得更多!"
……

看着小李口若悬河,张珊惭愧地低下了头,她明白:自己还没有完全建立起自信心,而这份自信正是成为一个优秀推销人员的必备特质。

2. 顽强的意志品质

在推销工作中,推销人员会遇到来自许多方面的问题和障碍,瞬息万变的市场、激烈的竞争、严厉的拒绝、冷嘲热讽、怀疑奚落等,无一不是对推销人员意志的考验。面对考验,推销人员要有正确的心态,要有远大的理想,勤奋进取,要有不达目的不罢休的恒心与意志,才能坚持下去。很多推销人员在刚入职时信心百倍,斗志昂扬,但在工作一段时间后,工作的压力致使自信心和自尊心遭受打击,慢慢开始怀疑自己,怀疑自己的工作,乃至最后退出推销行业。因此,推销人员一定要具备顽强的意志,面对推销过程中的种种困难,要始终坚定信念,坚持到底。

案例分享

执着铸就成功

小陈是一家报社的广告推销人员。刚到报社时,他对自己很有信心,向经理提出:不要薪水,只按广告费抽取佣金。经理笑了笑,答应了他的请求。

于是,他列出一份名单,准备去拜访一些其他推销人员以前没有洽谈成功的客户。

在去拜访客户之前,小陈站在床前,把名单上的客户名字念了10遍,然后挥舞着双臂大声说:"在第一个月月末之前,你们将向我购买广告版面!"然后,他怀着坚定的信心去拜访客户。第一天,他和10个"不可能的"客户中的两个达成了交易;第二天,他又成交一笔……到第一个月的月末,只有一个客户还不买他的广告版面。在第二个月里,每天早晨,小陈都要去拜访那位拒绝他的客户。每次这位客户都回答说:"不!"但每一次,小陈都假装没听到,然后继续前去拜访。到了第二个月的最后一天,已经连续说了30天"不"的客户说:"你已经浪费了一个月的时间了!我现在想知道的是,你为何要坚持这样做。"小陈说:"我并没有浪费时间,我一直在训练自己坚韧不拔的精神,而你就是我的老师。"那位客户说:"我也要向你承认,你也是我的老师。你已经教会了我坚持到底这一课,对于我来说,这比金钱更有价值,为了表示我的感谢,我要买一个广告版面,当作我付给你的学费。"

(资料来源:赵彦锋.销售细节全书.北京:企业管理出版社,2007)

四、身体素质

推销是一项十分辛苦的工作,推销人员要起早贪黑、东奔西走,要经常出差,食宿无规律,要思考和处理各种推销业务,还要承受失败和挫折的打击,因此,推销人员需要有旺盛的精力。推销人员每一次交易的完成都是拜访多位客户、一位客户多次拜访的结果,这些均要求推销人员具有健康的体魄。推销人员应注意以下几点:

(1)要经常保持良好的心态。
(2)要学会放松自己。
(3)尽量每天坚持运动。
(4)要注意饮食卫生和预防疾病。
(5)要保证必要的休息。

知识链接

成功推销人员的四大素质

在营销行业中,具备什么样的素质能使优秀的推销人员脱颖而出?具备什么样的素质能使干练的推销人员不同于平庸之辈?盖洛普管理咨询公司对近50万名推销人员进行了调查。研究表明,优秀的推销人员应该具有以下四个方面的素质与能力:

一、内在动力

"不同的人有不同的动力,自尊心、幸福、金钱,你什么都可以列举",一位专家说,"但是所有优秀的推销人员都有一个共同点:有成为杰出之士的无尽动力。"这种强烈的内在动力可以通过锤炼和磨炼形成,但却不是能教会的。动力的源泉各不相同,有的受金钱的驱使,有的渴望得到承认,有的喜欢广泛的交际。盖洛普管理咨询公司揭示了四种性格类型(竞争型、成就型、自我实现型和关系型),这四种人都可能成为优秀的推销人员,但有各自不同的动力源泉。

竞争型的推销人员不仅想要成功,而且渴望战胜对手(其他公司和其他推销人员)获得的满足感。他们能站出来对一个同行说:"你是本年度最佳推销人员,我不是对你不恭,但我会与你一争高低的。"成就型的推销人员会给自己制定目标,且把目标定得比别人高,只要是团队能够取得好成绩,不在乎功劳归谁,他们是优秀的团队成员,他们喜欢接受挑战。自我实现型的推销人员就是为了想体验一下获胜的荣耀,他们不论竞争如何,就想把自己的目标定得比自己能做到的高。他们一般能成为最好的营销经理,因为只要能使他们自己的机构完成任务,对他人的成败与否看得不重。最后一种是关系型的推销人员,他们的长处在于能与客户建立和发展良好的业务关系。他们为人慷慨、周到,做事尽力。"这样的推销人员是非常难得的",美能达公司商务部国内培训经理说,"我们需要那种能够耐心回答顾客可能提出的第十个问题的推销人员,那种愿意和客户在一起的推销人员。"

没有谁是单纯的竞争型、成就型、自我实现型或关系型推销人员。"竞争型的推销人员如果有一些关系意识,他可能除在照顾客户方面做得很好外,还能得到大笔业务",盖洛普管理咨询公司主任认为,"对这样的人,谁还能苛求更多呢?"

二、严谨的工作作风

不管动机如何,如果推销人员组织凝聚力不强,工作不尽力,他们就不能满足现代客户越来越多的要求。优秀的推销人员能坚持制订详细而周密的计划,然后坚决执行。在推销工作中没有神奇的方法,有的只是严密的组织和勤奋的工作。"我们最棒的推销人员从不拖拖拉拉",一家小型物资贸易公司的总裁说,"如果他们说将在六个月后会面,那么你可以相信六个月之后他们肯定会到客户门前的。"优秀的推销人员依靠的是勤奋的工作,而不是运气或是雕虫小技。有人说他们能碰到好运气,但那是因为他们早出晚归,有时为一项计划要工作到深夜两点,或是在一天的工作快结束、人们都要离开办公室时还在与人商谈。

三、完成推销的能力

如果一个推销人员不能促使客户订货,其他技巧都是空谈。不能成交就称不上推销。因此,如何才能成为一名优秀的推销人员呢?经理们和推销事务顾问们认为有一点很重要,即一种百折不挠、坚持到底的精神。有人认为,"优秀的推销人员和优秀的运动员一样。他们不畏惧失败,直到最后一刻也不会放弃努力。"优秀的推销人员失败率较低的原因就是他们对自己和所推销的产品深信不疑。优秀的推销人员非常自信,认为他们的决策是正确的。他们十分渴望做成交易,在法律和道德允许的范围内无论采用何种方法都要使交易成功。

四、建立关系的能力

在当今的关系营销环境中,作为优秀的推销人员,最重要的一点就是成为解决客户问题的能手和与客户建立关系的行家。他们能本能地理解客户的需求。如果和营销主管交谈,他们会这样描述优秀的推销人员:全神贯注、有耐心、够周到、反应迅速、能听进话、十分真诚。优秀的推销人员能够站在顾客的立场上用客户的眼光看问题。当今的客户寻求的是业务伙伴,而不是打高尔夫球的伙伴。"问题的根本在于要目的明确",达拉斯的一位推销顾问说,"优秀的推销人员不是讨别人喜欢,他们要的就是赢利。"他还补充道:"优秀的推销人员总是想到大事情,客户的业务将向何处发展,他们怎样才能帮上客户的忙。"

(资料来源:李文国,夏冬.现代推销技术.北京:清华大学出版社,2010)

第二节 推销人员的知识准备

推销人员每天要与各种各样的顾客打交道,推销人员自身业务知识的广度和深度在很大程度上决定着推销人员的推销能力,也影响着客户对推销人员的印象。同时,现代推销理念对推销人员的综合素质能力提出了更高的要求,推销人员不仅要掌握基本的业务知识,还要能够根据基本的业务知识为客户提出非常深入的、有见地的意见或看法。过去,客户因为不了解产品或服务信息匮乏而苦恼,随着现代信息技术的发展,买家不再缺少信息,而是不能全面理解所处的市场环境,他们需要推销人员的意见。推销人员应该掌握的业务知识主要包括以下几方面。

一、企业知识

1. 企业的历史

推销人员应掌握企业的创建情况、发展历程、经营的指导思想、经营的方针目标、企业发展壮大的背景知识、发展过程中的名人轶事。掌握这些有关企业的历史知识可以使推销人员在与客户交谈时,显得知识渊博;能让客户更加详细、全面地了解推销人员所在企业的状况,使客户对推销人员所在的企业形成良好的印象。同时推销人员能够熟练且自豪地讲出企业的发展历史,可以给客户留下热爱企业的印象,有利于推销人员在客户心目中树立良好的形象。另外,推销人员向客户介绍企业的历史,可以增强推销人员对自身工作的自豪感和归属感,提高推销时的信心。

2. 企业的规模

推销人员要熟悉企业的规模。在与顾客洽谈中,顾客一般会认为规模大的公司比较可信。企业规模的大小可以通过下列指标反映:市场占有率,原材料的运用情况,日产量、年产量,公司雇员人数,工厂、办公室的规模及数量和工资总额。

3. 企业的财务状况

推销人员要了解企业的资产、负债状况,在与顾客签订合同、顾客支付产品交易的预付款时,都必须清楚这些情况,否则,推销也难以成功。

4. 企业的领导与组织机构

推销人员应了解企业领导层的职务、姓名、行业地位、名声、经营理念等,对与推销有关的部门和人员也应非常熟悉。

5. 企业的规章制度和政策

推销人员要熟悉企业的赊销规定、价格政策、服务措施等各项规章制度和政策。

二、产品知识

推销人员要想成功地打动客户,再出色的口才也不及性能优越的产品。一名合格的推销人员对企业生产的尤其是自己负责推销的产品和服务应该非常熟悉,缺乏产品知识的推销人员是很难说服顾客购买其产品的。有的推销人员对自己所推销的产品只知道大概情况,甚至只知道价格,就开始了推销工作,造成客户对产品进一步详细询问时,推销人员产生不知所云的尴尬局面。这样不但造成了客户对产品的怀疑,而且也使公司名誉受到损失,更是业务上毫无进展的重要原因。中国古代的寓言故事"庖丁解牛"表明,如果推销人员对自己所推销的产品达到"庖丁"的熟练程度,那么推销就不再是一件苦差事了。

推销人员应该了解的产品方面的知识包括:

1. 产品的基本特征

(1)产品的物理属性。产品的物理属性包括硬性特征和软性特征。硬性特征是指产品的大小、重量、容量、长度、构造、原料、式样、颜色、速度、改良之处及专利技术等相关信息;软性特征是指产品的设计风格、色彩、流行性等。

(2)产品的生产流程。了解产品的生产工艺流程、所用材料、质量控制方法等。

(3)产品的性能指标。了解产品的性能指标,如产品的温度极限、功率、电流、使用寿命等。同时,应掌握一些产品使用、维修方面的基本技术和知识。

(4)产品的交易条件。产品的交易条件包括产品的价格和付款方式、运输方式、保证年限、维修条件和购买程序等。

(5)产品的使用知识。产品的使用知识包括产品使用方法、操作方法、使用时的注意事项等。

2. 产品的价值取向

产品的价值取向是指产品能给使用者带来的价值。产品整体概念认为产品包括三个层次:核心产品、形式产品和延伸产品。推销人员应该对产品的整体进行深入了解,分析产品带给顾客的最核心利益,表现核心利益的最优形式以及顾客最关注的延伸产品,只有这样才能在推销的过程中,抓住消费者的心理,进行针对性的推销。

构成产品使用价值的因素包括:

(1)品牌。品牌是影响客户确定购买决策的重要因素,推销人员需了解在众多的产品品牌中,自己所推销的产品的品牌形象及市场占有率是否处于有利的地位。了解品牌的知识不但对说服客户有帮助,也有利于培养推销人员对该品牌的归属感和荣誉感,增强其销售的信心。

(2)产品的性价比。通过产品说明书的性能参数确定产品的性能、性价比,是客户确定购买的重要依据。

(3)服务。服务不仅包括售后服务,而且包括整个销售过程中推销人员给客户带来的信心和方便。

(4)产品的优点。产品的优点即产品在功效上表现出来的特点。

(5)产品的特殊利益。产品的特殊利益是指产品能满足客户特殊的要求,如客户每天都要和国外总部联系,利用传真机,可以加快速度,并有利于节约国际长途电话费。

3. 产品的竞争差异

客户经常会在不同品牌之间进行比较,并提出疑问。因此,推销人员必须了解竞争产品的相关知识。

(1)品种。主要竞争产品的卖点是什么,质量、价格、性能及特点如何,与本公司产品相比,其优缺点是什么?

(2)促销方式。竞争产品的促销形式是什么,哪些方面对本公司的产品有影响?

(3)销售人员。竞争产品的推销人员的着装、外形、销售技巧怎么样,有哪些值得自己学习,有哪些应该避免?

(4)客户。竞争产品的客户数量有多少,层次怎么样,他们为什么选择购买竞争产品?

4.产品的诉求点

推销人员要想有效地说服客户,除了具备完备的产品知识外,还需要明确产品的诉求点。

(1)找出产品的卖点及独特卖点

卖点即客户购买产品的理由;独特卖点是客户购买该产品而不购买竞争产品的原因。中国台湾地区著名行销专家余世维曾经代理过"捷豹"牌汽车,在开始销售之前,余先生就明确应该给自己代理的汽车找到区别于其他竞争品牌的吸引消费者的卖点,最终他了解到英国前王妃戴安娜曾经的座驾就是"捷豹"牌的,但不是同一款式。于是,余先生找到了戴安娜王妃曾经乘坐"捷豹"牌汽车的照片,并翻印了很多张。他让推销人员在跟客户推销"捷豹"牌汽车的时候,一定要提到戴安娜王妃的座驾也是"捷豹"牌的,并赠送一张照片给客户,结果他代理的十辆"捷豹"牌汽车很快销售一空。

(2)找出产品的优点和缺点,并制定相应的对策

推销人员要找出产品的优点,并作为重点推介;同时找出缺点,考虑如何将缺点转化为优点或给客户一个合理的解释。对于客户提出推销人员所推销的产品的缺点,有的推销人员采用坚决不承认的态度和狡辩的方式应对,这样的推销人员很容易引起顾客的反感。任何产品都不可能是完美的,消费者并不苛求产品没有缺点,大多数追求的是合理的性价比,因此,对于客户提出的产品的缺点,推销人员应该真诚接受,这种坦诚的态度往往会赢得客户的尊重和好感。

三、推销专业知识

推销渗透在我们的日常生活中,似乎每个人都可以做推销工作,所以推销工作的入职门槛不高,但真正做好推销工作却并不容易。推销是一门艺术,所以推销没有固定的方式和方法;推销是一项技能,必须在真正的推销实践中锻炼推销本领。要真正做好推销工作,必须掌握一些基本的推销专业知识,这对推销的顺利进行会起到事半功倍的效果。

与推销工作相关的学科知识涉及的范围很广,实际的推销工作并不要求推销人员对这些学科知识有很深的理解,但对一些基本知识要有所了解。这些学科知识包括市场营销学、消费者行为学、商品信息学、经济学、金融学、经济法、企业管理、公共关系、广告学以及国家的法律法规等,尤其要懂得市场营销知识,能够掌握市场调查、市场预测、商务谈判和推销技巧。

推销专业知识的获得除了理论学习以外,还包括社会阅历方面的积累,如接人待物、为人处世方面的一些经验,这是推销必备的社会知识基础。另外,推销的专业知识是需要专业的培训或者在实践过程中摸索和积累的,如目标顾客定位、潜在顾客信息寻找和筛选、目标顾客接近、推销业务洽谈、讨价还价、顾客异议处理、业务交易促成、电话推销、网络推销、推

销售后服务、推销过程管理、大客户管理、应收账款控制、客户关系管理、销售团队建设等,都需要相关的专业知识及技能训练。

四、客户服务知识

一个优秀的推销人员必须同时是一个优秀的调查员,必须去发现、追踪和了解,直到调查清楚客户的一切。

1. 分析和总结目标客户的特点

了解所推销产品的目标客户及其规模,目标客户的需要,目标客户的购买习惯、购买动机等情况,需要推销人员掌握消费心理学、社会学、经济学以及行为科学等相关知识。

2. 了解顾客购买决策的过程

推销人员要了解购买决策权在谁手中,谁是购买者,谁是使用者和消费者;了解顾客的购买条件、方式和时间,深入分析不同顾客的心理、习惯、爱好和要求。不同的公司,内部的决策模式是不同的,不能清楚了解公司的决策过程和模式,推销人员往往会做很多无用功,浪费很多时间和金钱,导致"南辕北辙"。例如,大多数大型医院的采购决策权归属药剂科主任,而一些小型医院药品的采购权则由业务院长把握,而有些医院由于特殊情况,也并不遵循上述的规律,所以事前必须了解清楚。

3. 调查客户公司的基本信息

客户公司的基本信息包括公司的规模,公司的财务状况,公司的领导与组织机构,公司的行业特点、产品销售半径、销售方式、竞争对手、股权结构等。

五、竞争对手知识

推销人员必须牢记,任何的营销行动都是在竞争的环境中展开的。只有"知己知彼",才能"百战不殆"。因此,对竞争对手情况的了解,是推销人员的必修课。

在日益激烈的市场竞争环境中,企业必须十分注意它们的竞争对手,才能有针对性地制定出有效的推销策略。首先,推销人员必须深入了解现有的竞争者。谁是主要的竞争者?其市场定位如何?产品组合如何?价格水平如何?年销售额有多少?其优势和劣势是什么?通过了解这些问题,推销人员就可以制定出具有针对性的推销策略,目的是避其锋芒,发挥自己的优势,避免自己的劣势。对竞争对手的状况了解、掌握得越清楚,推销人员在推销中就越主动、越自信,推销成功的机会就越大。

六、相关法律知识

推销人员在工作中要有强烈的法律意识和丰富的法律知识。推销工作是一种复杂的社会活动,受到一定的法律法规制约。在推销过程中,推销人员应注意衡量自己的言行是否合法以及会给社会带来的后果。因此,推销人员有必要学习、了解《民法典》《民事诉讼法》、《商标法》《广告法》《产品质量法》《消费者权益保护法》和《反不正当竞争法》等相关法律法规,做到依法推销、诚信推销,反对欺骗性推销和强制推销。

第三节　推销人员的能力准备

推销是一项具有很大挑战性的工作。特别是进入21世纪以来，随着市场经济的深入开展，企业之间的客户竞争加剧，企业、行业对推销人员的能力要求也越来越高。具体来说，优秀的推销人员应具备以下核心能力。

一、学习能力

时代在不断地变化，客户在不断地成长。在这个高速发展的时代，学习是让推销人员了解外部世界、跟上客户步伐的最有效途径。对于优秀推销人员来说，主动学习是指这样一种能力：能够快速地汲取最新知识，了解社会发展趋势；能够将学习到的知识与实际工作相结合，做到理论与实践相融合。随着经济和社会的快速发展，知识的保鲜期越来越短，推销人员必须与时俱进，不断补充和学习新知识。因此，推销人员如果没有良好的学习能力，在速度决定胜负、速度决定前途的今天势必会被淘汰。

顶尖的推销人员都是注重学习的高手，通过学习培养自己的能力，让学习成为自己的习惯，因为成功本身是一种习惯和能力（思考和行为习惯）。成功的推销人员都是不断地通过学习超越自己，并且在销售的团队里形成学习的氛围，建立学习型组织，有利于自我的提升和组织素质的提升。彼德·圣吉的《第五项修炼》掀起了全球组织学习的热潮。

二、洞察力

推销人员的洞察力包括两个方面：一是对市场的洞察力；二是对客户的洞察力。洞察不是简单地看，而是用专业的眼光和知识去细心地观察，通过观察发现重要的信息。推销人员也是每个企业的信息反馈员，通过洞察获取大量准确的信息反馈是推销人员的一大职责。成功的推销人员不仅对市场具有很强的洞察力，而且善解人意，心思灵敏，能准确地从客户的言谈举止中窥见对方的思想状况和内在意图，能准确、及时地捕捉到商机。

案例分享

职业观察力

一天，推销人员小张去一家卖场巡访，偶然看到超市的货运车正在将竞争对手的产品陆续地卸车入库。对于推销人员来说，这原本是件很常见的事情，但是，那天她却想多看看。于是她继续观察，发现运来的产品比平时多很多。她心里想："这是怎么回事，对方想干什么，难道是要举行大规模促销？"想到这里，她匆忙回到卖场，吩咐一个刚招聘来的促销员假扮顾客，到对手的卖场区去询问。原来竞争对手准备几天后连续三天举行大型促销活动。她马上向公司汇报这个情况，公司分析后确定竞争对手准备在卖场掀起一次大规模的降价促销活动，打算在公司地位未稳定的情况下发起进攻。于是，公司连夜布置，第三天抢先在各卖场全面掀起购货附赠品的促销活动，避免了一场"厄运"。

三、沟通能力

推销本身就是推销人员与客户之间的一种沟通行为,推销人员将产品及相关信息传递给客户并搜集客户的意见反馈,这就需要推销人员具备良好的由语言表达能力、逻辑思维能力、观察判断能力及交际能力组成的沟通能力。通过与对方沟通,推销人员可以了解对方的信息,明白对方的真正意图,将自身的信息也准确传达给对方;同时,通过恰当的交流方式(如语气、语调、表情、神态、说话方式等)使得谈话双方容易达成共识。

四、交际能力

推销是一种交易,也是一种交际。做生意是做人的生意,是与人做生意,因此,交际能力是衡量一个推销人员能否适应现代开放社会和做好本职工作的一条重要标准。良好的交际能力可以为推销人员提供更多接触潜在客户的机会,获得更多有助于推销工作的信息。推销人员必须善于沟通和与各界人士建立紧密的交往关系,要在任何场合都能应付自如、见机行事,推销才可能取得成功。

五、忍耐力

销售是世界上淘汰率最高的工作之一,很多年轻人怀着远大的理想,踌躇满志地进入推销领域,却又在短时间内离开,原因很多,其中最重要的一个原因是缺乏超常的忍耐力。推销工作需要一个适应过程,可能需要忍耐一个月、半年甚至一年才开始积累到一些客户,业绩和收入才能相应地提高。很多刚踏入推销行业的人不能忍受这段时间的艰辛与困难,半途而废,因此,"机会主义者"不适合从事推销工作。在推销过程中仍然需要忍耐,用一种平常心看待推销过程中的失败,才能"柳暗花明又一村"。

六、自我控制能力

很多时候推销人员是孤军奋战的,推销人员每天从事的工作,不可能完全在领导的监督下进行。推销人员还经常遭遇拒绝和挫折,需要控制情绪、保持良好的工作状态,每天都要以饱满的热情迎接新的挑战,因此,推销人员一定要努力培养自己的自控能力。另外,在日常的推销工作中,推销人员不可避免地会遇到竞争对手。有时候,追踪很久马上要交易成功的客户可能被竞争对手抢走;有时候,会碰到竞争对手在客户面前诋毁自己;有时候,可能会在销售终端与竞争对手进行直接现场竞争。面对这些销售中经常出现的竞争局面,推销人员必须采用健康的平常心对待。推销人员如果不能很好地调节自己的心态,没有较好的自控能力,顺着自己的情绪而为,意气用事,采取一些过激行为,将导致一些不愉快的事情发生,对自己的职业生涯和公司的名誉都会产生负面的影响。

七、自我调节能力

推销是一项需要承受巨大压力的工作,面对客人的无情拒绝、他人的冷嘲热讽以及许久没有销售业绩的情况,很多推销人员的情绪会变得很不稳定,甚至会怀疑自己的能力,这样的负面情绪如果不能得到及时地调整,推销人员很容易半途而废。面对工作的失意、其他不顺心的事情时,优秀的推销人员总是能够很好地进行自我心理调节,决不会将失意写在脸上,把情绪带进推销,即便遭受再大的痛苦,也会在推销时容光焕发、面带微笑。自我调节并不是压抑感情,而是让自己学会如何控制自己的情绪,可以选择多种方式来宣泄,如看一场电影、打一场球赛,但是不要将不满与愤怒发泄在客户身上。

八、创新应变能力

推销是一门技术,更是一门艺术。根据不同的客户需要采用不同的方法和技巧,这就要求推销人员必须掌握和熟悉客户的消费心理特征,而客户的消费心理是随着时代的变化而不断变化的。因此,推销人员必须具有创新能力,尤其是推销方法和手段的创新。如果一个推销人员按照固定模式进行推销,不仅客户感到厌倦,推销人员自己可能也会缺乏激情。

案例分享

应变能力是能够训练的吗?

有一位推销人员当着一大群客户的面推销一种钢化玻璃酒杯。在他进行商品说明之后,就向客户做商品示范,也就是把一只钢化玻璃酒杯扔到地上而不会破碎。可是他碰巧拿了一个质量没有过关的杯子,猛地一扔,酒杯砸碎了。

这样的事情在他推销酒杯的过程中还未发生过,大大出乎他的意料,他感到十分吃惊,而客户更是目瞪口呆。因为他们原先已十分相信这位推销人员的推销说明,只不过想亲眼看看,以得到一个证明罢了,结果却出现了如此尴尬的局面。

此时,如果推销人员也不知所措,没了主意,让这种沉默继续下去,不到三分钟,准会有客户拂袖而去,交易会因此遭到惨败。但是,这位推销人员灵机一动,说了一句话,不仅引得哄堂大笑,化解了尴尬的局面,而且更加博得了客户的信任,从而大获全胜。

那么,这位推销人员是怎么说的呢?原来,当杯子砸碎之后,他没有流露出惊慌的情绪,反而对客户们笑了笑,然后沉着而富有幽默地说:"你们看,像这样的杯子,我就不会卖给你们。"大家禁不住一起笑了起来,气氛一下变得活跃了。紧接着,这位推销人员又接连扔了五只杯子都成功了,博得了信任,很快就推销出几十打酒杯。

第四节 成功推销人员的特质

一、强烈的企图心

"企图心"是由美国心理学学者默里(Murray)提出的,又称为"成就动机"(Achievement Motivation)或"成功欲望"。默里将"成就动机"定义为:个人认为对自己很有意义或很有价值的工作,不但愿意去做,而且会全身心地投入,以求成功的心路历程。强烈的企图心就是对成功的强烈欲望,没有强烈的企图心就不会有足够的决心。拥有强烈的企图心的推销人员,不会畏惧客户的拒绝,做事一定会全力以赴。一个没有强烈的企图心的推销人员一般都创造不出良好的业绩。

销售行业是"业绩为王"的高压力行业,压力可以让人把企图心释放到极致,从而获得顶尖的绩效和可观的收入。同时,压力也可能使推销人员产生挫败感,甚至心力交瘁,狼狈退出。这是每个推销人员可能要面对的喜与悲。一位亚洲成功学专家认为,业务人员要成功,一定要具备三个最重要的条件:一是拥有强烈的企图心,二是拥有强烈的企图心,三是拥有强烈的企图心。他还进一步解释道:"如果你的下属不具备这三个条件,你就不必费心去训练他,因为他如果会成功真是活见鬼!"

企图心就是自信和强烈的渴望,是成为顶尖的推销人员必备的心态。从某种意义上说,企图心实际上就是永不满足,永远追求"好上加好"。对于一名推销人员而言,这会带给他无穷的动力和工作的热情,使他不断地跨越障碍,创造奇迹。顶尖的推销人员胜过一般推销人员靠的并不是口头功夫,而是心理武器,其中最基础的一条就是企图心。企图心正是业绩争霸赛中打败对手的必杀技。你愿不愿意尽全力放手一搏,你会不会设定高远的目标,你能不能持之以恒,勇往直前,走得更远、更久,你能不能超越自我获得成功,这些全都取决于你有没有超人一等的企图心。总而言之,企图心是成功路上帮你披荆斩棘的利刃,你要向成功的巅峰进发,绝对不能忽视它的重要性。

二、超人的勇气

先哲说过:"你的心态就是你真正的主人,要么是你驾驭生命,要么是生命驾驭你,你的心态决定谁是坐骑,谁是骑师。"因此,成功的推销人员是需要具备超人的勇气的,不但要挑战推销过程中面临的困难,还需要挑战自己身体、心理、智慧的极限。

推销是一项极其考验人的抗压能力和心理承受能力的工作,艰辛的工作、他人的不理解、客户的拒绝、很久没有业务成交的压力很容易摧毁人的意志,滋生一些负面的心态和情绪,对推销将产生极大的负面作用。要想创造骄人的业绩,最重要的是要树立积极向上的销售心态。好的心态就是热情、战斗精神,就是勤奋工作、忍耐,就是执着地追求、积极地思考,不能适时调整心态的人永远无法胜任销售工作。要经常告诉自己"我做得到""我能行"。

1. 阻碍推销人员成功的消极心态

(1)害怕拒绝,为自己寻找退缩的理由。被客户拒绝过的推销人员往往担心再次被拒绝,不敢也不愿意再次拜访客户。

(2)销售是在求人,低人一等。在被客户毫无情面地拒绝后,很多推销人员开始动摇,怀疑销售这项工作的价值。

(3)对产品和企业没有信心。很多推销人员在推销过程中遇到挫折后,往往习惯于将自己的失败归咎于产品或企业。

(4)害怕同行竞争。销售是一项竞争激烈的工作,面对竞争,有的推销人员会甘拜下风,不战而退。

(5)经常抱怨客观条件不利,从不反思自己。例如,经常抱怨:"是我们公司的政策不对","我们公司的产品、质量、交易条件、价格不如竞争对手","竞争厂家的价格比我们的更低"和"这个顾客不识货"。

2. 推销人员应该具备的积极心态

积极心态打造超凡业绩,真正能够使业绩上升的,不是推销技巧,而是最好的心态,只有调整好自己的心态,始终用积极的心态去面对推销,才能成为王牌推销人员。

(1)不怕被客户拒绝

做推销工作被客户拒绝是不可避免的,关键是怎样去看待它,人们对于不了解的事情会拒绝接受,这是人本能上自我保护的反应,是人之常情。没有拒绝,就没有销售。因为别人被拒绝了,所以才没有完成交易,我们才有机会。不管做什么事,要想有所收获,就必须勇敢面对,敢于承担风险,敢于面对失败,去除畏惧心理的最好办法就是立即行动。能否坦然地面对拒绝并鼓起勇气再去尝试,使推销成功,是检验推销人员能力的试金石。

告诉自己成功就在下一次,即使客户拒绝多次,也要面带微笑地再试一次,那些成功的推销人员并不是比别人运气更好,而是比别人更具有坚持下去的韧性和勇气。

(2)推销是一项让人骄傲的职业

世界知名销售专家乔·吉拉德曾经说过:"每一个销售员都应以自己的职业为骄傲,因为销售员推动了整个世界。如果我们不把货物从货架上和仓库里面运出来,整个社会体系的钟就要停摆了。"一些销售员平时谈笑风生,但到了真正与客户面对面的时候不是语无伦次,就是坐立不安,这是什么原因呢?因为他们把销售看成一种卑微的职业、求人的工作,他们并不是从心里热爱这份工作。这样的销售员是不会取得成功的。

推销人员心理角色一般有两种:乞丐心理与使者心理。具有乞丐心理的推销人员认为推销是乞求,请别人、求别人帮助自己办成某件事情,所以在推销时非常害怕客户提出反对意见,害怕客户对产品提出意见。销售行业最忌讳的就是在客户面前卑躬屈膝,如果你连自己都看不起,别人又怎能看得起你?表现得过于谦卑并不会博得客户的好感,反而会让客户大失所望。一名推销人员向一位总经理推销电脑,言行过于谦卑,这让总经理十分反感。总经理看了看电脑,觉得质量不错,但最终并未购买。总经理说:"你用不着这样谦卑,你推销的是你的产品,你这个样子,谁愿意买你的东西呢?"使者心理是当今流行的推销人员心理,是一种提高自信心的措施。推销人员去走访一个顾客不是求他购买产品,而是向他介绍或推荐一种对他有用(有利)的产品,如同医生上门看病一样,是给患者带来便利、实惠。推销人员手中掌握着公司的产品,对客户而言,每一个都是获利的机会。推销人员是光明的使者,给消费者带来生活上的便利。推销人员在以上这两种心理模式下,精神状态不一样,展现在客户面前的气质和信心也不一样,销售的成绩自然也不一样。

(3)相信自己的产品最好

自信是优秀的推销人员必备的素质,自信包括相信自己、相信自己的企业和产品,连自己都不相信的产品是不可能成功推销给顾客的。亚洲销售女神徐鹤宁总结自己的成功之道时曾说过:要百分之一百地相信自己所推广的产品。推销人员始终要相信世界上没有完美的产品,只有最适合的产品,完美的产品永远不会出现,符合客户需求的产品会不断地推出。推销人员不是单纯地在推销产品,更是在推销价值。

(4)不惧怕竞争

对于推销人员来说,竞争是不可避免的,关键是抱着什么样的心态去对待,坦然并且积极主动地面对同行的竞争,是任何一个想创造卓越业绩的推销人员必备的素质和能力。为了更好地面对竞争,推销人员要详细调查和了解竞争对手,设立目标,全力以赴,在竞争中不断提高服务质量,这也是在竞争中取胜的最可靠策略。

(5)相信自己而不怨天尤人

推销人员不从自身找原因,总把失败归咎于外部环境,其结果只能是业绩越来越差,离成功也越来越远。对于一个推销人员来说,生意是否景气,不在于外部环境,全在于有没有积极的心态。积极的想法会产生行动的勇气,而消极的想法只会成为面对挑战时的障碍。以积极的心态,带着热情和信心去做,全力以赴,就一定能提升销售业绩。

案例分享

思路决定了出路

一家公司的两名推销人员同时去一家超市推销产品,甲看到这家超市已经有很多的同类产品,竞争产品卖得很好而且利润比自己的产品高,认为该店此类产品已经饱和,很难说服老板进货,即使进了货也不一定好卖;另一个推销人员乙也看到这家超市同类产品很多,乙认为这也同时证明了该店的此类产品销售较旺,有很大的开发潜力。经了解该店销售最好的是××品牌,自己的产品相对××产品虽有差距但也有着独特的优势,于是乙用尽浑身解数说服了超市老板进货,同时针对××产品制定了相应的促销政策,不久这家超市便成了公司的样板店。

三、销售激情

激情是一个四处充溢的字眼,从学校到社会,从事业到生活,人们都在呼唤着激情。没有激情就没有销售。有了激情才有了灵感的火花、鲜明的个性,才有了人际关系中的强烈感染力,也才有了解决问题的魄力和方法。

推销人员每天面对的失败与压力,远远胜过其他职业的工作人员。这种状态很容易消磨人的斗志,吞噬人的激情。可是,推销人员一旦没有了激情,就像飞机没有了燃油,结果只能是业绩一落千丈。因此,推销人员每天必须做的工作就是不断给自己打气,鼓励自己,也鼓励他人。久而久之,就形成了习惯,形成性格。

激情并不是盲目乐观,而是看重事情有利的一面,并尽一切可能转化事情不利的一面。激情也不是自我陶醉,而是清醒地认识到自己的不足,巧妙地扬长避短;激情不是明哲保身,而是先感染自己,再感染他人,包括顾客、同事、对手,都是传播激情的对象。一个饱含激情的推销人员,足以影响他所在的团队,让大家都看到光明和希望。

案例分享

销售女神徐鹤宁

徐鹤宁是个永远挑战更高目标的人,也是个永远保持高昂销售激情的人。徐鹤宁入职的第二个月,陈安之老师给几位讲师设立目标,陈老师首先问徐鹤宁:"你是上个月的冠军,你定多少?""推广100人上课",徐鹤宁说。"好。"陈老师又问第二名的讲师,"那你呢?"

"我……80人吧。""难怪你是第二名,连报目标都输给第一名!"听陈老师这样一说,第二名的讲师"嗖"地一下从座位上站起来,走到徐鹤宁的面前,大声说:"我这个月的目标,就是要超过徐鹤宁!""谁会被你超越?我徐鹤宁是永远的第一名",徐鹤宁回应。谁知其他几位讲师也一起站到了徐鹤宁的面前,围着她,大叫:"徐鹤宁,我要超越你!徐鹤宁,我要超越你!徐鹤宁,我要超越你!……"没想到,陈老师一句话,就把大家都激励成了"疯子"!那一个月,徐鹤宁的压力比前一个月更大。本来每天的睡觉时间就只有两三个小时,结果那个月,老是做噩梦,梦见奖被人偷走了,满大街地找!那么多人在后面拼命地追。徐鹤宁哪敢有丝毫的懈怠,她比第一个月更卖力,任何一个机会都不放过,连沐足店都去演讲过,房间黑黑的还有一股味道,屋里堆着一大堆洗脚桶,徐鹤宁就在那样的环境里也会讲得很认真,居然还会有人报名!每次去地王大厦演讲,她都会把保安也叫过去听,连电梯的维修工也有报名的!

四、良好的自控力

推销是一项个体性较强的工作,纷繁复杂的工作往往需要推销人员自己进行调控和把握,例如,如何把握销售的进程?每一天的工作时间如何分配?这些需要推销人员拥有良好的自我管理能力。没有良好的自我管理能力,推销人员的大部分时间会在碌碌无为中度过。良好的自我管理能力体现为做推销工作有明确的目标和计划。

成功的推销人员有明确的目标和计划,他们总是在不断地调整自己的目标,制订相应的计划,严格地按计划办事。日本保险业的推销大王原一平,给自己制定的目标和计划就是每天拜访20个客户,如果白天没有达到,他就算不吃饭也要坚持晚上出去。就是凭借这种坚韧不拔的精神,使他当之无愧地成为顶尖的销售大王,也给他带来巨大的财富。

五、非凡的亲和力

容易让客户接受、喜欢、信赖的推销人员,就是成功的推销人员。许多成功的销售行为,都是建立在友谊基础上的,人们喜欢从其所喜欢、所接受、所信赖的人处购买东西,喜欢从其具有友谊基础的人处购买东西,因为这样会让人觉得放心。想要业务做得更好,必须很快和客户建立良好的关系基础,这也就是我们通常所说的亲和力。世界上最成功的顶尖销售员都是具有较强的亲和力且容易和客户交朋友的人。什么样的人最具有亲和力呢?通常对人热情、关心别人、乐于助人、有幽默感、对人诚恳、让人值得信赖的人都是有亲和力的人。

案例分享

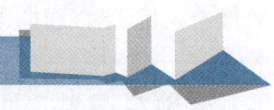

做销售先做人

一位推销人员去拜访一个很久不向他们进货的商铺老板,当时老板正在整理账本,老板可爱的小女儿独自在一边玩耍,推销人员没有去打扰商铺老板,而是与老板的小女儿玩起了游戏,像陪自己六岁的小女儿一样,并教导孩子应该从游戏中明白的道理,小女孩很快就喜欢上了这位推销人员。商铺老板整理完手中的账本,走过来,邀请推销人员入内,态度有非常大的转变。商铺老板说:"看到一个不造作,对任何人都自然、亲切、友好的推销人员,我愿意与你成为好朋友。"后来老板的订单都给了这位推销人员。

本章小结

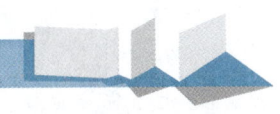

世界上最难的两件事是把自己的思想放到别人的脑袋里和把别人的钱放到自己的口袋里。推销就是后面一种极具挑战性的工作,推销人员需要具备较高的综合素质和能力。要想做好推销工作,推销人员一定要做好充分的素质和能力准备。本章主要从推销人员的个人素质、能力的角度,分析阐述推销人员应该做好的三方面准备工作,包括基本素质准备、业务知识准备、核心能力准备,还进一步挖掘了优秀推销人员的特质。

思考与练习

一、名词解释

推销道德　企图心

二、选择题

1. 推销人员应该具备良好的综合素质,包括道德素质、文化素质、心理素质和(　　)。
   A. 身体素质　　　B. 政治素质　　　C. 交往能力　　　D. 组织能力
2. 推销人员除了具备推销专业知识外,还必须具备企业方面的知识、产品方面的知识、客户方面的知识以及(　　)方面的知识。
   A. 竞争对手　　　B. 物流　　　　　C. 地理　　　　　D. 营销
3. 推销人员的能力主要包括学习能力、洞察力、沟通能力、交际能力、忍耐力、自我控制能力、自我调节能力以及(　　)能力。
   A. 创新应变　　　B. 计算　　　　　C. 语言表达　　　D. 记忆
4. 优秀的推销人员一般具备下列特质:强烈的企图心、超人的勇气、销售激情、良好的自控力以及非凡的(　　)。
   A. 亲和力　　　　B. 智商　　　　　C. 计算能力　　　D. 产品知识
5. 产品整体概念认为产品包括三个层次:核心产品、形式产品和(　　)。
   A. 延伸产品　　　B. 期望产品　　　C. 名牌产品　　　D. 潜在产品

三、简答题

1. 优秀推销人员的基本素质中你认为哪一项最重要?
2. 优秀推销人员的核心能力中哪种能力最不可或缺?
3. 你怎样看待推销人员应该具备的"企图心"?

应用分析

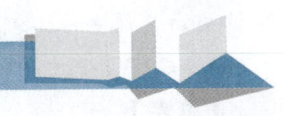

"推销之神"原一平是怎样炼成的?

也许还有很多人不知道原一平是谁,但在日本寿险业,他却是一个声名显赫的人物。1904年,原一平出生于日本长野县。他的家境富裕,父亲德高望重又热心公务,因此在村里担任若干要职,为村民排忧解难,深受他人敬重。

原一平是家中的老幺,从小长得矮矮胖胖的,很得父母亲的宠爱。可能是被宠坏的缘故,原一平从小就很顽皮,不爱读书,喜欢捉弄别人,甚至常常与村里的小孩吵架、斗殴。甚至于老师教育他,他竟然拿小刀刺伤了老师,父母对他实在无可奈何了。

23岁那年,原一平离开家乡,到东京闯天下。第一份工作就是做推销,但是碰上了一个骗子,卷走了保证金和会费。为此,原一平陷入了困境之中。

1930年3月27日,对于还一事无成的原一平来说是个不平凡的日子。27岁的原一平揣着自己的简历,走入了明治保险公司的招聘现场。一位刚从美国研习推销术归来的资深专家担任主考官。他瞟了一眼面前这个身高只有145厘米、体重50公斤的"家伙",抛出一句硬邦邦的话:"你不能胜任。"

原一平惊呆了,好半天才回过神来,结结巴巴地问:"何……以见得?"

主考官轻蔑地说:"老实对你说吧,推销保险非常困难,你根本不是干这个的料。"

原一平被激怒了,他抬起头说:"请问进入贵公司,究竟要达到什么样的标准?"

"每人每月10 000元。"

"每个人都能完成这个数字?"

"当然。"

原一平不服输的劲儿上来了,他一赌气:"既然这样,我也能做到10 000元。"

主考官轻蔑地瞪了原一平一眼,发出一阵冷笑。

原一平"斗胆"许下了每月推销10 000元的诺言,但并未得到主考官的青睐,勉强当了一名"见习推销人员"。没有办公桌,没有薪水,还常被老推销人员当"听差"使唤。在最初成为推销人员的七个月里,他连一分钱的保险也没拉到,当然也就拿不到分文的薪水。为了省钱,他只好上班不坐电车,中午不吃饭,晚上睡在公园的长凳上。

然而,这一切都没有使原一平退却。他把应聘那天遭受的屈辱,看作一条鞭子,不断"抽打"自己,整日奔波,拼命工作,为了不使自己有丝毫的松懈,他经常对着镜子,大声对自己喊:"全世界独一无二的原一平,有超人的毅力和旺盛的斗志,所有的落魄都是暂时的,我一定要成功,我一定会成功。"他明白,此时的他已不再是单纯地推销保险,他是在推销自己。他要向世人证明:"我是干推销的料。"

他依旧精神抖擞,每天清晨5点起床从"家"徒步上班。一路上,他不断微笑着和擦肩而过的行人打招呼。有一位绅士经常看到他这副快乐的样子,很受感染,便邀请他共进早餐。尽管他饿得要死,但还是委婉地拒绝了。当得知他是保险公司的推销人员时,绅士便说:"既然你不赏脸和我吃顿饭,我就投你的保好啦!"他终于签下了生命中的第一张保单。更令他惊喜的是,那位绅士是一家大酒店的老板,帮他介绍了很多业务。

从这一天开始,否极泰来,原一平的工作业绩开始直线上升。到年底统计,他在9个月内共实现了16.8万日元的业绩,远远超过了当时的许诺。公司同仁顿时对他刮目相看,这时的成功让原一平泪流满面,他对自己说:"原一平,你干得好,你这个不吃中午饭,不坐公车,住公园的穷小子,干得好!"

【思考】

1. 从该案例中,你认为优秀推销人员应具备什么样的素质和能力?
2. 从原一平的成长过程中,你得到哪些有益的启示?

第四章　推销实践技能

学习目标

知识目标
- 了解语言沟通与非语言沟通
- 了解沟通风格理论与FAB法
- 了解同理心理论
- 了解商务礼仪中的第一印象

能力目标
- 学会使用语言沟通与非语言沟通
- 学会与不同沟通风格的客户沟通
- 掌握倾听、提问与赞美等核心技能
- 熟悉并掌握推销的基本礼仪

案例导入

商务沟通有学问

推销人员:"你们需要的卡车我们都有。"

客户:"我们要载重量两吨的。"

推销人员:"你们运的东西,每次平均重量是多少?"

客户:"很难说,大约两吨吧。"

推销人员:"是不是有时多、有时少呀?"

客户:"是这样的。"

推销人员:"究竟需要用什么型号的汽车,一方面要看你运什么货,另一方面要看你在什么路上行驶,对吧?"

客户:"对。"

推销人员:"你们那个地方是山区吧,据我所知,那里路况并不好,那么汽车的发动机、车身、轮胎承受的压力是不是要更大一些啊?"

客户:"是的。"

推销人员:"你们主要是冬天田里没活时利用卡车运输吧?那么,对汽车承受力的要求是不是更高呢?"

客户:"是的。"

推销人员:"货物有时会超重,又是在山区,汽车负荷已经够大的了,你们决定购买汽车的型号时,连一点余地都不留吗?"

客户:"你的意思是……"

推销人员:"你们难道不想延长卡车的寿命吗?一辆车满负荷,另一辆车从不超载,你觉得哪一辆车寿命会更长呢?"

客户:"当然是载重量大的那辆了。"

于是,他们谈成了交易。

(资料来源:勤学教育官网,口才学习:客户异议处理案例)

【思考】 本案例情景对于商务沟通有什么启示?

第一节 沟通概述

沟通是人的基本技能,也是一种艺术,推销人员与顾客之间、推销人员与管理部门之间、推销团队之间等无处不存在沟通。整个推销过程就是不断与客户沟通的过程,推销人员沟通的素质与能力直接决定推销工作的成败,只有懂得沟通、善于沟通的人才能够成为合格的推销人员,因此,要想成为优秀的推销人员,必须了解沟通的概念、原则,掌握沟通的技巧。

知识链接

销售产品首先就是销售自己

销售学里有一个著名的四段论,它把销售分成了四个阶段:第一,销售自己;第二,销售产品的功效;第三,销售服务;第四,销售产品。由此可以看出:要想销售产品,首先就是要销售自己。因此,在学习销售技巧的同时一定要充分认识自己、发展自己、推广自己。要想充分发挥自己的销售才能,就要塑造一个良好的自我形象,首先通过沟通销售自己。其实,每个人都有极大的价值,但真正认识到这一点的人并不多。推销人员应该相信:一切由我控制,一切由我决定,一切奇迹都要靠自己创造,一切从沟通开始。

一、沟通的含义

沟通是人与人之间、人与群体之间思想与感情传递和反馈的过程,以求思想达成和感情的通畅。在现实生活中,沟通无处不在、无时不在。娴熟的沟通技巧是所有营销服务人员都应当具备的一项基本技能。

沟通是沟通各方围绕某一目标,为达成共识而进行的有效信息交流。沟通与一般对话既有相同之处,又有本质区别。它们的相同点在于都是双向的,都具有表达个人的某种意愿并且能使对方所接受的目标。它们的区别在于沟通往往具有明确的目标,目的是要通过与对方交流使其理解、接受并取得共识;而一般对话往往没有明确的交流目标,随性而谈。在推销过程中,沟通是指信息在买卖双方的传递或交换以及相互理解的过程。

沟通应用于不同的方面也具有各自的特征。例如,人际交往中的沟通侧重于情感的交流;商业谈判中的沟通则侧重于了解对方的商业动机;服务中的沟通更侧重于了解客户的意见和建议;推销中的沟通则主要侧重于挖掘客户的需求,满足客户的需求,达成最终的交易。

二、沟通的三要素

1. 沟通要有明确的目标

沟通要有明确的目标,这是沟通最重要的前提。面对竞争日益加剧的商业环境,人们越来越强调工作的高效率,做事干练高效可以给客户留下良好的印象,所以对于推销人员来说,要珍惜每次与客户沟通的机会。每次与客户的沟通都要有清晰、明确的目标任务,根据目标进行针对性沟通,例如,了解客户的性格特点,增进与客户之间的感情,签合约等,争取在最短的时间内促成交易。没有目标的沟通只能称为闲聊,闲聊只会浪费推销人员与客户的时间。因此,推销人员在和客户沟通的时候,第一句话要说出欲达到的目的,这是非常重要的,也是沟通技巧在行为上的一个表现。

2. 沟通要达成共同的协议

沟通结束以后,或许沟通前所预期的目标并没有达成,但是通过此次沟通,交流双方一定要形成一个双方或者多方都共同承认的协议。作为推销人员来说,与客户沟通之后,一定要与客户确认此次沟通双方在哪些方面达成了一致协议。在实际的推销过程中,时常会出现这样的情况,即与客户沟通之后,对于此次沟通达成的成效、客户的真实想法,推销人员并不能完全领会和确认,双方由于对沟通的内容理解不同,又没有达成协议,最终造成了工作效率的低下,双方又增添了很多矛盾。因此,在沟通结束的时候,一定要有人来做总结,这是一个非常良好的沟通行为和习惯。

3. 沟通的内容——信息、思想和情感

沟通的内容不仅包括信息,还包括思想和情感。推销人员在推销产品之前,首先要让客户认可自己,接受自己,乃至与客户成为朋友,这个过程需要推销人员与客户之间进行更多的思想与情感的沟通,在思想上形成共鸣,在行为上成为知己。信息是比较容易沟通的,只要掌握一定的沟通技巧,一般的信息都可以通过沟通达到双方理解和知会的效果,但思想和情感的沟通就显得复杂得多。在日常工作的过程中,很多障碍使思想和情感无法得到很好的沟通,因此,在推销的过程中,推销人员个人被客户接受成为推销工作得以进一步开展的前提条件。

三、沟通的方式

沟通的方式如图4-1所示。

在日常沟通过程中,我们使用最多的方式是口头语言。实际上,在工作和生活中,我们除了用口头语言沟通外,有时候还会用到书面语言和肢体语言,如用我们的眼神、面部表情和手势沟通。美国加州柏克莱大学教授 Albert Merribie 曾说过:"为了沟通好,就必须在文字、声调、语气、肢体语言上与对方相似或引起共鸣。文字占7%,声音占38%,肢体语言占55%。"归纳起来,沟通方式主要有以下两种:

1. 语言沟通

语言是人类特有的一种非常有效的沟通方式。语言沟通方式包括口头沟通、书面沟通、

```
                    沟通的方式
                   /          \
              语言沟通         肢体语言沟通
            /    |    \         • 仪态
      口头沟通 书面沟通 图片沟通   • 脸部表情
       • 会话   • 信函    • 幻灯片
       • 演讲   • 备忘录   • 电影
       • 电话交谈 • 报告
       • 视频会议 • 电子信函
                • 传真
```

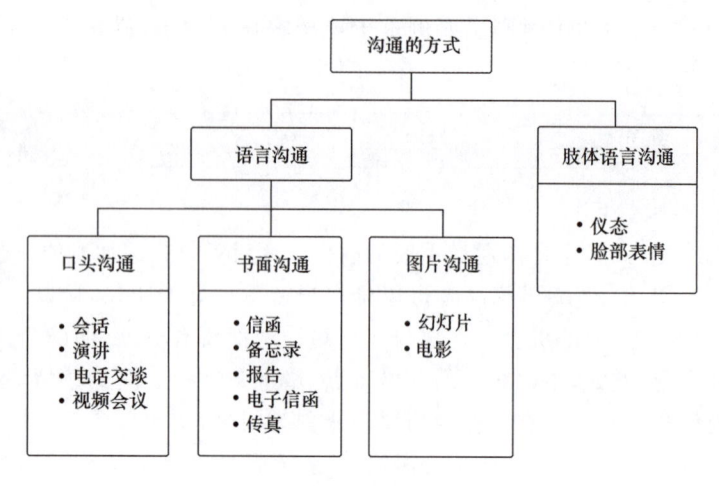

图 4-1 沟通的方式

图片沟通等。口头沟通包括面对面的谈话、开会议等。书面沟通包括信函、广告和传真,以及现在应用广泛的 E-mail 等。图片沟通包括一些幻灯片和电影等。

在沟通过程中,对于沟通的内容而言,语言沟通更擅长的是传递信息。在推销过程中,语言沟通传递的主要是客观信息,例如,推销人员的个人基本信息,产品的特点、功能,企业的基本信息等。推销人员可以尝试采取多种方式与客户进行沟通交流,如信函、传真、短信、幻灯片、VCR、E-mail 等,力求将上述信息最真实和完整地介绍给客户。

2. 肢体语言沟通

肢体语言的内涵非常丰富,主要包括动作、表情、眼神。肢体语言更善于沟通的是人与人之间的思想和情感。例如,柔和的手势表示友好、商量;强硬的手势则意味着"我是对的,你必须听我的";微笑表示友善、礼貌;皱眉表示怀疑和不满意;盯着看意味着不礼貌,但也可能表示感兴趣,寻求支持;双臂环抱表示防御。实际上,声音里也包含着非常丰富的肢体语言。推销人员在说每一句话的时候,采用什么样的音色,什么样的语气和语速,是否抑扬顿挫等,都具有不同的表达意图,因此,优秀的推销人员必须善于使用肢体语言。

四、沟通的原则

1. 尊重

每个人都希望得到别人的尊重,因此,尊重他人是成功沟通的基本原则。尊重别人是一种美德,它会让你赢得认同、欣赏和合作。尊重是一种修养,一种品格。一个人只有懂得尊重别人,才能赢得别人的尊重。在日常的推销过程中,推销人员的言谈举止要让客户感受到充分的尊重,"客户是上帝"的行动根本就是尊重客户。尊重客户与被客户尊重是相辅相成的,被尊重的客户会更加理解并支持推销人员的工作,甚至与推销人员成为朋友,形成忠诚度,重复购买产品,并向身边的人推荐产品。

尊重客户,首先要从心理上认可对方,尊重对方,让客户从心理上感受到推销人员的真诚。其次,要从行为上尊重客户,礼貌待人,尊重客户的风俗文化、隐私等。最后,要从语言上尊重客户,尽量使用敬辞、谦辞,不在语言上冒犯客户。

2. 诚信

英国专门研究社会关系的卡斯利博士曾说过:"大多数人选择朋友都是以对方是否出于

真诚而决定的。"诚信是人的修身之本,是市场经济的灵魂,也是一切事业得以成功的保证,是推销人员的一张真正的"金质名片"。诚信要求推销人员在与客户沟通过程中重诺言、守信用,说真话,不随意夸大、编造产品的优点,不给客户随意的承诺和保证,说到的就要做到,做不到的要实事求是地告诉对方。推销产品首先是推销自己,做一名优秀推销人员的关键是学会做人。推销人员只有在客户心目中树立了诚信的形象,才能够赢得与客户进一步沟通的机会,为最终的交易促成打下基础。

3. 自信

自信就是相信自己,相信自己所追求的目标是正确的,相信自己的目标是可以实现的。对于推销人员来说,自信是做好推销工作的基础。在与客户沟通的过程中,推销人员只有自信,才能表现自如,落落大方,才能赢得客户的好感和尊重。推销人员强烈的自信心可以感染客户,让客户信任推销人员,从而信任产品,接受产品。推销人员的自信表现在以下几方面:

(1)要相信自己,相信自己有足够的能力做好推销工作。

(2)要相信自己的产品是最适合客户的。

(3)要相信自己所属的公司是一家有前途的公司,是时刻为客户提供最好的产品与服务的公司。

4. 效率

推销人员在与客户沟通时,要有强烈的效率意识,即力争在最短的时间内完成销售任务。很多推销人员容易犯这样的错误,即在推销过程中,与客户沟通得非常愉快,甚至与客户成了好朋友,但是却迟迟拿不到最后的成交合同。沟通是手段,不是目的,推销人员与客户沟通的最终目的是促成交易。因此,推销人员在与客户沟通的过程中,要详细规划与客户的沟通过程,思维清晰,目的明确,争取高效率地完成推销任务。

五、沟通的风格

在日常社交沟通中,每个人都有各自不同的做事风格和处事原则,根据人们在日常交际过程中所表现出来的性格特征和处事方式,一般将沟通风格分为四种类型:支配型(Driver)、表现型(Expressive)、和蔼型(Amiable)和分析型(Analytical)(图4-2)。人际沟通的"黄金定律"就是"你希望别人怎么对待你,你也要怎么对待别人"。"用别人喜欢被对待的方法对待别人"是推销人员应该掌握的"沟通黄金法则"。面对不同沟通风格的客户推销人员要采取恰当的沟通方式,高效地达成推销交易。

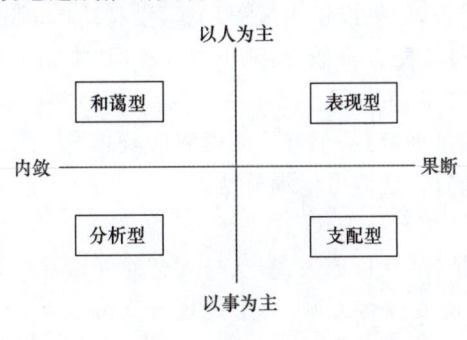

图4-2 社交风格图示

1. 支配型

具有支配型沟通风格的人比较注重实效,具有非常明确的目标与个人愿望,并且不达目的决不罢休。他们当机立断,独立而坦率,常常会根据情景的变化而改变自己的决定,往往以事实为中心,要求沟通对象具有一定的专业水准和深度。在与人沟通的过程中,他们精力旺盛,节奏迅速,说话直截了当,动作非常有力,表情严肃,但是有时过于直率而显得咄咄逼人,如果一味关注自我观点,可能会忽略他人的情感。与支配型的客户进行沟通,要注意以下几点:

(1)要注重实际情况,用大量具体的事实为依据,大胆表达创新的思想。

(2)支配型的客户非常强调效率,要在最短的时间内给他一个非常准确的答案,而不是一种模棱两可的结果。

(3)与支配型的客户沟通的时候,一定要非常直接,不要有太多的寒暄,直接告诉他你的目的,要节约时间。

(4)说话的时候声音要洪亮,充满信心,语速一定要比较快。如果推销人员在支配型的客户面前说话声音很小,缺乏信心,他就会产生很大的怀疑。

(5)与支配型的客户沟通时,一定要有计划,并且最终要落到一个结果上,他看重的是结果。回答问题一定要非常准确。

(6)在和支配型的客户谈话时,不要流露太多感情,要直奔结果。从结果的方向说,而不要从感情的方向说。

(7)在和支配型的客户沟通的过程中,要有强烈的目光接触,因为目光的接触是一种自信的表现。

2. 表现型

具有表现型沟通风格的人显得外向、热情、生气勃勃、魅力四射,喜欢在销售过程中扮演主角。他们干劲十足,不断进取,喜好与人打交道并愿意与人合作;具有丰富的想象力,对未来充满憧憬与幻想,也会将自己的热情感染给他人。他们富有情趣,面部表情丰富,动作多,节奏快,幅度大,善于使用肢体语言传情达意,但是往往情绪波动大,易陷入情感的旋涡,可能会给自己及其顾客带来麻烦。与表现型的客户进行沟通,要注意以下几点:

(1)表现型的客户特点是"只见森林,不见树木"。因此,在与表现型的客户沟通的过程中,推销人员要多从宏观的角度去谈。

(2)说话要非常直接,声音洪亮。

(3)要有一些动作和手势,如果推销人员很死板,没有动作,那么表现型的客户的热情很快就会消失,因此,推销人员要配合着他,当他出现动作时,推销人员的眼睛一定要看着他的动作,否则,他会感到非常失望。

(4)表现型的客户不注重细节,甚至有可能说完话就忘了。因此,达成协议后,推销人员最好与之进行一个书面的确认,这样可以提醒他。

3. 和蔼型

和蔼型的人具有协作精神,支持他人,喜欢与人合作并常常助人为乐;他们富有同情心,擅长外交,对人真诚,对公司或顾客忠诚,为了处理好人际关系,不惜牺牲自己的时间与精力,珍视已拥有的东西。这种类型的人做事非常有耐心,克制肢体语言,面部表情单一,但是往往愿意扮演和事佬的角色,对于销售中敏感的问题,往往会采取回避的态度。与和蔼型的

客户进行沟通,要注意以下几点:

(1)和蔼型的客户看重的是双方良好的关系,与之沟通的时候,首先要建立好关系。

(2)在与和蔼型的客户沟通的过程中,要时刻保持微笑。如果推销人员突然不笑了,和蔼型的客户就会想:他为什么不笑了?是不是我哪句话说错了?会不会是我得罪他了?是不是以后他就不来找我了?等等。因此,推销人员一定要注意始终保持微笑的姿态。

(3)与和蔼型的客户沟通,推销人员说话的语速要比较慢,要注意抑扬顿挫,不要给他压力,要鼓励他,去征求他的意见。因此,遇到和蔼型的客户要多提问:"您有什么看法?"

(4)遇到和蔼型的客户一定要时刻注意同他要有频繁的目光接触。每次目光接触的时间不要太长,但是频率要高,沟通效果会非常好。

4.分析型

具有分析型沟通风格的人擅长推理,一丝不苟,具有完美主义倾向。他们严于律己,对人挑剔,做事按部就班,严谨且循序渐进,对数据与情报的要求特别高;不愿意抛头露面,与其与人合作,不如一个人单做。因此,他们往往在沟通过程中沉默寡言,不表露自我情感,动作小,节奏慢,面部表情单一,有时为了息事宁人,他们往往采取绕道迂回的对策,反而白白错失良机。与分析型的客户进行沟通,要注意以下几点:

(1)注重细节,遵守时间。

(2)以专业水准与其交流,因而必须表达准确且内容突出。

(3)推销人员要把资料准备齐全,逻辑性强,最好以数字或数据说明问题,以专业性去帮助分析型客户做出决定。

(4)推销人员切忌流于外表的轻浮与浅薄,避免空谈或任其偏离沟通的方向与目的。

(5)要一边说一边拿纸和笔记录,像他一样认真,一丝不苟。

第二节 沟通的核心技能

沟通是人类与生俱来的一种生存本领。然而,在现实生活中,人与人在沟通方面差别很大,有的人喜欢沟通,有的人不喜欢沟通;有的人善于沟通,有的人不善于沟通。事实证明,沟通是人际交往的一种基本技能,沟通态度是否积极、沟通能力是否出色对一个人能否取得成功起着重要的作用,特别是对于以人际交往为基础的推销人员而言更是如此。而沟通能力的培养既取决于先天因素,同时也受到后天环境和后天习得因素影响,因此,推销人员有必要掌握沟通核心技能,以提高自己的沟通能力。

一、善于倾听

善于倾听是一种修养,更是一门学问。人难以改变别人的想法,但是能够赢得对方的心。用心倾听他人的声音,就是对对方最好的关怀和尊敬。

一位学者说:"成功的捷径就是把你的耳朵而不是舌头借给所有的人。"善于倾听是一个优秀沟通者的重要特质之一。与客户沟通的过程是一个双向、互动的过程。在整个销售的沟通过程中,客户并不只是被动地聆听产品介绍和接受劝说,他们也要表达自己的意见和要求,也需要得到沟通另一方的认真倾听。管理学专家汤姆·彼得斯和南希·奥斯汀在他们合著的《追求完美》一书中谈到了有效倾听的重要性。他们认为,有效的倾听至少可以使销售人员直接从客户口中获得重要信息,而不必通过其他中间环节,这样就可以尽可能地免去事实在输送过程中被扭曲的风险。同时,有效的倾听还可以使被倾听者产生被关注、被尊重的感觉,他们会因此而更加积极地投入整个沟通过程当中。

案例分享

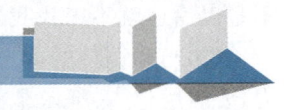

乔·吉拉德的失败经历

乔·吉拉德向一位客户销售汽车,交易过程十分顺利。当客户正要掏钱付款时,另一位销售人员跟乔·吉拉德谈起昨天的篮球赛,乔·吉拉德一边跟同伴津津有味地说笑,一边伸手去接车款,不料客户却突然掉头而走,连车也不买了。乔·吉拉德冥思苦想了一天,不明白客户为什么突然放弃了已经挑选好的汽车。夜里11点,他终于忍不住给客户打了一个电话,询问客户突然改变主意的原因。客户不高兴地在电话中告诉他:"今天下午付款时,我同您谈到了我的小儿子,他刚考上密西根大学,是我们家的骄傲,可是您一点也没有听见,只顾跟您的同伴谈篮球赛。"乔·吉拉德明白了,这次生意失败的根本原因是自己没有认真倾听客户谈论自己最得意的儿子。

有效倾听的技巧包括以下几方面:

1. 集中精力,专心倾听

集中精力,专心倾听是有效倾听的基础,也是实现良好沟通的关键。要想做到这一点,推销人员应该在与客户沟通之前做好多方面的准备,如身体准备、心理准备、态度准备以及情绪准备等。疲惫的身体、无精打采的神态以及消极的情绪等都可能导致倾听失败。

2. 不随意打断客户谈话

随意打断客户谈话会打击客户说话的热情和积极性,如果客户当时的情绪不佳,而你又打断了他的谈话,那无疑是火上浇油。因此,当客户的谈话热情高涨时,推销人员可以给予必要的、简单的回应,如"哦"、"对"、"是吗"和"好的"等。除此之外,推销人员最好不要随意插话或接话,更不要不顾客户喜好另起话题。例如:

"等一下,我们公司的产品绝对比你提到的那种产品好得多……"

"您说的这个问题我以前也遇到过,只不过我当时……"

3. 谨慎反驳客户观点

客户在谈话过程中表达的某些观点可能有失偏颇,也可能不符合推销人员的"口味",但是要记住:客户永远都是上帝,他们很少愿意推销人员直接批评或反驳他们的观点。如果实在难以对客户的观点做出积极反应,推销人员可以采取提问等方式改变客户谈话的重点,引导客户谈论更能促进销售的话题。例如:

"既然您如此厌恶保险,那您是如何安排孩子们今后的教育问题的?"

"您很诚恳,我特别想知道什么样的理财服务才能令您满意?"

4. 学会遵守倾听礼仪

在倾听的过程中,推销人员要尽可能地保持一定的礼仪,这样既显得自己有涵养、有素质,又表达了对客户的尊重。通常,在倾听过程中需要遵守礼仪如下:

(1)保持视线接触,不东张西望。

(2)身体前倾,表情自然。
(3)耐心听客户把话讲完。
(4)真正做到全神贯注。
(5)不要只做样子、心思分散。
(6)点头微笑,表示对客户意见感兴趣。
(7)重点问题用笔记录下来。
(8)插话时请求客户允许,使用礼貌用语。

知识链接

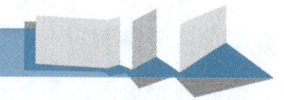

倾听、微笑

美国著名推销员乔·吉拉德曾经说过:"有两种力量非常伟大:一是倾听;二是微笑。倾听,你倾听的越长久,对方就越愿意接近你。上帝为何给我们两个耳朵一张嘴,我想,就是让我们多听少说。"

乔·吉拉德还说:"要成功推销自己,面部表情很重要,它可以拒人千里,也可以使陌生人很快成为朋友。"笑容可以增加推销员的面值,乔·吉拉德这样解释他那富有感染力并为他带来财富的笑容:皱眉需要九块肌肉,而微笑不仅要用嘴、用眼睛,还要用手臂、用整个身体。当你微笑时,整个世界都在微笑,一脸苦相没有人愿意理睬你。

乔·吉拉德最后说:"如果我们都利用这两大武器:倾听和微笑,人与人之间的距离就会更加接近。"

(资料来源:岳贤平,推销:案例、技能与训练,中国人民大学出版社,2018)

5. 及时总结和归纳客户的观点

在与客户沟通的过程中,推销人员要适时总结和归纳客户的观点,这样做,一方面可以向客户传达推销人员一直在认真倾听的信息,另一方面,也有助于保证推销人员没有误解或歪曲客户的意见,从而使推销人员更有效地找到解决问题的方法。例如:

"您的意思是要在合同签订之后的 20 天内发货,并且再得到 5% 的优惠吗?"

"如果我没理解错的话,您更喜欢弧线形外观的深色汽车,性能和质量也要一流,对吗?"

6. 真诚地倾听

沟通从心开始,只有心与心的沟通才能体现倾听者的诚意。每个人都有倾诉的欲望,但并不一定每个人都愿意倾听他人的倾诉,因此,善于且能够真诚地倾听他人的谈话是做人的优秀品质。当自己的话被别人认真、仔细地倾听,诉说者会感到自身的价值得到了他人的肯定,受到了他人的尊重。

真诚地倾听意味着推销人员要把客户当作朋友来对待,沟通过程中,真正关心客户所谈论的一切,即在倾听客户谈话的过程中,不能一味地仅关注与推销业务有关的谈话内容,对客户所谈的似乎与推销业务无关的内容显示出无所谓甚至不耐烦的情绪。例如,有些推销人员在与客户沟通的过程中,心中只有一个目标,那就是促成交易,在谈话时,仅仅关注与业务有关的内容,而对于有些客户谈论到的自己的家人、自己的喜怒哀乐等与推销没有太大关系的内容就表现出明显的不耐烦,不认真听,或者不断引导客户转移话题,这些做法都会极大伤害客户的自尊心,甚至惹怒客户,导致推销失败。

知识链接

九个提升推销人员倾听能力的方法

倾听是一门学问,推销人员要根据顾客的话题和状态随机应变。

1. 倾听秘诀。推销人员应该花80%的时间去听,给客户80%的时间去讲。
2. 要真诚地聆听客户的谈话,不要假装感兴趣。
3. 在合适的时候对客户的话做出回应,否则客户会认为推销人员无心倾听,从而造成推销的失败。
4. 可以有选择地记录客户说话的要点,但是不要只顾着埋头记笔记,因为那样的话,会令客户感到这场谈话很无趣。
5. 即使客户谈论的话题非常不符合推销人员的"口味",也不要显示出排斥心理,有可能的话引导客户换一个话题。
6. 不要随意打断客户谈话,即使认为客户的某些观点不正确,也不要随便打断或纠正。
7. 看着对方的眼睛,保持微笑,不时颔首。
8. 表情友好,精力集中,态度自然,鼓励客户畅所欲言。
9. 理解对方,在倾听客户所谈内容的同时充分理解客户的感情。

二、善于提问

美国一份关于公众对销售人员评价的调查报告显示,人们最讨厌的销售人员的形象是:一见面就喋喋不休地谈论自己的产品与公司,千方百计地向顾客证明自己的实力与价值。因此,优秀的推销人员不但要善于倾听,还要善于提问。

1. 提问的重要性

世界潜能大师安东尼·罗滨说过:"成功者与不成功者最主要的判别是什么呢?一言以蔽之,那就是成功者善于提出好的问题,从而得到好的答案。"如果推销人员想改变顾客的购买模式,那就必须改变顾客的思维方式。改变顾客的思维方式的方法之一就是提出一些恰当的问题,通过问题引导顾客的思维朝着推销人员所期待的方向转移。专业的推销人员绝不是一味地告诉顾客信息,而是尽可能多地向顾客提问题。"多问少说"永远是销售的"黄金法则"。

提问的重要性有以下几方面:

(1)提问可以使推销人员有机会了解更多的客户信息,如客户的购买原因、需求偏好、决策过程等。很多推销人员在与客户进行沟通的初始,就开始滔滔不绝地介绍自己的产品和公司,说明自己的产品如何适合客户。但是一番介绍之后,推销人员对于客户有什么样的需求,有怎样的价值偏好却一无所知,这样的推销就是无的放矢,盲目推销。

例如,一位消费者走进一个汽车销售4S店的时候,如果销售人员什么也不问,就开始夸夸其谈,某款车多么的好,消费者会感觉如何?消费者只会觉得销售人员根本不知道自己的需要在哪里,根本不关心产品是否适合自己,根本不关心客户的需求与感受,他关心的只是他们所销售的汽车而已。

(2)提问可以使推销人员与客户迅速建立信任。一般来说,客户对所有的推销人员都有抵触心理,因此,能否取得客户的信任是推销能否成功的关键因素之一。要想获得客户的信任,整个沟通过程必须以客户为中心,以客户的需求为出发点,推销人员越快开始介绍自己的产品,客户就越容易产生抵触心理。推销人员需要让客户明白,你是真的在关心他,为他的利益着想,而不是总想着从他身上赚钱,你唯一的方法就是,小心地提问并认真地倾听。

(3)提问可以使推销人员把握对推销进程的控制。推销人员在与客户沟通的过程中,要有严格的效率意识,即尽量通过短时间的沟通达到促成交易的目的,而不是进行马拉松式的沟通。沟通过程中,推销人员要尽量让客户多讲话,但客户一般是不会主动将谈话带入成交阶段的,沟通的进程必须由推销人员来把握,而控制沟通进程的最好方法就是在恰当的时间进行有效的提问,使整个沟通过程按照推销的进程自然过渡到最终的成交阶段。

2. 提问的注意事项

(1)要尽可能地站在客户的立场上提问,如提问关于客户的偏好、客户的需求、客户的业余爱好等问题。不要紧紧围绕自己的销售目的与客户沟通,这样会让客户感觉推销人员缺乏诚意。

(2)避免提问某些敏感性问题,如客户的年龄、收入、在家庭中的地位等。如果这些问题的答案确实对推销人员很重要,那么不妨在提问之前换一种方式进行试探,等到确认客户不会产生反感时再进行询问。

(3)提问要循序渐进,不要直截了当地询问客户是否愿意购买,初次与客户接触时,最好先从客户感兴趣的话题入手。

(4)提问的问题要通俗易懂,一定要让客户有足够的回答空间,不能让客户捉摸不定,难以回答。

(5)在客户回答问题时要认真倾听,尽量避免中途打断。

3. 提问的技巧

巧妙的提问有时能够达到长篇大论的推介所达不到的效果。有效的提问要把握两个要点:一是提出探索式的问题,以便发现顾客的购买意图以及怎样让他们从购买的产品中得到需要的利益,从而针对顾客的需要为他们提供恰当的服务,使买卖成交;二是提出引导式的问题,引导顾客对推销人员打算为他们提供的产品和服务产生信任。具体方法如下:

(1)开放式提问

开放式提问是指能让潜在顾客充分发挥想象力来阐述自己的意见、看法及陈述某些事实现状的提问。采用开放式提问一般有两个目的:一是取得顾客信息;二是让顾客表达看法和想法。推销人员可以根据开放式提问所获得的顾客信息进行针对性的沟通。例如:

"通常您一般采用哪些护肤的方法?您觉得效果如何?"

——了解客户目前的状况和存在的问题,挖掘客户的潜在需求。

"您希望拥有哪些方面的服务?"

——了解客户的需求和期望,以便更好地满足客户的需要。

"请问您为什么拒绝呢?"

——了解客户拒绝的原因,以便找到进一步沟通的突破口。

"您认为我们在哪些方面还需要完善才能让您满意?"

——进一步确认客户存在异议的问题所在。

（2）启发型提问

启发型提问是以先虚后实的形式提问，让对方做出提问者想要得到的回答。这种提问方式循循善诱，有利于推销人员表达自己的感受，促使顾客进行思考，控制推销劝说的方向。例如：

推销人员："您愿意花便宜的价格买个电器，三天两头让厂家来维修吗？"

客户："我当然不愿意三天两头修电器了。"

推销人员："那就是了，我们的产品虽然价格高了点，但是我们质量有保证，绝对不会出现三天两头就需要维修的现象。"

（3）两难型提问

两难型提问是指在一个问题中提供两个可供选择的答案，两个答案都是肯定的提问方式。

人们有一种共同的心理，认为说"不"比说"是"更容易和更安全。因此，内行的推销人员向顾客提问时尽量设法不让顾客说出"不"字来。如与顾客定约会时间，有经验的推销人员从来不会问顾客："我可以在今天下午来见您吗？"因为这种只能在"是"和"不"中选择答案的问题，顾客多半只会说："不行，我今天下午的日程实在太紧了，等我有空的时候再打电话约定时间吧。"有经验的推销人员只会对顾客说："您看我是今天下午两点钟来见您还是三点钟来见您？""三点钟来比较好。"当顾客说这句话时，说明约定已经达成了。

（4）求教型提问

求教型提问是以请教问题的形式提问。这种提问方式是在不了解对方意图的情况下，先虚设一个问题，投石问路，以避免遭到对方拒绝而出现难堪局面，又能探出对方的虚实。同时求教型提问可以让客户享受被尊重的感觉，拉近推销人员与客户的心理距离。例如，"您是这个行业的专家，对于这个行业当前的发展现状您能谈一下自己的见解吗？"

（5）封闭型提问

封闭型提问是让顾客针对某个问题，在"是"与"否"两者之间做出回答。封闭型提问的目的是通过回答问题，引导客户进入推销人员所谈论的主题，从而控制谈话的进程，同时，通过"是"与"否"的回答，确认顾客的态度，对沟通中的某些问题进行确认。例如：

"像贵公司这样大型的企业，购买产品的时候质量肯定是首先要考虑的因素，而不是价格，是吗？"

"如果您没有什么意见，我们现在是不是就可以签合同了？"

知识链接

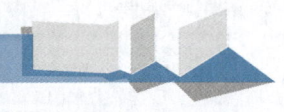

销售人员的"七不问"

销售人员在提问时忌讳触及顾客敏感的神经，避免问及顾客的隐私问题，否则会遭遇顾客反感而使沟通失败。具体要求如下：

1.不问年龄

要要当面问顾客的年龄，尤其是女性。也不要从别处打听顾客的年龄。

2.不问婚姻

婚姻纯属个人隐私,向别人打听这方面的信息是不礼貌的。若是向异性打听,更不恰当。

3.不问收入

收入在某种程度上与个人能力和地位有关,是一个人的脸面。与收入有关的住宅、财产等也不宜谈论。

4.不问地址

除非你想去他家做客(那也得看别人是否邀请你),否则一般不要问顾客的地址。

5.不问经历

个人经历是一个人的底牌,甚至会有隐私,因此,不要问顾客的经历。

6.不问信仰

宗教信仰和政治见解是非常严肃的事情,不能信口开河。

7.不问身体

不要随意问顾客的体重,不能随便说他比别人胖。不能问别人是否做过整容手术,是否戴假发或假牙。

4. FAB 法

"FAB"是 Feature(特点)、Advantage(优点)、Benefit(利益)三个英文单词的首字母缩写。FAB 法如图 4-3 所示。

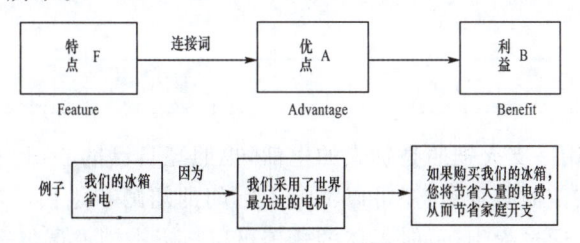

图 4-3　FAB 法

FAB 法则,即详细介绍所销售的产品如何满足顾客的需求,如何给顾客带来利益的技巧,它有助于更好地展示产品。推销人员在引导顾客提问时,首先要说明产品的"特点",再解释"优点",最后阐述"利益",这样才能循序渐进地引导顾客。

(1) F(Feature)

产品的特点或属性,如原料、颜色、味道、成分等,即一种产品能看得到、摸得着的东西,是最容易让顾客相信的一点。作为一线服务人员,要对公司的行业特点非常清楚,才能引导顾客。可以从公司的产品、服务、供货渠道、包装等方面总结特点。

(2) A(Advantage)

产品的优点是比较而言的,就是这种产品属性将会给顾客带来的好处或优势。

(3) B(Benefit)

顾客利益点是指产品的好处或者优势给顾客带来的利益。

在介绍产品的时候,推销人员一定要按 FAB 的逻辑来介绍。实践证明,按这样的逻辑介绍产品,顾客不仅听得懂,而且容易接受。

案例分享

FAB法应用实例

场景1：王大爷身体很虚弱,天气变化特别容易感冒,业务伙伴小张向王大爷推荐产品时说:"大爷,我们的增健口服液含有复合多糖。"王大爷听了并没有什么反应,因为"复合多糖"只是产品的一个特点(Feature)或属性。

场景2：同样的场景,小张向王大爷推荐产品时说:"大爷,我们的增健口服液含有复合多糖,可以提高身体的免疫力。"提高免疫力就是复合多糖的作用(Advantage)。但是王大爷仍然没有反应。

场景3：同样的场景,小张向王大爷推荐产品时说:"大爷,我们的增健口服液含有复合多糖,可以提高身体的免疫力。经常服用,您老就不会那么容易感冒了。"这次,王大爷向小张买了一盒增健口服液。这就是一个完整的FAB顺序。

场景4：经过一段时间的调养,王大爷的身体越来越好,感冒的次数明显少了很多。这次小张又说:"大爷,我们的增健口服液含有复合多糖,可以提高身体的免疫力。经常服用,您老就不会那么容易感冒了。"但是王大爷没有反应。原因很简单,他的需求变了,感冒已经不是他最关注的问题了。那么,王大爷还有什么保健需求呢?聪明的小张又和王大爷聊了起来。

三、善于赞美

赞美别人,仿佛用一支火把照亮别人的生活,也照亮自己的心田,有助于发扬被赞美者的美德和推动彼此友谊健康发展,还可以消除人际间的龃龉和怨恨,因此,赞美是人际关系的润滑剂。在商业沟通过程中,适时得体的赞美可以拉近推销人员与客户之间的距离,有助于交易的达成。

赞美他人是一件好事,但不是一件易事,所以赞美他人要掌握一定的技巧。

1. 赞美要因人而异

对于不同性别、不同职业、不同性格、不同年龄的客户,要采用不同的赞美语言。人的素质有高低之分,年龄有长幼之别,因人而异、突出个性、有特点的赞美比一般化的赞美能收到更好的效果。赞美他人要把握对方的特点,进行针对性赞美,让对方感觉到你的赞美的确是发自内心的、有针对性的,而不是放诸四海而皆准的客套话。

例如,"您今天真漂亮"和"您今天的衣服特别衬您的气质,整个人显得年轻很多",同样两句赞美他人的话,后者比前者更具针对性,显得更为真诚,容易为听者所接受。

2. 真诚是赞美的前提

真诚的赞美是发自内心深处的,是对他人的羡慕和敬佩。能使对方受到感染并有所触动的是基于事实、发自内心的赞美。反之,若没有根据、虚情假意地赞美别人,他人不仅会感到莫名其妙,更会觉得赞美者油嘴滑舌、虚伪诡诈。例如,当对方是一位身材有点臃肿的女士,你却偏要对她说:"你的身材好苗条啊!"对方立刻就会认定你所说的是违心之言。但如果你着眼于她的服饰、谈吐、举止,发现她这些方面的出众之处并真诚地赞美,她一定会高兴地接受。真诚的赞美不但会使被赞美者产生心理上的愉悦,还可以使赞美者经常发现别人的优点,从而使自己对人生持有乐观、欣赏的态度。

3. 赞美的内容要翔实

赞美的语言不在于华丽,而在于真诚,从细微之处着眼对他人进行赞美往往更容易打动对方。有些人虽然常常赞美别人,但是赞美他人的内容空洞笼统,缺乏具体的内容,给人假、大、空的感觉。赞美用语越翔实,说明赞美者对对方越了解,对他的长处和成绩越看重。一些含糊其词的赞美,可能引起对方的猜度,甚至产生不必要的误解和信任危机。

4. 赞美要及时

赞美他人应该选择恰当的时间和地点,错过了合适的时间,再动听的赞美也难以打动对方。例如,当他人做出了令人赞赏的行为举止时应该立刻赞美,而不是等到事后才想起。赞美的语言结合当时的场景才能给人深刻的印象,而事情发生之后的赞美就难以达到当时赞美的效果。另外,最需要赞美的不是那些早已功成名就的人,而是那些因被埋没而产生自卑感或身处逆境的人。在推销沟通中,如果客户精神不振,心情不佳,推销人员得体的赞美会收到意想不到的效果。因此,赞美贵在"雪中送炭",而不是"锦上添花",赞美他人一定要及时。

5. 借用他人的言辞赞美

有时候,借用第三者的口吻去赞美客户会更有说服力。借用他人的言辞赞美客户会显得更加真实和自然,让客户更加容易接受,同时更能满足客户的心理需求。例如,"你好,××先生,今天早上,我听您的一位同事介绍说您在这一行业里面非常权威,而且您对人特别友好。"

四、善用同理心

人们常以自己的想法和思考方式来判断事情,甚至指责别人,然而,"自我的角度"有时候不一定是绝对正确的,必须善用"同理心",站在对方立场来设想,才能真正理解对方地想法、感受和做法。

案例分享

没有调查就没有发言权

在美国,曾经有一个营的士兵,到一家大型剧院集合,聆听当地新的司令官讲话。司令官谈到"安全问题"的重要性,问道:"你们到这里来时,有多少人坐车系了安全带?"

剧院中五百多人,只有寥寥几个人举手。新司令官脸色很难看,显然是很不高兴,大声责备这些士兵:不遵守交通规则,拿自己的生命开玩笑!

此时,随从赶紧走向前去,低声对新司令官说:"他们的营房就在马路对街,他们大部分都是走路过来的!"司令官顿时语塞,露出歉意的微笑。

1. 同理心的含义

同理心是个心理学概念。它的基本意思是,一个人要想真正了解别人,就要学会站在别人的角度来看问题,也就是人们在日常生活中经常提到的"设身处地""将心比心"的做法。同理心就是站在当事人的角度和位置上,客观地理解当事人的内心感受及内心世界,并同时把这种理解传达给当事人。同理心并不是要你迎合别人的感情,而是希望你能够理解和尊重别人的感情,希望你在处理问题或做出决定时,充分考虑到别人的感情以及这种感情可能引起的后果。它有三个基本条件:

(1)站在对方的立场去理解对方。

(2)了解导致这种情形的因素。

(3)把这种对对方设身处地的了解让对方了解。

同理心分为表层的同理心和深层次的同理心。表层的同理心就是站在别人的角度去理解,了解对方的信息,听明白对方说话的意思;深层次的同理心就是理解对方的感情成分,理解对方所表达的隐含的意思。

2. 推销沟通中善用同理心的重要性

(1)善用同理心使客户更加信任推销人员

善于运用同理心的推销人员能够真正站在消费者的立场上分析问题、解决问题,真正做到帮助客户、为客户服务,而不是一味地以达成交易为目的。善用同理心,使推销人员与客户直接的沟通多了一些真诚的情感交流,少了一些功利性的交易,使客户在轻松的沟通过程中渐渐对推销人员产生信任,这种信任不仅可以促进初次交易的完成,而且可以促使推销人员和客户建立良好的长期合作关系。例如,有些推销人员会站在客户的角度推销适合客户需求的并且价格便宜的产品,而不是一味地向客户推销不适合客户的高价产品,这样的推销人员很容易让客户产生信任。

(2)善用同理心使推销人员更加容易掌握客户的消费需求

站在客户的立场与角度分析问题,推销人员能够更加客观地理解客户的消费心理,把握客户的消费需求。有些推销人员面对客户的种种表现不知所措,难以理解,甚至表现出愤恨,抱怨客户刁难、不识货等,其实问题的根本在于推销人员并没有真正理解客户的需求。站在客户的角度,或许能够得到不同的答案。例如,为什么客户对推销人员介绍的手机多种用途不感兴趣?原来客户只看重手机通信的核心功能,这样的消费者在意的是产品的性价比,而不是手机的时尚性。

(3)善用同理心使推销人员更加容易把握洽谈的进程

在推销的过程中,推销人员往往会有急于成交的心态,在推销沟通还没有达到一定程度的时候,过于急躁地表达成交的愿望,使客户产生反感。把握好推销洽谈进程的最好办法就是站在客户的角度分析问题。运用同理心,推销人员可以自查推销的进程到达了什么阶段,还有哪些工作要做,是否适时提出成交的愿望。

3. 运用同理心的技巧

(1)心理情绪同步

心理情绪同步,即推销人员的情绪与客户的情绪同步,与客户同快乐、同悲伤。要做到这一点,推销人员首先要积极揣摩客户的心理感受,并要学会控制自己的情绪,适时做出回应,与客户积极探讨。例如,有时候客户的反应非常强,"请你不要再来了,我肯定不会购买的!"这种情况下,推销人员一定要克制自己的情绪,不可以跟客户争吵,而应该理智地站在客户的角度,分析客户为什么会有如此态度。可以这样回应,"哦,对不起,一定是我哪些地方做得不好让您如此生气。生意我们可以不做,但是您一定要帮我指出来我哪些地方做得不好,我将不尽感激。"

(2)身体状态同步

身体状态同步,即换位思考的同时,尽量将自己想象成对方,使自己不仅在思想上与对方同步,在行为上也同步。具体包括模仿客户的音调、语速,模仿客户的肢体动作语言等。这是对他人尊重和重视的一种重要表现,可以真正融入客户的思维、视角,体会客户的行为、心态,这样才能较容易拉近推销人员与客户之间的心理距离,感化客户。

案例分享

善解人意的销售人员

一位汽车销售人员在向一个客户介绍一种型号的汽车,而这个客户其实并不想买,只不过是因为自己已经麻烦了这位销售人员很久,心里十分过意不去,因此,他谎称自己手上资金不足。这位销售人员看出了客户的为难,便恭敬地递上了一张自己的名片,对客户说:"您如果决定购买,就请给我打个电话,我会再与您细谈的。"客户释然一笑。几周之后,该客户给这位销售人员打了一个电话,说他的朋友希望购买那种型号的车,并表示越快越好。

4.运用同理心应该注意的问题

(1)重点关注客户的难处和弱点

客户在购买某些产品或服务时,有的时候是面临某种困难,抱着解决困难的心态来购买的,这些困难或弱点是客户最关注的问题,例如,来咨询课外辅导班的家长可能正在为孩子成绩不好而苦恼;热衷讨价还价的客人可能的确资金方面有困难,这些都是客户最敏感、脆弱,需要重点关注和保护的地方,也是最容易被打动的地方,因此,这些方面推销人员应该给予重点关注。

(2)平淡处理客户的困难

推销人员在帮助客户处理困难的同时要让客户感觉这是很正常的事情,很普遍的现象,使客户心理上处于放松状态。平淡处理客户的困难可以从两方面做起:一是态度上表示淡然,对客户遇到的问题不能一惊一乍,这样会加重客户的心理负担;二是通过语言技巧淡化问题。例如,面对为孩子选择辅导班的家长,或许孩子的成绩差、自制力差正是客户苦恼的问题,推销人员不应该大肆渲染成绩差的严重性,应该轻松地宽慰家长,"您的孩子肯定是很聪明的,聪明的孩子一般都很淘气。只要掌握学习方法,养成一个好习惯,很快就会赶上来的。"

(3)用客户容易接受的语言和表达方式委婉处理客户的困难

例如,面对高昂的美容套餐价格,客户正在犹豫不决,价格很可能是主要原因,服务人员可以这样表达同理心,"小姐,其实您的年纪较轻,而且皮肤的底子不错,现在不需要做这么深层的护理,您可以选择另外一个更基础一些的护理就足够了。"服务人员的话既赞美了客户,又得体地维护了客户资金短缺的隐情,维护了客户的自尊心,也促成了购买。

第三节　礼仪概述

一、礼仪的价值

中华民族素有"礼仪之邦"之称。礼仪的"礼"字指的是尊重，即在人际交往中既要尊重自己，也要尊重别人。古人云：礼仪者敬人也。这实际上是一种待人接物的基本要求。我们通常说"礼多人不怪"，如果你重视别人，别人就可能会重视你。礼仪的"仪"字，是指尊重自己、尊重别人的表现形式。

推销礼仪是推销活动中推销人员综合素质修养的具体体现，也是客户认可推销人员的标准体现。推销人员对外代表着企业的信誉与形象。比尔·盖茨说过：在市场竞争条件下，企业竞争首先是员工素质竞争。就产品销售来说，企业的竞争也就是销售人员素质的竞争。从某种角度来说，销售技巧就是如何更好地和顾客打交道，使销售服务化。服务是最能够创造价值的销售利器，服务的手段离不开礼仪的运用。销售礼仪就是要把"无形的服务有形化"，使有形、规范的服务和销售过程进行完美的结合。

二、礼仪与第一印象

礼仪可以塑造推销人员完美的个人形象，给顾客留下最好的第一印象，让推销人员在销售开始之前就赢得顾客好感。"推销人员并非在推销产品，而是在推销自己"，在推销工作中，礼仪是推销人员的名片。顾客通过推销人员的礼仪而知其修养，产生信任与否、喜爱与否、接纳与否的情感，从而决定是否购买产品。礼仪贯穿于销售过程的各个程序，它可以帮助推销人员从细节上区分顾客的心理，从而使其和顾客打交道更加得心应手。礼仪更能使推销人员在和顾客打交道中赢得顾客的好感、信任和尊重。

在日常的交际中，"第一印象是最重要的印象"，第一印象是对不熟悉的社会知觉对象第一次接触后形成的印象。初次见面时对方的仪表、风度所给我们的最初印象往往成为日后交往时的依据。人们通常根据最初印象而将他人加以归类，然后在这一类别系统中对这个人加以推论与做出判断。据心理学方面的有关研究表明，人们对其他人或事物在七秒钟之内的第一印象可以保持七年。给他人留下的第一印象一旦形成，就很难改变。同样，在销售过程中，第一印象也是最重要的印象，它对能否成功销售起着关键作用。相关统计资料显示，销售人员的失败，80％的原因是留给客户的第一印象不好。也就是说，很多时候，在推销人员还没开口介绍产品之前，客户就已经决定不与其进行进一步的沟通了。因此，推销人员能否给客户留下良好的第一印象对于双方接下来的沟通很重要。

根据心理学的"晕轮效应"原理，只要对某人产生了良好的第一印象，就会很容易认同他的观点和言行，而彬彬有礼的推销人员很容易给顾客留下好印象。因此，商务礼仪在销售中是完善推销人员的点金棒，是和顾客交往的润滑剂以及成功交易的催化剂。

第四节　推销基本礼仪

一、着装和仪容礼仪

(一)着装礼仪

西方的服装设计大师认为:"服装不能造出完人,但是第一印象的 80% 来自着装。"对于推销人员来说,要有效地推销自己,进而成功地推销产品,掌握一定的着装技巧是非常必要的。

1. 着装的 TOP 原则

TOP 是三个英文单词的首字母缩写,它们分别是时间(Time)、场合(Occasion)和地点(Place),即着装应该与当时的时间、所处的环境和地点相协调。

(1)时间原则

着装要随时间而变化。如果在白天工作时间与刚结识不久的潜在顾客会面,建议着装要正式,以表现出专业性;而晚上、周末、工休时间与顾客在非正式的场合会面,则可以穿得休闲一些。因为在工作之余,顾客为了放松自己,在穿着上也较随意,这时推销人员如果着装太正式,就会给顾客留下刻板的印象。但是,如果参加较正式的晚宴,则需要遵循场合原则,穿正式晚宴装了。

(2)场合原则

着装要随场合而变化。场合可以分为正式场合和非正式场合。在正式场合,如与顾客会谈、参加正式会议或出席晚宴等,推销人员的着装应庄重、考究。男士可穿质地较好的西装,打领带;女士可穿正式的职业套装或晚礼服。在非正式的场合,如朋友聚会、郊游等,着装应轻便、舒适。

(3)地点原则

着装要入乡随俗、因地制宜。这里的地点即所处地点或准备前往的地点。如果推销人员是在自己家里接待顾客,可以穿着舒适的休闲装,但要干净整洁;如果是去顾客家里拜访,则既可以穿职业套装,又可以穿干净整洁的休闲装;如果是去公司或单位拜访,穿职业套装会显得专业;外出郊游可以穿得轻松休闲一些;而到酒店拜访,并在酒店的厨房里示范产品功效时,则宜穿着轻便的服装,因为如果衣冠楚楚地在厨房示范产品,不仅在操作示范时碍手碍脚,而且有可能会令别人排斥。

总之,推销人员的着装应该与时间、场合、地点相协调。这样不仅能令自己感觉舒适、信心十足,而且能给顾客留下良好的第一印象,唤起顾客的好感与共鸣,并愿意与之交谈,在无形之中使双方的关系变得融洽、亲和,否则,就会使推销人员显得和这个环境格格不入,甚至滑稽可笑。

2. 男性着装建议

男性推销人员与顾客见面时可以穿有领 T 恤和西裤,使自己显得随和而亲切,但要避免穿着牛仔装,以免显得过于随便。如果推销人员是去顾客的办公室拜访,则一般要求穿西装,因为这样会显得庄重而正式。在所有的男士服装中,西装是最重要的衣着,得体的西装穿着会使人显得神采奕奕、气质高雅、内涵丰富、卓尔不凡。

(1) 西装

在推销工作中，对男性推销人员来说，西装是最被认可的。选择西装，最重要的不是价格和品牌，而是包括面料、裁剪、加工工艺等在内的许多细节。在款式上，应样式简洁，注重服装的面料、剪裁和手工；在色彩选择上，以单色为宜，建议至少要有一套深蓝色的西装。深蓝色显示出高雅、理性、稳重；灰色比较中庸、平和，显得庄重、得体而气度不凡；咖啡色是一种自然而朴素的色彩，显得亲切而别具一格；深藏青色比较大方、稳重，也是较常见的一种色调，比较适合黄皮肤的东方人。另外，西装的穿着还要注意与其他配件的搭配，如西裤的长度应正好触及鞋面。

西装的穿着很有讲究。西装衣袖合适的长度是在手臂向前伸直时，衬衫的袖子露出二三厘米。衣领的高度以使衬衫领口外露二厘米为宜。如果穿的是单排两颗纽扣的西装，只扣上面一颗扣子；如果穿的是单排三颗纽扣的西装，可以只扣中间一颗扣子或全扣。

(2) 领带

领带虽小，但是对佩戴者的身份、品位影响非常大。懂得自我包装的男士非常讲究领带的装饰效果，因为领带是点睛之笔。领带的面料一般以真丝为优，颜色尽可能不选择太浅的，黑色领带几乎可以和除了宝蓝色以外的任何颜色的西装搭配。深色西装可以搭配比较华丽的领带，浅色西装搭配的领带颜色相应也要浅一些。领带除了颜色必须与西装和衬衫协调之外，还要求干净、平整。领带长度要合适，打好的领带尖应恰好触及皮带扣，领带的宽度应该与西装翻领的宽度协调。

(3) 衬衫

在工作场合，和西装配穿的衬衫主要以纯棉、纯毛的单色正装衬衫为主。深色西装搭配白色衬衫最普遍，搭配浅蓝色和浅粉色衬衫也可以，但不要选择浅紫色、桃色的。需要注意的是条纹衬衫和方格西装或方格衬衫和条纹西装是不能搭配在一起的。

穿着衬衫的时候，所有的扣子都要扣上，只有在不打领带的时候才可以解开领扣。衬衫的下摆要均匀地收到裤腰里。衬衫一定要保持干净、硬挺，领子不要翻在西装外。

(4) 袜子

袜子颜色要和西装协调，深色袜子比较稳妥，黑色最正规，尽量不要穿白色袜子、彩色袜子、花袜子。

(5) 鞋子

鞋子的款式和质地的好坏也直接影响到男士的整体形象。在颜色方面，建议选择黑色或深棕色的皮鞋，因为这两种颜色的皮鞋是不变的经典，浅色皮鞋只可配浅色西装，如果配深色西装会给人头重脚轻的感觉。休闲风格的皮鞋最好配单件休闲西装。无论穿什么鞋，都要注意保持鞋子的光亮及干净，光洁的皮鞋会给人以专业、整齐的感觉。

知识链接

男士西装"三色原则"

男士西装要穿的合体、优雅、符合规范，选择庄重场合的西装要遵循"三色颜色"。简单地说，"三色原则"是要求男士的着装中，其衬衣、领带、腰带、鞋袜一般不应超过三种颜色。因为从视觉上讲，服装的色彩在三种以内较好搭配。一旦超过三种颜色，就会显得杂乱无章。更讲究的做法是,使服装的颜色控制在三色甚至在同一色彩的范围内,先西装、次衬衣、后领带,逐渐由浅入深,这是最传统的搭配方式;反之,领带色彩最浅,衬衫次之,西装色彩最深,即有深入浅搭配服装,也是可行的。国外有身份的男士,大多讲究手表带、腰带、皮鞋保持同一颜色,认为这是最有风度、最有品位的,他们的皮夹、皮包等配件,也与服装的主要颜色相一致。

(资料来源:岳贤平,推销:案例、技能与训练,中国人民大学出版社,2018)

3.女性着装建议

穿着得体大方的女性推销人员,通常能给人以成熟、干练、亲切、稳重的感觉。女性推销人员的职业装一般包括两种:一是西服套裙;二是三件套的套裙,即衬衫、背心和半截裙的搭配。其中,以西服套裙最为标准,最能体现女性的体态美。

(1)西服套裙的着装规范

西服套裙应选择较好的面料,避免出现褶皱。西服套裙的大小要合体,上衣最短齐腰,裙子最长可到达小腿中部。在色彩方面以冷色调为主,以体现着装者的典雅、端庄和稳重,最好不要选择鲜亮抢眼的颜色。西服套裙应该搭配皮鞋穿,半高跟黑色牛皮鞋为最佳,也可以选择和套裙颜色一致的皮鞋,不能穿运动鞋、布鞋、拖式凉鞋。女士穿裙子应当搭配长筒丝袜或连裤袜,不可以光腿、光脚。袜子的颜色以肉色最为常用。夏季可以选择浅色或近似肤色的袜子;冬季的服装颜色偏深,袜子的颜色也可适当加深。袜子最好没有图案和装饰,一些有网眼、链扣、珠饰或印有时尚图案的袜子都不适宜穿。女性推销人员应在皮包内放一双备用丝袜,以便当丝袜被弄脏或破损时可以及时更换,避免尴尬。

(2)女性穿着禁忌

①忌穿着暴露。夏季,有的女士会穿着"清凉"的服装,这些服装的确为炎热的夏日增添了一道亮丽的风景。但是,这样的服装并非适合所有的场合。在正式场合,如果穿着过露、过紧、过短和过透的衣服,如短裤、背心、超短裙、紧身裤等,会显得不够专业。除此之外,还要注意不要将内衣、衬裙、袜口等露在外衣外面。

②忌过分潇洒或过分可爱。女性推销人员如果穿一件随随便便的T恤或罩衫,搭配一条泛白的牛仔裤,或者穿当下流行的可爱的衣服等,会给客户留下轻浮、不稳重的感觉。

③饰品要适量。巧妙地佩戴饰品能够起到画龙点睛的作用,给女士们增添色彩。但是佩戴的饰品不宜过多,原则上全身的首饰不要超过三套。佩戴饰品时,应尽量选择同一色系。佩戴首饰最关键的就是要与整体服饰搭配协调。

(二)仪容礼仪

仪容是指一个人的长相和修饰。美的形象首先表现在容貌。仪容修饰的基本原则是:要与性别、年龄相适宜;要与容貌、皮肤相适宜;要与身体、造型相适宜;要与个性、气质相适宜;要与推销人员的职业身份相适宜。男性推销人员要体现刚毅有力、优美自然的男子气韵,女性推销人员要体现温柔妩媚、典雅端庄的女子风韵。

男性的仪容规范重在"洁",男性推销人员要特别注意头部的整洁,头发要经常梳洗,不可过长或过短,比较认可的长度是:前不及眼、左右不及耳、后不及衣领。发型不要过分追求新潮,要注意面部修理,及时清理胡须、鼻毛、耳屎、眼屎,注意牙齿清洁、美容,并且要保持指甲卫生。

女性推销人员的容貌修饰要典雅。头发应避免形态、色彩怪异;眉毛、睫毛的描画,脂粉、口红、香水的使用,以淡雅清香为宜;要注意皮肤护理,化妆品的选用要与个人的脸型、年龄、气质特点相符。

推销人员在容貌修饰方面应避免犯的错误包括：油头粉面或蓬头垢面，发型过于新潮，形态怪异；浓妆艳抹，香气袭人；面部不清洁，口中有异味；交谈中戴变色镜或墨镜。

女性推销人员化妆也要遵循 TOP 原则：

(1) 时间。白天是工作的时间，宜化淡妆，这样会显得清雅大方；夜晚由于光线的原因，可适当加重妆容。

(2) 场合。在与顾客会面时，宜化淡妆，这样既庄重又不至于分散顾客的注意力；参加正式的社交活动，如晚宴，可以化晚宴妆以配合灯光的效果，同时着装要配合妆容。

(3) 地点。在自己家里，如果不会客，可以根据个人喜好化妆或不化妆，但如果要会客的话，还是应该适当化妆以显示对客人的尊重。应尽量避免在公共场所当众化妆或补妆。重视个人形象是一件好事，但是一有空闲就旁若无人地对镜修饰，则显得比较失礼。

二、举止礼仪

举止是指人的动作和表情。举止是无声的"语言"，它可以真实地体现一个人的素质、受教育的程度和能够被人信任的程度。美国心理学家梅拉比安曾经提出一个非常著名的公式

$$人类全部的信息表达 = 7\% 语言 + 38\% 语调 + 55\% 身体语言$$

推销人员的举止要求是：彬彬有礼，端庄大方；在约见顾客、拜访顾客、推销洽谈、社会交往中，要表现出稳健、优雅、大方的姿势、表情，严格遵守社交礼仪。

1. 站姿

站姿是生活中最基本的一种举止。正确、健美的站姿给人以精力充沛、充满自信的感觉。站姿的基本要求是"站如松"。站立时，应头正颈直，双眼平视，挺胸直腰，双肩保持水平，手指并拢自然弯曲，腿伸直，脚跟并拢，保持重心在双脚之间。不能弯腰驼背，左右摆晃；不可以歪脖、斜腰、屈腿；不能双手叉腰、身体倚物等。

2. 坐姿

推销人员的坐姿要端正、稳重，力求做到"坐如钟"。入座时，动作应轻、缓、柔，应走到座位前，转身平稳坐下；坐定后，身体重心垂直向下，腰部挺起，上体保持正直，头部保持平稳，两眼平视，下颌微收，双掌自然地放在膝盖或者座椅的扶手上。女士推销人员入座时尤其要文静、柔美，穿裙子时要收好裙脚。

3. 行姿

行姿的基本要求是"行如风"。推销人员的步态应协调稳健，轻松敏捷。行走时，要双目平视前方，双肩平稳，双臂自然摆动，上身要挺直，步位要顺直，步幅要适当。如与顾客一起行走，步伐要以跟上顾客为前提，以方便交谈为宗旨。行走时，男士不要左右晃肩，女士髋部不要左右摆动。

4. 面部表情

推销人员接触顾客时要运用好面部表情和手势。"眼睛是心灵之窗"，拜访顾客时，目光应该和蔼、亲切。与顾客交谈时，目光应注视对方。在正式的洽谈过程中，目光应严肃认真，注视的位置应在对方的双眼或双眼与额头之间；在社交场合，目光要坦然、有神，注视的位置在对方唇心到双眼之间的区域。微笑是友善和尊重顾客的表现，拜访顾客过程中，推销人员要面带微笑。在交谈的过程中，推销人员同时要注意观察客户的表情，例如，下巴松弛并伴有微笑，表示对方赞同和有兴趣，可以继续进行推销；下巴绷紧，则表示怀疑和生气；皱眉、噘

嘴、眯眼表示不确定、不同意,甚至完全不相信。

5.手势

手势是推销人员在与顾客交往中使用最频繁的一种非口语活动,运用恰当,会大大增加推销人员传递信息的清晰度,增强交流的效果。

推销沟通过程中,推销人员使用手势应注意以下几点:

(1)幅度适宜。手势的上界一般不应该超过对方的视线,下界不低于自己的胸区,左右摆动的范围不要太宽,应在人的胸前或右方进行。

(2)自然亲切。多用柔和的曲线手势,少用生硬的直线手势。

(3)避免不良手势。应特别注意以下几点:

①与人交谈时,讲到自己不要用手指自己的鼻尖,而应用手按在胸口上。

②在谈到别人时,不可用手指别人。

③初见新客户时,避免抓头发、玩饰物等粗俗动作。

④避免交谈时指手画脚,手势动作过多、幅度过大。

推销人员在推销过程中要时刻保持良好的站、坐、行姿,在客户心目中树立良好的形象,同时要注意观察客户的体姿,从中捕捉到客户对推销是否满意的信号,从而适时调整推销的进程。例如,顾客身体前倾暗示对问题越来越感兴趣,推销人员应该停止事先准备的推销陈述,直接请求成交;顾客远离推销人员,并把双手放在脑后或坐在桌子和椅子的扶手上,象征沾沾自喜和优越感;张开手臂表示坦率、自信与合作;双臂和双脚交叉、清嗓子暗示有心理抵触;玩手指或轻轻跺脚表示不耐烦。

三、人际交往礼仪

1.拜访礼仪

拜访是指亲自到潜在客户的单位或相应场所去拜见、访问某人或某单位的活动。拜访客户之前要做好充分的准备工作,这不仅能够提高本次拜访的成功率,而且也是对拜访对象尊重的体现。具体要求如下:

(1)目标准确

明确拜访的目的和性质,理清此次拜访的核心目标和宗旨。

(2)仪表准备

注意着装和个人形象,力图为客户留下良好的第一印象。

(3)资料准备

作为推销人员,不仅要获得顾客的基本情况,如对方的性格、教育背景、生活水准、兴趣爱好、社交范围以及和他要好的朋友的姓名等,还要了解对方目前得意或苦恼的事情,如乔迁新居、结婚、喜得贵子或者工作紧张、经济紧张、充满压力、身体欠佳等。总之,了解得越多,就越容易确定一种最佳的方式来与顾客谈话。还要努力掌握活动资料、公司资料、同行业资料。

①工具准备。调查表明,推销人员在拜访顾客时,利用推销工具,可以降低50%的劳动成本,提高10%的成功率,提高100%的推销质量。推销工具包括产品说明书、企业宣传资料、名片、计算器、笔记本、钢笔、价格表、宣传品等。

②时间安排。拜访时间的约定要注意两点:一是争取实现预约,预约时要有礼貌地询问对方是否方便并告之需占用的时间;二是要注意安排在对方乐于接待的时段。

案例分享

预约有那么重要吗?

一个星期一的早晨,王经理刚上班,正在开例会,安排本周的工作计划和布置重点工作,有人敲门,原来是一家文具用品公司的人在做上门推销。

"对不起,我是××文化公司的……",没等对方说完,就有人不耐烦地说:"你没看见我们正在开会吗?"

对方一看在场的人都不太高兴便悻悻地走了,被他这么一打扰,王经理都不记得刚才说到哪里了,心里对这位不速之客更反感了。

【思考】 预约有那么重要吗?

③等待会见时,要注意细节,给对方留下良好印象。拜访一定要准时,以提前5~10分钟为宜。到达后先通知前台人员,然后耐心等待通报。若被拜访者不能马上接见,可按前台人员的安排在休息室或者会客室等待。等待的过程中不要大声交谈,不要在公司里到处乱走,甚至乱翻别人的资料,要耐心等待,同时与在此进出的工作人员点头示意,行注目礼。

④在与客户交谈时,要注意以下事项:

- 顾客房门不管是关或开,推销人员走进房间前都应先敲门,应用食指敲门,力度适中,间隔有序地敲三下,等待回应,得到对方允许后才能进入。
- 进入对方办公室时,应主动询问自己随身携带的资料袋、公文包或雨伞应该放在哪里,在得到对方的确认之前不要自行做主。
- 推销人员应该在对方指示后再入座。
- 不要任意抚摸或玩弄客户桌上的物品。
- 当秘书奉茶时,要有礼貌地表示谢意。
- 在告辞时,要对对方的接待表示感谢。如果碰到对方非常忙碌的时候,要有礼貌地请对方留步。

2. 接访礼仪

客人来访时,推销人员应主动接待,并随时记得"顾客至上"。推销人员应引领客人进入会客厅或者公共接待区,并为其送上茶水或饮料,如果是在自己的座位上交谈,应该注意声音不要过大,以免影响周围同事。推销人员在前面领路时,切记始终面带微笑。

推销人员在公司内的不同场所领路时,应注意不同的礼仪:

(1) 走廊。应走在客人前面两三步的地方。让客人走在走廊中间,转弯时先提醒客人:"请往这边走。"

(2) 楼梯。先说要去哪一层楼,上楼时让客人走在前面,一方面是确认客人的安全,另一方面也表示谦卑,不要站得比客人高。

(3) 电梯。推销人员必须主导客人上、下电梯。首先必须先按电梯按钮,如果只有一个客人,可以以手压住打开的门,让客人先进,如果人数很多,则推销人员应该先进电梯,按住开关,招呼客人先进,再让公司的人进电梯。出电梯时刚好相反,推销人员按住开关让客人先出电梯,自己再走出电梯。如果上司在电梯内,则应让上司先出,自己最后再出电梯。

3. 介绍礼仪

在推销场合结识朋友,可由第三者介绍,也可自我介绍相识。

(1)介绍他人的基本原则
①将男士介绍给女士。
②将年轻者介绍给年长者。
③将职位低的介绍给职位高的,而不分男女老幼。
④将未婚者介绍给已婚者。
⑤将本国人介绍给外国人。
(2)自我介绍
在很多场合,推销人员需要做自我介绍。自我介绍一般包括姓名、身份、单位等,对方则会随后自行介绍。自我介绍应把握以下要点:
①举止要庄重大方,不要慌慌张张,语无伦次。
②表情要坦然亲切,面带微笑,眼睛注视对方或大家。

4. 名片礼仪

名片是推销人员常用的一种交际工具。推销人员在与顾客交谈时,递给顾客一张名片,不仅是很好的自我介绍,而且与顾客建立了联系,方便体面。但名片不能乱用,要讲究一定的礼仪,以避免给顾客留下不良的印象。

(1)递交名片

一般递交名片的顺序应是地位低的先把名片交给地位高的,年轻的先把名片交给年长的。不过,假如对方先拿出名片,自己也不必谦让,应该大方收下,然后再拿出自己的名片来回应。

名片应该放到名片夹里或手提包里,而不是散乱地放在公文包或口袋里。名片夹应放在西装的内袋里,而不应该放在裤子的口袋里。递名片时,双手拿着名片的上端,名片的正面应对着对方,名字向着顾客。在面谈过程中或临别时,可以再拿出名片递给对方,以加深印象,并表示愿意保持联络的诚意。

(2)接受名片

当对方递过来名片时,应双手去接,接过后仔细看一遍,有不认识的字应马上询问,不可拿着对方的名片玩弄。看完后应将名片放入名片夹里或认真收好,不可随手扔到桌子上或随便放入口袋,这都是对他人的不尊重。如果接下来与对方谈话,不要将名片收起来,应该放在桌子上,并保证不被其他东西压到,这会使对方感觉你很重视他。第一次见面后,应在名片背面记下认识的时间、地点、内容等资料,最好简单记下顾客的特征(如籍贯、特殊爱好等)。这样累积起来的名片就成为自己的社会档案,为再次会面或联络提供线索或话题。

名片除了在面谈的时候使用外,还有其他的用处。例如,推销人员去拜访顾客时,如对方不在,可将名片留下,客户回来后看到名片就知道推销人员来过,可以加深客户的印象。向客户赠送小礼物,如让人转交,则可随带名片一张。推销人员还可以抓住某些潜在客户聚会的时机大规模派发名片。

5. 握手礼仪

(1)握手的场合

握手是推销场合中运用最多的一种礼仪,握手可以拉近推销人员与客户之间的距离。一般在以下场合需要握手:
①作为东道主迎送客人时。
②向客户辞行时。
③被介绍给不相识者时。
④在外面偶遇朋友、客户或上司时。

⑤感谢他人的支持、鼓励或帮助时。
⑥向他人或他人向自己表示恭喜、祝贺时。

(2) 握手的顺序

一般来说，和妇女、长者、主人、领导人、名人打交道时，为了尊重他们，应把握手的主动权赋予他们。但如果另一方先伸出了手，妇女、长者、主人、领导人、名人等为了礼貌起见，也应伸出手来回应。见面时对方不伸手，则应向对方点头或鞠躬以示敬意。见面的对方如果是自己的长辈或贵宾，先伸了手，则应该快步走近，用双手握住对方的手，以示敬意，并问候对方"您好""见到您很高兴"等。

(3) 握手的正确姿势

一般情况下，握手要用右手，掌心向左，虎口向上，以轻触对方为准（如果男士和女士握手，则男士应轻轻握住女士的手指部分）。握手时间以 3~5 秒为宜（匆匆握一下就松手，是在敷衍；长久地握着不放，未免让人尴尬），轻轻摇动 1~3 下，根据双方交往程度而定。推销人员与新客户握手应轻握，但不可绵软无力，和老客户握手应重些，表明礼貌、热情。握手时表情应自然、面带微笑，眼睛注视对方。

(4) 握手的禁忌

①男士不可戴手套与人握手，在某些社交场合，女士可戴薄手套。
②多人握手时，不可以交叉握手。
③握手时不可以拉来、推去或上下左右抖动。
④握手时不可以面部无表情，目光游移或旁观。
⑤在陌生场合与他人握手，一般而言，在场的每个人都要握到，不能只和职位高的或名气大的人握手。

四、交谈礼仪

推销是面谈交易，整个推销过程离不开推销人员与客户之间的交谈，得体的谈吐会给对方留下良好的印象，并有助于交易的达成。

案例分享

注意称谓：开口叫对人

听一个老师讲，某同学在顶岗实习的第一天就发生了一件尴尬事儿。她被分配到公司商场鞋服部，主管是位30多岁的女士。某同学报到时出于礼貌，叫了一声"阿姨"，然后主管说："我有那么老吗？"虽然主管没有责怪某同学的意思，但是某同学还是觉得犯了错误，同时她也体会到"开口叫对人"是多么重要。

另一位同学在酒楼顶岗实习时遇上一位老奶奶一个人来就餐，同学很礼貌地称呼对方为"奶奶"问她要不要先上杯水，只听老奶奶说："给阿姨来杯温水吧。"同学也没太注意，接下来又问"奶奶想吃点儿什么"，老奶奶拿着菜单给同学说："阿姨想要吃……。"这时同学才意识到自己称"奶奶"对方不喜欢，接下来的服务过程同学都称她为"阿姨"，"阿姨"会心的微笑了。可见，如何称呼也有学问。

1. 使用敬语和雅语

在交谈中要时刻以礼待人，这样既能显示自身的文化修养，又可以满足对方的自尊心。因此，在交谈中要随时随地有意识地使用敬语，这是以敬人之心赢得尊重的有效方式。推销人员在推销过程中常用到的敬语包括：

(1)多用"请"字。

(2)称呼对方用"阁下"、"贵公司"、"贵方"和"尊夫人"等。

(3)初次见面用"久仰"。

(4)有客户来访时用"欢迎光临"。

(5)请人提意见时用"请指教"。

(6)表示歉意用"实在对不起""不好意思"。

(7)请人原谅用"请包涵"。

(8)麻烦别人用"打扰"。

(9)托人办事用"拜托"。

此外，还有"请慢用"、"请稍后"和"请就位"等。敬语的使用不仅体现在语言上，为了能充分表达情意，语气也十分重要。诚恳、热情、适度的谦恭是交谈的基本态度。

雅语是指一些比较文雅的词语，通常在一些正规的场合以及一些有长辈和女性在场的情况下使用，被用来替代那些比较随便，甚至粗俗的话语。多使用雅语，能体现出一个人的文化素养和个人素质。在接人待物中，给客人端茶时，应该说："请用茶"。假如先于他人结束用餐，应该向其他人打招呼说"大家请慢用"。通过表4-1非雅语与雅语的比较，可以进一步体会雅语在与客户沟通时所起到的不同效果。

表4-1　　非雅语与雅语的比较

非雅语	雅语
你找谁	请问您找哪一位
不行就算了	如果觉得有困难的话，那就不麻烦您了
这事不归我管	我帮您问问谁负责这事儿
我现在没有时间	不如我们再约一个时间

2.注意语调

语调，也就是说话的语气、声调，语速的快慢和声音的大小等，它的主要作用在于表达感情。语调的抑扬顿挫、缓急张弛，往往比语言本身更能传情达意。推销人员的语言应该使顾客听起来舒服、愉快，使人乐于倾听。因此，推销人员拜访顾客或推销洽谈中首先要做到声音优美。要使用低声谈话，能够使客人听清楚即可；语调要亲切柔和；讲话的速度要适中；吐字要清晰；声音应有所起伏，抑扬顿挫。

3.选择合适的话题

推销人员与顾客交谈或在社交场合应掌握交谈的技巧。推销人员要善于选择话题，选择双方都感兴趣的话题，以了解顾客。推销人员在交谈中应避免出现以下情况：

(1)过分吹嘘自己推销的产品，或为抬高自己的产品故意贬低同类其他产品。

(2)说话无所节制，介绍没完没了，令顾客厌烦。

(3)语言刻薄，不给人留有回旋余地。

(4)少言寡语，过于沉默。

本章小结

沟通是一种信息的双向甚至多向流动，将信息传送给对方，并期望得到对方做出相应反应效果的过程。在现实生活中，沟通无处不在、无时不在。沟通是一门艺术。要想成为优秀的推销人员，必须了解沟通的基本理论，掌握沟通的策略、技巧。本章介绍了沟通的含义、沟通的三要素、沟通的方式、沟通的原则和沟通风格。沟通的方式主要包括语言沟通和非语言沟通。沟通的核心技能包括善于倾听、善于提问、善于赞美、善用同理心等。另外,根据心理学的"晕轮效应"原理,只要对某人产生了良好的第一印象,就会很容易认同他的观点和言行,而彬彬有礼的推销人员很容易给顾客留下好印象。因此,商务礼仪在销售中是完善推销人员的点金棒,是和顾客交往的润滑剂以及成功交易的催化剂。

思考与练习

一、名词解释

沟通　同理心　FAB法

二、选择题

1. 沟通的三要素包括沟通的目标、沟通的协议和(　　)。
   A. 沟通的内容　　B. 沟通的形式　　C. 沟通的时间　　D. 沟通的人员
2. 沟通的原则包括(　　)、诚信原则、自信原则和效率原则。
   A. 尊重原则　　B. 利益原则　　C. 公开原则　　D. 对等原则
3. 根据人们在日常交往过程中所表现出来的性格特征和处事方式,一般将沟通风格分为(　　)、表现型、和蔼型和分析型四种类型。
   A. 支配型　　B. 谦虚型　　C. 服务型　　D. 交换型

三、简答题

1. 在推销员的沟通技巧中你认为哪些技巧最重要?
2. 你怎样理解商务礼仪在推销过程中的意义和价值?
3. 在推销员的交往礼仪中你认为哪些礼仪最重要?

应用分析

无声的介绍信

一位先生在报纸上登了一则广告,要雇一名勤杂工到他办公室做事。大约有50多人前来应聘,有男有女,有老有少,但这位先生在众多应聘者中唯独选中了一个男孩。他的一位朋友问他:"这么多俊男靓女、大爷大妈的,你为什么偏偏选中那个男孩子?他既没有独特技能,又没有介绍信,又没有熟人朋友推荐,你的选人理由是什么呀?"

这位先生说:"他带来了许多胜似介绍信的东西。我注意观察到,他在门口蹭掉了脚上的泥土,进门后随手关上了门,说明他做事细心、仔细。当看到那位残疾老人时,他立即起身让座,表明他心地善良、体贴别人。进了办公室以后他先脱去帽子,回答我提出的问题,且干净利落,证明他既懂礼貌又有教养。更为突出的是,其他人都从我故意放在地板上的那本书上迈了过去,只有他俯身捡起那本书,并放到桌子上。当我和他交谈时,我发现他衣着整洁,头发梳得整整齐齐,指甲修剪得干干净净。这样素质的人才哪里找?懂得这些人际沟通礼仪比介绍信、推荐信都来得重要。"

(资料来源:钟立群、李彦琴.现代推销技术[M].北京:电子工业出版社出版,2013)

【问题】

1. 这个男孩凭什么在众多应聘者中胜出?
2. 你怎样看待沟通及礼仪在推销工作中的作用?

第三篇

推销过程控制

推销洽谈是整个推销活动的中心环节,其目标在于向客户传递推销信息,诱发客户的购买动机,激发客户的购买欲望,从而达成交易。

本篇共分为五章:
- 第五章 锁定目标客户
- 第六章 有效接近目标客户
- 第七章 推销业务洽谈技巧
- 第八章 客户异议处理策略
- 第九章 促成业务成交

第五章 锁定目标客户

学习目标

知识目标
- 理解产品定位和目标市场的含义
- 了解潜在客户的类型
- 了解客户购买的决策过程

能力目标
- 掌握寻找潜在客户的方法
- 掌握建立客户档案的方法
- 掌握最佳客户的特征
- 学会用精确营销寻找潜在客户

案例导入

到底错在哪里

张女士是一名海归,老公是某地产老板。有一天她在街上偶遇高中闺蜜,闺蜜提议合伙开一家浪漫的文艺餐厅。张姐表示同意,于是从老公那里拿了500万开始创业。经过3个月的筹备,张姐的西餐厅在一个非常繁华的广场旁边开业了。这个广场每天人来人往,人流量相当大。张姐满以为开在这样地段的餐厅,肯定生意火爆。

刚开始凭借自己和老公的人脉关系,来西餐厅里消费的朋友非常多。可是3个月过后,随着朋友的关照热情下降,店里生意一步步冷落下来。生意下滑一段时间后,闺蜜提议,可能是因为装修不够特色、不够情调才导致餐厅吸引力不够的,我们应该重新装修一次!张也是第一次创业不懂其中的原因,因此采纳了朋友的建议,给店面重新装修。原本50万的装修预算,随着采购标准的提高,最后竟翻了一倍,花了100万!店面符合高端大气上档次的标准,可是店里生意依旧冷清。

装修让生意毫无起色,闺蜜再次推荐一位专家,积极给张姐出谋划策。首先,丰富菜单,将原来20多道西餐翻了两倍,增加到60多道。然后分析餐厅法国菜不够正宗,从法国聘请大厨空降重庆,进口法国昂贵的松露和顶级鹅肝酱,甚至直接从原产地空运食材到重庆。4个月后,惨淡情况并没有好转,张姐找到了铺铺旺重庆分公司转店……

其实张姐的餐厅通过装修、加菜并没有带来更多的顾客,反而加大了运营成本,原因是她没有找到关键问题所在。虽然该商圈的人流量大,但大部分是跳广场舞的大妈级人物和消费能力有限的年轻情侣,周边进店消费的目标顾客群体几乎没有,可以说,这个法餐厅开错了地方。由此可见,正确审视目标顾客是多么的重要。

(案例来源:勤学教育官网,口才学习:客服异议处理案例,2018.11.22)

【思考】为什么这个装修上档次的法餐厅会招致失败?

第一节　寻找潜在客户

一、潜在客户的含义

1. 潜在需求

菲利普·科特勒在其《营销管理》一书中把存在潜在需求的客户群体分为两类：
(1)有购买欲望但没有购买力的人群。
(2)有购买力但没有购买欲望的人群。

实际上，很多没有购买欲望的人并不是严格意义上的没有购买欲望，而是没有意识到自己有购买欲望。因此，有学者认为营销实际上就是在挖掘人们的购买欲望，推销人员的作用就在于激发消费欲望，积极让消费者认识到自己某方面的需求。

2. 潜在客户

对于特定的企业来说，潜在客户是相对于已经购买、消费本企业产品或服务的现实客户而言的，也就是有可能成为现实客户但因为种种原因还没有能够购买、消费本企业产品的客户。

潜在客户没有成为现实客户的原因主要有：

(1)潜在需求因素

潜在客户的存在是以潜在需求为前提的。有了潜在需求，客户才有可能产生购买动机或购买欲望。加之具备相应的购买力，且市场上具有其所需的产品或服务，待购买时机成熟时，潜在客户就极有可能转化为现实客户。因此，潜在需求是导致潜在客户产生、存在的首要因素。此外，购买动机、购买欲望、购买能力、购买时机都是影响潜在客户转化为现实客户的重要影响因素。缺少了上述任何一个因素，潜在客户都不能转化为现实客户。

(2)企业或组织自身因素

产品质量低劣或产品性能不稳定，甚至是产品品牌包装缺少新意；产品价格明降暗升；服务手续烦琐，服务效率低下，服务人员素质差；企业分销渠道不畅，信息传递失灵；广告促销乏力，产品宣传失真，企业形象不佳等，都有可能影响潜在客户的购买心理，从而制约着潜在客户的购买行为，潜在客户也就无法转变为现实客户，或者导致潜在客户成为竞争对手的现实客户。

(3)相关利益者因素

竞争者的竞争战略、产品策略、营销活动等，都会影响到潜在客户的心理和行为。此外，媒体宣传、公众态度、专家意见、政府倾向及国家宏观政策等，都将对潜在客户转变为现实客户产生影响。

二、潜在客户的类型

1. 潜在客户的性格类型

在营销学和推销学中，推销人员经常面对八种性格类型的企业客户或者是个体消费者：

(1)理智型客户

理智型客户办事情比较理智,有原则,有规律,这类客户不会根据其与供应商关系的好与坏来选择供应商,更不会根据个人的感觉色彩来选择对象。这类客户工作比较细心、负责任,他们在选择供应商之前都会做适当的心理考核比较,进行理智的选择。推销人员要在这类客户面前表现出严谨的工作作风和强烈的时间观念。

(2)内向沉默型客户

内向沉默型客户对外界刺激不敏感,对推销人员的态度也比较冷淡,习惯与陌生人保持一定的距离。推销人员给这类客户的第一印象十分重要,可能会直接影响其购买决策。此时,推销人员可以主动提出一些易于交流的问题来激发客户的交流欲望。

(3)随和型客户

随和型客户不像内向沉默型客户那样对陌生人存有戒备心理,此类客户性格比较开朗,容易与人相处。也正因为如此,这类客户比较容易被说服。推销人员可以以幽默、风趣的语言与这类客户交流。

(4)虚荣型客户

虚荣型客户喜欢表现和标榜自己,并且不太乐于接受别人的指使。这类客户在与推销人员交往的过程中,往往会突出自己。推销人员可以谈论对方比较熟悉的话题,不要反驳或者打断对方的谈话,尽量创造对方发表"高见"的机会。

(5)神经质型客户

神经质型客户的最大特征是比较敏感,容易激动和情绪不稳定,也容易对自己的决策后悔。对于这类客户,推销人员要有耐心,循序渐进,在合适的时机与客户交流自己的想法。

(6)顽固型客户

顽固型客户往往有自己的特殊购买偏好。而且,此类客户不太愿意接受新事物,不愿意改变自己的消费模式,对推销人员的态度也不好。因此,对于这类客户,推销人员不要寄希望于短期内改变他们,而是应该应用数据或权威资料来说服客户。如果试图在短时期内改变这类客户,反而容易造成他们的抵触情绪。

(7)怀疑型客户

怀疑型客户是对产品和推销人员都抱有怀疑态度的客户。推销人员的重点是说服他们,取得他们的信任。推销人员严谨的工作态度和应用专业的数据这时是很重要的。

(8)好斗型客户

好斗型客户好胜,而且比较武断,很喜欢将自己的想法强加于他人。对于这类客户,推销人员要牢记"争论的胜利者常常是谈判的失败者",准备要充分,不要意气用事。

2.潜在客户的目标类型

依据营销学、推销学和心理学中的相关理论,推销人员可以将自己的客户按照购买目标的不同分为以下五类:

(1)任务型客户

任务型客户一般在公司的职务不会是股东级的,他们只是在接受上级给予的任务,而且这个任务也不是自己工作职责范围之内的。因此,这样的客户一般只要完成任务就可以了,不会有太多的要求,也不会有太多的奢望。对于这类顾客,推销人员要进行周到的服务,主动为顾客分析问题。

(2)利益型客户

利益型客户一般在自己公司的关系比较复杂,做事的目的性比较强,将价格压得很低,对质量和服务要求也比较高。但这类客户很稳定,推销人员只要和对方的关系发展到一定程度就很容易把握住对方的需求。

(3)主人翁型客户

主人翁型客户大部分是企业的老板,或者非常正直的员工,这样的客户只追求价格、质量、服务的最佳,尤其关注价格。因此,对于这样的客户,推销人员首先要在价格上给予适当的满足,再根据质量回升价格。要让对方感觉推销人员所推销的产品价格最便宜,质量最好。推销人员服务这类顾客要以价格为突破口,在价格上给顾客一个好的印象,在质量上可以根据顾客的认知度定位,铺好道路之后要经常回访,经常交流,经常沟通。

(4)重质型客户

重质型客户一般不会是公司的大领导,但是这样的客户在公司有发展潜力,地位一般是处于上升趋势。这样的客户目光重点定位在质量上,价格只要适当就可以了。这类客户有时候会出现自己掏钱为公司办事的情况,在公司为了表现自己经常吃哑巴亏。对于这样的客户,推销人员一定要站在客户的角度着想,在质量上一定要把好关。推销人员不需要与这样的客户保持太紧密的联系,只要在日常的工作中给予适当力所能及的帮助,为客户在自身公司的发展做点力所能及的事情即可。

(5)经济型客户

经济型客户一般比较"小气",推销人员想赚这类客户的钱不容易,这样的客户不会因为稳定、信任、关系而选择一个固定的供应商。他们会首先比较价格,而且比较的结果是让供应商没有利润,然后再比较质量。这样的客户经常会隐瞒事实,夸大自己,很多时候还会举办一些不太必要的招投标形式,以此来压价,满足自己的经济心理。

三、找准客户的价值

找准客户将有助于提升推销人员的工作效率,提高市场交换的成功率。同时,可以有效降低成本,避免营销活动的盲目性。最重要的是,寻找客户的过程,也是对客户心理和行为进行系统分析的过程,这样的过程,将有助于推销人员整体战略思路的形成,有可能发现新的市场机会。

1.提高市场交换成功率

不打无准备之仗,推销人员要做到在有限的精力和资源内找准客户,有计划、有目标、有步骤地接洽客户,这样才能实现目标清晰、方向明确、步调一致,减少盲目性。找准客户有助于推销人员在千变万化的市场中变被动为主动,变不能为可能,提高市场交换的成功率,创造销售业绩。

2. 避免营销活动的盲目性

很多营销人员都存在这样一种困惑：营销活动为什么要这么做，是否是有效的？营销人员在营销过程中存在着很大的盲目性，不知从何做起，怎样做起，对自己的营销目标，没有一个正确的规划。原因在于营销人员对客户行为不了解。在现代市场营销活动中，营销人员作为市场营销活动的主体，承担着重要的责任和任务，因此，找准客户就显得尤为重要，找准客户才能切实避免营销活动的盲目性。

企业希望所有人都能成为自己的客户，但这需要投入大量成本。在成本约束下，找准最有价值、最易达成交易目标的客户是降低营销成本的关键。

3. 洞察市场机会

找准客户有助于洞察出潜在的市场机会。因为，推销人员在寻找客户时，并非单纯探听客户或者了解客户的需求，同时也会深入思考客户的战略思想。推销人员在这个过程中，会对客户本身以及客户所面对的市场有一个深入的了解，从而形成分析、研究和策划的技巧，开放的思想，对未知事物的好奇心以及开拓创新的精神，也会增加灵活性、创造性、经验与信心。

挖掘潜在的市场机会要耗费大量的精力。正因如此，推销人员只能有选择性地针对重点客户进行市场挖掘。在执行时，推销人员必要时可以与客户结成团队，挖掘出对客户具有重要价值的机会，并帮助企业和客户付诸实施。

案例分享

"大鸡"也要"食细米"

广东生意场上有句话叫"大鸡吾食细米"，意思是生意做大了看不起小订单。

我有两个做钢材的朋友，一个做量；一个做价格，专食细米。有一天，做价格的朋友到做量的朋友那谈事，正好做量的朋友在用平板车发货，就问"这一车差不多60吨的货可以赚多少钱？"做量的朋友说大概6 000元吧，做价格的朋友说"不是吧！一个三轮车的钢材我也能赚个四五千元。"

此事对我触动很大，也感慨良多！看到俱乐部里不少采购员苦恼于业务员不重视小单，觉得有必要给予提醒！个人领悟：

（1）特别是中小企业的销售必须重视小单，只是在定价方面给予调整。在资金占用不大而且回报率更高的情况下，何乐而不为呢？

（2）面对小单，销售、业务可以在产品议价时采取相对强势，而在质量、服务方面则必须保障，像做大单一样重视。

四、寻找潜在客户的方法

寻找潜在客户，主要指通过网络、广告、杂志等渠道和方式来寻找客户源，用电话或者通过网络、见面会等形式来联络感情，进而了解客户真正的需求，建立信任，赢得订单的过程。常见的寻找潜在客户的途径与方法有很多，主要包括以下几种：

1. 客户资料整理法

客户资料整理法又称"资料查阅寻找法",强调客户资料管理。现有的客户、与企业联系过的单位、企业举办活动(如公关、市场调查)的参与者等,这些客户信息资料都应该得到良好的处理和保存,积累到一定的程度,就会成为公司的一笔财富。根据积累的资料(行业的或者客户的)往往更能有效地开展工作,在市场营销精耕细作的今天,尤为重要。

推销人员经常利用的资料有:有关政府部门提供的资料,有关行业和协会的资料,国家和地区的统计资料,企业黄页,工商企业目录和产品目录,电视、报纸、杂志、互联网等大众媒体,客户发布的消息,产品介绍,企业内刊等。

推销人员要有较强的信息处理能力,需要注意的是资料的时效性和可靠性。通过查阅资料寻找客户既能保证一定的可靠性,也能减少工作量、提高工作效率,还能最大限度减少业务工作的盲目性和客户的抵触情绪。更重要的是,开展前期的客户研究,了解客户的特点、状况,可以提出适当的客户活动针对性策略。

一些有经验的推销人员,在出发去和客户接触之前,往往会通过大量的资料研究对客户进行非常充分的了解和判断。例如,某个家庭,第一代洗衣机是"小天鹅双桶洗衣机",第二代洗衣机是"小天鹅全自动洗衣机",第三代洗衣机是"小天鹅滚筒式洗衣机",推销人员如果要真正做到使客户的三代洗衣机都用"小天鹅"牌的,对客户资料的研究和对客户的精细服务是必不可少的。

2. 展示会法

展示会是获取潜在客户的重要途径之一。推销人员在举办展示会前就应该准备好客户的资料,了解客户的兴趣点以及现场可能需要解答的问题。国际、国内每年都有很多展示会或者交易会,如广交会、高交会、中小企业博览会等,这是一个非常好的商机,要充分利用。展示会不仅可以实现交易,而且更重要的是企业可以寻找客户、联络感情、沟通了解。即使公司没有组织展示会,客户群体组织的展示会同样重要,当然这需要推销人员借助业内的关系拿到客户的资料。

3. 展开商业联系法

商业联系比社会联系更容易建立。借助于私人交往,推销人员可以更快地进行商业联系。推销人员不但需要考虑在交易中认识的人,还要考虑政府职能管理部门以及协会、学校、俱乐部等行业组织,这些组织带来的是其背后庞大的潜在客户群体。

商业联系可以是推销人员通过他人的直接介绍或者提供的信息展开,也可以通过推销人员的熟人、朋友等社会关系展开,还可以通过企业的合作伙伴、客户等展开,主要方式有电话介绍、口头介绍、信函介绍、名片介绍、口碑效应等。

展开商业联系法的关键是推销人员必须注意培养和积累各种关系,为现有客户提供满意的服务和可能的帮助,并且要虚心地请求他人的帮助。口碑好、业务印象好、乐于助人、与客户关系好、被人信任的推销人员一般都能取得有效的突破。

展开商业联系法由于有他人的介绍或者成功的案例和依据,成功的可能性非常大,同时也可以降低销售费用,减小成交障碍,因此,推销人员要重视和珍惜商业联系。

4. 广告寻找法

广告寻找法的基本步骤是:向目标客户群发送广告,吸引客户上门,从而展开业务活动或者接受反馈。例如,通过媒体发送某个减肥器具的广告,介绍其功能、购买方式、地点、代理和经销办法等,然后在目标区域展开活动。

广告寻找法的优点是传播信息速度快、覆盖面广、重复性好,相对普遍寻找法更加省时、省力;其缺点是需要支付广告费用,针对性和及时反馈性不强。

5. 直接拜访法

通过直接拜访,推销人员能迅速地掌握客户的状况,效率极高,同时也能磨炼推销人员的销售技巧及培养选择潜在客户的能力。

6. 咨询寻找法

一些组织,特别是行业组织、技术服务组织、咨询单位等,它们手中往往集中了大量的客户资料、资源以及相关行业的市场信息。通过咨询的方式寻找客户不仅是一个有效的途径,而且可以在客户联系、介绍、市场进入方案等方面获得这些组织的服务、帮助和支持。

7. 企业各类活动寻找法

企业举办公共关系活动、市场调研活动、促销活动、技术支持和售后服务活动等,一般都会直接接触客户,在这个过程中,企业可以对客户进行观察、了解和深入地沟通,也是一个寻找客户的好方法。

有效地寻找潜在客户的方法远远不止这些,从某种程度上来说,是一个随时、随地的过程。

知识链接

猎犬计划:让老顾客帮你介绍新顾客

猎犬计划是著名的推销大师乔·吉拉德在他的工作中总结出来的。他认为,做销售工作需要别人的帮助。乔·吉拉德的很多生意都是由"猎犬"(会介绍新顾客的老顾客)帮助的结果。乔·吉拉德的一句名言是:"买过我汽车的顾客都会帮我推销。"在生意成交之后,他总是把一叠名片和猎犬计划的说明书交给顾客。说明书告诉顾客,如果他介绍别人来买车,成交之后,每辆车他会得到25美元的酬劳。如果乔·吉拉德发现顾客是一位领导者,他会更加努力地促成交易并设法让其成为"猎犬"。实施猎犬计划的关键是守信用,一定要付给顾客25美元介绍费。乔·吉拉德的原则是:宁可错付五十个人,也不要漏掉一个该付的人。优秀的销售人员明白,让老顾客帮你介绍新顾客是非常有效的方法。

第二节 建立目标客户档案

目标客户档案应该既包括现有客户档案,又包括潜在客户档案。

建立现有客户档案是让推销人员更好地理解客户行为,了解客户购买的规律,同时借助于以往的销售经验,形成对每类客户的相应营销策略,从而指导推销人员在遇到合适的潜在客户时,辨别该潜在客户属于现有客户中的哪一类,并很快地形成有效的营销策略。

建立潜在客户档案是帮助推销人员能够在恰当的时间、恰当的地点回忆起可能成为现实客户的潜在客户,便于追踪潜在客户。

一、建立客户档案的方法

1. 记录客户的信息

在与客户(包括潜在客户)交流的过程中,推销人员要能够充当起记录员的角色,把客户的关键信息记录下来,特别是从客户的话语中找出其潜在的需求。记录的信息应该包括人口统计变量、地理特征、生活方式、性格分析和消费者行为,如果是企业客户还应该包括企业市场的信息。客户档案基础内容见表5-1。

表 5-1　　　　　　　　客户档案基础内容

基本信息大类	细　项	特　征
人口统计变量	年龄段	
	性别	
	家庭规模	
	收入水平	
	职业	
	宗教信仰	
	民族	
	教育程度	
	社会阶层	
地理特征	国家	
	省/市	
	地区	
	县/镇	
	人口规模	
	人口密度	
	气候	
生活方式	爱好	
	习惯	
	看电视的习惯	
	社会活动	
	度假选择	
	运动	

(续表)

基本信息大类	细项	特征
性格分析	领导者还是追随者	
	外向还是内向	
	追求成就的还是满足现状的	
	独立的还是依附的	
	保守的还是自由主义方式的	
	传统的还是现代派的	
	有社会责任的还是以自我为中心的	
消费者行为	使用率	
	寻求的好处	
	使用方法	
	使用频率	
	购买频率	
企业市场	企业类型(制造商、零售商、批发商等)	
	行业	
	企业规模	
	经营年限	
	财务状况	
	员工人数	
	位置	
	结构	
	销售水平	
	分配形式	
	特殊要求	

2. 利用 Excel、SPSS 等统计分析软件帮助推销人员建立客户档案

除了一些收费较高的专业客户关系管理软件之外，还有一些统计分析软件也可以帮助推销人员建立客户档案。此外，这些软件还可以帮助推销人员分析客户的消费数据，找出行为规律，支持其做出推销决策。

目前，统计分析软件根据其功能大致可分为综合统计分析软件和专业统计分析软件两大类。综合统计分析软件功能全面，它较系统地集成了多种成熟的统计分析方法，具有较完善的数据定义、操作和管理功能，可以方便地生成各种统计图形和统计表格，同时提供各种简便的软件使用方法，并带有完备的错误提示及联机帮助功能。综合统计分析软件能方便地和其他各种常用的软件进行数据交换。常用的综合统计分析软件有 SAS、SPSS、SYS-TAT、Statistica、S-plus、Stata 等。

专业统计分析软件着重实现综合统计分析软件的部分功能，突出某种特色处理。常用的专业统计分析软件有：Eviews、Minitab、BMDP、LISREL、AMOS、Excel 等。

比较容易操作和使用的专业统计分析软件是 Excel，综合统计分析软件是 SPSS。

(1)Excel

微软的 Office 是目前最为流行的办公软件，可以使用 Excel 执行计算、分析信息并管理

电子表格或网页中的列表。

Excel 中含有大量的公式函数,能够实现许多方便的功能,使用者可以选择使用。

目前,许多软件厂商借助 Excel 的友好界面和强大的数据处理功能开始研究将其以更简单的方式应用到企业管理和流程控制中,ESSAP(Excel & MSSQL 平台)就是很好地结合 Excel 和数据库软件 MS SQL 并应用到企业管理和各行各业数据处理中的例子。ESSAP 是一个用于构建信息系统的设计与运行平台,其以 Excel 为操作界面,结合大型数据库 MS SQL 与工作流技术,用户只要运用自己已经掌握的 Excel 操作技术(不需依靠专业 IT 人员),就可以设计满足自己需要(管理意图)的各种信息管理系统。另外,利用 ESSAP 设计完成系统并投入使用以后,并不意味着系统从此就不能改变,而是还可以根据管理的需要进行不断的优化与扩展,真正做到了"持续优化,因需而变",使设计的系统永不落伍。

(2)SPSS

SPSS 的英文全称为"统计产品与服务解决方案",是世界著名的统计分析软件之一。20 世纪 60 年代末,美国斯坦福大学的三位研究生研制开发了最早的统计分析软件 SPSS,同时成立了 SPSS 公司,并于 1975 年在芝加哥组建了 SPSS 总部。20 世纪 80 年代以前,SPSS 软件主要应用于企事业单位。目前,SPSS 是一个组合的统计软件包,它集数据处理和分析功能于一身。用户可以根据实际需要和计算机功能选择相应模块,以降低对系统硬盘容量的要求,有利于该软件的推广和应用。SPSS 的基本功能包括数据管理、统计分析、图表分析、输出管理等。SPSS 统计分析包括描述性统计、均值比较、一般线性模型、相关分析、回归分析、对数线性模型、聚类分析、数据简化、生存分析、时间序列分析、多重响应等几大类,每类中又分为几个统计过程,如回归分析中又分为线性回归分析、曲线估计、Logistic 回归、加权估计、两阶段最小二乘法、非线性回归等多个统计过程,而且每个过程中允许用户采用不同的方法和参数。SPSS 也有专门的绘图系统,用户可以根据数据绘制各种图形。

SPSS 公司陆续并购了 SYSTAT 公司、BMDP 软件公司、Quantime 公司、ISL 公司,并将各公司的主打产品纳入 SPSS 旗下,从而使 SPSS 公司由原来的单一统计产品开发与销售转为向企业、教育科研及政府机构提供全面信息统计决策支持服务,成为走在了最新流行的"数据仓库"和"数据挖掘"领域前沿的一家综合统计软件公司。

SPSS 软件只吸收较为成熟的统计方法,而对于最新的统计方法,SPSS 公司的做法是为之发展一些专门软件,如针对树结构模型的 Answer Tree,针对神经网络技术的 Neural Connection,专门用于数据挖掘的 Clementine 等,而不是直接纳入 SPSS。

SPSS 由于操作简单,已经在我国的社会科学、自然科学的各个领域发挥了巨大作用。该软件还可以应用于经济学、生物学、心理学、医疗卫生、体育、农业、林业、商业、金融等各个领域。

二、分析最佳客户与最差客户

拥有目标客户档案并不是最终的目的,而是手段。推销人员可以借助目标客户档案,有效地选择客户、接触客户,与其讨论切实存在的问题,并帮助他们解决相关问题。当然这要建立在对目标客户档案中的数据进行分析的基础之上。

1.最佳客户和最差客户的特征

推销人员要选出最佳客户和最差客户,并分别描述其特征。最佳客户是指对推销人员微笑,喜欢推销人员的产品或服务,使推销人员有生意可做的那些客户。最佳客户一定是推销人员需要重点维护的客户群体,如果发现某位潜在客户具有和最佳客户相似的特征,这位潜在客户也将是推销人员需要重点关注的客户。最佳客户的特征有:

(1)会让推销人员做其擅长的事。

(2)认为推销人员做的事情有价值,并愿意购买产品或服务。

(3)通过向推销人员提出新的要求,来提高推销人员的技术或技能,充分合理利用资源。

(4)带领推销人员走向与战略和计划一致的新方向。

最差客户与最佳客户正好相反,其特征有:

(1)让推销人员做那些其做不好或做不了的事情。

(2)分散推销人员的注意力,使之改变方向,与推销人员的战略和计划脱离。

(3)只买很少一部分产品,使推销人员消耗的成本远远超过其可能带来的收入。

(4)要求很多的服务和特别的注意,以至于推销人员无法把精力放在更有价值的客户上。

(5)尽管推销人员已尽了最大努力,但其还是不满意。

2. 运用 80/20 原则分析最佳客户和最差客户

推销人员经营收入的 80% 是由 20% 的客户带来的,这 20% 的客户就是最佳客户。显然,推销人员有更多的理由让最佳客户对产品或服务更满意。

我们这里所说的最差客户并不是这 80% 的客户,而是在这 80% 的客户中可能会给推销人员带来麻烦的客户,甚至投资回报率为负的客户。例如,他们的财务状况很糟糕,不能及时付款。如果没有这些客户,可能推销人员的处境会更好些。因此,有的时候永远不能拒绝客户的信条会使推销人员陷入误区和麻烦之中。

对付最差客户,可以先找出他们,再把他们变成好的客户或者放弃他们。

最佳客户与最差客户分析见表 5-2。

表 5-2　　最佳客户与最差客户分析

按照产品或服务划分的市场区段	最佳客户	最差客户	进一步行动
1			
2			
3			
4			
5			

3. 根据最佳客户的特征找出潜在客户

推销人员可以找到与最佳客户具有类似特征、有足够多人数(消费者市场)或需求数量(企业市场)且目前尚未购买推销人员所推销的产品或服务的群体或企业,这些新的群体或企业就构成了推销人员最好的潜在客户。然后,推销人员再通过营销努力,把潜在客户转化为最佳客户。

推销人员可以根据最佳客户的特征对潜在客户进行评级,客户/潜在客户总结见表 5-3。

表 5-3　　　　　　　　　　客户/潜在客户总结

当前客户	所属客户类型	评判依据
1. 2. 3. 4. 5.		
最佳客户	所属客户类型	评判依据
1. 2. 3.		
潜在客户	所属客户类型	评判依据
1. 2. 3. 4. 5.		

客户/潜在客户目标：

三、潜在客户的购买决策

1. 客户购买的原因

开发新客户是要付出很大代价的,吸引一个新客户所耗费的成本大概相当于保持一个现有客户的五倍。因此,推销人员必须认真评估,判断开发新客户是否有利可图,要在可接受的利润水平上满足客户。任何公司都以赢利为其主要目的,无论是长期利益还是短期利益。

客户何时、何地以及为什么购买产品或服务是市场信息的关键部分。推销人员如果能确切地回答以下问题,将远远领先于大部分竞争对手。

(1)谁做购买决定？

(2)能卖出多少数量？

(3)客户购买什么？

(4)客户的购买是定期的还是偶然的？

(5)客户为什么购买？

(6)客户在什么地方购买？

(7)销售额有多大？

(8)每单位产品所花费的成本是多少？

(9)客户何时购买？

(10)客户的购买是季节性的吗？

(11)什么对客户最重要？

(12)客户的财务状况能否支持其购买？

了解客户的需求是市场销售的第一块基石。客户心理又被称为"客户心理暗箱",消费者的心理活动是可以体现在行为上的,但有些心理活动很难察觉,如果推销人员能够打开客户的心理暗箱,对其销售成功率的影响是不言而喻的。推销人员对客户的需求了解得越细致、准确,就越能有效地满足客户的需求。在这一阶段中,推销人员能从与客户的谈话中了解客户所面临的问题及客户希望获取的信息等,进而达到销售的目的。

2. 影响客户购买的因素

不管企业的广告和产品定位做得多么好,人们都不会购买他们不想要的产品和服务。因此,企业只能把客户想要的东西卖给他们。如何确切地知道影响客户购买的因素呢?最简单的办法就是去询问他们,基于上述对购买原因的分析,制作一份精心设计的调查表并进行市场调查是很有效的一种方式。市场调查应该从文化、社会、经济等方面入手。

(1)影响消费者购买的因素

①文化因素。文化是人类欲望和行为的最基本决定因素。人们在成长的过程中所处的家庭环境、社区环境、宗教环境、社会环境以及社会阶层决定了他们一整套价值、爱好和行为观念。了解消费者的文化背景对于研究他们的购买行为起着重要的作用。

②社会因素。社会因素包括个人在相关群体及家庭中所处的角色和地位。例如,一个凝聚力很强、沟通良好的群体对人们在产品和品牌的选择方面的影响非常大。

③个人因素。一个人的购买行为往往受其年龄、职业、经济环境、生活方式、个性等因素的影响。

(2)影响公司采购的因素

①环境因素。公司的采购会受到当前经济环境或者预期经济环境等诸多因素的影响,如基本需求水平、经济前景及成本。

②组织因素。每一家公司都有其具体的目标、政策、程序、组织架构和系统。这些因素决定了公司的采购单位所处的角色和地位以及该公司的采购方式。

③人际因素。公司的采购中心通常包括一些不同职权、地位和有说服力的参与者,这些复杂的关系会为公司的采购带来诸多变数。

④个人因素。购买决策过程中每一位参与者都带有个人动机、直觉和偏好,这些因素受参与者的年龄、收入、教育程度、专业、个性及风险意识的影响。

3. 客户的购买决策过程

客户决定购买产品或服务是以他们自己对世界的看法,也就是他们对现实的感觉为基础的,很少有不事先考虑就采取购买行动的客户。客户的感觉代表了他们对市场的看法,这不仅包括客户怎样看待企业的产品与服务,而且也包括企业以及企业的竞争对手的看法。当客户面对琳琅满目的各种商品,做出自己的选择时,诸多因素会对他们产生影响,如广告、签名、评论以及推销等,以及他们自己内心的反应。因此,推销人员需要了解对于所有这些刺激,客户是如何做出反应的。

(1)个人消费者的购买决策过程

通过了解个人消费者的购买决策过程,推销人员就可以更好地利用他们的行为,进而做出有助于个人消费者完成购买过程的决策。例如,假设王先生刚刚成立了一家生产高级软件的公司,但是他担心客户会由于害怕软件不好学或者与他们的电脑不兼容而不愿意尝试他的产品。为了使潜在的客户能从评估阶段顺利进入试验阶段,王先生可以考虑为新客户设立一条免费热线,并保证软件不会出现任何问题,否则退款。

对于个人消费者的购买决策过程,推销人员必须注意以下几点:

①个人消费者购买决策过程的五个步骤是了解、产生兴趣、评价、试验和决定购买,具体见表5-4。

②在购买之前,客户都要经过一个决策的过程。

③很多时候,客户是凭自己的感觉而不是事实来做出购买决策的。

表5-4 个人消费者购买决策过程的五个步骤

主要步骤	过程描述	应采取的行动
了解	知道一种产品或服务,但缺乏详细了解	制定一个策略,培养并激发潜在客户的购买欲望
产生兴趣	由于宣传,感到好奇,并寻求更多的信息	提供更详细的产品信息,并继续建立强大的攻势
评价	决定是否试用这种产品或服务	尽量使产品评估过程容易并值得做
试验	试用产品或服务	尽可能使试验简单而又没有风险
决定购买	决定购买这种产品或接受这种服务	制定战略来留住这些客户

(2)企业客户的购买决策过程

相对而言,企业客户的购买决策过程一般要比大多数个人消费者的购买决策过程正式、理性和专业。公司中不同部门的人常常参与到决策过程中,形成所谓的决策单位。与个人消费者市场不同的是,推销人员在与企业客户打交道时,以下重要因素要进行认真的评估:

①企业客户总体上的状态如何?

②这家企业是如何运营的?

③该购买决策对谁来说更重要?

在开始为企业客户制定策略时,要与潜在的客户进行沟通,了解客户的组织及其产业,参加有客户或潜在客户出席的活动,试图更确切地了解构成其想法的决定性因素和力量。企业客户的主要参与决策人员是工程师还是营销人员?客户是否大、小供应商都选用?在关键的领域是否有许多供应商?有时推销人员的客户并不是最终用户,因此,需要了解这些企业客户的市场情况,即企业客户的客户。企业采购过程见表5-5。

表5-5 企业采购过程

主要步骤	过程描述
需求确认	需求可能来自以下方面:(1)公司决定推出一种新产品,因而需要新设备和相应的材料;(2)旧设备出现故障或报废,需要新的零部件或新设备;(3)原有的采购材料不能满足要求,转而寻找其他的供应商;(4)新材料
总需求说明	一旦某种需求被确认之后,采购人员便着手确定总特征和所需数量。诸如可靠性、耐用性、价格及其他属性
产品规格	在总需求确定后,有关产品的技术规格说明书必须制作出来

(续表)

主要步骤	过程描述
寻找供应商	当产品的要求具体化之后,采购人员就要设法寻找所需材料的合适供应商
供应建议书	供应商需根据购买者的要求,提供一份供应建议书
选择供应商	根据供应商所提供的建议书,选择最适合公司要求、最具有吸引力的供应商。其中,要重点考虑供应产品质量的可靠性、服务的可靠性以及供应商的灵活性
签订合同	在供应商选定之后,双方进一步详细讨论交易合同或订单,包括产品技术说明书、质量要求、需求量、预期交货时间、退货条款、支付条件、运输及担保等
评估供应商	对于供应商的绩效表现,公司要进行评估,确保其能持续满足公司的要求

4. 购后评价

推销并不是客户购买产品之后即终止,客户的购后评价同样重要。客户使用产品时产生的满意与不满意是购后评价的主要表现方式。

(1)满意、重复购买与忠诚

美国学者 Robert A. Westbrook 和 Miehael D. Reilly 提出了"消费者感知的价值差异"模型。他们认为,满意感是客户对自己感觉中的产品和服务实绩与自己需要的消费价值(需要、欲望、期望)进行比较之后产生的一种情绪反应。产品和服务的实绩越符合客户需要的消费价值,客户就越满意;产品和服务的实绩越不符合客户需要的消费价值,客户就越不满意。期望与满意度之间的关系如图 5-1 所示。

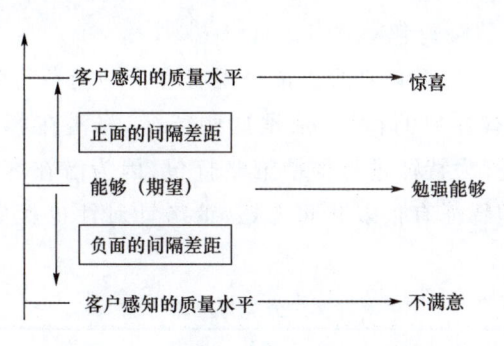

图 5-1 期望与满意度之间的关系

一般认为,满意能够通过态度这一中介变量影响购买意向,还有人认为,满意可以直接影响购买意向。客户的满意水平与客户品牌正相关,客户满意和客户忠诚不是必然的直接关系,客户满意需要在一定的条件下才能转变为客户忠诚。

(2)不满与抱怨

当出现较严重的问题或客户抱怨得不到处理时,不满意的客户更容易抱怨。一般认为,负面的信息比正面的信息更容易被消费者口头传播。

回访是售后服务的开始,交易达成后继续与客户保持经常的联系,对于重复销售和开拓更大的市场具有重要的意义。推销人员的回访会给客户带来帮助,因此,极少会受到客户的抵制,反而会给客户留下深刻的好印象。在回访过程中,推销人员不但要确认客户对产品是否满意,还要进一步巩固与客户的关系,抓住这两点对于推销人员发展以后的业务是很重要的。

四、形成潜在客户策略

1. 描述产品特征

无论是单个的消费者还是企业,任何购买行动的最终确定都需要一个决策过程。在决定购买之后,客户就会进入选择阶段,即选择能够满足他的需求的产品。客户会按自己的这些需求特征去选择产品,而推销人员就要在了解了客户的需求特征之后,根据客户这些需求特征来介绍自己产品的用途和特性,从而书写、解释建议书。推销人员要抓住这个阶段,有针对性地向客户介绍产品和建议书。

推销人员在描述产品的过程中,比较困难的一项任务是使客户准确地领会自己的意图。信息的传递者和接收者之间的沟通很容易误入歧途,接收者并不能像传递者所希望的那样准确无误地理解信息,因此,在描述产品的过程中,推销人员要与客户不断地交流。

2. 浓缩产品卖点

在描述产品特征以及产品会带给客户的主要利益之后,推销人员需要找出关键利益,这一利益可以是与竞争对手有鲜明区别的,也可以是客户急切需要的。将这一关键利益点浓缩为一个卖点,将产品最大的特色作为"关键按钮"。如宝洁旗下的海飞丝产品的浓缩卖点是:头屑去无踪,秀发更出众。

3. 潜在客户分类与策略打包

对潜在客户进行细分是很必要的。按照现有客户的消费行为或者是基本统计变量进行细分,列出每类现有客户的特征,依据这些特征,将潜在客户一一进行类别对应。然后,根据每类客户的行为特征进行推销策略打包,因为潜在客户也已经一一归类,他们的特征与现有客户的特征有很多共同之处,策略针对性也就更强。潜在客户分类与策略打包见表5-6。

表5-6　　潜在客户分类与策略打包

现有客户细分	客户特征	潜在客户归类	策略打包
初步细分	年龄	1	突出产品特殊功能
第二层细分	价格敏感性	2	突出产品的安全性
第三层细分	动机性	3	描述产品的性价比
……	……	……	……

第三节　准确定位目标客户

一、精确营销概述

1. 精确营销的定义

直效行销之父莱斯特·伟门于1999年提出了精确营销的概念,他对精确营销的最初定义是:改变以往的行销渠道及方法,以生产厂商的客户和销售商为中心,通过电子媒介、电话访问、邮寄、国际互联网等方式建立客户、销售商资料库,然后通过科学分析,确定可能购买的客户,从而引导生产厂商改变销售策略,为其制订出一套可操作性强的销售推广方案,同时为生产厂商提供客户、销售商的追踪服务。

莱斯特·伟门给出了精确营销最为原始的方法,但是精确营销在它以后的发展过程中,随着行业应用空间的拓展,开始有了更为新鲜而泛化的内涵:精确营销是以科学管理为基础,以客户洞察为手段,恰当而贴切地对市场进行细分,并采取精耕细作式的营销操作方式,将市场做深、做透,进而获得预期效益。

2. 精确营销是对数据库营销的发展

数据库营销是IT技术的一种应用,它利用电子计算机存储量大、成本低的特性,以全新方式储存和使用客户资料。数据库营销还强调建立长期客户关系的重要意义,这种关系被认为对企业的长期战略营销计划具有重大帮助。数据库营销还可以运用计算机存储的客户资料,支持企业与客户之间的沟通,从而使客户和企业均从中获益。

精确营销实际上是对数据库营销的发展,精确营销不像数据库营销那样只看重数据分析,其更重视商业应用。

3. 精确营销的背景是资源的紧缺型

企业的营销活动与其他活动一样,需要耗费资源。营销所消耗的资源不仅包括企业产品资源、人力资源、品牌、技术、销售渠道,还包括来自外部的客户、媒体、合作伙伴、政府部门、信息资源、社会文化资源、自然资源等。由于资源本身具有的特性(特别是市场资源),如果不进行精心维护,资源就会慢慢枯竭,效益就会递减。就像自然资源的开采一样,一味粗放经营只会加速资源的衰竭,导致富矿逐渐变成贫矿。因此,在企业的运作过程中,必须对市场资源进行合理的规划和使用。

随着商品经济的日益发展和成熟,精确营销越来越受到企业的重视,并成为企业青睐的营销理念。精确营销意味着营销活动的精确化、深入化、细致化以及利用有限的资源获取最大的收益。精确营销最早是以邮购、目录销售的形式出现的。有一些厂商或因产品适合寄送,或因通路建立费时、费力,或因竞争压力,或因地域广大,或因产品冷门等,采用了直邮广告的方式进行邮购,以达成销售。由于受到了邮购行业的刺激,一些没有中间商的行业,如出版业及金融业,也开始采用这种方式进行销售。

二、精确营销体系与技术

1. 精确营销体系

在互联网快速发展的今天,新形态的经营模式打破了传统的经营模式,加上网络本身的特性,使得基于客户行为研究的营销活动变得日益重要。客户期望获得快速且优质的服务,因此,如何与客户达成良好的相互关系进而为客户提供满意的服务,对于企业提升产业竞争力是一项有重要实践意义的议题。

现代企业一般都拥有庞大的数据资源,有效地利用它进行相关的客户数据及消费行为分析,把所取得的数据转换成有用的信息,将成为决策者制定营销策略的重要参考依据。数据挖掘技术可以根据使用者的需求,从具有庞大数据量的数据库中找出合适的数据,加以处理、转换、挖掘和评估,并从中得到有用的规则和知识。

数据挖掘在精确营销领域的应用主要涉及客户细分、交叉销售、客户流失预警及挽留、客户终身价值、服务营销、整合营销传播等众多方面,并在此基础上构建了精确营销体系。企业营销全过程包括客户获取、客户增值、客户升级和客户挽留。精确营销体系如图5-2所示。

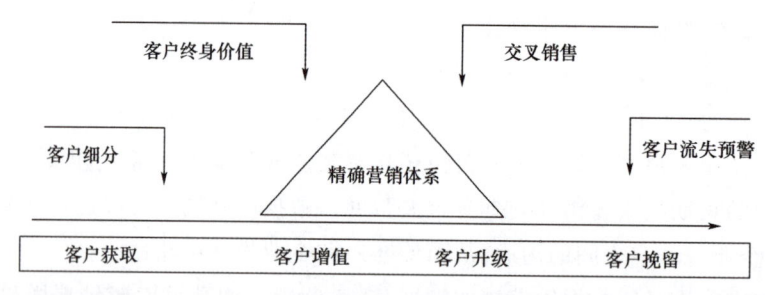

图 5-2 精确营销体系

2. 精确营销技术

精确营销的核心技术是数据挖掘。数据挖掘是指对储存在电脑中的海量数据进行分析。例如,食品杂货店通过消费者的购买而获取了大量数据;条形码使消费者付款变得非常便利,并且提供给零售公司大量数据。食品杂货店和其他零售店能够快速地掌握消费者的购买行为,并通过计算机对产品进行精确定价。

从统计和运营研究的角度来看,数据挖掘的方法包括:聚类分析、回归、判别分析、多目标线性规划的线性匹配。从人工智能的角度来看,数据挖掘的方法包括:神经网络、规则推理(决策树)、遗传算法等。

数据挖掘的作用主要包括以下几个:

(1) 分类。用测试数据集识别常被用来分类数据的类别和族群。

(2) 预测。识别数据的关键特征以找到公式来预测未来事件,典型的例子就是回归模型。

(3) 关联。识别决定实体关系的规则。

(4) 检测。确定不规则属性,对于欺诈检测尤其有价值。

对于推销人员来说,现有的数据库是很好的资源,借助数据库中的客户行为数据可以找出客户的行为规律。推销人员不需要关心数据关系算法的原理和运算过程,甚至不需要推销人员自己去操作,因为很多行业或者企业有专门的数据分析部门。推销人员所要做的就是,将这些规律应用到推销过程中,提升推销的针对性和有效性。

案例分享

大悦城:用大数据进行精准营销

"希望未来的购物中心成为一个地缘辐射半径比较大的、有共同属性的人聚集的社区,是这群人的社交场所和生活中心。"中粮置地北京公司副总经理、朝阳大悦城总经理周鹏描述说。

现阶段传统卖场和电商平台都在探索,未来O2O模式下的线上线下结合将会更紧密,移动互联的应用也会更广泛。朝阳大悦城总经理周鹏抓住了这一切口,他表示大悦城除满足客户体验外,还需要完成一件非常重要的事:消费者数据收集。

周鹏今年想要完成的一件大事是在朝阳大悦城内部成立消费者实验室,对消费者的反馈进行记录和分析。

而在北京另一家大悦城——西单大悦城内,消费者连上商场内Wi-Fi的同时就自动成了大悦城数据库的一部分,后者只要统计Wi-Fi接入点的客流情况就能勾画出消费者在卖场内的轨迹图。这还不够,大悦城目前正准备使用LBS技术对客流进行定位,从而更精准地记录下消费者的位置变化。

中粮置地商管公司总经理助理、推广部总经理危建平对《第一财经日报》透露,今年年中,大悦城还将把会员卡与车牌号进行绑定,通过车辆在购物中心内的停留时间来判断并收集该会员的购物时长。

大悦城做这些事的目标很明确——利用大数据分析消费者行为,并在此基础上进行精准营销。根据对消费者,尤其是全国超过80万会员的分析,大悦城在商场内针对不同客群进行信息推送。在此基础上,大悦城启动了名为"购物篮计划"的精准营销,将会员分为21个层级,为每一个层级推送完全不同但与之相应的信息。

当不同层级的会员来到卖场并通过大悦城的App链接到Wi-Fi时,大悦城即可监测到该会员来到卖场的动作,并通过后台技术自动调用会员信息,为其匹配有针对性的折扣、新品等时效信息进行推送。

(资料来源:李蕾.大悦城:用大数据进行精准营销.第一财经日报.2014年06期)

三、精确营销帮助聚焦客户

对潜在客户的了解必须建立在对现有客户行为理解的基础上,因为人的消费行为存在很多共性。因此,对客户进行分类,首先要了解客户的消费行为模式。精确营销可以帮助推销人员找出数据中隐含的客户行为规律。

1. 客户分类与挖掘新客户

从理论上讲,所有市场都可以被细分,从而找到企业的目标顾客,提高获取的利益和经营效率,增强市场地位。有些市场研究人员根据消费者特征细分市场,为此常常将大量的地理、人口统计和心理特征变量作为划分市场的依据,然后再观察这些顾客群体是否对产品有不同的反应,据此选择不同的细分市场,从而针对不同的细分市场制定不同的销售策略。

选择合适的方法细分市场比细分技术更加重要。精确营销以客户行为作为细分的标准,能够从大量庞杂、破碎的客户资料中提炼出对公司有价值的信息。而这种基于数据挖掘的精确细分技术,能够对客户行为模式与客户价值进行准确判断与分析。因此,精确营销为客户细分提供很好的理论与实践依据,同时也有助于推销人员挖掘有价值的新客户。

案例分享

啤酒与尿布

在一家超市里,有一个有趣的现象:尿布和啤酒赫然摆在一起出售。但是这个奇怪的举措却使尿布和啤酒的销量双双增加了。这不是一个笑话,而是发生在美国沃尔玛连锁超市的真实案例,并一直为商家所津津乐道。原来,美国的妇女们经常会嘱咐她们的丈夫下班以后要为孩子买尿布。而丈夫在买完尿布之后又要顺手买回自己爱喝的啤酒,因此啤酒和尿布在一起购买的机会还是很多的。是什么让沃尔玛发现了尿布和啤酒之间的关系呢?正是商家通过对超市一年多原始交易数字进行详细的分析,才发现了这对神奇的组合。

2. 升级销售

升级销售也可以理解为追加销售,即向客户销售某一特定产品或服务的升级品、附加品以及其他用以加强其原有功能或者用途的产品或服务。这里的特定产品或者服务必须具有可延展性,追加的销售标的必须与原产品或者服务相关甚至相同,有补充、加强或者升级原产品或服务的作用。

例如,消费者在麦当劳或者肯德基点完其想要的鸡腿汉堡和饮料之后,餐厅的服务员一般都会问:"需要加一份新炸的薯条吗?"其实这就是升级销售的一种典型方式。"薯条"作为升级销售的诱饵,诱使消费者增加购买,从而实现扩大销售的目的。实际上,升级销售的方式不仅存在于快餐厅里,在其他的商品市场中也很常见。例如,消费者在购买化妆品时,本来只打算购买一支口红,但是在售货员的说服下可能会再购买一套眼影。

升级销售需要理解和挖掘客户的需求,而这种理解和挖掘的工具,除了长期的经验积累所产生的洞察力外,还可能包括一些分析工具。企业的数据仓库为企业保留了海量的客户信息,而精确营销数据挖掘技术强大的分析功能,可以将这些数据和信息转变成对客户需求的洞察。因此,以数据挖掘技术支撑的精确营销是实施升级销售的主要技术。数据挖掘是指自动分析大量的数据集,从而使推销人员鉴别原来在数据中隐藏的信息的模式或趋势,这些模式和趋势可以用来帮助推销人员做出正确的判断。

3. 交叉销售

交叉销售是指企业向原有客户销售新的产品或服务的过程。交叉销售可以加强客户对企业的依赖性和提升客户的赢利。要实现交叉销售,企业必须掌握足够的客户信息,尤其是以前购买行为的信息,因为其中可能正包含着这个客户下一次购买行为的决定因素。例如,一个高尔夫俱乐部会员卡的购买者,可能也是一个轿车的购买者,同时是一位健康服务的购买者。如果了解了这个客户的消费属性和兴趣爱好,推销人员就可以有更多的客观参考因素来判断这样一个事实。所有这些参考因素必须要有数据库来进行存储和分类。

对已有的客户进行交叉销售的前提是企业知道客户是谁,他购买了什么产品或服务,有哪些具体的消费属性。因此,交叉销售的核心是客户数据库的应用,尤其是与特定客户的高效率沟通。企业借助数据库可以锁定某个特定的客户,了解客户的消费属性和购买历史,进而采取明智的营销战略和策略,来满足客户需要,赢得竞争优势,提高营销效益。

对于推销人员的交叉销售,精确营销的作用表现在它可以帮助企业找到这些影响客户购买行为的关键因素。推销人员可以通过精确营销找出客户交叉购买的可能性与方向,从而有效促成交叉销售。

本章小结

本章主要从寻找潜在客户、建立目标客户档案、精确营销三个方面介绍了锁定目标客户的途径和方法。其中,寻找潜在客户主要指通过网络、广告、杂志等渠道和方式来寻找客户源,用电话或者通过网络、见面会等形式来联络感情,进而了解客户真正的需求,建立信任,赢得订单的过程。目标客户档案应该既包括现有客户档案,也包括潜在客户档案。而精确营销实际上是对数据库营销的发展,精确营销不像数据库营销那样只看重数据分析,其更重视商业应用。

思考与练习

一、名词解释

潜在客户　客户满意　精确营销

二、选择题

1. 推销的起点是(　　)。

   A. 寻找顾客　　B. 接近顾客　　C. 约见顾客　　D. 推销准备

2. 在建立客户档案的基础上,访问前还必须在所有潜在顾客中寻找最有可能购买的(　　)。

   A. 集体　　B. 顾客　　C. 任务　　D. 部门

3. 如果销售已经完成,我们不应该出现下列哪种情况(　　)。

   A. 记录销售量,以便了解销售情况

   B. 迅速调整自己的心态,迎接下一批顾客到来

   C. 不要立即表现出过度兴奋感

   D. 对顾客提出的退换货需求不闻不问

4. 需求某种商品且有购买能力的个人或组织,被称为(　　)。

   A. 引子　　B. 推销人员　　C. 推销对象　　D. 潜在客户

5. 寻找潜在客户是从搜寻(　　)开始的。

A. 决策者　　　　B. 采购者　　　　C. 引子　　　　D. 领导者

三、简答题

1. 寻找潜在客户的方法有哪些?
2. 如何有效建立和利用客户档案?
3. 精确营销对寻找潜在客户有什么帮助?

应用分析

客户管理精确到细节

泰国的东方饭店堪称亚洲饭店之最,几乎天天客满,不提前一个月预订是很难入住的,而且客人大都来自西方发达国家。泰国经济在亚洲算不上特别发达,但为什么会有如此诱人的饭店呢?他们靠的是非同寻常的客户服务,也就是客户关系管理。

一位朋友因公务经常去泰国出差,并下榻在东方饭店。第一次入住时良好的饭店环境和服务就给他留下了深刻的印象,当他第二次入住时,几个细节更使他对饭店的好感迅速升级。

那天早上,在他走出房门准备去餐厅的时候,楼层服务生恭敬地问道:"于先生是要用早餐吗?"他很奇怪,反问:"你怎么知道我姓于?"服务生说:"我们饭店规定,晚上要背熟所有客人的姓名。"这令于先生大吃一惊,因为他频繁往返于世界各地,入住过无数高级酒店,但这种情况还是第一次碰到。

于先生高兴地乘电梯下到餐厅所在的楼层,刚刚走出电梯门,餐厅的服务生就说:"于先生,里面请。"于先生更加疑惑,因为服务生并没有看到他的房卡,就问:"你知道我姓于?"服务生答:"上面的电话刚刚下来,说您已经下楼了。"

于先生刚走进餐厅,服务小姐微笑着问:"于先生还要老位子吗?"于先生的惊讶再次升级,心想:"尽管我不是第一次在这里吃饭,但最近的一次也有一年多了,难道这里的服务小姐记忆力那么好?"看到于先生惊讶的目光,服务小姐主动解释说:"我刚刚查过电脑记录,您在去年的6月8日在靠近第二个窗口的位子上用过早餐。"于先生听后兴奋地说:"老位子!老位子!"服务小姐接着问:"老菜单? 一个三明治,一杯咖啡,一个鸡蛋?""老菜单,就要老菜单!"于先生已经兴奋到了极点。

【思考】　东方饭店的客户管理有何独到之处?

第六章 有效接近目标客户

学习目标

知识目标
- 了解客户接近前的准备工作
- 了解影响客户信任的因素

能力目标
- 学会制订客户接近计划
- 掌握客户接近的方法和策略
- 掌握建立客户信任的步骤

案例导入

了解客户的性格方能百战不殆

乔·吉拉德因售出13000多辆轿车的出售纪录而被载入吉尼斯大全。他曾经接连15年保持世界上售出新轿车最多的人,其间6年平均售出轿车1300辆。吉拉德总结其中推销技巧之一就是:树立顾客档案:更多地了解顾客。

乔说:"不管你推销的是任何东西,最有用的方法是让顾客深信,你宠爱他,关怀他。假如顾客对你抱有好感,你成交的希望就增加了。要使顾客深信你宠爱他、关怀他,那你就必须了解顾客,收集顾客的各种有关资料。"

乔中肯地指出:"假如你想要把东西卖给或人,你就应尽自我的力气去收集他与你生意有关的情报……不管你推销的是啥东西。假如你每一天肯花一点时间来了解自我的顾客,做好预备,铺平道路,那么,你就不愁没有自我的顾客。"

刚开端作业时,乔把收集到的顾客资料写在纸上,塞进抽屉里。今后,有几回正因缺乏收拾而忘掉追踪某一位准顾客,他开端意识到自我着手树立顾客档案的重要性。他去文具店买了日记本和一个小小的卡片档案夹,把本来写在纸片上的资料悉数做成记录,树立起了他的顾客档案。

乔以为,推销员就应像一台机器,具有录音机和电脑的功用,在和顾客交往过程中,将顾客所说的有用情况都记录下来,从中掌握一些有用的资料。

乔说:"在树立自我的卡片档案时,你要记下有关顾客和潜在顾客的一切资料,他们的孩子、嗜好、学历、职务、成果、游览过的地方、年龄、文化背景及其他任何与他们有关的工作,这些都是有用的推销情报。

这些资料都可以帮助你接近顾客,使你可以有用地跟顾客评论疑问,议论他们自我感兴趣的论题,有了这些资料,你就会知道他们宠爱啥,不宠爱啥,你可以让他们高谈阔论,兴致勃勃,手舞足蹈……只需你有方法使顾客心情酣畅,他们不会让你大失人望。

(资料来源:岳贤平.推销:案例、技能与训练.中国人民大学出版社.2018)

【思考】 了解客户与有效顾客接近之间什么关系。

第一节 接近目标客户的方法

客户接近是指推销人员正式与客户进行前期接触,把推销引入洽谈阶段的活动过程。成功推销的基础在于推销主体能否成功地接近推销对象。很多交易能否达成,往往取决于推销人员与客户首次面对面接触的几分钟。如果客户接近是有效的,推销人员就有机会过渡到洽谈阶段;如果客户接近是无效的,推销人员将丧失推销陈述的机会,也就等于宣告本次推销访问的终结。对于不同的客户类型,客户接近的重要性也可能不相同。一般来说,接近老客户要比接近新客户更容易,但接近新客户意味着推销人员可能将潜在客户转变为实际客户。

一、制订客户接近计划

推销人员在推销之前,应该确定自己的目标并制订相应的计划。不制订计划,推销人员会缺乏高质量地完成任务的动力,难以从时间上、成本上判断现在的推销行为是否合理;还会缺乏明确的目标,处于被动的局面。从某种程度上来说,没有计划就没有推销。有些精于市场销售的推销人员可能从来没有将计划写在纸上,他们只是在心中制订了计划,但是,这丝毫不影响计划的可行性,只不过他们的计划与传统的计划过程不同。

1. 制订拜访计划

一次成功的拜访需要有良好的计划。制订拜访计划,可以采用5F法。

(1) Find——找寻及搜集资料

在计划步骤中,首先要找寻及搜集资料。如公司的环境、商品销售市场、客户的购买习惯等,都是找寻及搜集的对象。

(2) Filter——选择搜集的资料

将搜集来的资料,加以过滤、选择,只抽取计划中所需的资料。

(3) Figure——拟订初步计划

针对所抽取的资料,进行检查、讨论,经过组合,拟订初步的计划方案。

(4) Face——制订实施行动计划

将初步拟订的计划草案,赋予生命力,使之能够付诸行动,成为一个有实施意义的行动计划,而不再只是纸上谈兵。

(5) Follow——实施计划

最后依照计划,付诸行动。

2. 明确拜访时机

无论推销人员如何辛勤地拜访,若具有购买决定权的客户不在或正忙得不可开交,那么推销人员的一切努力均将徒劳无功。因此,推销人员必须掌握确定拜访时机的方法。推销人员需站在客户的立场上找寻最方便、适当的时机与客户进行商谈,才能获得最佳的效果。

而商谈的时机,因客户的行业、部门的不同而有所不同,推销人员必须依照客户的作息时间,找出最有效率的商谈时机。

3.预约客户

要预约客户首先要明确预约内容和预约方式。

(1)预约内容

预约的主要内容包括确定约见对象、约见时间和约见地点。

①确定约见对象。推销人员要尽可能多地熟悉现有被访客户的有关资料和信息,例如,约见对象的姓名、性别、性格、兴趣爱好、工作环境、身体状况、家庭情况等,并及时补充了解,越详细、具体越好,这样才便于推销人员掌握约见重点并做好策略的设想,才能在进行约见访问时做到有的放矢,才会与约见对象有更好的沟通和交流,从而更好地赢得客户。

②确定约见时间。推销人员应主要根据客户的情况确定见面的时间,尽量避免在客户忙碌时前往。例如,星期一的上午客户通常都比较忙,应尽量避开;最好能够选择客户较为轻松和闲暇的时候约见。至于是选择上班时间约见还是休息时间约见,不能一概而论,需要事先沟通与商定,或者是建立在对客户生活规律的了解基础之上,应因人而异,因情而定。当客户的时间与推销人员的时间矛盾时,推销人员应尽量考虑客户的情况,尊重客户的意图。当与客户的约定时间敲定以后,推销人员要立即记录下来,并且要严格按照约定时间准时到达,应坚决避免迟到或约而不到的情况发生。

③确定约见地点。推销人员应与约见对象敲定约见的地点,以对方方便为原则。在确定约见地点以后,进一步拟定拜访出行的时间、路线和交通方式,避免走错地方、行车不畅等不愉快情况发生。

(2)预约方式

预约方式有多种,可以根据推销人员的实际情况来进行选择,如函约、面约、电话约、广告约等。另外,如果有引荐人,势必会提高预约的成功率。

以上的准备工作做好之后,推销人员就可以制作客户接近计划表(表6-1)了。参照此表,决定拜访次序,就可以使拜访工作损失最小、效果最好。在拜访过程中进行适当的记录,对提高工作效率是非常有效的。

表6-1　　　　　　　客户接近计划表

日　期		拜访对象	拜访时机	拜访内容
第一周	星期一			
	星期二			
	星期三			
	星期四			
	星期五			
	星期六			
第二周	星期一			
	……			

二、客户接近前的准备工作

一个优秀的推销人员必须同时是一个优秀的调查员。由于每个人的个性、收入、生活方式、兴趣、家庭状况、休闲方式、声音、说话的速度、笑容均不相同,如果推销人员对潜在客户的事前调查工作不认真,无异于把所有客户都归成同一类。这样一来,推销人员只能不顾对方的感受而以自己一成不变的方式去应对。

调查潜在客户的方式,可以因人而异,然而其目的不外乎有两种:在与对方正式碰面之前,掌握对方的各种详细资料,以描绘出对方的形象;针对潜在客户的形象,决定自己的对应姿态。

1. 进一步审核潜在客户的资格

有时,推销人员通过已经掌握的信息资料判断某个线索指向的是潜在客户,但在对潜在客户进行进一步了解之后,可能会得出完全相反的结论,或许这些线索所指向的客户已经购买同类产品,或许他们没有足够的支付能力,或许亲戚、朋友已向他们推荐同一类型的产品。因此,推销人员要全面地进行客户接近准备,明确所掌握的线索指向的是真正的潜在客户。

2. 了解潜在客户的信息

(1)个体潜在客户的信息

个体潜在客户的信息见表 6-2。

表 6-2 个体潜在客户的信息

客户信息类别	具体内容	作用与注意事项
基本情况	姓名	姓名要写对、读准,这样可以缩短推销人员与潜在客户之间的距离
	年龄	了解潜在客户的真实年龄,有助于推测潜在客户的个性心理特征与需要等。女性年龄可以大致估计
	性别	不同性别的潜在客户在性格、气质、需要和交际等方面都有所差异
	民族	不同民族有不同的风俗习惯与宗教信仰,推销品应该在包装、色彩、商标等方面适合于特定民族的习惯
	教育程度	寻求交流的基点,同时为洽谈方式的选择提供参考依据
	出生地	利用同乡关系谈话,容易被潜在客户所接受
个体特征信息	职业	潜在客户靠什么谋生?是雇主还是雇员?从事哪一行业?能力怎么样?工作了多久?这些问题的答案都有利于推销人员找到推销洽谈的话题
	住所	依据客户的住所可以推测其社会地位等情况
	个人癖性	推销中可以适当投其所好
	消遣、兴趣、爱好	了解潜在客户工作之外的娱乐项目、兴趣、爱好,可以找到与客户更多的话题,使推销顺利步入正轨
	最佳访问时间	如果推销人员能在潜在客户空闲之时去拜访,将会受到友好的接待

(续表)

客户信息类别	具体内容	作用与注意事项
与需求和购买相关的信息	需求状况	了解客户是否确实需要推销人员所推销的产品。如果需要,应该了解潜在客户对产品熟悉的程度;如果不需要,判断是暂时的还是长期的,以便进行分级管理
	购买能力	了解客户的购买能力,提高推销的针对性
	购买决策权	判断购买决策权到底掌握在家庭成员中的哪一个人手中,并根据购买决策者的特征设计推销接近计划与方法
	家庭状况	很多的购买决策是由于人们想取悦配偶或子女形成的,因此要注意家庭成员在购买决策中的影响和作用
	参考群体	潜在客户属于哪一个参考群体?在群体中任何种职务?有无权威性?掌握这些信息,有利于利用群体的影响和认同感使之接受推销品

(2)组织潜在客户的信息

所谓组织潜在客户,是指除个体潜在客户之外的所有潜在客户,包括各种企事业单位及其他社会团体组织。由于组织潜在客户的购买目的是获利或开展正常业务活动(如学校购买课桌、椅子、粉笔、电脑等是为了组织教学),除具备个人采购的一些特点外,还具有购买数量大、订货次数少、供购关系稳定、重视品质、专业人员购买、影响购买决策的人员多、属于理智型购买等特点。采购者通常只是执行购买决策的人,而不是做出购买决策的人,因而向组织潜在客户推销就要重点向购买决策者推销,或向影响购买决策的有关人员施加影响,促使其做出购买决策。组织潜在客户的购买决策非常复杂,要求推销人员更加充分地做好接近组织潜在客户的准备工作。

在客户采购时,客户需要的是产品的核心功能和附加功能,而并非产品本身。推销人员在挖掘客户需求时,一定要了解清楚在客户内心深处对产品各功能的排列次序,只有这样,推销人员才能有针对性地讲解产品并做到击中要害。

因此,接近组织潜在客户,除应了解与个体潜在客户相同的一些内容外,还应了解以下内容:

①组织名称

准确地了解组织潜在客户的名称,有利于推销人员与推销对象取得联系,顺利地开展推销工作。

②组织性质

掌握组织所属的性质是公司法人还是行政事业法人,是营利性组织还是非营利性组织等,有利于推销人员制订恰当的推销计划。

③组织规模

组织规模包括资本、员工、生产能力、技术水平等,推销人员了解这些方面的资料,可以间接地推测该组织可能接受推销品的数量以及支付能力等。

④组织所在地

掌握组织总部及其分支机构的所在地、通信地址、电话号码、传真号码、E-mail、交通运输情况等,推销人员才能及时与组织取得联系,并前往组织所在地进行推销。

⑤组织的机构设置与人事状况

推销人员要了解组织机构的设置情况,各个部门的负责人和总经理的情况以及是否设立了独立的供应部门。

⑥组织的采购状况

一般的采购决策由谁做出?重大的采购项目由谁决策?影响这些重大购买决策的人有哪些?组织现在的供应商是谁?组织对现在供应商提供的货物或劳务是否感到满意?现在供应商的产品的最大缺陷是什么?推销人员所推销的产品具备这方面的优势吗?掌握组织潜在客户采购方面的情况,有利于推销人员有针对性地开展推销接近工作。

⑦组织的经营状况

组织的经营状况包括潜在客户的生产规模、经营管理水平与能力、赢利能力、市场状况、技术装备水平等。了解这些情况,有助于推销人员进一步审核潜在客户的资格,判断组织购买者购买活动的方向。

⑧组织的购买习惯

组织的购买习惯包括潜在客户购买商品的时间、订购次数、订购批量、订货方式、订货要求等。了解组织的购买习惯,有利于推销人员在推销洽谈中适应或迎合客户的需求。

3. 拟订洽谈计划

洽谈是推销过程中非常关键的一个环节,推销能否成功通常取决于此,因而拟订一个行之有效的洽谈计划是非常必要的。通过客户接近,推销人员可以了解客户重视推销品的哪些方面、谈话用什么形式易为客户所接受等问题,以便有针对性地制订洽谈计划。如果潜在客户最感兴趣的是减少费用开支,则只谈产品质量的优越而忽视价格方面的分析介绍,推销品不可能为客户所接受;如果潜在客户不在乎费用开支,而较为关心品质时,宣传价格的便宜只会引起客户的反感,不可能促使其做出购买决策;如果潜在客户追求的是社会地位等附加价值,则宣传商品的成熟性与稳定性往往不可能引起其购买欲望。因而,推销人员通过前期准备,可以明确推销洽谈中的侧重点,选用适宜的方式介绍商品,从而达到激励客户的购买欲望、实现最终购买的目的。

第二节　有效接近目标客户的技巧

接近是推销面谈的前奏,是推销过程的必要环节。成功的接近是成功推销的第一步,接近不了推销对象,便无法开展推销。在接近推销对象的时候,推销人员的主要任务是简要介绍自己和有关企业的背景、概况以及推销品的特点和给客户带来的利益,引起客户的注意和兴趣。有一些推销方法和策略可供使用。

一、客户接近的方法

通常客户接近有三大类方式:介绍式接近、演示式接近和提问式接近。介绍式接近包括自我介绍接近法、他人推荐接近法;演示式接近包括产品接近法、表演接近法、馈赠接近法;

提问式接近包括询问接近法、请教接近法、利益接近法、震惊接近法、好奇接近法、赞美接近法。

客户接近过程必须是在做好接近准备、约见客户的基础上进行，因而，推销人员应根据对客户情况的了解程度，选择最适宜于接近特定客户的方法。

1. 介绍式接近

介绍式接近，是指推销人员直接说明产品给客户带来的好处，以引起其注意和兴趣，进而转入洽谈阶段的接近方法。推销人员陈述的内容可以是推销品给客户带来的利益，也可以是客户使用推销品之后所感觉到的有形或无形的实惠，或直接是某位客户的评价意见。介绍完后，推销人员常常提出一个问题以试探客户的反应。

(1) 自我介绍接近法

自我介绍接近法是指推销人员通过自我介绍接近推销对象的方法。在推销人员推销新产品或初涉推销领域时，对客户的情况了解不多，更不知道客户的接近圈内的人，通常采用自我介绍接近法。例如，"李先生，您好！我叫江山，我是教学仪器设备公司的。"

在正式接近客户时，除了进行必要的口头自我介绍之外，也应同时出示能证明推销人员身份的有关证件或信函，如身份证、工作证、介绍信等。为了加深客户的印象，也便于日后的沟通联络，推销人员在适当时机应主动呈送自己的名片。自我介绍接近法是大多数推销人员常运用的客户接近方法，但效果甚微，尤其是当推销人员所代表的公司声名不显赫时，不易引起客户的注意和兴趣，因而往往要与其他方法联合使用。

(2) 他人推荐接近法

他人推荐接近法是指利用潜在客户所尊敬的人的举荐去接近客户的方法。例如，"陈先生，我叫张××，是快餐配料公司的。上个星期您哥哥曾跟我谈起您，他要我和您联系一下，看看是否有你们所要进的配料。"

他人推荐接近法的主要方式包括信函介绍、电话介绍、当面介绍等。一般来说，介绍人与客户之间的关系越密切，介绍的作用就越大，推销人员也就越容易达到接近客户的目的。因此，推销人员应设法进入客户的接近圈，尽量争取有影响力的中心人士的介绍和推荐。

介绍人所起到的作用大小，取决于推销人员与介绍人的关系以及介绍人与客户的关系的密切程度。他人推荐接近法在实际中要恰当运用，特别是当客户讨厌用人情关系接近时，不但会疏远其介绍人，而且会迁怒于推销人员及推销品。他人推荐接近法可以使客户与推销人员很快熟悉和亲近起来，较为省力，易被客户接受，但客户也可能是出于人情而接见推销人员，未必对推销品感兴趣。另外，他人推荐接近法对特定推销对象只能使用一次。

2. 演示式接近

演示式接近最显著的特点是能促成顾客的参与，从而能使顾客集中注意力关注推销人员所推销的商品。

(1) 产品接近法

产品接近法是指推销人员直接利用推销品的新奇色彩、独一无二或明显改观引起潜在顾客的注意和兴趣，从而顺利转入洽谈阶段的接近方法。由于产品接近法以产品作为接近媒介，因而又被称为"实物接近法"。例如，美国得克萨斯仪器公司的推销人员在推销一种大学生用的袖珍计算器时，他们只是把计算器简单地放在购买者的桌上，等待购买者的反应。

产品接近法的优点在于：让产品吸引顾客的注意，给顾客提供了一个亲自摆弄产品的机会,并激发顾客进一步操作的欲望,无须推销人员做过多的介绍。因而,产品接近法适合于具有独到特色的产品,容易引起顾客的注意和兴趣。

当然,产品接近法并不是完美无瑕的,它也有自身的局限性,选用时要符合以下条件:

①产品本身必须具有足够的吸引力,能够引起顾客的注意和兴趣。这种吸引力不仅要被企业或推销人员所认识,而且更重要的是设法让顾客也实实在在地感受到这种不可抵挡的"诱惑"。

②产品本身精美轻便,便于推销携带,利于让顾客参与操作。如服装、玩具等新潮产品易于展示和顾客试用,适于使用产品接近法;但如推土机、机床等笨重的产品就不可能使用产品接近法。

③推销品必须是有形的实体产品,能让顾客通过感官感受。如果是无形产品,推销人员就难以用产品接近法。

④产品本身质地优良,经得起顾客的摆弄,顾客可以从操作中实实在在地感受到产品的利益。

产品接近法相对来说比较常用,可以结合介绍式接近、提问式接近等方法一起使用。

(2) 表演接近法

表演接近法是指推销人员通过各种戏剧性表演引起顾客的注意和兴趣,进而转入洽谈阶段的接近方法。例如,一个推销瓷器的女推销人员,当她把一套餐具中的一个盘子递给顾客时,故意把盘子掉到了地上,但盘子却完好无损。当她将盘子捡起来后,说道:"这是引导瓷器业革命的新技术成果,您的顾客特别是新婚夫妇肯定会喜欢这样的产品,难道您不这样想吗?"

表演接近法可以迎合某些顾客的求新、求奇心理,充分调动顾客的主观能动性,唤起顾客的感情,使潜在顾客能够注意推销品并对其产生兴趣。

(3) 馈赠接近法

馈赠接近法是指推销人员利用馈赠小礼品的方式来引起顾客的注意和兴趣,进而转入洽谈阶段的接近方法。赠送的小礼品可以是一束鲜花、一张印有公司广告的年历卡片、小型台历、小钥匙链等,目的在于短期内引起潜在客户的注意,使之有兴趣听取推销人员的介绍。

馈赠接近法源于人类有贪图小便宜的心理动机。顾客在接受了赠品后,把其注意力集中到推销人员的接近中,从而使推销人员容易发展与顾客的亲密关系,形成融洽的推销氛围,促进最终交易的达成。但在使用馈赠接近法接近顾客时应注意以下几个问题:

①慎重选择馈赠礼品。推销人员在进行接近准备时应做好情况调查。首先,应确定的是顾客会不会把赠送礼品看成不正当的行为,会不会把送礼品的推销人员看成骗子。其次,要了解顾客对礼品的观念,以确定送礼的方式。再次,要了解顾客的嗜好和需求,尽量送其所爱,送其所用。

②赠送的礼品只能当作接近顾客的见面礼与媒介,而绝不能当作恩赐顾客的手段。

③礼品的内容与价值必须符合国家有关规定,不可把馈赠变成贿赂。

④礼品尽量与所推销的产品有某种联系。

3. 提问式接近

通过提问来接近顾客是最常用的方法,因为提问方式能使推销人员更好地确定潜在客户的需求,促成顾客的参与。在提问式接近中,问题的确定是至关重要的,应该提出那些已证明能够收到顾客积极响应的问题。

通过提问的方式去接近顾客的具体方法很多,主要包括以下几种:

(1)询问接近法

在许多情况下,使用一系列的问题来开始推销接近,并根据顾客的回答来确定顾客的需求不失为明智之举。询问接近法就是推销人员通过提出多个问题推动顾客参与推销访问活动,以此形成双向沟通的接近方法。推销人员提问后仔细地聆听顾客的回答,有助于抓住推销洽谈中所需要向顾客阐明的特色(Features)、优点(Advantages)及利益(Benefits),即FAB。

询问接近法的一个新技术是SPIN,即在某一特定场合同时使用紧密相连的四种提问技术。

①询问情境

S(Situation Questions),即向潜在顾客提出一些与产品有关的一般性问题。为了了解潜在顾客的大致情况,推销人员可以先询问一个情境问题,帮助顾客理解购买需求。情境提问可以使推销人员平稳地过渡到某个特定的领域,当然潜在顾客也可能感觉不自在和不愿意向推销人员倾诉相关的问题,甚至有可能否认这些问题的存在。因而,提出几个预备性问题能够更好地了解和认识潜在顾客的业务状况。

②揭示问题

P(Problem Questions),即通过第一阶段的铺垫后,推销人员向顾客询问与境况相关的特定问题、困难和不满意之处,在推销接近阶段就让潜在顾客的问题或需求尽早地暴露出来。推销人员的目标就是让顾客认识到其确实存在某个方面的问题。

③暗示危害

I(Implication Questions),在询问情境、揭示问题后,如果潜在顾客仍未意识到存在问题的严重性,则推销人员需要向潜在顾客做出某些暗示或说明问题的存在将怎样影响家庭生活或公司经营等。暗示性提问在于帮助潜在顾客认识问题的性质,因而设计一个能够让顾客全身心投入并积极寻求改进目前状况的方法的问题是相当重要的,只有如此,才能唤起潜在顾客满足需求和解决问题的动机。

④解决问题

N(Need-payoff Questions),即询问潜在顾客是否有重大的、清晰的需求。在使用SPIN接近法时,潜在顾客的需求是确定的。如果潜在顾客对关键性问题积极响应,推销人员就可以推断这是一个重大需求,其间有必要重复"P—I—N"来充分挖掘潜在顾客的重大需求;如果潜在顾客的回应是否定的,则这不是一个重大需求,需要重新开始"P—I—N"的提问来判定顾客的重大需求。

在使用SPIN接近法时,并没有提及具体的产品,主要目的是在未暴露所推销产品的情况下去培育顾客的需求。如果一个推销人员一进入购买者的办公室就说"我想跟你谈谈某产品",则遭到回绝的可能性较大,因为购买者还不知道他的需求。因此,SPIN接近法能使推销人员在正式洽谈前更好地分辨顾客的需求。

(2)请教接近法

请教接近法就是推销人员以虚心向潜在顾客请教的方式了解顾客的需求,从而达到接近顾客的方法。当有人就某个你擅长的问题向你请教时,你肯定会向他大肆炫耀。请教接近法正是利用了这种心理,通过提出请教的问题来了解顾客的需求,从而为推销洽谈搜集信息。

例如,"我是这个方面的新手,我想知道是否您能帮助我?""我的同事说我们的××型复印机是同等价位中最畅销的,您是怎么想的?"请教接近法特别适合于刚刚从事推销工作的人使用,因为这表现出其尊重购买者的意见,而且也不会对购买者的专家地位构成威胁。

(3)利益接近法

利益接近法就是推销人员通过提出问题直接点明推销品能够给潜在顾客带来的某种特别的利益或实惠,以引起顾客的注意和兴趣,从而顺利转入洽谈阶段的接近方法。

利益接近法符合顾客追求实惠的心理动机,人们总是希望从购买行为中获取一定的利益。例如,通过使用推销人员所推销的产品能使收益提高、成本大幅度降低、工作环境改善、劳动强度降低、工作效率提高等。如果推销品相对于顾客现在使用的产品无明显的改观,就很难促使顾客弃旧迎新,因为人都有着固有的"惯性",对新事物有着天然的抗拒性。例如,"吴先生,您知道有几千家像你们这样的公司都将制造成本节省了10%～20%吗?(不等顾客回答,就继续说道)他们确实做到了,因为安装了我们的计算机装配系统。您对此有兴趣吗?"

利益接近法适合于推销人员已经知道潜在顾客的需求,且洽谈时间不多的情形。为了确保得到顾客的积极响应,推销人员在提问后应紧接着陈述,说明这些利益对顾客是相当重要的;即使知道顾客对推销人员提出的问题的回答是肯定的,也需要通过提问来说明产品给顾客带来的利益,以此作为全面设计洽谈的参考。

利益接近法使用时应该注意以下几方面的问题:

①必须实事求是地陈述推销品能够给顾客带来的利益,不可夸大其词。

②推销品的独特利益必须有可供证明的依据。

③任何推销人员都强调推销品所固有的利益,但顾客并不会盲目地认同,必须寻找能够证明其有独特利益的证据,以增强顾客的信任。

④应该仔细地设想顾客可能的回应,以便采取适当的对策来处理顾客提出的问题。

(4)震惊接近法

震惊接近法,是指推销人员设计一个问题,使顾客认识到推销产品的重要性,或用令人吃惊的数据资料来引起顾客的注意和兴趣,进而转入洽谈阶段的接近方法。例如,一个家庭防盗报警系统的推销人员可以这样开始推销洽谈:"您知道家庭被盗问题吗?根据公安机关公布的数据,今年家庭被盗率比去年上升了15个百分点。"

震惊接近法是针对某些顾客对自我的境况没有认识到其严重性,或者自我虽然有所察觉,但却未能引起足够重视而设计的。运用震惊接近法要求推销人员去搜集材料,分析顾客的可能情况,选择恰当的材料去震惊顾客,使其认识到危害性,并采取防范措施去杜绝或减小危害。例如,消防器材的推销人员在向企事业单位推销产品时,就可以用全国每天发生重大火灾的次数,造成的财产损失,人员伤亡等个别或典型例子,给顾客心灵上以震撼,从而使其认识到消防安全的重要性,最终促成购买消防器材。

在使用震惊接近法时,应注意以下问题:

①使顾客震惊的数据资料应该与推销品有关。

②数据资料确实能够达到震撼人心的效果,引起顾客的重视与警觉。

③搜集的数据资料要建立在真实的基础上,切不可夸大和过分渲染其恐怖效果。

(5)好奇接近法

好奇接近法是指推销人员通过询问一个问题或做某件事来使顾客对产品或服务感到好奇的接近方法。例如,"你知道为什么最近的《工人日报》把我们的柔性加工单元描述成制造业的革命吗?"推销人员边说边把报纸拿出来,让顾客看一下标题,还未等顾客向其索取报纸,就把它收好。如果顾客去细看文章的内容,就有可能分散顾客的注意力,从而影响推销洽谈的效果。

(6)赞美接近法

赞美接近法是指推销人员利用求荣心理来引起潜在客户的注意和兴趣,进而转入洽谈阶段的接近方法。从心理学角度分析,每一个人都喜欢受到赞美,同时也希望别人能注意到他的成就,并得到他人的赞许,为他人所认同和尊重,这是一个人奋发进取、努力向上的精神动力之一。在推销接近过程中,推销人员只要是真诚地夸奖潜在客户,如称赞客户的企业所取得的成就,赞许决策者的工作能力、办事效率、对人的态度等,都有助于交易的达成。

使用赞美接近法应注意以下问题:

①认真进行接近客户准备,了解客户值得赞美的成就,避免赞美错人或事,引起客户的反感。

②一定要诚心诚意地赞美客户,尊重事实,把握赞美的分寸,不可冷嘲热讽或阿谀逢迎。

③了解客户的个性特征,讲究赞美的方式。有些人喜欢被别人赞美,而有些人则对此很反感,推销人员应分清对象,采用不同的方式分别接近。

知识链接

接近顾客十法

接近顾客是推销洽谈活动的前奏,是推销人员与顾客正式就交易事件接触、见面的过程。推销人员接近顾客的方法多种多样,要注意掌握各种方法并综合运用。

1. 商品接近法

商品接近法指推销人员利用商品的某些特征来引发顾客的兴趣,从而接近顾客的方法。这种方法对商品的要求比较高,商品应具有吸引力和突出的特点,并最好能便于携带,从而使推销人员能将有形实体的商品展示给顾客。

2. 介绍接近法

介绍接近法指通过推销人员的自我介绍或他人介绍来接近顾客的方法。介绍的内容包括姓名、工作单位、拜访目的等。为获取顾客的信任,推销人员一般应递交名片、介绍信等相关证明材料。

3. 社交接近法

社交接近法指通过与顾客开展社会往来活动以接近顾客的方法。采用这种方法,推销人员一般不开门见山地说明来意,而是尽量先与顾客形成和谐的人际关系。

4. 馈赠接近法

馈赠接近法指推销人员通过赠送礼物来接近顾客的方法。馈赠礼物比较容易博得顾客的欢心,取得他们的好感,从而拉近推销人员与顾客的关系,而且顾客也比较乐于合作。

5. 赞美接近法

赞美接近法指推销人员利用一般顾客的虚荣心,以称赞的语言博得顾客的好感,从而接近顾客的方法。推销人员要注意观察顾客的仪表,在称赞顾客时要真诚、恰如其分,切忌虚情假意,以免引起顾客的反感。

6. 反复接近法

反复接近法指推销人员在一两次接近客户不能达成交易的情况下,采用多次进行推销访问来接近顾客的方法。该方法一般在交易额较大的重点生意中经常采用。

7. 服务接近法

服务接近法指推销人员通过为顾客提供有效并符合需要的某项服务来博得顾客的好感,赢得顾客的信任以接近顾客的方法。具体的服务内容包括维修服务、信息服务、免费试用服务、咨询服务等。

8. 利益接近法

利益接近法指推销人员通过介绍商品或服务能为顾客带来的实际利益,以引起顾客的兴趣并接近顾客的方法。采用这种方法时,推销人员应把商品能给顾客带来的利益放在第一位,以引发顾客的兴趣,增强顾客的购买信心。例如,一位推销人员在介绍产品时说:"我们厂生产的账册比其他厂的产品便宜三成。"从顾客关心的重点入手,引发顾客对推销人员所推销产品的兴趣。

9. 好奇接近法

好奇接近法指推销人员通过引发顾客的好奇心来接近顾客的方法。好奇心是人们普遍存在的一种心理。推销人员在采用该方法时,应注意新奇,但不能荒诞,并注意在恰当的时机,将谈话引入正题。例如,一位推销办公用品的推销人员对推销对象说:"我有办法让您每年花在办公用品上的成本减少30%。"

10. 求教接近法

求教接近法指推销人员通过请顾客帮忙来解答疑难问题,从而接近顾客的方法。例如,推销人员问:"赵工程师,您是机电产品方面的专家,您认为与同类老产品相比,我厂研制并生产的产品有哪些优势?"推销人员采用这种方法主要是利用对方好为人师的特点。运用求教接近法时一定要注意问对方擅长的问题,并在求教后及时将话题引入有利于促成交易的谈话之中。

二、客户接近的策略

除了客户接近的方法之外,还有很多可以应用的客户接近的策略,如用开场白赢取客户好感、找到客户的对抗点、控制时间以及减轻客户的心理压力等。这些策略可以和客户接近的方法结合使用,以提高客户的接近成功率。

1. 用开场白赢取客户好感

用开场白赢取客户好感也就是营销学中的"一句话营销"。推销人员在与潜在顾客交谈之前,需要有适当的开场白。开场白的好坏,几乎可以决定这一次客户接近的成败,换言之,好的开场白是推销人员成功的一半。好的开场白可以包括以下几点:

(1)突出经济利益

几乎所有的人都对成本感兴趣,省钱和赚钱的方法很容易引起客户的兴趣。例如:

"张经理,我是来告诉您贵公司节省一半电费的方法。"

"王厂长,我们的机器比您目前的机器速度快、耗电少、更精确,能降低您的生产成本。"

"陈厂长,您愿意每年在毛巾生产上节约五万元吗?"

(2)真诚的赞美

每个人都喜欢听好听的话,客户也不例外。因此,赞美就成为推销人员接近顾客的好方法。赞美潜在顾客必须找出别人可能忽略的特点,而让潜在顾客知道你的话是真诚的。赞美的话若不真诚,就有可能成为阿谀逢迎,效果自然不会好。例如:

"王总,您这房子真漂亮。"这句话听起来像阿谀逢迎。

"王总,您这房子的大厅设计得真别致。"这句话就是赞美了。

(3)引用有影响力的第三人

告诉客户,是第三人(如客户的亲友)要你来找他的。这是一种迂回策略,因为每个人都有"不看僧面看佛面"的心理,所以,大多数人对亲友介绍来的推销人员都很客气。例如,"何先生,您的好友张先生要我来找您,他认为您可能对我们的印刷机器感兴趣,因为这些产品为他的公司带来很多好处与方便。"为了取信顾客,若能出示引荐人的名片或介绍信,效果更佳。

2. 找到客户的对抗点

在客户不了解推销人员及其推销品的时候,客户可能存在某些方面的抵触,如认为推销人员是在占用或者浪费其时间等。因此,如果推销人员找不到客户的对抗点,很容易被客户打断或者拒绝。

在接近客户时,不要轻易打断客户的话,从客户的言语中找到其最关心的内容,以此为切入点。

3. 控制时间

推销人员必须严格遵守时间。善于支配时间的人,才能进行高效率的推销。要制定一个时间表,即推销人员的行动计划,包括调查研究的时间、推销的时间、吃饭和休息的时间等。依照一天的行动,合理地安排时间,努力做到能够最大限度地提高工作效率,这就是有效利用时间的要点。

4. 减轻客户的心理压力

如果出现产品价格过高或者客户没有购买计划的情况时,客户就会产生相应的心理压力,此时,推销人员应将重点放在提供产品信息,而不是推销产品上,应重在建立联系,而不是强调销售产品,特别是首次见面,重在认识与交流,不要急于推销产品,以免给对方造成压力。

知识链接

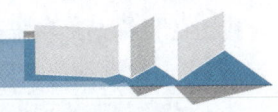

开场白避免唐突:寻找客户感兴趣的话题

开场白太过势利往往是很多心急的推销新手容易犯下的通病。如果把开场白设计得商业味儿十分浓厚的话,销售人员几乎一开口就为自己埋下了失败的种子。比如通常有这样的开场白:

销售人员:"您好!我是某某公司的销售代表,这是我们公司的新推出来的产品,它坚固耐用、外形美观、非常适合……今天促销价格优惠。"

推销对象："对不起,我们不需要这种东西。"

销售人员："您先看看我们的样品和产品资料好吗?"

推销对象："我现在很忙,你把资料先放那儿吧。"

……

此种情况下,推销对象恨不得推销员马上离开,不愿跟推销员讲话。可见,像背诵课文一样死板、唐突的开场白是没有好结果的。推销员要从关心顾客的需求入手,尽可能地去寻找大家都感兴趣的话题,如果一厢情愿、话不投机,即使把产品说得天花乱坠也无济于事。那么,哪些话题客户可能感兴趣呢?

(1)满足客户自尊心、虚荣心的话题。如谈及对方的得意之处,称赞对方的公司或个人,倾听对方的成功经验,表示对对方的尊敬和仰慕,等等。

(2)谈论时下热门的时事新闻话题。如当下热门新闻主题、业界相关新闻信息、行业企业有关的新闻报道等等,挑客户感兴趣的话题议论。

(3)有关客户利益的话题。譬如能够降低客户生产或运营成本的某项工艺、某种材料、某种技术,能够提高客户公司效率或效益的某种新产品、新服务等。此外,房地产、股票、并购等投资理财的话题往往也是客户感兴趣的。

(4)关于业余爱好或生活乐趣的话题。人除了工作还有生活,有的客户爱玩儿,业务爱好广泛,业余生活丰富多彩,这样谈论的话题就多了。比如谈论旅游,谈论体育运动,谈论文化艺术欣赏,谈论美食、美女,如果客户是女士,还可谈论美容、服装,儿童教育等。这就要求推销员有丰富的知识、广泛的爱好,同时还要通过试探性沟通了解客户的"兴趣点"。

(资料来源:改编自岳贤平,推销:案例、技能与训练,中国人民大学出版社,2018)

第三节 约见目标客户

推销人员要想实现销售目标,就必须先约见客户。约见客户是推销人员把潜在客户转变为现实客户的起始步骤。

一、客户接近的目标

推销人员进行的接近准备、约见客户及客户接近等工作,其最终目标都是成交。但由于推销人员对不同的客户的熟悉和了解程度不同,因此,不可能使每次客户接近都能成交。客户接近的目标是逐步推进的,应分别根据客户的情境达成不同的目标。无论采用何种接近方法,客户接近都包括以下四个层次的目标:

1. 引起注意

尽管推销人员已经事先与客户进行约见,但有时客户由于工作很忙碌,不可能专门停下手中的工作恭候推销人员的到来,甚至在推销人员拜访时,客户可能还一边工作,一边听推销人员介绍。根据心理学的基本原理,一个人在同一时间内不可能感知周围的一切事物,只是少数事物处于人注意的焦点,大量发生的事情或周围的事物都处于注意的边缘。而且人有选择性注意的心理特征,即人自身如果有强烈的需要或受到外部感官刺激,则相应的事物就容易受到人的关注,并进一步转换为浓厚的兴趣。因此,要求推销人员在客户接近过程中,如果发现客户正忙于其他工作,不可能安下心来听推销介绍,最好是停止或暂缓其推销工作。这时,即使推销人员做了较为详细的推销介绍,也未必能引起客户的注意,如果能找到引起客户注意的强烈刺激手段,例如,寻找与客户有共同兴趣和爱好的话题(昨晚某场精彩足球赛或国内、国外发生的重大事件等),扭转其注意的指向,也可继续客户接近工作。另外,推销人员必须善于察言观色,及时掌握客户的心理状态与特征,尽力维持客户注意力的持久性。一旦客户把注意力集中起来,而且推销品又确实能使客户获利或帮助客户解决某个实际问题,则推销人员就很容易步入成功的殿堂。

2. 激发兴趣

客户注意到了推销人员的存在,不等于关注推销人员的谈话,客户也可能把其注意力分散或转移到其他事物上,最后使客户接近以失败告终。从心理学的角度来看,兴趣是指某一个人积极探究某种事物的认识倾向,这种认识倾向具有鲜明的个性特征,因人而异。因此,推销人员必须善于创造条件使客户有持续听下去的愿望,保持其注意力的集中性。要达到这样的目的,推销人员就得告诉客户推销品能解决哪些方面的问题,满足什么样的需要,能使企业的劳动强度减少多少,使效率提高多少,能节省多少原材料或直接能为企业带来多少利润等。

3. 步入洽谈阶段

当对客户有较多了解之后,推销人员就应在简短的客户接近过程之后,自然而然地步入洽谈的阶段。推销人员很难找到一个准确的"界碑"来区别接近与洽谈这两个不同的推销阶段,因此,推销人员应视具体的推销对象和推销品,把握接近过程的"火候",及时地转入交易洽谈阶段。在实际推销中,有些推销人员不论对客户的熟悉和了解程度如何,开口的第一句话就是:"你要不要××?"这种既不清楚客户的需要也不明白客户关心焦点的提问方式,不可能使客户有深谈下去的兴趣,也难以使客户接受推销品。

4. 建立客户信任

推销步入洽谈阶段并不意味着最终成交的实现。实现交换的一个很重要的前提就是建立客户信任。洽谈过程也是一个建立客户信任的过程。作为推销人员,在第一次与客户交往时,往往可以发现,客户不会一开始就对推销人员产生信任。在客户产生信任前,推销人员所说的一切,客户都会抱着半信半疑的态度。在此情况下,推销人员首先要做的就是以真诚的态度对待客户,让客户感觉到推销人员是一个诚实的人,这是取得客户信任的关键。

二、约见客户的方法

约见客户,又称商业约会,是指推销人员事先征得客户同意接见的行动过程。约见客户实际上既是接近准备的延续,又是客户接近过程的开始。只有通过约见,推销人员才能成功地接近潜在客户,顺利开展推销洽谈。通过约见,推销人员还可以根据约见客户的情况进一步进行推销预测,为制订洽谈计划提供依据。此外,约见客户还有助于推销人员合理地利用时间,提高推销效率。当然,在某些情况下,约见客户这个环节有时也是可以省略的,要视具体情况而定。

常见的约见客户的方法有以下几种:

1. 电话约见

电话约见是比较常见的一种预约方法。但如果约见一位新客户,这种预约方法的成功率并不是很高。因此,使用这种方法时推销人员一定要强调不会占用客户太多时间,另外尽量做到主题明确。如果能找到介绍人,则成功率会得到较大的提升。

电话预约也是推销人员常用的一种预约方法。推销人员在给客户打电话约定洽谈时间时,说话要简明扼要。比如:"我是小王。我准备到您的办公室拜访您,时间不超过五分钟。我准备向您介绍一种有吸引力的产品,我什么时候到您那里比较合适? 明天上午10点30分还是后天上午?"在确定访问客户时间等信息之后,推销人员在拜访之前,一定要先打电话加以确认。提前几天就在电话里约好日期、时间,到了那天,再次打电话加以确认,这样就保证一定能见到客户。对于推销人员来说,有必要进一步地有效地利用电话。而且要牢记:电话号码簿是寻找客户的钥匙。推销人员只要善于充分地利用电话,就一定能使销售量成倍增加。

案例分享

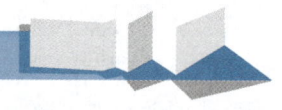

电话约见怎样才不被拒绝

"陈先生吗? 您好! 我姓林,是××公司业务代表。您是成功人士,我想向您介绍……"陈先生直率地说:"对不起,林先生。你过誉了,我正忙,对此不感兴趣。"说着就挂断了电话。小林放下电话,接着又打了半个小时,每次和客户刚讲两三句,客户就挂断了电话。

姜经理问他:"小林,你知道为什么客户不肯和你见面吗?"

小林想:约见客户难,大家都知道,我约不到,有什么稀奇。

姜经理见他不吱声,便解释起来:首先,你应该说明来意,是为会面而打电话的。其次,捧场话讲得太夸张不行。你开口便给对方戴了个"成功人士"的大高帽,对方会立刻产生一种对抗感。和陌生人见面,太露骨的奉承令人感到你是刻意推销,也容易给人急功近利的感觉。最后一点也是最重要的,电话是方便我们约见客户。你要"介绍"产品,见面才是最佳途径。隔着"电线",有些事是说不透的。就算客人肯买,难道能电传支票给你吗?

姜经理说完亲自示范给小林看。

"邹先生吗? 您好! 我姓姜。我们没见过面,但可以和您谈一分钟吗?"他有意停一停,等待对方理解说话内容并做出反应。

对方说:"我正在开会!"

姜经理马上说:"那么我半个小时后再给您打电话好吗?"

对方毫不犹豫地答应了。

姜经理对小林说,主动挂断与被动挂断电话的感受不一样。尽可能主动挂断,可以减少失败感。

半个小时后,姜经理再次接通电话说:"邹先生,您好! 我姓姜。您叫我半个小时后来电话……"他营造出一种熟悉的回电话的气氛,旨在缩短距离感。

"你是做什么生意的?"

"我是××公司的业务经理,是为客人设计一些财经投资计划的……"

邹先生接着说:"教人赌博,专搞欺骗?"两人都笑了。

"当然不是!"姜经理说,"我们见见面,当然不会立刻做成生意。但看过资料印象深些,今后你们有什么需要服务的,一定会想到我啊!"

邹先生笑了笑,没说什么。

"这两天我在您附近工作。不知您明天还是后天有时间?"姜经理问。

"那就明天吧。"

"谢谢。邹先生,上午还是下午?"

"下午吧!4点。"邹先生回答。

"好!明天下午4点钟见!"姜先生说。

姜经理放下电话,小林禁不住拍手欢呼。

【思考】 电话约人有哪些技巧和避讳?

2.信函约见

信函约见是一种比电话更有效、更正式的预约方式。一般情况下,信函约见包括如下内容:

(1)问候;

(2)寄信的目的;

(3)拟拜访的时间;

(4)介绍人的推荐。

E-mail预约是现在比较常用的一种信函约见方式,但要避免收件人将邮件定义为垃圾邮件而删除。信函一方面要能够吸引受访客户的注意力,另一方面最好能有引荐人的帮助,成功率会得到很大提升。

在客户对推销人员、推销人员的公司及推销品都不了解的情况下,最好的方法是先给客户写一封情况介绍信,然后再打一个电话。如果推销人员不知道能否在电话里说清楚,或者不能在电话里约定洽谈时间时,那么采取信函预约的方法比较合适。在信函中,推销人员不能用"我非常高兴,如果您能告诉我什么时候拜访您比较合适"这样的话作为书信的结尾。比较好的结尾是:"我将打电话问您,我什么时候可以拜访您。"或"我下星期三拜访您是否合适?"

如果推销人员担心打电话会遭到客户的拒绝,在书信的结尾可以这样写:"这个星期五下午三点三十分我将冒昧拜访您,时间不会太长。如果时间不合适的话,您可以让您的秘书告诉我,在此,谨表谢意!"

3.访问约见

访问约见是最为直接的一种约见方式。但推销人员在初次约见客户时,要明确可能占用客户的时间,比如向受访客户表明:能否占用十分钟的时间?此外,推销人员应该争取和具有决定权的人预约面谈。

第四节 建立信任

信任研究吸引了众多的学科参与,尽管分歧很大,即使像信任的概念这样一个基本的问题仍然没有达成一个公认的、清晰的定义,但在信任的重要性这方面,不同学科的研究者却达成了高度的一致。信任理论的出发点是互动，正是互动形成了人们之间的复杂关系，形成了社会，个人之间的互动是所有社会构成形成的起点。

一、信任的含义与特征

与信任相关的词汇有很多，如诚信、相信、信赖、信仰等。诚信是一个人的美德，这是对个体本身而言的，修德在己而不在人。诚信是一个人获得他人信任的资本。相信是从认知方面讲的，例如，"我相信你说的话是真的"，"相信明天会是晴天"，等等。相信是一般性的，非道德性的，也没有太大的后果性。信赖不但是非常相信，而且表现出很依赖。信仰是就精神依靠而言的，更侧重于个体的主观体验，有理性的科学信仰，也有非理性的宗教信仰，还有世俗的物质信仰等，而且从心理和行为上都对信仰对象有很高的要求。信仰者对于他的信仰对象是真诚的。它们都与信任相关，但意义却相差很大。

1. 信任是一种人际关系形式

信任涉及信任主体与信任客体两方，是一种由情感、激情或者承诺引起的心理认定。《说文解字》中的解释是："信，诚也。从人，从言，会意。"《论语·阳货》中亦有"信则人任焉"。如此看来，信与任密切相关，而且讲的就是人与人之间的关系。在这种关系发生时，最有力的交流工具便是语言，"人言"为信，但仅仅是"人言"又不足为信，人言不欺才足以为信，而后才有人任焉。信任这一概念在众多学科中出现，如社会学、伦理学、心理学以及经济学中都会涉及。

2. 信任是重要的社会综合力量

信任是社会的产物。处于自然状态中具有自利性的人为了能够和平相处，在多次的反复较量、反复猜测与不断的冒险中产生了信任，从而开始了合作，而合作的过程又增强了彼此的信任，如此反复循环。

学者西美尔在其《货币哲学》一书中如此表述，"离开了人们之间的一般性信任，社会自身将变成一盘散沙"；在《社会学——关于社会化形式的研究中》一书中，西美尔认为，"信赖是在社会之内的最重要的综合力量之一。"对个体行动者来讲，信任的功能是"提供一种可靠的假设，这种假设足以作为保障把实际的行为建立在此之上"。无论是在社会层面，还是在个体层面，信任都显示出它的重要性。

3. 信任是一种心理偏见

当一个人面对不确定的环境时，会预期对方是善意的，不惜冒自己可能会被骗的危险，仍采取合作行为。因此，没有不确定性的合作就不是信任的表现。比如，严格的合约在执法如山的环境里，不需要信任，双方也可以按照合约交易；又如，明确的制度与流程加上重赏、重罚的激励措施，会使员工的行为符合公司预期，但不会使之信任公司。信任理论指出，权力与信任是相互矛盾的，权力可以使人的行为符合要求，完全不会有不确定的危险，但权力不但不会增强信任，反而会伤害信任。

4. 信任是有风险的

人们无法消除交往过程中的或多或少的风险，但是人们依然肯定这种必要的交往是可能继续的，因为人们在初次冒险并且这种大胆的赌注为其带来现实利益时，彼此的可靠度具体地表现了出来，双方就会产生好感。这种交往次数越来越多，彼此的信任感也在逐渐增强。信任是在逐渐地了解与合作中产生的。

5. 信任包括人格信任和系统信任

学者卢曼从系统理论和符号功能主义视角，将信任划分为两种类型：人格信任和系统信任。同时，卢曼对交换媒介进行了深入的研究，在1979年发表的《信任与权力》一书中提出了三种主要的交换媒介：货币、真理、权力。卢曼认为这三种交换媒介在信任中有着非常重要的地位。

二、信任的社会价值

学者西美尔认为，现代社会中占支配地位的互动形式或社会关系是交换。他认为交换不仅存在于有货币参与的经济领域，这一点在资本主义时期表现得尤为突出，而且社会交往本身也是一种交换，每一次互动都可以被看作是一次交换，只不过交换的评价标准不同而已。在经济领域中，人们用货币来评价交换双方的付出和收获，所以对交换的评价标准是交换价值。马克思认为，商品的价值是凝结在商品中的抽象的无差别的人类劳动。但交换的作用是明显的，交换教会人们的不仅是事物的相对价值，而且教会人们互惠。

在资本主义时期，货币经济尚不发达，主要的交换形式是物物交换，互惠就表现得更加明显，否则交换就无法进行。虽然在经济高度发达的现代社会，交换的形式不再是物物交换，而是以货币为中介进行交换，但是互惠的性质仍然没有改变。因此，互惠是所有人类关系中的一个构成因素。

在现代社会中，交换是创造一个社会的人们之间的内在联结和有机团结的前提条件之一。随着社会分工的充分发展，交换更加普遍，社会关系的形式更加丰富。交换使人们有了更多的接触和联系，也就为发展新的、更多的个人关系和其他形式的社会关系提供了可能，开辟了新的空间，现代社会的良性运转离不开交换的正常进行。

因此，交换机制的前提条件同样也是构成社会的持续性的前提条件。交换的一个最重要的条件是信任。如果人们彼此之间没有信任，社会自身将会解体，因为很少有关系可以完全建立在他人的确定的认知之上。如果信任不像理性的证据和个人经验那样强或者更强，也很少有什么关系可以持续下来。现代经济是货币经济，占主导地位的交换形式是货币交换，货币是交换的媒介。西美尔认为，现金交易离开了公众的信任是无法进行的。不仅如此，人们还必须相信被接受的货币不会贬值或者至少不会大幅度贬值，而且可以再次被消费。这种形式的信任似乎是对作为物的货币的信任，但西美尔强调，信任必须是对赋予货币有效性的人或者政府的信任。社会的运行离不开信任。

三、影响客户信任的因素

对于推销人员来说，做事即做人，工作态度反映了人生态度，对待别人是什么样的态度，别人自然也会回应同样的态度。信任对建立和维持任何关系都相当重要。有几个因素在帮助推销人员赢得客户的信任中非常重要，如诚信、专业知识、客户导向和与客户的相容性等。

1. 诚信

"真诚待己，真诚待人"是对推销人员最基本的要求。推销人员要开诚布公地与客户交谈，不要使对方对谈话的真实含义有所怀疑。同时，真实地展现产品的各种功能，不能有半点虚假和欺骗。决不能夸大其词，承诺一定要兑现。以真诚的态度对待客户，让客户感觉到推销人员是一个诚实的人,是取得信任的关键。

个人道德规范和行为准则为判断特定情况下的是非对错提供了基准。职业道德标准是建立在社会标准之上的,而且大多数行业形成了与社会标准一致的行为准则。各行业都将它们得到的公众尊敬归功于行业组织制定的行为标准。推销人员经常被卷入道德问题中。销售经理用增加交际费代替加薪来激励其推销人员;推销人员推销给客户其不需要的产品或服务;推销人员夸大产品的益处来达成交易。这类事情还可以列出很多。销售专业化要求推销人员坚持客户导向方法。客户对非专业的、不道德的行为越来越不能容忍。道德规范与信任密切相关。推销人员只要有过一次欺骗行为、非法活动或非客户导向行为,客户就会对他失去信任。

2. 专业知识

无论是技术人员还是推销人员,要取得客户的信任,就应该拥有足够的专业素养。没有人喜欢和什么都不懂的人谈话。特别是对于推销人员,和客户打交道的时候,更应该表现出自己的专业性。专业性不仅指对自己产品了解,而且应该对行业、业务流程、客户的实际情况了如指掌。每个人都会对自己有用的信息感兴趣,但客户关心的是推销人员能够带来什么样的好处,给他们带来什么样的利益,而这些,只有推销人员对客户的业务有了深入的了解,才能有的放矢。

公司组织销售培训是为了让推销人员获得关于公司产品、计划、行业、竞争和总体市场情况的知识。刚进入销售领域的推销人员可以从经验丰富的推销人员那里学习怎样才能成功,他们也必须向客户证明他们的服务热情。例如,在房地产行业,客户询问专业术语,如果推销人员不清楚,那么培训就没有太大的效果,客户对推销人员的信任感就下降了。

值得考虑的是,近年来许多组织的规模都缩小了,大大削减了采购部门,包括采购人员和其他采购支持部门。客户必须用更少的资源做更多的事情,因此,无论是对他们的自有业务、财务状况、行业发展趋势的即时洞察,还是有效地识别业务中出现的成本削减和收入机会的策略技巧,都渴望有专业知识的支持。当然,针对那些技术型的、注意细节的或对产品或行业没有充分了解的客户,专业知识更加关键。推销人员应该努力帮助他们的客户达到目标。例如,个人或商务经营者能从网上和交易中获得专业知识,但是,如果他们认为其他人专业知识更丰富,那么他们就会利用这些资源。当今的客户都积极地回应对其达成底线目标有所帮助的任何活动,因此,专业知识在客户对卖方信誉的评价中扮演更加重要的角色。对某些客户来说,尤其是那些负有经济或财务责任的客户,推销人员为达成底线目标贡献的能力决定了客户对卖方信誉的评价。

3. 客户导向

在市场竞争日益激烈的情形之下,客户选择越来越多,需求变化也越来越复杂,推销人员也必须发生改变。在销售流程中,以前是以产品为中心,推销人员不需要建立太多的关系,客户就会买产品。现在推销人员必须花时间来发现关系,建立信任,从而才有可能实现销售。以客户为导向就是换位思考,以客户为中心来分析问题,帮助客户解决问题。因此,推销人员需要花较多的时间与客户建立信赖关系,并且了解客户的需求,以客户为主。

案例分享

像守江山一样守住自己的"势"

小张是一个不锈钢加工企业的新业务员,实际上其公司的产品质量因其设备的先进性一直在广东地区独占鳌头。

但是,小张没有很好地利用自己的这些优势,在与客户交往过程中,过度奉行"客户就是上帝""客户永远是对的"等理念,语言、行为偏软弱。很快,小张在与客户合作中,将企业本身的强势拱手送出,导致企业及自己的业务活动步步被动。

站在销售的角度,业务员一定要认清自己、了解市场,充分发挥企业的优势,并利用自己的长处慢慢建立自己的"势",做到"有理、有利、有节"。只有拥有自己更多的"势",才能在供需合作的过程中拥有更多的话语权。而作为一个推销人员,必须配合企业守住自己的"势",就像守江山一样!

4. 与客户的相容性

与客户在电话中沟通,推销人员要保持良好的坐姿,面带微笑,语气柔和而坚定,最好是想象客户就坐在对面和你谈话。不要以为客户在电话那一边看不到推销人员的姿势和面容,客户可以"听"出来。如果是和客户面谈,推销人员要注意同客户的目光接触,注意语气、语调和语速。需要特别注意的是,推销人员一定要注意掌握谈话中的停顿,这不但有利于组织语言,还可让对方参与到谈话当中。人都是感情动物,会受到感情和情绪的影响,通过与客户建立感情来施加影响,无疑比一般的说教更为有效。在拉近与客户的距离方面,握手也是一种不错的方法,推销人员与客户产生身体上的接触,无疑更能让客户放松下来。

为了与客户建立和睦关系,推销人员必须更有创造力和更加机智。制药业推销人员与医生办公室的所有雇员共进午餐是很寻常的事情,有时多达20～40人,推销人员这时就有时间与在座的医生谈论他的产品。推销人员必须清楚他们的客户很忙,很难挤出时间来应付工作以外的事务。但是,推销人员要记住一点,客户是人,也有相容性,只不过有些人多些,有些人少些。相容性和讨人喜欢对于与关键人员建立关系很重要。推销人员寻找与关键人员的共性的能力对在采购组织内获得需要的盟友有很大的帮助。讨人喜欢被认为是一个很难准确把握的情感因素,但在某些买卖双方关系的建立上又是一个强有力的因素。如果推销人员很好地证明了自己具有建立信任的其他品质,那么相容性能促进信任的建立。客户并非一定信任其喜欢的每个人,但更难信任其不喜欢的人。

四、建立客户信任的步骤

建立客户信任要以推销人员的可信赖行为为基础。

什么是可信赖行为?管理学者弥薛(Mishira)分可信赖性为四个构面是这类研究一个较广为接受的理论,四个构面分别是诚实与公开、能力与效果、公平与一致以及互惠与忠诚。展现可信赖性,四类行为缺一不可,不诚实又一肚子秘密的人当然不值得信任。诚实的人如果事情老是做不好,人们也不放心把事情托付给他。诚实又有能力的人,如果个性不成熟,想做事时就做事,不想做事时就怠工,也不可信任。

可信赖性的另一个特质是,信任要长时间酝酿出来,但破坏信任却十分容易。只要展现不可信赖行为一两次,别人就会不再信任,而且重建信任要比初建信任还困难。因此,可信赖行为要持之以恒,并时时警觉,换言之,就是养成习惯展现这类行为,否则一个偷懒或一个疏忽,就可能露出"本性"而前功尽弃。

推销工作的关键是与客户建立信赖感,因此,在销售过程中,推销人员必须花费至少一半的时间去与客户建立信赖感,那么,推销人员如何与客户建立信赖感呢?

1. 倾听与提问

倾听与提问主要是为了更好地理解客户的需求以及客户不同需求的重要性排序。顶尖的推销人员在一开始都是不断地发问,例如,"你有哪些兴趣?""你为什么购买你现在的车子?""你为什么从事你目前的工作?"打开话题,让客户开始讲话。每一个人都需要被了解,需要被认同,然而被认同最好的方式就是有人很仔细地听他讲话。

在现代的生活中,很少有人愿意听别人讲话,大家都急于发表自己的意见。假设推销人员一开始就能把倾听的工作做得很好,那么推销人员与客户的信赖感已经开始建立了。

2. 赞美与认同客户

赞美要真诚,不能敷衍。赞美会建立信赖感,客户讲的不一定是对的,可是只要他是对的,推销人员就要开始认同他。

3. 模仿客户

人讲话的速度有快有慢,如果推销人员讲话速度比较快,那么通常和讲话速度比较快的客户容易沟通,而对讲话速度比较慢的客户就会失去很大的信赖感和影响力。因此,推销人员要不断地调整讲话的速度,来迎合对方。

4. 产品的专业知识

假如推销人员没有完整的产品专业知识体系,不能很好地解答客户的疑问,这样马上会让客户失去信赖感。

5. 着装

通常一个人不了解一本书之前,他都是看书的封面来判断书的好坏。一个人不了解另一个人之前,都是看他的穿着。因此,穿着对一个推销人员来讲是非常重要的。推销人员永远要为成功而穿着,为胜利而打扮。

案例分享

借助已有大客户信息建立信任

涂料推销人员在向一位公司采购部经理进行推销活动。

客户:"你们公司生产的外墙涂料日晒雨淋后会出现褪色的情况吗?"

推销人员:"经理您请放心,我们公司的产品质量是一流的,中国平安保险公司给我们担保。另外,您是否注意到东方大厦,它采用的就是本公司的产品,已经过去10年了,还是那么光彩依旧。"

客户:"东方大厦啊,我知道,不过听说你们公司交货不是很及时。如果真是这样的话,我们不能购买你们公司的产品,会影响我们的工作。"

推销人员:"经理先生,我们一定会按时交货的,不会影响您们的进度,这是我们公司的产品说明书、国际质检标准复印件、产品价目表,这些是我们曾经合作过的企业以及他们对我们公司、产品的评价。下面我将给您介绍一下我们的企业以及我们的产品情况……"

6. 彻底了解客户的背景

推销人员在推销前一定要做彻底的准备,准备得越详细越好。最好能在拜访客户之前,彻底地了解客户的背景,这样客户对推销人员会更有信赖感。

7. 已有客户的见证

推销人员必须学会使用已有客户的见证。客户常常会说:"假如你讲的都是对的,那你证明给我看!"因此,已有客户的见证很重要。

假如推销人员很明确地知道和客户的关系,就可以运用以上的方法把这些客户的信赖感建立起来,这样其他的后续推销工作就会顺利很多。还有一点很重要,就是推销人员必须列出哪些客户有负面的意见或印象。销售工作非常困难,不可能每一个人对推销人员都很满意。推销人员把这些人列出来之后同时要想出解决方案。

本章小结

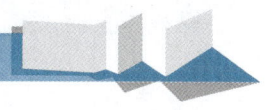

本章从制订客户接近计划开始,重点描述了客户接近计划的内容、客户接近方法与策略、约见客户等方面的内容,最后,强调了建立客户信任在客户接近中的重要性与步骤。

客户接近是指推销人员正式与客户所进行的前期接触,把推销引入洽谈阶段的活动过程。通常客户接近有三大类方式:介绍式、演示式和提问式,每大类包括多种具体接近方法。而约见客户,是指推销人员事先征得客户同意接见的行动过程。约见客户实际上既是接近准备的延续,又是客户接近过程的开始,主要有电话约见、信函约见和访问约见等方式。

思考与练习

一、名词解释

客户接近　约见客户

二、选择题

1. 推销人员用提问、讨论问题方式接近顾客的方法称为（　　）。

　　A. 询问接近法　　　　　　　　B. 好奇接近法
　　C. 表演接近法　　　　　　　　D. 介绍接近法

2. 推销人员利用顾客的好奇心,以奇闻、奇事、奇物引起顾客注意再转入洽谈阶段的方法为（　　）。

　　A. 提问接近法　　　　　　　　B. 好奇接近法
　　C. 表演接近法　　　　　　　　D. 介绍接近法

3. 由推销人员本人作自我介绍或通过他人介绍而接近顾客的方法为（　　）。

　　A. 提问接近法　　　　　　　　B. 好奇接近法
　　C. 表演接近法　　　　　　　　D. 介绍接近法

4. 推销人员直接利用推销品引起顾客的注意和兴趣,从而顺利进入推销洽谈阶段的方法为（　　）。

A. 利益接近法 B. 好奇接近法
C. 产品接近法 D. 介绍接近法

5. 某矿山机械厂设计制造出新型采掘机,其性能、质量均优于原有产品,在打算向目标顾客推销时,下列哪种接近法比较可行(　　)。

A. 表演接近法 B. 好奇接近法
C. 利益接近法 D. 介绍接近法

三、简答题

1. 客户接近的方法和策略有哪些?
2. 客户接近前的准备工作有哪些?
3. 影响客户信任的因素有哪些?
4. 建立客户信任的步骤有哪些?

应用分析

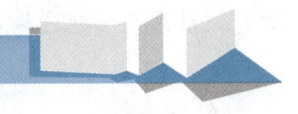

聪明的营销员

以下是一位保险(理财)产品销售员与顾客的对话:

准保户:"喂,请问你是哪一位?"

营销员:"我是您的朋友刘杰的好友,前几天,我为他策划了一套很不错的财富计划,他认为按照那个办法,他将会在他的后半辈子赢得一笔不小的财富。他确信您对此类事情也会感兴趣,所以介绍我来认识您。"

准保户:"关于这个财富计划,你现在能否说得详细一点呢?"

营销员:"我很感谢您对我的这个计划有兴趣。不过,在电话里我恐怕说不大明白,还是当面谈比较好一点。您看是星期一晚上合适还是星期二晚上合适?"

准保户:"究竟是什么?你能不能告诉我一个大概?"

营销员:"我完全理解您现在就想知道详细内容的心情。不过,马先生,为了说明这个计划,我必须借助一些文字和图表资料才能让您明白其中的一些奥妙。您看是星期一晚上方便还是星期二晚上方便呢?"

准保户:"我可能没有什么时间。我太忙了。"

营销员:"我非常了解您的状况,您的朋友也说过您是一个大忙人,所以要我先打个电话过来与您约一下具体时间。那您看是星期三晚上方便呢还是星期四晚上方便?"

准保户:"你说的那个财富计划是不是保险之类的东西?"

营销员:"我很感谢您提出这个问题。您需要买一些保险吗?"

准保户:"不,不需要。"

营销员:"但您并不反对积累财富,是不是?"

准保户:"是。"

营光彩员:"而积累财富需要有方法和技巧,还要有一定的途径,是不是?"

准保户:"是。"

营销员:"我正是为了这些而来见您。您看是星期三晚上方便还是星期四晚上方便?"

准保户:"你不用再说了,我知道你要干什么。我现在没有钱。要跟我谈这些问题,明年再说吧。"

营销员:"您放心,见面后我不会给您带来任何压力,这份计划是否能帮到您完全由您在了解了计划的详情后自行判断,您看是星期三晚上方便还是星期四晚上方便?"

准保户:"把你的那些资料寄给我,让我研究了以后再给你答复。"

营销员:"我手上的这些资料和实际操作方式需要一些详细的解说,所以面谈更能节省您的时间。会面需要二十分钟就够了,您看是星期一晚上方便还是星期二晚上方便?"

准保户:"我要先问问我的朋友刘杰,看他是怎么说的。"

营销员:"那当然可以。不过,您在了解了这个计划后再与刘杰交换意见岂不是更好?您看星期三晚上7点钟如何?"

准保户:"我还是要先跟刘杰谈了以后,再跟你见面。"

营销员:"您应该信得过刘杰,他会把对您不利的东西推荐给您吗?"

准保户:"那倒不会。"

营销员:"因为刘杰本人十分喜欢这套财富积累方案,所以才介绍我来认识您。您完全可以由自己来判断它是否适合您。因为它不一定适合每一个人。我们的见面,对您而言,并不会损失什么,却很有可能会给您带来利益。您看是星期三晚上还是星期四晚上方便?"

准保户:"……那就星期四吧。"

(资料来源:岳贤平,推销:案例、技能与训练,中国人民大学出版社,2018)

【思考】

1. 请认真分析一下这位营销员为了争取这个约会运用了哪些手法?
2. 你认为还有什么更好的接近目标客户的方法?

第七章 推销业务洽谈技巧

学习目标

知识目标
- 了解推销洽谈的内容
- 熟悉推销洽谈的步骤

能力目标
- 掌握推销洽谈的方法
- 掌握推销洽谈的策略

案例导入

说漂亮的销售语言

老路在一个小城市开了一个家具店。一天,有一位客户到家具店想购买一把办公椅子。老路带客户看了一圈后,客户问:"那两把椅子怎么卖?"

"这一把是 600 元,而那个较大的是 250 元。"老路说。

"为什么这一把那么贵,我觉得这一把应该更便宜才对。"客户说。

"先生,请您过来,坐在它们上面比较一下。"老路说。

客户依照他的话,在两把椅子上都坐了一下,一把较软,而另一把稍微硬一些,不过坐起来都挺舒服的。

等客户试坐完两把椅子后,老路接着说:"250 元的这把椅子坐起来较软,觉得非常舒服,而 600 元的椅子您坐起来感觉不是那么软,因为椅子内的弹簧数不一样。600 元的椅子由于弹簧数较多,绝对不会因变形而影响到坐姿。不良的坐姿会让人的脊椎骨侧弯,这样就会引起人的腰痛,光是多出弹簧的成本就要多出将近 100 元。同时这把椅子旋转的支架是纯钢的,它比一般非纯钢椅子寿命要长一倍,不会因为长期的旋转或过重的体重而磨损、松脱。因此,这把椅子的平均使用年限要比那把多一倍。"

"另外,这把椅子看起来没有那把那么豪华,但它完全是依人体科学设计的,坐起来虽然不是软绵绵的,但却能让您坐很长的时间都不会感到疲倦。对于一个长期坐在椅子上办公的人来说,一把好的椅子确实是很重要的。这把椅子虽然不是那么显眼,但却是一把精心设计的椅子。老实说,那把 250 元的椅子中看不中用,是卖给那些喜欢便宜货的客户的。"

"还好,只贵 350 元。为了保护我的脊椎,就是贵 1 000 元我也会购买这把较贵的椅子。"客户听了老路的说明后说道。

推销是推销员与客户之间情感交流的过程。如果推销员善于把话说到客户的心里去,让客户听得明白、听得舒服、听得高兴,那么你的推销就已经成功一半了。推销员要把自己变成一个善于说话的智者,说客户爱听的话,用最巧妙的语言,把话说到对方心里去。

(资料来源:瞧这网.经典推销案例.)

【思考】 怎样理解会说话对于推销人员的重要性?

第一节 推销洽谈的主要内容

推销洽谈是指推销人员运用各种方式、方法和手段,向客户传递推销信息,并设法说服客户购买商品和服务的协商过程。过去,"推销人员"主要依靠一双"铁腿"和一张"巧嘴",行万里路,登万户门,说万次话,讨万回价,当面商议,各得其所。因此,过去所称的推销洽谈基本上属于当面洽谈。

在现代推销环境里,新的推销方法、推销技术和推销手段的不断涌现,使得推销洽谈的方式和方法也在不断变化。现代的推销洽谈可以利用人类所能利用的一切信息沟通工具,除面对面的直接洽谈外,还有电话、书信、电子邮件等推销洽谈方式。

一、推销洽谈的目标

从现代推销学理论上讲,推销洽谈的目标既取决于客户购买活动的一般心理过程,又取决于推销活动的发展过程。因此,现代推销洽谈的目标在于向客户传递推销信息,诱发客户的购买动机,激发客户的购买欲望,从而说服客户,达成交易。

为了实现推销洽谈的目标,推销人员需要在推销洽谈中完成以下几个方面的任务:

1.向客户传递信息

向客户传递信息、介绍情况是为了说服客户达成交易。推销人员必须向客户全面介绍推销品的情况以及生产企业的情况,包括产品品牌、功能、质量、价格、服务、市场份额、市场地位等情况。客户只有在对相关各方面信息有了一定了解的情况下,才能做出购买决策。

在推销洽谈之初,推销人员要将自己所掌握的产品、技术、服务等有关信息迅速传递给客户,以帮助客户尽快认识和了解推销品的特性及其所能带来的利益,增强客户对推销品以及生产企业的好感,诱发客户的购买兴趣,为客户进行购买决策提供信息依据。同时,推销人员在向客户传递信息时要做到客观、恰当、实事求是。

2.展示推销产品

消费者行为学中强调,只有在发现或者是激发人们的购买需求和动机的基础上,才可以去预测和引导人们的购买行为。购买动机支配购买行为,而购买动机又源于人的需要。因此,推销人员在推销洽谈开始之前就应该对客户的需要做一下总结,在洽谈时可以将客户的需要进行归类,从而可以投其所好地开展推销洽谈。

推销人员在推销洽谈中可以针对客户的需要展示产品相对应的功能,从而向客户证明产品可以充分满足客户需求。只有在客户真正认识到推销人员所推销的产品可以更好地满足其需要,预期到产品所带来的满足感的时候,才会产生购买动机。

一种产品往往具有多种功能(客户利益),但不同的客户对同一产品往往有不同的需求。例如,电脑是一种IT工具,但不同的客户,由于性格、职业、经济情况、年龄、性别等方面的不同,决定了其对电脑的需求不同,有的客户是办公使用,有的客户侧重娱乐使用。

推销人员要善于发现客户的真实需求,并紧紧围绕着这个需求来展示推销品的功能和利益。否则,即使推销人员向客户传递的信息面面俱到,但是客户想要了解的功能却一带而过,也不能起到诱发客户购买动机,刺激客户购买需求的作用。因此,推销人员只有在传递推销产品的信息以及展示推销产品为客户带来的利益时迎合了客户的需求,客户的购买欲望才能真正地被激发,并最终促成交易达成。

3. 恰当处理客户异议

在推销洽谈中,客户异议很常见,推销人员要能把握住客户异议中有价值的信息。客户接收到推销人员传递的产品相关信息后,会进行考虑并提出一系列自己的看法和意见,这就是客户异议。但客户异议并不一定是真实的,推销人员要学会把握真实的客户异议。有些客户可能会提出自己并不真正关心的异议,其目的是能够让推销人员在另一方面进行让步,如价格。但不论怎样,如果客户异议处理不好或不能够排除,就会引发客户的不满,甚至直接导致洽谈失败,这样就很难再说服客户达成交易。因此,恰当处理客户异议是推销洽谈的关键任务之一。

产生客户异议的根源有两个方面:一是推销人员对产品的信息认识不清晰或不全面而导致的客户异议;二是由于客户产品知识的欠缺导致的客户异议。因此,一个优秀的推销人员必须掌握尽可能多的与推销品相关的知识。例如,手机推销人员必须熟悉手机参数和性能,最好是了解手机生产技术和使用技术的技术人员。只有这样,才能准确、完整地解释客户提出的各种问题,恰当、妥善地处理客户异议,从而加深客户对推销产品的认识,取得客户信任。

4. 促使客户做出购买决定

推销人员寻找、接近并说服客户的最终目的是促成交易。客户购买活动的心理过程,在需要认识阶段之后,还要经过情绪变化和意志决定两个阶段。在需要认识明确,动机诱发充分之后,客户会产生相应的情绪反应和意志行为,甚至会产生错综复杂的心理冲突。经过一番激烈的冲突之后,客户就会做出购买或不购买的决策。

因此,推销人员在洽谈过程中,要准确把握客户购买决策形成前的情绪变化和心理冲突,利用理智和情感的手段去激发客户的购买欲望。推销人员可以充分强调客户购买推销品所能得到的利益,能够满足的客户的特殊需求,适当给予客户一定优惠,同时提供优质的服务,强化客户的购买欲望,努力促使客户做出最终购买决定。

二、推销洽谈的内容

推销洽谈涉及面很广,内容丰富。不同商品的推销洽谈,有其不同的内容,但基本内容是大致相同的,主要有以下几个方面:

1. 产品

产品品质是产品内在质量和外观形态的综合,是客户购买产品的主要依据之一,也是影响价格的主要因素。因此,产品品质是推销洽谈的主要内容之一。推销人员必须全面地向客户介绍推销品的质量、功能和外观特点,让客户对推销品有一个全面的了解,也可以把产品获得的品质标准(如国际标准、国家标准、部颁标准等)介绍给客户。

一般来说,产品条件洽谈的内容包括:产品品种、型号、规格、数量、商标、外形、款式、色彩、质量标准、包装等。如果购买者是个人消费者,则购买的产品数量小,品种单一,洽谈会比较简单;如果购买者是中间商和集团用户,购买的产品数量大,品种型号也多,洽谈也就较为复杂。

产品的数量是指按照一定的度量衡来表示产品的质量、个数、长度、面积、容积等的量。成交产品数量的大小直接关系到交易规模以及交易价格。在推销洽谈中,买卖双方应协商采用一致的计量单位、计量方法,在通常情况下是将数量与价格挂钩。成交数量大时,通常商品的价格都会有一定的优惠。

2. 价格

价格条件洽谈是推销洽谈的中心内容,是洽谈双方最为关心的问题。成交价格的高低,直接影响交易双方的经济利益,所以价格是推销洽谈中最重要的内容,也是推销洽谈中极为敏感的问题。买卖双方能否成交,关键在于价格是否适宜。在推销洽谈中,买卖双方要考虑与价格相关的成本、付款条件、通货膨胀状况、彼此信任与合作程度等有关因素,商定一个双方都满意的价格。

通常,买卖双方会进行反复的讨价还价,最后才能敲定成交价格。价格条件洽谈包括数量折扣、退货损失、市场价格波动风险、商品保险费用、售后服务费用、技术培训费用、安装费用等。在商品交易中,货款的支付是一个关系到买卖双方利益的重要内容。在推销洽谈中,买卖双方应确定货款结算方式及结算使用的货币、结算的时间等具体事项。

3. 服务

服务是客户极为关心的内容之一。按时交货是客户的基本要求,推销人员能否按时交货,主要受生产和经营能力、运输能力、供应能力等因素制约。客户提出一定交货时间后,推销人员要汇集各种综合因素加以考虑。

具体来说,推销人员可以提供的服务项目主要有:送货、运输方式、地点等方面的服务;售后维修、养护、保管等方面的服务;技术指导、操作使用、消费需求等方面的服务;零配件、工具、供应等方面的服务。在推销洽谈过程中,推销人员和企业应尽量满足客户的正当要求,并竭力解除客户的后顾之忧。

三、推销洽谈的特点

现代推销洽谈既可以是当面洽谈,也可以利用现代通信工具跨越时空的阻隔进行磋商。推销洽谈具有以下三个突出的特点:

1. 以经济利益为中心

在推销洽谈中,双方主要围绕着各自的经济利益展开洽谈。推销洽谈是商业谈判的一种类型,是围绕着销售产品而进行的洽谈。作为卖方,希望以较高的价格出售而使己方得到较多的利润;而作为买方,则希望以较低的价格购买而使己方降低成本。因此,推销洽谈的中心是买卖双方各自的经济利益,而价格在推销洽谈中作为调节和分配经济利益的主要杠杆就成为洽谈的焦点。当然,在推销洽谈中,以经济利益为中心并不意味着就不考虑其他利益,而是相对于其他利益来说,经济利益是首要的,是起支配作用的。

2. 合作与冲突并存

所有的推销洽谈都是建立在买卖双方利益的基础之上,双方既有共同利益点也有截然相反的利益点。冲突表明双方存在利益分歧的一面。推销洽谈的作用之一就是将双方的分歧点转化为共同点,尽可能加强双方的合作性,减少双方的冲突性。这是因为合作与冲突是可以相互转化的,如果合作性的比例加大,冲突性的比例减少,双方洽谈成功的可能性就大;反之,如果冲突的一面通过洽谈没有能够得到解决或减少,那么,洽谈就有可能失败。

推销人员可以在洽谈之前或者洽谈过程中,将双方意见的共同点和分歧点分别列出,并按照其在洽谈中的重要性分别给予不同的权重和分数,根据共同点方面的分值与分歧点方面的分值比较来预测洽谈成功的概率,并决定如何消除彼此的分歧。

3. 原则与调整并存

推销洽谈中的原则是指洽谈双方在洽谈中最后退让的界线,调整是指双方为了消除分歧,在基本原则不被打破的基础上彼此做出的一些让步。洽谈双方对重大原则问题通常是不会轻易让步的,退让是有一定限度的。但如果推销洽谈的双方在所有的方面都坚持彼此立场,那么,洽谈就可能没有结果,双方的共同利益也就无从实现。

绝大多数的推销洽谈都有潜在的共同利益,共同利益就意味着商业机会,并且洽谈双方还有可能存在兼容利益。洽谈参与人员应分析双方原则立场之间的差距大小,以及经沟通和协调缩小这种差距的可能性,充分发挥想象力,扩大方案的选择范围或准备多个备选方案,努力实现双赢的结果。如不能达成全面共识,可以就某些问题和合同条款达成不同的协议;如不能达成永久协议,可以达成临时协议;不能达成无条件协议,可以达成有条件协议等。同时,推销人员也要准备好应对推销洽谈失败的措施。

第二节 推销洽谈的关键步骤

推销洽谈是整个推销活动的中心环节。在推销洽谈过程中,推销人员要运用各种推销方法和技巧,以说服客户购买企业的产品。营销学者将客户购买的心理过程分为五个阶段:注意、兴趣、欲望、记忆、行动。推销人员的洽谈步骤是顺应客户心理变化的一个过程,但并不是说推销人员就没有能动性。推销人员可以主动遵循客户心理的发展过程。首先要争取引起客户对商品的注意;然后使其对商品产生兴趣,并进一步了解和熟悉商品;再启发客户对商品的需求,进而激发客户的购买欲望;最后,再采取说服的方法促使客户做出购买决定。

推销洽谈的步骤可以详细划分为营造开场气氛、介绍并示范公司产品、合理报价并陈述交易条件、实质性磋商和达成业务交易五个步骤。

一、营造开场气氛

双方洽谈人员从见面入座到洽谈实质性内容之前,为摸底阶段。该阶段旨在建立轻松愉快的推销洽谈气氛和向对方陈述洽谈计划。

1. 建立轻松愉快的推销洽谈气氛

推销人员要努力建立合作、诚挚、轻松愉快的洽谈气氛,为此,要把洽谈场地布置得赏心悦目,要使推销洽谈者的举止行为给人留下热情、诚挚、轻松、美好的印象。

开场白的最终目的是和客户就拜访中将谈及和达成的事项取得协议,良好的开场白对交易的达成至关重要。并不是拜访或者接近所有的客户都需要开场白,但基本的问好和寒暄是必不可少的。经营一个成功的开场白应注意以下事项:

(1)准备开场白。推销人员进行客户背景资料调查,即所谓的"知己知彼,百战不殆"。问自己:"客户和我会面,他想达成什么目的?""我和客户会面,想达成什么目的?"

(2)引出开场白。如闲聊一下店内的装修、当天的天气,谈论共同认识的人或互相感兴趣的话题等以建立融洽的关系。

(3)当双方都准备好谈生意时,将话题转回业务和会面的目的上。

2.向对方陈述洽谈计划

谈判双方要及时交换意见和看法,就推销目的、计划、人员情况等取得一致意见。即使双方早已联系,也应在正式洽谈中重新明确一下。为了进一步了解对方的洽谈原则、态度等情况,推销人员可以从主要问题、期望目标、主要原则、变通措施等方面开始陈述或者提出建议。

二、介绍并示范公司产品

推销人员在制订洽谈计划时,对产品的性质、类别、功能、特色以及它能为客户带来的利益等都要明确,这样才能把客户的需要与推销人员所推销的产品联系起来,促使客户接受。随着我国市场经济的不断发展,各个行业的竞争加剧,产品之间的同质化现象严重。当很多的同类产品和服务相互竞争时,客户就会由于选择太多而感到困惑。推销人员要能够帮助客户解决问题,协助他们得到其想要的产品和服务,也只有这样才能赢得客户的信赖,并顺利达成交易、实现交换。

推销人员应尽可能随身携带一些推销产品,因为在推销过程中直接向客户展示产品,有助于激发客户的购买动机。在推销产品难以携带的情况下,推销人员可以利用产品模型或者是图文材料来替代,尽量让客户亲自试用产品。这样能够刺激客户的购买欲望,增强客户的购买信心。

推销人员在推销过程中不能单纯地讲,还要利用各种推销工具。

1.文字资料

推销人员应携带一些文字资料,包括产品种类介绍及说明书、产品价目表、企业简介等。利用文字资料辅助推销有两个优势:一是文字资料成本低廉,易于携带;二是它对推销品的介绍要比语言详尽、全面、系统,有较强的说服力。但是,文字资料难以做到因人而异地介绍产品,故应配合其他推销工具一起进行使用。

2.图片资料

图片资料主要有图表、图形、照片等。在推销产品或推销模型难以携带的情况下,生动、形象的图片资料能对客户产生较强的说服力和感染力,使客户通过视觉加深印象,直接引发客户的购买欲望。

3.证明资料

在推销洽谈之前,推销人员应尽量搜集和准备各种有说服力的推销证明资料,可以增强产品的可靠性,有利于客户在心理上产生安全感。

4. 其他必备材料

其他必备材料包括推销人员的名片、介绍信、订购单、合同书、笔记用具等。

三、合理报价并陈述交易条件

开盘报价是推销洽谈过程中十分重要的阶段。在推销洽谈中,不论谁先报价,只要买卖双方真正进入报价与讨价还价的阶段,就意味着客户具有购买动机。价格条件的洽谈是推销洽谈的中心内容,它涉及买卖双方的利益,是买卖双方最为关心的敏感问题之一。推销人员可根据企业所定的上下限价格,适当报价,但一般报价高于最终的成交价格。报价时力求果断、明确、清楚、无保留、不犹豫,不用解释和详细说明报价理由,在对方讨价还价的过程中表明定价的原因,尽量留有双方充分磋商的余地,也便于对方表明自己的价格。除了报价之外,其他的关键交易条件,如交货、质保等,也需要在报价时提出,有时可能需要在报价之前就向客户表明。

与客户达成一个互利的协议是推销人员拜访客户的目的。推销人员要询问客户是否接受交易条件,当客户故作拖延时,推销人员要进一步询问并找出真正的原因,并加以针对性的解决,如可以给出一个恰当的对方关心事项的承诺。即使客户拒绝,推销人员也要感谢客户花时间与自己面谈。当然,如果可以进一步商谈,推销人员要尽量让客户表明继续洽谈的时间和其关心的事项。

推销人员合理报价并陈述交易条件后,可能会发生以下三种情况:

1. 客户接受关键销售条件

买卖双方的交易分歧很小,即可跨越到磋商阶段,并直接转入签字成交阶段,以减少不必要的讨价还价,缩短洽谈时间,提高推销洽谈的效率。这种情况下,推销人员不应过分表现急于求成的心理状态,以免客户采取拖延战术。这种情况较少发生,一般情况下,对方会提出相应的异议,当然在客户急于实现交易时,也可能会出现直接进入成交阶段的情况。

2. 客户接受部分销售条件

客户可能接受部分销售条件,另一部分销售条件还存在异议,需要双方磋商。这时,推销人员可以对推销洽谈中所涉及的关键问题进行全面细致的分析,考虑在哪些方面存在做出坚持或让步的可能。在推销洽谈中,推销人员一定要对与客户存在分歧最大的事项进行认真分析,尽量确定一个可以实现的范围,例如,最理想情况是怎样的、可接受的情况是怎样的、可接受的最低限度目标是怎样的。

3. 无法预见销售交易的可能性

当买卖双方分歧意见很大,差距悬殊时,特别是在买方表示很难接受时,推销人员则很难按照原定计划成交。此时,可能存在以下三种情况:

(1)终止推销洽谈。这是最坏的结果,意味着推销人员前期投入的所有成本都浪费了,因此,即使采取这个对策,也要充分慎重考虑。若推销人员采取以退为进策略时,可以考虑主动终止洽谈。具体来说,只有在市场对推销人员有利,推销人员处于强有力地位,其退出反而会刺激客户要求重新洽谈时,才去主动提出终止洽谈。

(2)继续洽谈。在按原计划无法达成交易时,推销人员可以继续与客户就一些次要的问题进行磋商,并与主管部门联系,寻求进一步修改既定交易条件的支持,力求能够从局部进行突破。

(3)请求客户改变计划。很多时候,客户提出的成交条件也是有很大的变动余地的,因此,可以请求客户相应地改变其原定的洽谈计划,这也是第二轮洽谈的开始。

四、实质性磋商

实质性磋商,是指买卖双方对可能达成的交易,在不断调整意见中,从分歧较大到协调一致,最终成交的过程。实质性磋商是交易成败的关键时刻,推销人员只有善于运用磋商诀窍,才能获得成效。

1. 分析产生分歧的原因

推销洽谈难免会有分歧,这是正常现象。推销人员要分析分歧产生的原因,弄清楚原委。总结起来不外乎有以下几个原因:一是想象中存在的分歧,是因为双方没有很好理解对方意图所致,或者是因缺乏沟通而发生的误解;二是人为的分歧,是洽谈人员故意制造障碍所致;三是真正的分歧,即由双方经济利益得失而引起的分歧。

2. 适当施加压力,善于抵御压力

在推销洽谈过程中,推销人员可以对客户恰当地施加压力,以保持对交易的控制优势。适当施加压力还有助于制造与客户之间竞争的事实和气氛,逐步降低客户的期望水平。常见的方法就是暂时中断推销洽谈。但是,在实施过程中也需要把握分寸,防止冲动和心理外露,造成适得其反。

同时,如果客户给予推销人员压力时,一方面,推销人员可以采取先发制人策略,在对方可能提出问题时先提出该问题,同时尽可能提出解决方案,但这需要推销人员做足功课。另一方面,推销人员也可以采用耐心等待策略,以寻找对方可能存在的漏洞,并抓住时机将客户问题加以解决。必要的时候也可以请第三方适当干预。

3. 提出要求和适当让步

推销人员提出要求的目的是让对方愿意将洽谈继续下去,同时也是为提出更高的目标铺平道路,因此,推销人员在适当时候提出要求是合理的,其目的也是在于吸引对方。

推销人员主动提出某些让步也是为了吸引对方。但是,让步要有原则,不能无限、轻易地做出让步,推销人员只有在认为需要并在恰当时才能做出让步。尽量不要做出单方面的让步,而是要以自己的让步来换取对方的一定让步。此外,让步幅度要适中,速度不能太快,并尽量在较小的问题上做出让步,在重要的问题上尽量不先让步。

另外,如果双方分歧较大,并且都不愿意主动退让时,推销人员要避免出现无法继续洽谈的僵局,推销人员可以将问题分开处理,避开次要矛盾,找到主要矛盾进行协商,当然可以采用通过次要矛盾来分散客户对主要矛盾的关注的方法。在实在无法打破僵局的时候,推销人员可以考虑先暂停洽谈。

五、达成业务交易

达成业务交易是推销洽谈的最后阶段。经过上述几个阶段的洽谈,情况逐渐明朗,洽谈已经接近尾声。这时,推销人员务必要善终,正确处理有关问题。

1. 向对方发出正确成交信号

推销人员要阐明立场,就对方所提出条件,表明肯定态度;以特定的方式表明成交意愿

或告诉对方洽谈时间已到,可以结束了。

2. 及时进行总结

推销人员要明确交易内容是否谈妥,是否有遗留问题,如有遗留问题要提出处理意见;明确推销洽谈结果是否达到原先期望的交易目标;明确最后让步事项及让步幅度,着手安排交易记录事宜。

3. 确定最后报价

在交易达成阶段,双方都要做最后一次报价。推销人员应该选择好提出最后报价的时间。最后报价一般应该分两步走,尽量不要一步到位,从而使自己可能处于较被动局面。让步幅度应因人、因具体情况而定,并将此报价作为双方最后成交的标志。

4. 整理洽谈记录,起草书面协议

对于组织购买而言,双方谈妥后还需要签订合同,因此,在最后阶段,推销人员应将整理出的洽谈记录检查一遍。在双方都确定无误后,可以将洽谈记录内容作为书面协议的依据。对敏感性事项,尽量做到非常细致,如价格问题、合同完成问题、规格要求问题、索赔处理问题等。

知识链接

商业谈判的原则

(1)不要把对方当成"敌人""对手",把冲突当作相互了解和成长的机会;

(2)认为妥协比胜利更重要,寻求满足谈判各方需求的途径,达成双赢的局面;

(3)知己知彼:考虑自己可以妥协的部分、对方的立场和目标,了解对方的真实意图;

(4)让别人认识到你的立场、理由、观点;

(5)需要和欲求的区分:必须坚守的和可以放弃的,及其变通办法;

(6)建立好的谈判气氛;

(7)说出你现在和将来想要的,对双方都是有利的;

(8)求同存异,一个问题、一个问题地解决,让谈判继续下去,不要破坏谈判。

第三节 推销洽谈的有效策略

推销洽谈是一种技术,更是一门艺术。它需要推销人员针对不同的推销品、不同的客户,灵活地采用不同的策略。

不同的客户有不同的兴趣与爱好,他们的需求也就不同。但大量研究表明,客户的反应要比人们想象的有规律得多,而且大部分是可以预料的。

在同客户接触的过程中,推销人员可能会一次又一次地遇到同样的抵触、同样的反对意见、同样的怀疑、同样的态度和同样的动机。客户对某些问题的看法雷同,例如,"价格太高了","市场上出售的其他同类产品比这更便宜","我们晚些时候再购买吧","总体来说不错,不过对我们不太适合","这不是我的决定","我们对现在的供应商感到满意","如果我们现在就购买的话,那我们的计划就会被打乱了","我们到时候再找推销人员吧",等等。这些问

题是推销人员在推销过程中经常遇到的。通过调查发现，不管在什么地方，客户的回答基本上没有太大区别。这就是客户千差万别需求中的规律性的东西。因此，在推销洽谈之前，推销人员必须准备好洽谈的有效策略。

一、与客户共同销售策略

与客户共同销售，推销人员可以将客户的激情充分地调动起来，与客户共同开发与管理市场，获取良好的市场业绩，最终使自己成为客户的合作伙伴。具体包括如下方法：

1. 帮助客户重新调研、分析与规划市场

推销人员通过全面的市场调研与数据分析，评估客户的机会、威胁、优势与劣势，制订客户现在与未来的市场发展规划，包括经营定位、发展区域、网点布局与选择标准、经营产品的定位与策略、价格策略、促销政策等。

2. 与客户共同开发与培育网点

推销人员动员客户，亲自或者与推销人员一起前往市场一线，根据客户发展的总体规划与要求，搜索、开发和培育新的网点，不断壮大客户的分销网络。

3. 与客户共同管理市场

推销人员主动帮助客户管理市场，包括区域市场的渠道冲突控制、价格维护与控制、下线网点的管理、竞争策略的制定与调整等。推销人员除了在业务上帮助客户提升外，还应成为客户的经营管理顾问，通过培训、现场指导等方式帮助客户提高其财务管理水平、销售管理水平、人力资源管理水平。

二、揣度客户心理策略

古人云："他人有心，予忖度之。"推销人员要把自己的思路和注意力都集中在客户身上，认真揣摩客户的情况。客户需要什么？客户工作方面和个人生活方面有哪些奋斗目标？哪些因素有利于客户在工作和个人奋斗方面获得成功？客户在其所在的公司起什么作用？客户对推销人员的态度如何？客户是心胸开阔的、小心谨慎的，还是慷慨的人？客户是墨守成规的、不守信用的，还是胆大妄为的人？

这样，推销人员就基本上掌握了需要拜访的客户的情况，做到了心中有数，从而可以有准备地与客户进行洽谈。

1. 观察客户

如果推销人员只是固执地按事先制订好的计划行事，而不去关注客户的特征和反应，推销洽谈就有可能会遇到障碍。客观情况在变化，如果用不变的计划去适应变化的情况难免会产生偏差。推销人员在洽谈时，要密切观察客户的体态语言，根据客户的反应来调整自己的推销方案，小心谨慎地进行洽谈。

2. 为客户着想

如果推销人员能设身处地地为客户着想，即完全理解客户，知道客户心里在想什么，就可以对症下药，使推销洽谈富有成效。在推销洽谈的过程中，推销人员要尽量多使用"您"字，尽量少使用"我"字。这样既是尊敬对方，也是设身处地地为客户着想。

3. 自我发难

自我发难策略是指在洽谈中针对对方可能提出的问题，推销人员先自行摆出这些问题，

再加以详细解释并阐明立场的洽谈策略。例如,己方的报价比其他企业同类产品高20%,估计对方一定会对这一问题心存疑惑,并且会怀疑己方洽谈的诚意,进而影响到他们对洽谈的态度和信心。因此,推销人员在洽谈的一开始就可以介绍说:"与同类产品的报价相比,本企业的价格要高20%,看起来似乎价格过高,但是实际并不高。第一,本企业产品采用的是进口优质原材料,其成本高,质量绝对可靠,而其他企业产品则采用的是国产原材料。第二,本企业产品的合格率比其他同类产品高30%,并且采用的是国际ISO9000标准,产品获得国家专利,有独特的性能。第三,在一年之内,不合格的产品一律可以退换。第四,本企业是该行业最大的供应商,货源充足,能够保证长期稳定供应。"通过这种自我发难,解释疑难,能使对方认为己方是以诚相见,从而解除疑虑,使洽谈达成目标。但是,这种策略必须建立在深入调查,知己知彼的基础上,问题必须选得恰当,理由必须令人信服。否则,不但达不到预期的目的,还会使自己处于被动的局面。

4. 肯定答复

请比较下面的两句话:

"杯子一半是满的。"

"杯子一半是空的。"

从逻辑上来说,这两句话的意思是一样的。但从心理学的角度来看,这两句话之间就存在着很大的区别。否定论点显然没有肯定论点的效力大。因此,当客户向推销人员提出某种要求,但推销人员只能满足客户的部分要求时,最好把精力集中在力所能及的方面,应该说:"这是我明天早晨要办的第一件事。"最好不要说:"这件事今天办不了。"

如果客户同意推销人员的观点,推销人员首先必须用提问的方式开始洽谈,而不应当采用陈述的方式。其次,要很好地组织自己的问题,可以重复几遍,用这种方法创造机会,促使客户自然地做出肯定回答。

如果客户首先承认推销人员在一个次要问题上是正确的,那么他会承认推销人员在第二个问题上也是正确的。然后,他就会在一系列小的方面做出某些让步,小的让步又必然导致大的让步。在这个过程中,反问式提问就特别有效。例如,"您保证您的生意兴隆,是吗?""您想阻止您的竞争对手领先于您,对吧?""您需要挖掘老产品的潜力,是不是?""您已经想过使用价格比较便宜的材料,对不对?"

三、说服客户策略

要想使推销洽谈成功,仅仅了解客户是远远不够的,还必须能够影响他,使他产生购买欲望。推销人员的自信心、想说服客户的愿望、流利的语言、事业成功的雄心壮志、鲜明的个性特征、向客户推销产品是基于为客户提供服务的信念等,都是通过推销人员的说服具体表现出来的。只有这一切都被客户所理解和接受,才说明推销人员的说服工作做到位了,才有可能使客户产生购买欲望。

1. 寻找共同点

客户需要购买什么?我需要什么?怎样才能把这两种需要结合在一起?推销人员首先应向自己提出这些问题,然后自己回答,这样推销人员才能更好地制订出推销计划。只有制订出计划,推销人员才能一步一个脚印,有秩序地进行推销洽谈。

在推销洽谈之前,如果推销人员经过深思熟虑做好充分的准备,就可以控制洽谈的进度,因势利导,使洽谈按照推销人员的设想进行,而不会被客户的提问缠住,处于被动状态。

2. 次要目标

次要目标就是既不过低也并不十分理想,能使洽谈不完全落空,并且推销人员能够实现的目标。在实践中,许多推销人员常把精力和注意力全部集中在主要目标上,而这些主要目标又常常不为客户所接受。这种情况一旦出现,推销人员就会觉得失去奋斗目标,不知所措。随之就会做出一些令人遗憾的妥协,或者一无所获,把整个交易葬送。因此,推销人员在进行业务洽谈准备时,有必要采取一些措施。例如,在推销洽谈开始之前,可以自问以下问题:如果达不到自己制定的目标,该怎么办?还有哪些解决办法?我能想象出哪些可供选择的解决办法并把它们列入推销计划向客户提出来呢?还有没有次要奋斗目标?针对上述问题,推销人员可以有所准备,确定自己的次要目标,以备应急时使用。次要目标的具体形式多种多样,例如,约定好与客户下一次会谈的日期,了解该类客户的心理活动特点等。

3. 扬长避短

扬长避短指在洽谈中尽量突出己方的优点和长处,避免谈及不足的策略。这种策略的目的是要"以俊遮丑",弥补己方在洽谈中所处的不利地位。例如,本企业产品在合格率及技术先进性方面落后于同类产品,但是,价格便宜,大量供应,提供不合格产品的退换货承诺,提供零配件供应和厂家售后维修的支持等是己方的长处。因此,就可以在这些方面下功夫,突出推销品的优势,说服对方,签订合约。但扬长避短绝不意味着弄虚作假,欺骗对方,而是突出优势,弥补不足。在某些条件上己方不如别人,但在另外一些条件上己方占有一定的优势,甚至是绝对的优势,在综合考虑下,己方并不比别人差。

4. 曲线求利

在推销洽谈中,双方都必须做出一些让步,这是正常的情况。因此,为己方谋取满意的利益必须从整体的角度考虑,而不能只是在某些条件上坚持己见,钻牛角尖。曲线求利策略就是在某些条件上,己方向对方做出了让步,损失了部分利益,可以通过在其他方面提出要求让对方让步来弥补这部分利益的损失。例如,产品降价的损失,可以通过提高技术转让费和易损零配件的价格等来弥补;卖方坚持产品不降价,己方则可以要求对方提供免费人员培训、免费运货和安装服务等来弥补。

5. 先发制人

先发制人策略指在推销洽谈中由己方先提出有关条件和合同草本的策略。例如,己方预先提出产品价格、供应数量、各种规格产品的构成比例、付款方式等的一个洽谈框架。在这种情况下,对方很难另起炉灶,再提出自己的一个方案,只能在已提出的方案基础上提出自己的意见。使用先发制人策略要求知己知彼,熟悉行情及双方的力量对比,提出的条件要适度,过高容易吓跑对方,过低则会失去一定的利润。这种策略对于卖方来说,多用在大企业对小买主的情况;对于买方来说,多用在供过于求,许多卖主对一个或少数几个买主的情况。先发制人并不意味着不可改变,因此,提出方案的一方还要准备应变方案,即哪些条件是可以让步的,哪些条件是不能让步的,可以让步到什么程度等。如果对方采取这种策略,己方不应为其所动,不能被对方牵着鼻子走,应该坚信,任何条件都是可以通过洽谈改变的,要按照己方原定的洽谈方针进行洽谈,不能被对方所束缚,而不敢提出自己的方案或条件。

6. 折中调和

折中调和是指在推销洽谈处于僵持局面时,由一方提出折中调和方案,即双方都做出一些让步以达成协议的策略。例如,己方同意降价10%,但对方也得同意将订货数量增加30%;己方愿意以优惠价供应生产线,但对方必须再订购1 000套散件;等等。折中调和看似公平,但实际上并不一定公平,因此,使用这种策略必须权衡得失,要经过仔细的计算,用数字说明问题。而不能认为对方让步一半,我方也让步一半,这是对等的,谁也不吃亏。这种想法有时会使己方受到较大的损失,而对方得到利益。折中调和本身就意味着双方都有让步的余地,因此,坚持自己的原则和立场,在关键问题上不让步,有时是可以使对方妥协并达成交易的。

第四节 推销洽谈的具体方法

推销人员在实际推销活动中,总是要面对各种各样、形形色色的客户。很多推销人员坚持自己的推销方法,而不愿意针对不同客户进行修改。推销理念与态度是可以坚持的,但为了推销成功,推销人员使用的推销方法、方式也要因人而异,不能千篇一律。这就要求推销人员在推销洽谈前,认真准备有关推销洽谈的各种资料和知识,针对不同客户,拟订具体的推销洽谈计划,制订解决客户异议的方案。只有这样,推销人员才能将不同推销洽谈的内容分清主次,突出重点,采用不同的方式、方法有的放矢地进行洽谈。

推销洽谈的方法有多种,主要有提示法、演示法和试用法三类。

一、提示法

提示法是指推销人员向客户指出其可能的需要,引导和激发客户的购买动机,然后促进客户做出购买决策的方法。因此,推销人员要不断地深入市场去了解客户的需求变化,利用提示的方法让客户发现已经存在或者潜在的需要。

1. 直接提示法

直接提示法是指推销人员直接劝说客户购买产品的洽谈方法。这种方法的优点是能够适应现代快速的生活节奏,同时,可以提高推销效率,很明显这是一种简单、快速的推销方法。但缺点是可能引起客户的反感,推销人员的直入主题,会使客户觉得非常突然。因此,推销人员在接近客户后,首先要凭借主观判断能力去判断客户是否正在搜索该类产品,如果答案是肯定的,再直接向客户介绍产品,陈述产品的优点与特征。

在应用直接提示法时,一定要注意抓住推销重点,直接提示客户可能存在的主要需求与困难,并依据产品提出解决的途径与方法。结合产品的主要优点与特征,向客户提示其购买动机与购买利益。另外,提示内容要易于被客户所了解,产品的优点与特征也应该阐述得简单明了,并围绕产品的核心特点展开。另外,应尊重客户的个性,不同的客户有不同的需求、不同的购买动机与购买行为,直接提示要避免侵犯客户某方面的特征,以免冒犯客户。

2. 积极提示法

积极提示法是指推销人员使用积极的语言或其他积极的方式劝说客户购买产品的洽谈方法。推销人员要主要使用能产生积极正面作用的提示,如肯定提示、正面提示、赞美提示等。推销人员也可以先采用与客户讨论的方式,然后再逐步根据客户的意见和想法,给予其正面的、肯定的答复,从而产生积极的提示效应。如"风度尽显金利来"和"出手不凡钻石表"等,正面提示了"风度尽显""出手不凡"的特点,使客户产生愉快的联想和积极的心理效应。使用这一方法也应该注意,推销人员的诚实可信也是很重要的,切勿被客户看作是盲目顺从。

3. 暗示提示法

暗示提示法指推销人员利用各种提示刺激物来引起客户自我暗示,从而导致其购买行动的洽谈方法。根据营销学中的相关原理,客户购买的一个很重要的影响因素是自我暗示,暗示往往比直接说明更具说服力和感染力,更容易引起客户的购买欲望。例如,白加黑感冒药、黑又亮鞋油、百灵乐器等品牌名称对客户有产品效用的暗示,容易使客户产生联想。

使用暗示提示法时应该注意,选择的刺激物应是可信的、适宜的、有足够冲击力的。例如,某人寿保险推销人员对一位中年男子说:"据官方最近公布的人口统计数据,目前有一项值得人们关心的事实,大约有90%以上的夫妇,都是丈夫先于妻子而逝。作为家庭的顶梁柱,是否应该就这一事实早做些适当的安排呢?"这段说辞有真实数据,用于已婚中年男子,足以引起推销对象的关注。此时,推销人员抓住客户对自己的联想,提出解决方案,应当会收到良好的效果。

4. 反向提示法

反向提示法是指推销人员利用反暗示原理来说服客户购买推销品的洽谈方法。反暗示是一种相反的心理暗示,可以引起客户做出与暗示内容相反的反应。正所谓"请将不如激将",就是这个道理。例如,推销人员说对客户说:"IBM电脑是价格最高的,我看您可以选一台稍微便宜一点的。"其本意是反暗示客户要买最贵的,也是质量最好的。使用这一方法时应注意,要针对客户的主要购买动机,用反暗示增强提示震撼力,但切忌冒犯客户,语言失当不但不会使客户产生相反的行为,而且会与自己的初衷相悖。

5. 理性提示法

理性提示法是指推销人员利用理性的逻辑推理劝说客户购买推销品的洽谈方法。理性提示法顾名思义,是让推销人员帮助客户理智地思考,并选择产品,这也是建立客户信任的一种方法。通过逻辑思维的方式,明确客户购买该产品的利益与好处。例如,推销人员说:"所有企业都希望降低生产成本,这种材料可以帮助贵厂降低生产成本,提高经济效益。因此,贵厂应该采用这种新型材料。"这是一个比较典型的三段论推理模式,包含大前提、小前提和结论三个命题。使用理性提示法应注意:要选择具有理智购买动机的客户;要了解产品所依据的科学原理,再加以严密的逻辑推理,做到以理服人;根据逻辑推理原理总结出简单可行的说理方式,如对比法、概括选择法等;要做到情理并重。对客户既晓之以理,又动之以情,才能使客户的购买行为合理化。

6. 鼓动提示法

鼓动提示法是指推销人员建议客户立即采取购买行动的洽谈方法。鼓动提示法可以直接刺激客户的购买欲望,并适时地鼓动客户立即采取购买行动。使用这一方法时要注意,适时鼓动是很重要的,鼓动一般发生在客户犹豫不决的时候,只有提示得合理、及时,才可以收到良好的效果。例如,当看到某位客户犹豫是否购买时,推销人员可以这样说:

"今天是公司活动日,购买可以享受最高的折扣。"

"今天是优惠期的最后一天,明天来就不是这个价了。"

除了适时之外,推销人员还要有针对性地鼓动客户。鼓动的语言要简练明确,能打动客户。鼓动提示法可能带来负面作用,推销人员应考虑不同客户的个性,选择采用。

7. 明星提示法

明星提示法是指推销人员借助一些有名望的人或者大公司来说服与动员客户购买推销品的洽谈方法。这种方法迎合了客户求名、求荣等情感购买动机,也增强了客户购买产品的信心,使推销人员与推销品在客户心目中产生明星效应,有力地促进客户的购买欲望。例如,金蝶管理软件找大客户为其做广告,伊利牛奶宣扬其是中国航天员专用牛奶等。使用这一方法应注意,提示中的明星应是客户熟知并崇拜的对象,应与推销品有必然的内在联系,所提及的事实必须是真实的。当然,也存在客户不喜欢某些明星的情况,这时要适时转换方法,不要产生明显的负面效应。

二、演示法

在现代推销环境里,推销品种类越来越多,信息越来越复杂,越来越难以引起客户的认知和记忆。推销人员如果完全利用口头语言来传递推销信息,很难被客户所完全理解,可以借助一些展示工具来加深消费者的理解和认知。

1. 产品演示法

产品演示法是指通过展示推销品来劝说客户购买的方法。这种方法是一种最常用的演示法,根据客户的性格和特点,选择理想的产品演示方式、内容和地点,如展览会等活动提供了很好的产品演示平台。推销人员要善于控制洽谈气氛,抓住适当时机,进行产品演示。当客户对推销品产生兴趣时,就是产品演示法应用的最佳时机。当客户还完全不了解推销品,一点不感兴趣的时候,推销人员不要急于演示产品;要注意演示的步骤与艺术效果,推销人员最好边演示边讲解;渲染演示的气氛与情景效应,做到生动形象、有趣、干净利落;要请客户参与演示活动,使客户能亲身体验到推销品的优点,从而产生认同感和占有欲望,提高推销洽谈的成功率。例如,在德国举办的工程机械展(宝马展)上,我国的三一重工和中联重科等企业都参与了展览,对其顶级产品进行了产品演示,并在现场与众多客户取得了良好的洽谈效果。

2. 文案演示法

文案演示法又被称为文字、图片演示法,是指推销人员通过演示有关推销品的文字、图片资料来劝说客户购买推销品的洽谈方法。这种方法特别适用于说明用语言不便简要解释或难以说明的产品相关信息,如一些产品的设计原理、工作原理、统计数据、价目表等,都可以制作成彩页,甚至是幻灯片,通过电脑和投影设备向客户说明产品信息。采用文案演示法最大的优点在于生动形象,既准确可靠又方便省力,还可以使推销对象容易理解、印象深刻。使用这种方法应注意以下几点:

(1) 文案要准确且及时

推销人员要使用系统性、准确性、权威性较高的相关资料,要保证资料的可靠性、真实性和新颖性,随时修正、补充、更新有关的演示资料。

(2) 文案设计与推销主题一致

文案的制作和设计创作上要力求与推销主题一致,还要精美,能吸引客户注意;文案要能充分展示推销品的特点,给客户以强烈的刺激,如文字的放大特写,图片的色调结构,做到大反差衬托的效果。

(3)文案要依据不同客户特征而有所变化

文案的设计要根据目标市场客户的特点和不同的洽谈环境,从而选择、准备不同的演示资料。

3. 证明演示法

证明演示法是指推销人员通过演示有关物证资料劝说客户购买推销品的方法。为了有效地说服客户,推销人员必须出示有关的证明材料,这是现代推销洽谈中经常使用的方法。生产许可证、质量鉴定书、营业执照、身份证、购销合同书等都是可以令客户信服的资料。例如,"这个价格已经是成本价,不能再降,你看这是我们的进货发票。"推销人员针对客户的从众心理,及时演示推销证明,增强推销的说服力,具有良好的推销效果。使用这种方法应注意,证明资料要真实可靠,具有权威性和针对性。同时,注意演示技巧,意在证明而非炫耀,令客户心悦诚服。

4. 音像演示法

音像演示法是指推销人员通过录音、录像、电影、音响等现代声像工具,生动形象地传递大量的推销信息,制造真实可信的推销氛围,充分调动客户的情感,增强推销说服力和感染力的方法。在许多生产资料推销、批发推销和国际贸易中,已经广泛采用这些先进的音像演示方法进行贸易洽谈。音像演示法具有很强的说服力和感染力,是一种新颖而有效的演示方法。例如,泰国的旅游、珠宝业就制作了介绍旅游景点和项目以及宝石采集、加工等的电影短片。使用这一方法应注意:要根据推销洽谈的实际需要,搜集、制作、整理有关的影视资料;要掌握有关音像设备的操作和维修保养技术,能熟练地演示推销资料;要辅之以广告宣传等促销手段,实施综合性的推销策略。

三、试用法

产品本身就是"一位沉默的推销人员",是一个最准确可靠的购买信息源和最有效的刺激物,可以制造一种真实可信的推销情景。无论是工业用户还是个体用户都可以试用产品。对于工业用户,可以组织其到生产企业所在地参观考察并试用产品。对于个体用户,可以为其派发试用装的产品。鼓励试用是最好的推销洽谈方法之一。例如,吉列锋速3剃须刀在上海交通大学和复旦大学两所学校校园内派送试用品,消费者只需要在吉列网站输入手机号码,就可以免费获得一个试用代码,凭借该代码和学生证就可以在校园内指定地点获取试用的剃须刀。两周后,只需用手机拍下一张自己试用剃须刀的照片,就可以凭该照片和学生证获得一瓶吉列剃须泡沫。

本章小结

本章重点讲述了推销洽谈的内容、步骤、策略和方法。推销洽谈是整个推销活动的中心环节。可以将推销洽谈详细划分为营造开场气氛、介绍和示范公司产品、合理报价并陈述交易条件、实质性磋商和达成业务交易五个步骤。推销洽谈是一种技术,更是一门艺术。它需要推销人员在洽谈中针对不同的推销品、不同的客户,灵活机动并有针对性地采用不同的方法和策略。推销洽谈的方法主要有提示法、演示法和试用法三类。

思考与练习

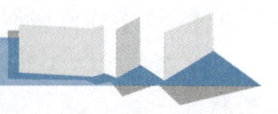

一、名词解释

推销洽谈　提示法　演示法　试用法

二、选择题

1. 推销洽谈是推销人员向客户传递推销信息并进行（　　）的过程。
   A.双向沟通　　B.售后服务　　C.传递信息　　D.说服客户
2. 推销人员将商品或劳务推销给消费者的过程，也就是推销人员刺激消费者的消费需求并使之产生（　　）的过程
   A.购买动机　　B.购买计划　　C.购买目标　　D.购买条件
3. 推销洽谈的最终目的在于激发顾客的（　　），从而促使顾客采取购买行动。
   A.购买欲望　　B.计划需求　　C.购买目标　　D.利润目标
4. 在实际推销中，推销人员应采用各种方式增强说服力和（　　）。
   A.作用　　B.感染力　　C.技巧　　D.感动性

三、简答题

1. 推销洽谈的流程包括哪几个步骤？哪一个步骤最重要？
2. 你认为哪一种推销洽谈的方法最实用？为什么？
3. 在推销洽谈的过程中，哪些策略最有效？为什么？

应用分析

机智的说服

在一次冰箱展销会上，某冰箱厂家的推销员向一位打算购买冰箱的顾客推荐自己厂家的冰箱，可顾客指着不远处一台冰箱说："那种 AE 牌的冰箱和你们的这种冰箱属于同一类型、统一规格、同一星级吧，可是它的制冷速度要比你们快，噪声也要小一些，而且冷冻室要比你们家的大 12 升，看来你们家的冰箱不如 AE 冰箱啊！"

这个推销员听到顾客如此评价也没有慌张，而是从容、耐心地给顾客讲："是的，您说的没错。我们家的冰箱噪声是大点儿，但仍然在国家标准允许的范围内，不会影响家人的生活与健康。我们的冰箱制冷速度慢一些，可耗电量却比 AE 冰箱小得多。我们家的冰箱冷冻室小但储藏室很大，这种设计能储藏更多的食物。如果您一家三口人，每天有多少东西需要冷冻呢？再说吧，我们的冰箱在价格上要比 AE 冰箱便宜 300 元，保修期也要长 6 年，我们还承诺上门维修，保证您使用无后顾之忧。"

经一番解释说明，顾客对该厂家冰箱的特点、劣势、优势都有了一个清楚的认识。经过比较权衡，顾客决定购买该厂家的冰箱。

（资料来源：改编自钟立群、李彦琴：《现代推销技术》，北京，电子工业出版社，2017）

【思考】

1. 冰箱推销员是怎样机智说服顾客的？
2. 你认为说服顾客应该注意哪些问题？

第八章 客户户议处理策略

学习目标

知识目标
- 了解客户异议的含义及类型
- 了解客户异议的成因
- 了解处理客户异议的基本步骤

能力目标
- 掌握处理不同类型客户异议的注意事项
- 掌握处理客户异议的方法

案例导入

晚上和几个朋友一起吃饭,我们点了一道菜是海带丝,可是过了一会儿,服务员过来对我们点菜的同事说,"抱歉,海带丝没有了",同事说,"没有,太过分了,那就算吧,退钱"(异议),然后饭店就把这道菜的钱退掉了。事实上,如果服务员(销售员)能够很好地解决这个客户的异议,完全可以不用退钱的,也一样可以很满意的解决客户的异议,同时还为公司增加了产品的销售额,这不是很好的事情吗?

客户为什么要点海带?其实,那个同事是为了减肥,如果,这个时候,服务员能够了解客户(我的女同事)购买海带的背后动机的话,我相信服务员就可以很好地帮助我的同事再选择一道和海带功能类似的产品,而且,我的同事也会非常的开心。

所以说,要向解决客户的异议,就必须了解客户购买产品的动机,这就是所谓的以不变应万变,也就是站在客户角度看问题的思考模式。我们每天都能遇到很多客户的异议,大多数业务员都学习了很多"客户异议"的处理技巧,但是,却不能很好地处理好客户的异议,为什么呢?因为,这些业务员不知道客户异议产生的根本原因。只有了解了客户异议产生的根本原因之后,我们才能对症下药。

客户为什么会有异议呢?我想最本质的原因是,因为,客户觉得产品或服务不是他想要的东西,也就是说,眼前的产品或服务与他心目中的产品或服务是不一样的概念,于是,产生了异议。因此,要想解决这个异议,就必须了解他心目中的产品形象是什么样子的,以及了解到为什么会是这个样子的呢?这叫知其然还要知其所以然。在知其然知其所以然后,我们可以做两个动作,一个动作就是产品不变,设法改变客户心目中对产品或服务的定格,以不变应万变。

(资料来源:瞧这网.经典推销案例)

【思考】 对待众多顾客的异议我们应该保持怎样的心态?

第一节 客户异议的类型及成因

客户异议是指客户对推销品、推销人员及推销方式和交易条件的怀疑、抱怨,提出否定或反对意见。客户异议是成交的前奏与信号。俗话说,"嫌货人是买货人","褒贬是买者,喝彩是闲人",只有真正的购买者才会注意交易的具体问题,提出异议,这无疑孕育着成交的机会。客户提出异议往往是出于保护自己的目的,其本质不具有攻击性,但它的后果不但可能影响一次推销的成败,有的还能形成舆论压力,造成对推销活动在空间、时间上扩大的不利影响。要消除客户异议的负面影响,首先要识别和区分客户异议的类型,然后采取相应的办法予以处理。

一、客户异议的类型

在推销活动中,推销人员面对的客户异议多种多样,既有针对商品质量、规格的异议,也有针对价格、付款方式、使用方法等的异议。一般来讲,可将形形色色的客户异议归纳为以下几个类型:

1. 需求异议

需求异议是指客户提出的不需要推销人员所推销的产品的意见。如"我不需要这种产品","我早就有了"等。客户在需求方面提出异议的原因很多,或许是客户真的不需要,或许只是一种借口,或许是客户的偏见。

2. 价格异议

价格异议是指客户认为不能接受推销人员所报出的产品价格的意见。价格异议是最常见的一类异议。例如,在推销中经常可见到的客户抱怨产品价格高,买卖双方讨价还价时所进行的激烈舌战等情况,就属于这类异议。在多数情况下,价格异议与客户的消费习惯、购买经验、广告宣传、社会公众的舆论倾向、客户自身素质和认识水平以及价格竞争等密切相关。

3. 购买时间异议

购买时间异议是指客户有意拖延购买时间而提出的反对意见。如"让我考虑一下,我会尽快地再答复你","等我们研究后再说"等。客户拖延、推迟购买时间,大多是由于手头资金不足或还有存货,也可能对是否购买尚未考虑清楚或纯粹是一种推诿的借口。

4. 支付能力异议

支付能力异议是指客户以无钱购买,支付不起拟购产品的所需款项为由所提出的一种异议。如"产品是很好,但我现在确实无力购买"等。客户在支付能力上提出异议,原因是复杂多样的,有时确实是由于财力问题,但有时则可能是一种虚假的支付能力异议,即客户的借口。

5. 货源异议

货源异议是指客户对推销品的来源所提出的异议,也就是客户对推销品来自哪家企业或哪个推销人员而提出的反对意见。例如,"我不买你们的产品,我要买××企业的","这种产品质量不可靠,我宁可买其他厂家生产的",等等。当出现推销方的企业信誉不佳,同行间竞争激烈,推销方宣传服务跟不上,客户对企业或产品存有成见或误解等情况时,就容易导致客户对货源方面提出反对意见。

6. 产品及服务异议

产品及服务异议是指客户对所推销的产品的质量、规格、款式、功能、包装以及销售服务等方面提出的反对意见。例如,"该产品的款式太差了","包装太旧","体积太大","你们是否真的能免费安装",等等。产品及服务异议也是一种常见的异议,当客户对产品或服务是否能真正满足自己的需求持怀疑态度时,往往会产生异议。当然,由于产品自身的不足或由于客户的文化素质、消费习俗、认识水平等因素,也会使客户提出产品及服务异议。

7. 权力异议

权力异议是指客户表示无权做出购买决策的意见。例如,"这事我做不了主,要跟经理商量过才行","订货的事我无权决定",等等。出现权力异议的原因,可能是客户真的没有决策权,也可能是客户需要时间了解信息、调查情况,以便在谈判中争得更大的优势等。

8. 推销人员异议

推销人员异议是指客户针对一些特定的推销人员提出的反对意见,如推销人员的人际关系不好、信誉形象欠佳、缺乏应有的销售礼仪等,客户就会提出推销人员异议。有时也因为客户与推销人员之间没有建立起信用关系,不愿从自身不熟悉的人那里购买而导致客户对推销人员提出异议。

二、客户异议的成因

推销人员要通过调查研究,找出导致客户产生异议的主要原因,以便及时地将客户异议控制和消除。一般来说,导致客户产生异议的原因主要有以下几类:

1. 客户方面的原因

导致客户异议产生的客户方面的原因主要集中在客户的需要、客户的支付能力、权力异议、客户的自我表现、客户的购买经验等方面。

(1)客户的需要

客户的需要是客户产生购买行为的根源。如果客户认为自己不需要某产品,自然就会拒绝购买,对推销人员来说,通常这种拒绝是难以更改的。

(2)客户的支付能力

支付能力异议经常并不直接地表现出来,而间接地表现为质量方面的异议或进货渠道方面的异议等。客户无力支付的表现有以下几种:

①客户的财务状况不佳,难以购买某类单位价值较高的产品。

②客户只是暂时存在财务问题。

③客户已购买或订购了其他产品,暂时没有多余的预算资金来购买推销人员所推销的产品。

(3)权力异议

就权力异议的性质来看,真实的权力异议是成交的主要障碍,说明推销人员在客户资格审查时出现了差错,应予以及时纠正,重新接近有关销售对象;而对于虚假的权力异议,应看作是客户拒绝推销人员和推销产品的一种借口,要采取合适的转化技术予以化解。

(4)客户的自我表现

有些客户希望借提出客户异议显示自己的"高见""聪明"等,这时,推销人员应以博大的胸怀与包容精神来对待这类客户。

(5) 客户的购买经验

客户在购买活动中都积累了一定的经验,既有成功购买的经验,也有失败购买留下的教训。客户的经验不总是合理和正确的,当推销活动与客户的购买经验不符时,客户就会提出购买异议。推销人员只有在转变对客户的认识与态度后,才有可能对产品进行有效的推销。

(6) 其他因素

客户常用的借口见表 8-1。

表 8-1　　　　　　　　客户常用的借口

借　口	真实原因
我考虑再说	没钱;目前不需要;价格太高;对产品、公司、推销人员不信任
没钱	有钱但不舍得买
我要和领导(妻子)商量	自己拿不定主意
给我一点时间想想	没有其他人的同意,无权擅自购买
我还没有准备要买	认为别处可以买到更合算的
我们已经有了同类产品	不想更换供货厂家
价格太高了	想到处比价
没打算要买	此时忙着处理其他事情

2. 推销人员方面的原因

导致客户异议产生的推销人员方面的原因包括以下几个:

(1) 举止态度让客户产生反感

例如,客户心里想:"看你那个神气的样子,高傲,没礼貌。"处理方法是:推销人员要加强自己言行举止方面的训练,树立职业化形象。

(2) 做了夸大其词的陈述,以不实的话语来哄骗客户

有时,客户认为推销人员在说假话。处理方法是:推销人员要诚实守信,实事求是。

(3) 使用过多的专门术语和涉及过于高深的专业知识

推销人员使用过多的专门术语和涉及过于高深的专业知识,可能会导致客户听不懂。处理方法是:推销人员要用通俗易懂的语言进行陈述。

(4) 引用不正确的调查资料

推销人员引用不正确的调查资料,会导致客户想:"哪里是这样?"处理方法是:推销人员要使用真实的材料数据。

(5) 展示失败

如果推销人员展示失败,客户会想:"不过如此。"处理方法是:推销人员与客户见面之前,反复训练,熟练掌握展示方法。

(6) 姿态过高

如果推销人员姿态过高,客户会想:"有什么了不起。"处理方法是:推销人员要做到谦虚谨慎、和蔼可亲。

对此,推销人员要加强自己的职业化训练,提升形象,提高业务水平。

第二节　正确处理客户异议

案例分享

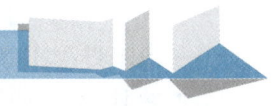

客户异议：我很忙，没有时间去听课。

注意	（不要插嘴，要等客户说完，并不要反问客户）
答复	当然了，以张总的位置，每天都要处理那么多事情，忙是很自然的！
思考	除了时间外，还有没有其他因素是张总未能来的原因？
沟通	其实张总，以前我有很多客户都是因为太忙而未能花费时间去了解电子商务；但当他们听了我们公司的电子商务培训后，都觉得很有兴趣，而且对他们了解市场发展有很大的帮助，反正不会占用他们太多的时间。现在他们都经常打电话给我，要我早点通知他们最新的培训时间表。
沟通	这样吧张总，下个月二期电子商务培训还有位置，时间分别是……您现在留下联系方式给我，帮您预订位置，到时联系您，那么您的手机号是……

一、倾听客户异议

客户异议是指客户的反对意见。表面看来，客户异议不利于推销，但实际上，它具有两重性：当客户不能得到推销人员的满意答复时，就不会采取购买行动；当推销人员能恰当地解决客户提出的问题，使客户对产品及其交易条件有充分的了解时，客户就可能做出购买的决定。可见，客户异议是客户兴趣的指示器，是推销人员了解客户对推销介绍反应的依据之一，因此，能否正确处理客户异议与能否达成交易关系很大。推销人员要正确处理客户异议，有两个必不可少的条件：一是要让客户公开自己的异议；二是推销人员要认真地倾听客户异议。只有让客户畅所欲言，公开自己的不同意见，推销人员才有可能了解客户的内心世界以及客户的要求和问题所在，才能依据异议的深浅程度和数量的多少来判断客户购买的可能性，以选用适当的推销策略和技巧，促进交易达成。因此，对于客户的异议，无论有无道理和事实依据，推销人员都应仔细倾听，不要打断客户，表现出一种欢迎的态度，以示对客户的尊重。而尊重客户，倾听客户异议，往往能让客户感受到推销人员是真诚、严肃地对待自己所提出的问题的，从而将有助于转变其态度，建立起双方间的理解与信任，进而促成交易。

二、分享客户感受

推销人员可以使用3F法分享客户的感受。所谓3F(Fell, Felt, Found)，即客户的感受、别人的感受、发觉。例如，我理解你为什么会有这样的感受，其他人也曾经有过这样的感受，不过经过说明后，他们发觉，这种规定是为了保护他们的安全。

三、分析及澄清客户异议

分享了客户异议后，推销人员必须借助于自己的知识和经验，对异议进行深入的分析和考察，找出异议的真正根源，从而采取相应的处理对策。然而，要了解客户异议背后的真正动机并不是件轻而易举的事情,因为在推销人员面前,大多数客户都会以各种借口或不真实异议来掩盖或推托,而不会直言不讳地道出自己的真实想法。

分析客户异议的一个有效方法,是以提问或反问的方式重复客户异议的主要观点,例如,"您认为这种设备不适合您厂的流水线,是吗","您觉得我们的产品比同类产品贵一些,是吗",等等。通过带有提问或反问的异议复述,推销人员不仅可以知道自己是否真正理解了客户异议,而且还可以从客户回答反问问题的难易程度来判断客户提出异议的依据是否充分。一般来讲,客户提出的异议越没有依据,他就越难以回答推销人员反问的问题。当客户回答问题时,还有助于推销人员从中发现异议背后的真正动机,赢得思考应变的时间,从而对症下药,较好地处理客户异议。

案例分享

情景1
客户:我们研究了你们的代理合同,代理费用太高了。
推销人员:对,我完全同意您的看法!代理费用实在太高了。但是,我们的产品质量很好。
客户:而且销售支持太少。
唐明:对,我完全同意您的看法!确实销售支持太少。

情景2
客户:我们研究了你们的代理合同,代理费用太高了。
推销人员:我明白您的意思,您认为代理费用不是一笔小数目,是吗?
客户:而且销售支持太少。
推销人员:我了解您的感受,您认为销售支持太少,是吗?

四、提出解决方案

推销人员要根据客户的具体情况提出相应的解决方案。

1. 客户不想更换合作伙伴

客户已经与竞争对手合作,购买了竞争对手的产品,而且非常满意,不愿意购买新品牌。处理方法是:首先,业务员要做有心人。搜集竞争对手产品方面不好的而且客户认为重要的信息,如质量、价格、服务、销售支持等,然后向客户展示。其次,分析采购、经营本企业产品的好处。例如,质量更好、品牌知名度高、配送及时、促销支持力度大、单件利润高;增加一个品牌,可减少风险,并且赚钱的机会多,等等。

2. 客户情绪处于低潮

有时,客户情绪不高,对任何事情都不感兴趣。处理方法是:推销人员在推销之前,应该对客户的心情有所了解,客户心情不好时,最好不要去打扰;否则,推销人员不但不能卖出产品,而且客户还可能给推销人员不好的脸色,或讲一些难听的话。

3. 客户目前没有支付能力

如果客户说,"你的产品我觉得很好,你说的也很对,但我现在资金比较紧张。"那么,客户可能存在支付方面的困难。处理方法是:推销人员先不谈生意,而是谈一些别的话题,过一会儿再转回来,探询客户心中是否还有疑虑没有说出来。

4.客户强调库存过多

客户强调不是不想进货,而是因为存货过多,怕积压占用资金。处理方法包括:

(1)首先要了解清楚,客户是不是库存量真的很大,最好争取能去客户仓库看看。

(2)如果客户库存真的很多,可以帮助客户计算消化的时间,然后建议客户小批量进一点货,这样也不会积压很多。

(3)向客户强调这个时候进货划算,促销力度大,过段时间就没有促销了。

(4)告诉客户最近几天公司要决定本市场的经销商。如果客户犹豫不决,可能拿不到经销权,后悔就来不及了。

5.客户强调个人没有决策权限

客户强调自己无法决定,需要与领导、同事商量。处理方法是:推销人员要判断这是客户的借口还是他确实不能做决定,如果他确实不能做决定,要迅速找出核心决策人,尽快和核心决策人见面沟通。

6.客户真的不需要

客户的意思表示是真实的,即客户现在真的不需要这种产品。处理方法是:推销人员不要浪费时间,赶快去寻找下一个客户。

五、整理与保存各种客户异议的资料

推销人员要注意将平时在推销活动中所遇到的各种客户异议记录下来,进行加工整理后,作为资料保存下来,供日后参考之用。整理和保存客户异议的资料,不仅可作为一种推销经验的积累,还可用于增加推销人员的知识和阅历,起到温故知新的作用。因此,对每一个从事推销工作的人来说,都应该重视并做好这项工作,积极收集、整理和保存自己所处理的各种异议,从而更加高效地排除销量小的障碍,提高推销工作的成功率。

案例分享

各种异议的处理

某空调公司营销经理王燕对待购买空调的客户的每一种异议,都采用相应的异议处理方法来化解。客户异议类型见表8-2。

表8-2　　　　　　　　　　　客户异议类型

客户异议	可能的原因	真假异议	异议类型
"真的节能吗"	来自客户本身(对这一品牌不了解或是一种不想买的借口); 来自销售人员(介绍不清楚)	真实异议	产品功能异议
"牌子不怎么有名气"	来自客户本身(对这一品牌不了解或是一种不想买的借口); 来自产品(在空调品牌排行中靠后一些)	对品牌不了解为真实异议;只是借口为虚假异议	产品品牌异议

(续表)

客户异议	可能的原因	真假异议	异议类型
"价格有些偏高了"	来自产品（比普通空调贵）；来自客户（是一种不想买的借口）	接受不了这个价格为真实异议；只是借口为虚假异议	价格异议
"外形看起来不够新颖"	来自客户（是一种不想买的借口）；来自产品（产品外形普通，客户不喜欢）	真不喜欢为真异议；只是借口为虚假异议	产品造型异议
"听说质量不是很好，返修率比较高"	来自客户（是一种不想买的借口）	虚假异议（客户所说的明显与事实不符，所以可辨别出是虚假异议）	产品质量异议
"售后服务好像不太好"	来自客户（是一种不想买的借口）	虚假异议（客户所说的明显与事实不符，所以可辨别出是虚假异议）	服务异议

（资料来源：范云峰，周修亭.如何提高推销效率[J].连锁与特许，2010年第1期）

第三节 处理客户异议的方法

推销实践中，在异议处理过程中可以发现一些基本规律，从而总结出反驳处理法、利用处理法、补偿处理法、询问处理法、不理睬处理法等几种异议处理方法和常用的处理产品异议、价格异议、财力异议的技巧。

一、处理客户异议的方法

1. 反驳处理法

反驳处理法也称直接否定法，是指推销人员利用事实和理由直接否定客户异议的方法。在推销活动中，推销人员应该尽可能保持与客户之间已经形成的良好洽谈气氛，尽量避免与客户对立。但是，在洽谈中如果客户提出毫无根据的事实来破坏企业形象或贬低推销产品时，客户根本不想购买推销产品而故意刁难时，客户提出的异议明显不成立时，推销人员可以直接否定客户的异议。反驳处理法的优缺点及适用范围见表8-3。

表8-3　　　　　反驳处理法的优缺点及适用范围

优点	缺点	适用范围
有效道破客户的各种借口；反馈速度快，增强客户购买的信心，提高推销效率	运用得不好，容易引起客户与推销人员之间的冲突；使客户产生心理压力和抵触情绪，甚至伤害客户的自尊心，造成紧张气氛，导致推销失败	适用于处理由于客户的误解、成见、信息不充分等导致的有明显错误、漏洞、自相矛盾的异议；不适合处理无效异议与无关异议，也不适合处理因个性、情感等因素引起的客户异议

案例分享

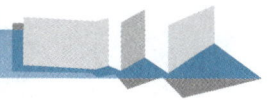

情景 1

在一家鞋店,客户挑剔地对老板说:"这双鞋子后跟太高了。"老板拿出另外一双鞋子递给她,她说:"这种式样我不喜欢。"老板又拿出一双,她又莫名其妙地说:"我的右脚比较大,很难找到合适的鞋子。"这时,老板才开口说:"请等一下!"便转身走到里面,拿出另外一双鞋子说:"我想这双鞋子您一定会满意,请您试穿看看。"客户半信半疑地试穿了那双鞋子,果然如老板所说的那样,令她非常满意,于是高兴地说:"这双鞋子好像专为我定做的一样。"于是便买下带回去了。

情景 2

一位推销人员在向推销经理汇报时说了下面一席话,"对客户的每一点看法,我都进行了反驳,并且把事实和数据告诉了他。我还义正词严地告诉他,这些反对意见是毫无根据的。我们大概谈了三个小时,可以说所有的论点都涉及了。直到最后阶段,客户还是认为他自己是正确的。我们几乎花费了整整一个小时时间来讨论防震问题,而这个问题又偏偏是个次要问题。然后我就告辞了,再拖延下去也是白白浪费时间。"推销经理听完了他的申诉,生气地说:"你早就该告辞了,在业务洽谈进行到15分钟的时候,你就应该离开那里。"推销人员对经理的话感到迷惑不解:"我不能认输呀!"

2. 利用处理法

利用处理法也叫转化法,是指推销人员把客户异议中正确的观点作为自己的观点,来说服客户排除障碍的方法。客户异议既是成交的障碍又是成交的信号。因此,推销人员可以利用客户异议本身所固有的矛盾来处理客户异议,肯定其正确的一面,否定其错误的一面;利用其积极因素,克服消极因素,排除成交障碍,有效地促成交易。利用处理法的优缺点及适用范围见表8-4。

表 8-4　　利用处理法的优缺点及适用范围

优　点	缺　点	适用范围
先退后进,有利于融洽气氛; 客户感到被尊重、被理解,心理上容易接受	可能会使客户增强坚持异议的信心,增加了推销的难度; 掌握得不好会使客户感到推销人员回避矛盾、玩弄技巧,从而产生反感	适用于因客户成见、偏见或信息不通而产生的异议; 不适用于探索型的、疑问型的客户异议

3. 补偿处理法

补偿处理法是指推销人员利用客户异议以外的该产品的其他优点或长处对客户异议涉及的短处进行补偿或抵消的一种方法。补偿处理法适用于客户的反对意见确实有道理的情况,这时推销人员采取否认的态度和反驳的策略是不明智的。在推销实践中,当客户冷静地提出一些确实存在的异议时,推销人员应客观地对待,通过详细的产品介绍使客户既看到产品的缺点,也清楚认识到产品的优点,并且确信优点大于缺点,该产品值得购买。用客户的观点否定客户的反对意见。当客户意识到"瑕不掩瑜"时,就有可能购买该产品。

案例分享

补偿处理法

客户说:"IBM电脑确实不错,就是价格高了点!"这是一种客观的购买异议。推销人员不应该反驳和否定,应该在肯定的基础上加以补偿。"价格确实有点高,但质量可靠呀,在10年之内几乎不会出现故障,也不会因为电脑出现故障而影响您做事。对您来说,最宝贵的是时间,您购买了IBM电脑就相当于配备了一位能干的助手,您不用再为修理电脑而花费大量精力和时间了,您的工作效率肯定会提高。多花一点钱买一台放心电脑,对您来说太值了!"推销人员运用补偿处理法承认客户异议,并突出了诉求重点,抵消和补偿了客户异议,使客户在心理感受方面找到了平衡,有利于交易的达成。

(资料来源:薛辛光,隋兵.实用推销技术[M].北京:中国经济出版社,2008)

补偿处理法的优缺点及适用范围见表8-5。

表8-5　　　　　补偿处理法的优缺点及适用范围

优 点	缺 点	适用范围
先实事求是地承认缺陷,再另外提出和强调优点,有利于客户达到心理平衡; 推销人员肯定了客户的异议,有利于改善客户与推销人员之间的关系	推销人员肯定了客户的异议,承认缺陷,削弱了客户对产品的信心	适用于客户已明确提出的异议,推销产品存在明显缺陷的异议或真实有效的异议

使用补偿处理法时应注意以下几点:

(1)推销人员应该实事求是地承认与肯定客户异议。

(2)推销人员必须及时提出产品与成交条件有关的优点及利益,有效地补偿客户异议。

(3)推销人员应进一步针对客户主要购买动机进行补偿,淡化异议,强化利益。

4.询问处理法

询问处理法也称提问处理法、追问处理法,是指推销人员通过对客户异议提出疑问来处理客户异议的一种方法。在实际推销活动中,客户异议具有不确定性,令推销人员很难分析、判断异议的性质与真实原因,为排除推销障碍增加了困难。询问处理法的优缺点及适用范围见表8-6。

表8-6　　　　　询问处理法的优缺点及适用范围

优 点	缺 点	适用范围
通过询问,推销人员可以掌握更多的信息,为进一步推销创造条件; 在询问的同时,为推销人员赢得了思考的时间和制定下一步推销策略的时间	可能引起客户的反感。若问的方式和内容不当,则可能引发新的异议或造成推销时间浪费,反而错过推销的有利时机	主要适用于处理各种不确定的客户异议;不适合处理各种无关异议

案例分享

情景 1
客户:"我希望价格再降10%!"
推销人员:"王经理,我相信您一定希望我们给您百分之百的服务,难道您希望我们给您的服务也打折吗?"

情景 2
客户:"我希望您能提供更多的颜色让客户选择。"
推销人员:"杨经理,我们已经选择了五种最容易为客户所接受的颜色,难道您希望有更多颜色的产品,增加您的库存负担吗?"

5. 不理睬处理法

不理睬处理法是指推销人员有意不理睬客户某些异议的一种处理方法。客户异议是多种多样的,客户的许多异议属于无效、无关异议,甚至是虚假异议,对此,推销人员在不影响最终成交的前提下可以不予理会。不理睬处理法的优缺点及适用范围见表 8-7。

表 8-7　　　　　不理睬处理法的优缺点及适用范围

优　点	缺　点	适用范围
避免节外生枝,浪费时间;使推销人员避免与客户在一些与成交关系不大的问题上发生不必要的争执和冲突	可能会使客户觉得没有受到应有的重视	适用于无效异议、虚假异议以及与推销无关的异议

在使用不理睬处理法时应注意以下几点:
(1)不理睬处理法只适用于处理无效、无关、虚假异议。
(2)推销人员应专心且认真地听取客户提出的所有异议。
(3)推销人员对于偏激、不近情理的异议应保持清醒的头脑和宽大的胸怀,不与客户斤斤计较,不去辩论是非曲直,有效控制自己的心理活动并保持良好的推销气氛。

案例分享

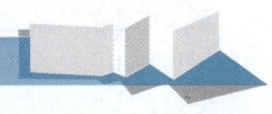

失败的处置

客户:"是某某公司吧? 我姓李,我有个问题需要你们处理一下。"
售后业务员:"您好! 李先生,有什么问题请说。"
客户:"我购买你们的笔记本电脑已经快一年了,最近我发现显示器的边框裂开了。我知道贵公司的电脑保修期是三年,所以想请你们帮助解决一下。"
售后业务员:"您是说显示器的边框裂开了?"
客户:"是的。"
售后业务员:"您碰过它吗还是摔坏的?"
客户:"我的电脑没摔过也没碰过,是自己裂开的。"
售后业务员:"那不可能! 我们的电脑都是通过严格质量检测的。"

客户:"但它确实是自己裂开的,你怎么能这样说?"

售后业务员:"那对不起,显示器不在我们三年保修范围之内,这一点在协议书上写得很清楚。"

客户:"那这种情况你们就不管啦?!"

售后业务员:"很抱歉!我帮不到你,请问还有什么问题吗?"

客户:"我要投诉你!"

售后业务员:"你想投诉就投诉呗!"

……

(资料来源:岳贤平,推销:案例、技能与训练,中国人民大学出版社,2018)

【思考】 这是发生在某电脑销售公司售后服务部的事情,你觉得售后业务员在处置客户异议上存在什么问题?你觉得应该怎样妥善处置?

二、处理客户异议的技巧

1. 处理产品异议的技巧

处理产品异议的技巧有以下几个:

(1)现场示范

一位经营木炭制品生意的老板为了让客户相信他的木炭有净化空气的保健作用,就在店前进行现场示范。这种方法看似老套,但效果却不错。不过推销人员在做示范前一定要做好充分的准备,甚至要进行多次练习。

(2)现身说法

很多推销人员在销售产品时,采用举证法劝说客户,但最好的方法还是现身说法。如果能够很详细地告诉客户使用后的感受,将更有感染力和说服力。

(3)邀请考察

如果条件允许,推销人员可以尝试把客户邀请到公司或产品的生产线,让其亲眼看到公司生产的产品是放心产品,用"身临其境"的办法让客户"流连忘返"。

(4)鼓励试用

如果推销的产品质量好、效果比较明显,试用的成本并不高,可以鼓励客户试用产品,这比现场示范和现身说法更直观。

2. 处理价格异议的技巧

处理价格异议的技巧有以下几个:

(1)先谈价值,后谈价格

推销人员可以从产品的使用寿命、使用成本、性能、维修、收益等方面进行对比分析,说明产品在价格与性能、价格与价值、推销品价格与竞争品价格等方面中某一方面或某几方面的优势,让客户充分认识到推销品的价值,认识到购买推销品能带给他的利益和方便。

除非客户急切地问到价格问题,不及时回答就会引起客户猜疑,阻碍洽谈顺利进行,否则,提出价格问题的最好时机是在会谈的末尾阶段,即在推销人员充分说明了推销品的好处,客户已对此产生了浓厚的兴趣和购买欲望之后。

①加法处理。加法处理就是告诉客户,购买产品不仅能享受到一般产品的基本功能,还能得到更多的附加价值,重点谈购买产品能给对方带来的增值。

> **案例分享**
>
> **加法处理客户异议**
>
> 一位保险推销人员对他的客户说:"您是一位很有经济头脑的人,您肯定知道理财四等分法,就是存款、股票、债券、保险各占四分之一。存款无风险,但危难时,一分钱只能做一分钱用;股票回报率高,但风险大;债券较妥当,可不一定好买。现在我向你推荐一种更好的理财方法,就是投保我公司推出的'××保险',它集保险保障与投资理财于一身,方便家庭经济生活规划……"
>
> (资料来源:姚书元,沈玉良.现代实用推销学[M].上海:复旦大学出版社,2008)

②减法处理。如果客户有意购买又总在讨价还价,推销人员就不妨试试减法处理。例如,一位汽车推销人员无奈地对他的客户说:"我可以按你说的低价卖给你,但是我需要把其中的音响设备拆下来,否则我就对不起它的设计者这么精心地打造它了。"

③除法处理。如果一次给客户报产品的总价格,客户很难马上接受,推销人员可以用除法处理,即按时间将总价格分解。

> **案例分享**
>
> **除法处理客户异议**
>
> 保险推销人员对张先生说:"这份保险保障很高,有20万元,而保费却很低,一天只有7元多,您想,一天存7元,到40年后,您取回××万元,正好你们夫妻两人到全国周游一番,这之前还有20万元的保障……"

④对比处理。如果推销的产品有价格优势,那么推销人员就可以自信地利用对比方法,告诉客户购买的产品与同类产品相比是非常优惠的。

(2)让步策略

在推销洽谈中,交易双方的讨价还价是避免不了的。在遇到价格异议时,推销人员首先要注意不可动摇对自己的企业及产品的信心,坚持报价,不轻易让步。推销人员应当掌握的让步原则是:不要做无意义的让步,应体现出己方的原则和立场,在让步的同时提出某些附加条件;做出的让步要恰到好处,让步幅度不能过大,让步频率也不宜太高,要让对方感到得到让步不容易,并由此产生满足心理,以免刺激对方得寸进尺提出进一步要求;小问题可考虑主动让步,大问题则力争让对方让步。有时为预防客户还价可提高报价,以便客户提出降价要求时有较大回旋余地。

(3)心理策略

在向客户介绍产品价格时,可先发制人地首先说明报价是出厂价或最优惠的价格,暗示客户这已经是价格的底线,不可能再讨价还价,以抑制客户的杀价念头。推销人员还可使用尽可能小的计量单位报价,以减少高额价格对客户的心理冲击,如在可能的情况下,改吨为千克,改千克为克,改千米为米,改米为厘米,改大包装单位为小包装单位。这样在价格相同的情况下,客户会感觉小计量单位产品的价格较低。

3.处理支付能力异议的技巧

有的客户在推销洽谈中会说,"你的产品确实不错,可惜我兜里没钱","我非常喜欢你的产品,但公司预算已经用完了","非常抱歉,公司预算中没有购买该产品的计划",等等。或许客户认为告诉推销人员自己没有支付能力,就可以摆脱推销人员的纠缠了。

(1)确定"兜里没钱"的客户的类型

在推销洽谈中,以下几个问题可以帮助推销人员确定称自己"兜里没钱"的客户的类型:

①询问客户:"最近,您有没有打算向其他供应商订购同类产品?"如果客户的回答是肯定的,那么提出支付能力异议就与"兜里没钱"无关了。客户只不过是没有钱购买推销人员的产品,但却有钱购买竞争对手的产品。接下来,推销人员就要运用一定的策略和技巧说服客户,使他将购买竞争产品的预算转购自己的产品。

②询问客户:"您认为我应该怎样做,您才能给我一次机会?"如果客户动了恻隐之心,对推销人员说:"好吧,给你一次机会,你先报个价。"接下来的问题就与"兜里没钱"关系不大了。在这种情况下,客户声称没钱购买只是一种讨价还价的策略,其目的是要求推销人员给予一定幅度的让价。

③询问客户:"在未来一段时间内,您打算购买本产品吗?"或者"今后您会购买此类产品吗?"如果客户没有考虑到公司业务将来的发展趋势,他也就不清楚推销产品所能带来的效用。这与"兜里没钱"完全没有关系,客户只是以此为借口。

(2)突出推销产品价格低廉的特点

①如果推销产品是高效能的,推销人员可以帮助客户计算一下,在特定情况下,产品的高效能意味着公司可以少投入多少资金。

②如果推销产品经久耐用,质量上乘,推销人员可以帮客户计算一下,产品使用寿命延长将意味着在设备更新方面节省多少资金。

③如果推销产品的技术工艺水平先进,能够适应科技的不断发展,推销人员就可以询问客户,将公司的有关设备更新一次需要投入多少资金。

④如果推销产品能够为客户带来潜在的效用,推销人员也可以帮客户计算一下,这些潜在效用的市场价值是多少。

(3)确定客户新的预算资金何时到位

如果客户"兜里没钱"是由于资金暂时不足,或者下一年度的预算资金还没有到位,推销人员可以询问客户:"贵公司下一计划年度的预算资金何时才能到位?"一旦得知客户预算资金的到位时间,推销人员就应该早做准备。客户的预算资金一旦到位,他就会有很大的选择余地。

(4)请客户试购推销产品

如果客户下一年度的预算资金六个月以后才能到位,推销人员可以这样说:"我对贵公司暂时的资金困难十分理解,您确实需要我们的产品,贵公司能否先试购少量推销产品或者先付一部分货款,这样既能解决您的应急之需,也解决了您资金不足的问题。等到预算资金到位时,您再补齐货款,您看这样行吗?"如果客户接受了推销人员的建议,那么在以后的一段时间内,他就可以全面了解产品的卓越品质,他的公司也将享受产品带来的效用,这笔交易就算是达成了。

(5)帮助客户发掘潜在资金

当客户提出支付能力异议时,推销人员可以通过提出以下问题来化解客户的异议:"能否将原定于购买其他同类产品的资金用来购买我们的产品?""能否从其他项目上节余部分开支,用于购买我们的产品?"如果由于时间关系,客户所在公司本财政年度行将结束,致使交易无法成交,那么推销人员就可以建议客户在下一年度的财政预算到位之前先行订购公司的产品。可以这样问客户:"您是否愿意以分期付款或延期付款的方式购买我们的产品?"

本章小结

处理客户异议是整个推销进程中最重要的步骤之一,直接关系到推销的成败。在推销过程中,推销人员首先要正视客户异议。当客户提出异议时,推销人员要认真听取,并表现出极大的关心和兴趣,这本身就是赢得客户好感的有效方法,必要时还可以重述客户异议,但要注意不要曲解客户异议的内容。能否重视客户提出的异议,是推销人员是否具有良好素质与修养的一种表现。其次,推销人员要准确分析客户异议。对持有异议的客户,要尊重、理解、体谅他,并找出异议产生的真正原因,然后帮助他、说服他。另外,推销人员还要学会洞察客户的心理,认真分析客户的各种异议,把握到底哪些是真实的异议,哪些是客户拒绝购买的借口。推销人员应该掌握客户异议的处理方法,如反驳处理法、利用处理法、补偿处理法、询问处理法、不理睬处理法等。本章重点针对价格、支付能力两类异议类型进行具体的分析,并提出一些合理的解决建议。

思考与练习

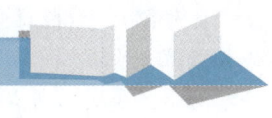

一、名词解释

客户异议　补偿处理法　利用处理法

二、选择题

1. 客户说:"这种冰箱还可以,但坏了没有地方修。"这种客户异议属于(　　)。

A. 价格异议　　　B. 服务异议　　　C. 质量异议　　　D. 物流异议

2. 客户说:"我从来不用化妆品。"这种异议属于(　　)。

A. 产品异议　　　B. 需求异议　　　C. 利益异议　　　D. 公平异议

3. 客户说:"这种盘子太轻了!"推销人员回答说:"这种盘子的优点就是轻便,这正是根据女性的特点设计的,用起来很方便。"这种客户异议处理方法称为(　　)。

A. 利用处理法　　　　　　　　　B. 反驳处理法

C. 补偿处理法　　　　　　　　　D. 询问处理法

三、简答题

1. 如何客观辩证地看待顾客的异议?

2. 常用的处理客户异议的方法有哪些?

3. 处理客户异议中"是的,但是……"为何会引起潜在客户的防御行为?

应用分析

真假异议

茜茜是一家服装店的销售员。一天,一位女士走进了服装店,在裙装区转了几圈,后将目光锁在了一件连衣裙上。茜茜看到后马上迎了上去：

女士："这条裙子多少钱？"

茜茜："原价499元，打完折价格是299元。"

女士："299元？那么贵。就这种款式和图案没有什么特别之处，还是去年流行过的，哪里值得了那么多钱。你们这里就没有今年新流行的款式吗？"

茜茜："女士，橱窗里挂的都是今年的新款，但对您来讲不太适合。还是这款裙装比较适合您。"

女士："是吗？可是这个款式太陈旧了，能便宜点吗？"

茜茜："女士，不好意思，不能便宜了。其实您的皮肤比较白，这款裙装颜色很适合您。如果您喜欢流行款，那边也有很多，您可以看一下。"

女士："这些吗？我不太喜欢……"

客户异议有真有假，像上面情景中的客户提出的就是假异议。客户借口衣服图案太陈旧，以希望用更低的价钱买下看中的衣服。为了达到某种目的，在购买产品时，常有一些客户会利用类似的假异议。如果销售员不能分辨出这种假异议，就会掉进客户制造的陷阱，或是陷入被动。针对以上的情景，销售员可以这样来做：

女士："299元？那么贵。就这种款式和图案，没有什么特别之处，还是去年流行过的，哪里值得了那么多钱。你们这里就没有今年新流行的款式吗？"

茜茜："女士，橱窗里挂的都是今年的新款。但是对您来讲不太适合，还是这款裙装比较适合您。"

女士："是吗？可是这个款式太陈旧了，能便宜点吗？"

茜茜："女士，这已经是非常优惠的价格了。看您的穿着，我想您应该是穿衣服很有风格的人，也很会搭配衣服。如果有适合自己的服装您肯定是不愿放过的。这款裙装就特别能突显您的气质。您可以来亲自感受一下，这里有试衣间。"

客户开始试穿衣服。

茜茜："穿上这条裙子您的气质更好了。如果再配上一条项链，出席宴会或者参加私人聚会时会成为焦点。"

客户听了会心一笑，和开始的态度截然相反了。

（资料来源：新励成.[口才学习网]客户异议处理案例）

【思考】

1. 如何分辨客户的异议是真是假？
2. 怎样对待真异议和假异议？

第九章 促成业务成交

学习目标

知识目标
- 理解促成业务成交的含义
- 了解达成交易的基本步骤

能力目标
- 熟悉并学会辨别成交信号
- 熟悉并掌握促成业务成交的方法
- 熟悉买卖合同订立和履行的法律规范

案例导入

"反对"透露成交信号

有时,客户会以反对意见的形式表达他们的成交意向,比如他们对产品的性能提出质疑,对产品的销售量提出反对意见,对产品的某些细微问题表达不满等。当然,客户有时候提出某些反对意见可能是因为他们真的在某些方面存在不满和疑虑,销售人员需要准确识别成交信号和真实反对意见之间的区别,如果一时无法准确识别,那么不妨在及时应对客户反对意见的同时,对客户进行试探性的询问以确定客户的真实意图。

例如,我有个客户叫××信息,我那次就一个点击付费项目在他们那里谈了两三个小时,在查关键词搜索付费价格的时候,他们做的 CE 认证项目这个词被点击一次公司最高要付多少钱,大家猜猜看?19 元多,当时他们魏总就问:"点击付费怎么这么贵,要 19 元钱?"

一般我们认为被点击一次付 4~5 元就很高了。19 元,确实很贵。我是这么说的:"那真是太好了,恭喜你呀,魏总,价格高说明效果特别好啊!"然后我笑着问:"魏总,你们这个行业是不是做一笔单子利润挺高的啊?"当时魏总也笑了。原来他们做一笔单子几万元到几十万元不等,毛利率在 30% 左右,这时候点击付费价格就不是问题了。经过这么一调侃,将反对意见转化为客户能够接受的理由,项目就做成了。

【思考】如何有效把握成交的信号和捕捉成交机会?

在推销过程中,促成业务成交是一个特殊的阶段,它是整个推销工作的最终目标,其他阶段只是达到推销目标的手段。如果推销没有成交,那么推销人员所做的一切努力都将白费。虽然成交的环境条件各不相同,成交的原因也各有特点,但是达成交易还是有一些共同的特征,推销人员掌握和熟悉这些特征后,对提高推销成效将有很大的帮助。

第一节　促成业务成交的信号

　　成交就是推销人员帮助顾客做出使买卖双方都能接受的交易条件的活动过程。推销人员可以直接请求顾客购买来推动和帮助顾客做出购买决定。实际上，任何一个成功的推销人员都清楚，在推销成交阶段中，根据就不存在神奇无比的推销技巧，也没有感染力十分强烈的语言技巧。成交是洽谈所取得的最终成果，是洽谈的延续。如果在洽谈中解决了所有的客户异议，则达成交易是顺其自然的事，成交只不过是整个推销过程中的一个环节而已。

　　成交信号是指顾客在语言、表情、行为等方面所泄露出来的打算购买推销品的一切暗示或提示。在实际推销工作中，顾客为了保证实现自己所提出的交易条件，取得交易谈判的主动权，一般不会首先提出成交，更不愿主动、明确地提出成交。但是顾客的购买意向总会通过各种方式表现出来，对于推销人员而言，必须善于观察顾客的言行，捕捉各种成交信号，及时促成交易。

　　顾客表现出来的成交信号主要有表情信号、语言信号、行为信号、事态信号等。

一、表情信号

　　表情信号是从顾客的面部表情和体态中所表现出来的一种成交信号，如在洽谈中面带微笑、下意识地点头表示同意推销人员的意见，对产品不足表现出包容和理解的神情，对推销的商品表示兴趣和关注等。例如，一位保险推销人员在给顾客讲述一个充满感情的、很有说服力的第三者因为购买保险而从灾难中得到补偿的故事时，竟让对方忍不住双目含泪。这个信号非常清晰地告诉推销人员，顾客是非常有同情心并且关注自己的家庭成员的，从而为推销人员销售保险产品提供了宝贵的线索和方向。

　　顾客的语言、行为、表情等表明了顾客的想法。推销人员可以据此识别顾客的购买意向，及时地发现、理解、利用顾客所表现出来的成交信号，促成交易。把握成交时机，要求推销人员具备一定的直觉判断力与职业敏感力。一般而言，下列几种情况可视为促成交易的较好时机：

　　(1)当顾客表示对产品非常有兴趣时。
　　(2)顾客神态轻松，态度友好。
　　(3)当推销人员对顾客的问题做了解释说明之后。
　　(4)在推销人员向顾客介绍了推销品的主要优点之后。
　　(5)在推销人员恰当地处理顾客异议之后。
　　(6)顾客对某一推销要点表示赞许之后。
　　(7)在顾客仔细研究产品、产品说明书、报价单、合同等情况下。

二、语言信号

　　语言信号是顾客通过询问使用方法、价格、保养方法、使用注意事项、售后服务、交货期、交货手续、支付方式、新旧产品比价、竞争对手的产品及交货条件、市场评价或说出"喜欢"和

"的确能解决我这个困扰"等所表露出来的成交信号。以下几种情况都属于成交的语言信号：

1. 顾客对商品给予一定的肯定或称赞
推销人员："您看这件衣服的样式如何？"
客户："不错，我很喜欢这种样式。"

2. 客户询问推销人员关于价钱的问题或和推销人员商谈价钱
(1)那么,这个需要多少钱？
(2)有没有折扣？
(3)可不可以便宜一点？
(4)这比我想象中的价格要高出好多,我其实没有那么多的预算,这真的很划算吗？

3. 询问推销人员对商品使用的意见
(1)你觉得我把沙发放在这个位置怎么样？
(2)你觉得绿色的和红色的哪一个好看？

4. 询问推销人员付款方式
(1)可以刷卡吗？
(2)可以分期付款吗？利息有没有比一般的分期付款低？你们有哪些付款方式可以选择？

5. 询问现货或送货方式与时间的问题
(1)那你们现在有现货或是库存吗？
(2)你们什么时候会进下一批新货？
(3)假如我要的话,要提前多久让你们知道？
(4)你们什么时候可以派人送过来？

6. 询问产品的使用方法或是细节
(1)可不可以再把使用方法跟我说一遍？
(2)我回去看说明书就会操作了吗？

7. 询问关于售后服务、保证期或保证事项的问题
(1)它的保证期是多久？假如出现故障,你们公司会派人来修吗？要多久的时间？
(2)我以前用的那个牌子服务很差,每次有问题催了好几次都没有人来修,你们会不会也是这样？
(3)哪些部分是在保证范围内,哪些部分如果出现故障是要自行付费的？

8. 询问以前购买过产品的人或团队
(1)这款机型的销售情况怎么样,大概有多少人在用？
(2)你们这个产品已经销售几成了？
(3)目前有哪些公司或企业已经采用了这个系统？它们的反映怎么样？

9. 客户要求再看一次产品或是再示范一次
(1)你可不可以让我再看一下？
(2)刚才的整个操作过程,你可不可以再示范一次给我看？

10. 客户要求再确认或保证

(1) 这个产品真的有你说的那么好用吗？

(2) 这个价钱能不能再优惠一点？

(3) 假如我按照使用说明书上的指示操作，真的能在这么短的时间内产生明显的效果吗？

案例分享

有效的成交信号

一个卖电脑记事本的女孩去拜访一位公司经理。她向经理推荐和介绍了她的产品，并拿出产品向这位经理做了演示。这位经理接过她的产品在手上摆弄了半天，很喜欢。过了一会儿，这位经理说："我有几本名片簿，要把这些名片信息输进电脑记事本中，需要多长时间？"这句话就是客户通过语言表达出来的购买信号。因为它涉及一个产品的使用问题，如果客户不想购买的话，他怎么会问一个产品的使用问题呢？如果这位经理同意女孩把名片簿带回家去替他输入电脑记事本，不也就意味着成交了吗？

三、行为信号

行为信号是指推销人员在向潜在客户推销的过程中，从潜在客户的某些细微行为中所表现出来的购买信号。由于人的行为习惯，经常会有意无意地从动作行为上透漏一些对成交比较有价值的信息，当有以下信号发生的时候，推销人员要立即抓住良机，勇敢、果断地去试探、引导客户签单。

1. 客户认真阅读推销资料

例如，在华为手机专柜前，客户认真地阅读着××型号手机的宣传海报。

推销人员："您好，有什么可以帮您的吗？"

客户："请你拿一款海报上的样机给我看一下。"

2. 客户反复查看样品、说明书

接上例，推销人员将样机拿给了客户。

客户仔细看了一下样机，并询问了推销人员一些使用方面的问题后又继续说："您能帮我拿一部新机子吗？"推销人员回答："好的，您稍等。"然后，推销人员拿出了一部新的手机，客户打开包装盒后反复查看样品及说明书，并不断向推销人员询问有关问题。

3. 亲自试用商品

例如，在某大商场的化妆品柜台前，一位女士将很多支口红的样品在手背上画着，以至于她的手背上涂满了各种颜色的口红。

知识链接

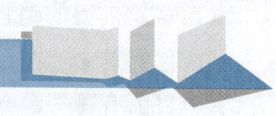

具体的行为信号

潜在客户具体的成交行为信号包括以下几个：

(1) 进门比较急，并且主动要求推销人员介绍产品。

（2）仔细阅读宣传材料，并主动询问。

（3）注意力从产品开始转向推销人员，开始提意见，如外观、价格等方面。

（4）开始仔细看产品、检查产品，注意一些细节方面，如铆钉、焊接口等问题。

（5）开始征求他人意见，如夫妻开始商量、打电话咨询朋友等。

（6）在店里转来转去不想走，犹豫不定。

（7）来过多次，又来咨询一些细节方面的问题。

（8）听完介绍后走了又很快回来。

案例分享

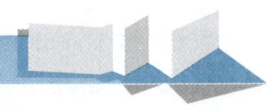

一位女士在一家皮衣店里，虽然是大热天，但她仍穿着皮衣在试衣镜前，足足折腾了一刻钟。她走来走去的样子好像是在做时装表演，而当她脱下皮衣时，双手又忍不住去摸皮毛，甚至眼里涌动着泪花。可以看出，这位女士的行为属于强烈的成交信号。

（资料来源：姬爱国.现代推销理论与技巧.郑州：中原农民出版社，2007）

四、事态信号

事态信号是指推销人员在推销过程中，随着接触过程的发展、变化而由客户所体现出来的一种成交信号。我们以举例的形式来讲述潜在客户购买行为的事态信号表现。

1. 客户态度开始转变

例如，客户开始对推销品表现得十分冷淡，但经过推销人员介绍后，客户面部表情"由阴转晴"，面带笑意，态度好转。这说明该客户已开始对商品产生兴趣，并产生了购买意向。

（某超市鲜奶促销柜台前。）

推销人员："您好，请您品尝一下，这是我们公司新上市的鲜羊奶。"

客户摇了摇头说："谢谢，不用了，我们习惯喝牛奶。"

推销人员："现在不买没关系，您可以尝一下，如果觉得好的话可以以后再买。"（随手递过一杯放到客户手中。）

客户品尝后，脸上露出一丝笑容说："很不错。"

推销人员："一杯羊奶的营养价值等于四杯牛奶的营养价值。现在买两袋赠一袋，挺合算的。您可以先买两袋给家人尝尝。"

客户笑了笑说："好吧，帮我拿两袋吧。"

2. 客户接受重复约见

若客户乐于接受推销人员的重复约见或主动提出下次会面时间的话，就表明该客户已有成交意向。例如：

推销人员："您好！我是××地板公司的销售经理。听说贵公司最近有重新装修的打算，我们公司的地板采用环保材料……"

客户："我曾经看过贵公司的产品介绍单，但一会儿我还有个会，您明天上午八点半过来，我们再谈。"

推销人员:"好的,谢谢您!"

3. 客户把推销人员引荐给自己所在企业的其他人员

推销人员:"您好,王总!我是三苑公司的销售人员。这是我们公司新研制的打印机,不但打印速度快,而且还能节省油墨,非常环保。"

总经理:"我们这儿正好又新增了几个部门,应该用得上。这样吧,我帮你联系一下我们的采购经理,具体事宜你跟他谈吧。"

推销人员:"谢谢您!"

4. 客户主动提出更换洽谈场所

推销人员:"不知道您看了我们的计划书后,考虑得怎么样了?我们公司的装修队伍可是全国数一数二的。"

客户:"这个我们知道。我们已经开会研究过你们的装修方案了,里面还有一些细节问题。这样吧,吃饭的时间已经到了,不如我们边吃边谈……"

正因为通过顾客的行为我们可以发现许多顾客发出的成交信号,因此,作为一位推销人员,应尽力使顾客成为一位参与者,而不是一位旁观者。在这种情况下,通过细心观察,推销人员会很容易发现成交信号。例如,当顾客在商品前流连忘返,或者来回看过几次的时候,就说明顾客对该产品有很大的兴趣,只要及时解决顾客的疑问,成交也就是顺理成章的事了。

知识链接

成交信号不能放过

(1)当推销员介绍完商品和交易条件后顾客神情认真;

(2)关注产品价格并以种种理由要求降低价格;

(3)主动热情地将推销员介绍给单位负责人或其他主管;

(4)要求详细介绍使用方法、注意事项等售后服务内容;

(5)主动出示自己有关这种产品的情报和资料;

(6)对目前正在使用的其他厂家的相关产品表示不满;

(7)对推销员的接待态度明显好转,接待档次提高;

(8)顾客出现一些不自然的甚至是反常的行为举动。

第二节 促成业务成交的步骤

推销人员在接触客户的过程中,首先要总结客户所得利益,并通过引导性的语言与客户达成一致观点。将有争议的问题搁置,暂不讨论,基于双方的责任和义务安排和客户的下一步合作计划,最后按照合同约定签订协议。促成业务成交的基本步骤如图9-1所示。

```
总结客户所得利益
       ↓
引导客户达成一致观点
       ↓
搁置有争议的问题
       ↓
约定双方的下一步合作计划
       ↓
    签订协议
```

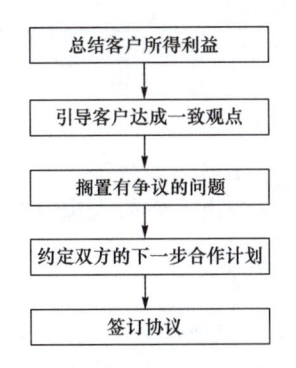

图 9-1　促成业务成交的基本步骤

一、总结客户所得利益

推销人员将客户关注的产品的主要特征、优点和利益,在成交中以一种积极的方式成功地加以概括和总结,以得到客户的认同并最终获取订单。例如,吸尘器推销人员运用总结客户所得利益的方法向客户进行推销:"前面已经讨论过这种配备高速电机的吸尘器(特征)比一般吸尘器转速快两倍(优点),可以使清扫时间减少 15～30 分钟(利益),工作起来更轻松,使您免去推动笨重吸尘器身心上的痛苦(更多的利益),是这样吧(试探成交)?"总结客户所得利益的步骤如图 9-2 所示。

```
确定客户关注的  →  总结利益  →  提出购买建议
   核心利益
```

图 9-2　总结客户所得利益的步骤

总结客户所得利益能够使客户全面了解商品的优点,便于激发客户的购买兴趣,最大限度地吸引客户的注意力,使客户在明确自己既得利益的基础上迅速做出决策。但是采用此方法,推销人员必须把握住客户切实的内在需求,有针对性地汇总阐述产品的优点,不要"眉毛胡子一把抓",更不能将客户提出异议的方面作为优点加以阐述,以免遭到客户的再次反对,使总结客户所得利益的劝说达不到效果。

案例分享

总结客户所得利益的运用

在一次推销洽谈中,客户(商店女经理张女士)向推销人员暗示了她对产品的毛利率、交货时间及付款条件感兴趣。以下是他们之间的对话:

推销人员:"张女士,您说过对我们较高的毛利率、快捷的交货时间及付款方式特别偏爱,对吧?"(总结利益并试探成交。)

张女士:"我想是的。"

推销人员:"随着我们公司营销计划的实施,光顾你们商店的顾客就会增加,该商品的销售必将推动全商店的销售额超过平常的销售额。下两个月内足够大的市场需求量,必将能够实现您预期的利润,下周初我们就可交货。"(等待顾客的回应)

二、引导客户达成一致观点

1. 促使双方在重大原则问题上做出决定

在高级别洽谈中,最好把重要的原则问题与细小的枝节问题区别开来。一些辅助事项以及确切的说明和精确的计算等,应当在下面的人进行讨论,高级人员则洽谈那些简短、实际、集中的原则问题。如果整个商务推销的内容较为复杂,推销人员最好分成两步走。

2. 突出利益损失

推销人员可以强调对方如果不尽早地购入他们所需的产品,就会错过目前这一时期的所得利益,采取这种方法旨在消除对方的迟疑。例如:

"你们在犹豫或等待期间,将会失掉产品所带给生产的一切增值利益。将来你们会随时需要这种产品,如果你现在就买,并享受过渡时期中的利益,不是很好吗?"

"当你们在等待时,其他厂家将比你们提前采用这种新技术,你们将失去现在的优势。现在犹豫不决,就等于放弃了你们目前和长远的利益。"

3. 强调产品好处

在业务洽谈时,推销人员要把所有的有利因素都醒目地写在双方都可以看到的一张大纸上。由于在推销过程中,他们随时都可以看见这些条件,所以会收到较好的直观效果。

4. 满足对方的特殊要求

有些时候,对方可能用提出希望或者提出反对意见的方式来表达他们的特殊要求。向对方提出问题才是发现客户这些问题产生原因的最好办法,这样才能诱导对方暴露出埋藏在内心的反对意见。推销到了最后阶段,对方常常会说:"不,我还要再想一想。"推销人员可以回答:"您尽可以再想一想,不过您还有不明白的问题吗?"这样的提问是最后阶段洽谈的关键,到了这时候,对方不得不道出原因。对方的回答可能有下述几种:

(1)"我真不知道说什么好,这是一桩非常重要的买卖,我们确实需要时间进行考虑。"这说明对方犹豫不决,他们还没有产生强烈的购买欲望。遇到这种情况时,推销人员有必要重复一下洽谈的要点。

(2)"可以肯定,你们的产品还是不错的,不过我们还可以再等一等看。"在这种情况下,推销人员不仅要刺激对方的购买欲望,而且还要讲出购买原因,使对方认识到马上购买是明智的,长时间的等待是一种失策的行为。

(3)"我还是认为价格偏高了点,这同我想象中的不太一样,我不太喜欢这种装配方法。""这种东西看上去很美观,但恐怕不耐用吧?""很好,不过还有一些毛病……"所有这些说法都说明推销人员还没有成功地消除一些有事实根据的反对意见。在某些情况下,推销人员由于工作没有做到位,只好从头做起。

(4)"我想同我们的领导讨论一下再说,我自己还不能决定。"遇到这种情况,可能是有下述几种原因:对方无权决定;对方对产品有怀疑;对方对自己的主张拿不准,不能下决心。一旦发现问题的关键所在,推销人员必须当机立断,马上决定是进一步打动对方的心思,还是用直接或间接的方式同幕后决策人打交道。

(5)"没有,我想不出有什么具体问题。"如果对方这样回答,或者用同样的腔调以及不肯定的口气回答,只要推销人员再进一步加以引导,对方可能很快就做出决定。另外,推销人员还应该记住,对方对你的问题可能会做出某种推诿的解释,他不愿做出决定可能有多种原

因。在某些情况下,推销人员可以用下面这种方法加以解决:

客户回答以后,推销人员可以再追问一个问题:"我明白了,你现在不能做出决定就是因为这个问题吗?"

对方往往有下面的几种回答:

①"是的。"

②"不,不仅如此,我想价格太高了。"

③"我不知道,现在还不太清楚。"

第一种回答直接承认推销人员是对的;第二种回答或者是种借口,或者还有其他原因;第三种回答表明对方自己也不知道是什么原因。不管在哪种情况下,推销人员应很好地分析一下对方回答的原因,在此之后,推销人员是在白白地浪费时间,还是在解决对方的问题,就不言自明了。

案例分享

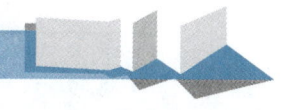

让顾客做最后的决定

甲:你喜欢哪种颜色?

乙:蓝色。

甲:你们需要太阳篷吗?我们有些车就配有这种太阳篷,尤其在夏天,车还是有必要配备太阳篷的,对吗?

乙:你说得对,但太阳篷太贵了。

甲:要不了多少钱。

乙:是吗?

甲:各种型号的车都装有雾灯,当你在秋天、冬天或者在春天比较寒冷的日子里行车的时候,雾灯是必不可少的。

乙:我认为配雾灯是没有必要的,它只会抬高价格。另外,在天气不好的情况下,我们肯定不会经常派车外出的。

甲:把车座往后推到这个位置,你坐在里面舒服吗?坐在这个位置上开车很方便吧?

乙:还可以。不过所有的车座再稍高一点就好了。

甲:这很容易。你们看还有哪些方面需要改进?

三、搁置有争议的问题

面对双方具有争议性的问题,可以暂时搁置不予讨论。异议经由争议会增加成交的距离,经由处理和搁置则会缩短成交的距离。如果推销内容被分解开进行的话(特别是对产品的介绍),对方就不会马上做出是否购买的决定。如果顾客对推销人员的某一要点做出了否定的回答,这对推销人员并没有什么危害,因为它只是否定了产品与操作者个人欲望不合的部分。尽管推销双方之间有分歧,但只要这种分歧仅涉及某个具体问题,那就不会对达成交易产生危害。因此,双方具有争议性的问题,如果不会影响交易的最后关键结果,不要强求是非,可以搁置。

四、约定双方的下一步合作计划

推销人员和客户约定下一步合作计划时,可以先说明销售方承担的责任和义务,然后委婉地提出要求客户承担的责任和义务。双方下一步合作计划的内容见表9-1。

表9-1　　　　　　　　双方下一步合作计划的内容

推销阶段	要求客户做到的内容	销售方主动承担的内容
在销售可望达成时	订货	迅速发货
在销售进行中	签订合同	遵守、执行合同
	重读建议书	撰写建议书
	参观示范	安排/做示范
	安排由推销人员做一次产品推荐演说	推荐演说
	安排推销人员与决策人士会面	与决策人士会面
	安排由推销人员作需要分析	作需要分析
	和推销人员再次会面	再次和客户会面

五、签订协议

推销人员知道顾客有成交意向后,应及时把双方的成交意愿以书面的形式固定下来,并签字认可。只要双方没有最后签字,洽谈结果就可能会付诸东流。

1. 签订书面协议(买卖合同)

买卖合同是出卖人转移标的物的所有权于买受人,买受人支付价款的书面协议。买卖合同的内容由推销人员与顾客共同商定,一般包括以下条款:

(1)当事人的单位名称或者姓名及住所

买卖合同中应当写明当事人的单位名称或者姓名及住所。

(2)标的

买卖合同的标的物是指买卖双方当事人的权利和义务共同指向的对象。

(3)数量

供方的交货数量是衡量标的物和当事人权利及义务大小的尺度。当事人计算标的物数量,要采用国家规定的计量单位和计量方法。

(4)质量

质量是标的物的内在素质和外观形式优劣的标志,买卖合同中应做出明确的规定。对于标的物的质量,国家规定有技术标准的,双方当事人应在合同中写明标的物的技术标准及标准编号和代号;国家没有规定技术标准的,由双方当事人通过商定,在合同中明确约定。

(5)价款

价款是合同一方当事人交付产品后,另一方当事人支付的款项。价款的确定,要符合国家的价格政策和价格管理法规;价款的支付,除法律另有规定外,必须用人民币支付;价款的结算,除国家规定允许使用现金外,必须通过银行办理转账或票据结算。

(6)履行的期限、地点和方式

履行的期限,是指双方当事人履行义务的时间范围;履行的地点,是指当事人完成所承担义务的具体地方,应根据标的物的法律特征或法律规定和当事人的约定而确定;履行的方式,是指采用什么样的方法来履行合同规定的义务,如一次履行还是分批履行、汽车送达还是火车送达等。

(7) 违约责任

违约责任是指合同当事人由于自己的过错,没有履行或没有完全履行应承担的义务,按照法律和合同的规定应该承担的法律责任。违约责任的具体条款,当事人可以依据合同法在合同中进一步约定。

(8) 解决争议的方法

合同法规定,解决合同争议有和解、调解、仲裁和诉讼四种方法,当事人应在合同中约定解决合同争议所采用的方法。

除此之外,合同中还包括包装方式、检验标准和方法等条款。

2. 合同公证

双方在买卖合同上签字后,推销人员还不能高枕无忧,应该使协议具有法律效力。合同公证是指国家公证机关根据当事人的申请,依法对买卖合同进行审查,确定其真实性和合法性并予以证明的一项法律制度。买卖合同经公证后,一旦有一方违背了协议的规定,经交涉无效,可对簿公堂,通过法律手段寻求解决,以保证合同有效执行。

3. 预交定金

定金是指买卖合同的一方当事人,在合同规定应当交付的数额内预先交付给对方一定数额的货币,它是证明买卖合同已经成立,并保证买卖合同履行的一种担保形式。定金有以下作用:

(1) 定金可以证明合同成立

买卖合同当事人一方在与对方订立合同时,之所以要交付定金,主要是担心和防止违约,用定金证明和维护合同关系,增强合同的法律约束力。因此,交付定金和收受定金的事实,就能够证明当事人之间的合同成立。

(2) 定金是为了担保买卖合同的履行而设立的

这种担保作用是通过定金的罚责体现出来的。交付定金后,如果交付定金的一方违约而不履行合同时,无权请求返还定金;如果接受定金的一方违约而不履行合同时,应当双倍返还定金。法律这样规定,既可以促使当事人履行合同,又可以在当事人不履行合同时,使权利人以定金来补偿损失。

(3) 定金可以起到预付款的作用

定金是在合同履行前发生的,这种预先支付,实质上具有预付款的性质。如果合同按期履行,预付部分的定金可以同预付款一样,冲抵应付价款或酬金。但是,定金又不同于预付款。单纯的预付款是预先交付合同规定的部分价款,是买卖合同义务的一种履行方式,不是推销合同的担保形式。因此,当违约方不履行合同时,预付款不能发挥定金的法律效果。推销人员在订立合同时,应明确预先交付的货币是定金还是预付款,避免产生纠纷。

第三节 促成业务成交的方法和技巧

所谓成交方法是指推销人员用来促成顾客做出购买决定,最终促使顾客采取购买行动的方法和技巧。它是成交活动的规律与经验的总结,常用的成交方法主要有以下几种:

一、请求成交法

1. 请求成交法的含义及适用范围

请求成交法又叫直接成交法或直接请求成交法,是指推销人员直接建议或要求客户购买推销产品的一种成交方法。该方法直接而简单,是推销人员最常用的基本成交方法。那么,在什么情况下采用请求成交法效果最佳呢?请求成交法的适用范围见表9-2。

表 9-2　　　　　　　　请求成交法的适用范围

适用范围	示　例
面对老客户	推销人员:"老王,最近我们生产出几种新口味的糖果,您进些货,很好卖的!" 老客户:"好的,那你先给我送……"
客户发出购买信号时	客户:"这件大衣还不错。" 推销人员:"这件大衣您穿着很合适,质量很好,您就买下吧!" 客户:"那开单吧。"
解决客户所提出的重大问题后	推销人员:"您已经知道这种电冰箱并没有您提到的问题,而且它的冷藏冷冻性能好,您不妨就买这一型号的。我替您挑一台,好吗?" 客户:"好吧。"
客户没有提出异议且没有做出明确的购买反应	推销人员:"看来您已经清楚了,既然东西好而不贵,您看您需要什么时间送货?" 客户:"那你们明天就送来吧。"

2. 运用请求成交法时应注意的问题

(1) 推销人员要具备较强的观察能力

因为请求成交法要求推销人员主动提出成交要求,所以推销人员必须尽量引导顾客,使洽谈局面朝着成交的结果发展。推销人员应时刻观察顾客,适时开口提出成交要求。

(2) 把握好成交的时机

在成交的过程中,成交时机是推销人员最不容易把握的因素。选择适当的时机要求成交,会令顾客自然、顺利地接受。反之,在时机不成熟时要求成交,则会导致顾客的回避甚至反感而错过了机会。如何把握成交时机,是推销人员应该认真琢磨和思考的问题。

二、假定成交法

1. 假定成交法的含义及步骤

假定成交法又称假设成交法,是指推销人员在假定顾客已经接受推销建议,同意购买的基础上,通过提出一些具体的成交问题直接要求顾客购买推销产品的一种方法。假定成交法的步骤如图9-3所示。

(1) 做出直接或间接的表示

推销人员可以拿出合同或订单,一边填写一边问对方:"请不要错过这次机会,现在订货,我们就能在本月交货。你们一年需要多少……""不管怎么说,你们的房屋需要保险,只

```
做出直接或间    呈请对方      选择性
接的表示      签字        成交
```

图 9-3 假定成交法的步骤

要现在投保,房屋马上就可以得到保护。房子及房内的东西总共值多少钱?""今年的春天来得早,现在真够暖和的,对吗? 如果你们今天就做出决定,我们可在五月一日以前把冷冻设备安装好。你们的冷库有多大面积?"等等。这时,推销人员必须忙着填写合同或订单。如果对方没有制止你,那么推销马上就要成交了。

(2)呈请对方签字

呈请对方签字是将自己拟订的合同或是双方研究过的合同要点与条款,逐一地向对方解释一遍,然后将合同和笔一并交给对方,请其签字。

(3)选择性成交

与前两种方式所不同的是,选择性成交给对方提供一次可以选择的机会,向对方提供两种可供选择的对象,使其在两者之中择其一,而不是让其有可能做出第三种选择——什么也不买。例如,一家饮料厂的推销人员对经销商说:"你们现在需要五车汽水还是八车汽水?"其实,这个推销人员估计对方可能只订购三车,但他发现运用这种办法往往会多售出一些。选择成交法的特点是:不让对方过多地考虑"我应不应该买呢"这样的问题,而是把对方的思路引导到另一个问题上:"我应该选择 A 还是选择 B?"只要是产品的推销,就可以采用选择性成交法去诱使对方做出决定。可以向对方提供选择的方面很多,如数量、质量、型号、颜色、交付条件和精细加工等。

2.假定成交法的优缺点

假定成交法的优点是节省推销时间,效率高。它可以将推销提示转化为购买提示,适当减轻顾客的成交压力,促成交易。

假定成交法也有一定的局限性。这种方法以推销人员的主观假定为基础,不利于顾客做出自由选择,甚至会令其产生反感情绪,破坏成交气氛,不利于成交。所以,在使用这种方法时,要注意以下几点:

(1)应适时地使用假定成交法。一般只有在发现成交信号,确信顾客有购买意向时才能使用这种方法,否则会弄巧成拙。

(2)应有针对性地使用假定成交法。使用这种方法时,推销人员要善于分析顾客。一般来说,对依赖性强、性格比较随和的顾客以及老顾客,可以采用这种方法。但对那些自我意识强、过于自信的顾客,则不应使用这种方法。

3.使用假定成交法时应注意的问题

要求推销人员具备一定的洞察和决策能力,并且使用假定成交法时,与请求成交法一样,都要密切注意成交信号,把握好成交时机。尽量避免向客户施加过大的成交压力。

适当的成交压力是成交的动力,相反,成交压力过大或过小都会导致成交出现障碍。在运用假定成交法时,推销人员要认真分析客户的特点,创造有利于成交的氛围,尽量避免出现因成交压力过大或压力不足导致的成交失败。

三、选择成交法

选择成交法是指推销人员向顾客提供两种或两种以上购买选择范围,并促使顾客在有效成交范围内进行成交方案选择的一种成交方法。它是假定成交法的应用和发展,仍然以假定成交理论作为理论依据,即推销人员在假定成交的基础上向顾客提出成交决策的比较方案,先假定成交,后选择成交。顾客不是在买与不买之间选择,而只是在推销品不同的数量、规格、颜色、包装、样式、交货日期等方面做出选择,使顾客无论做出何种选择,其结果都是成交。

案例分享

推销人员:"以车身的颜色来说,您喜欢灰色的还是黑色的?"
客户:"嗯,如果从颜色上来看,我倒是喜欢黑色的。"
推销人员:"选得不错!现在最流行的就是黑色的!那么,汽车是在明天还是在后天送来呢?"
客户:"既然要买,就越快越好吧!"
经过这样一番话,客户等于说要买了,所以这时推销人员说:"那么明天就送货吧。"这样很快就达成了交易。

选择成交法在实际推销工作中经常使用,并且具有明显的效果。推销人员把选择权交给顾客,把顾客限定在目标范围内,无论顾客做出什么样的选择,都可以达到推销的目的。

选择成交法的优点就在于既调动了顾客决策的积极性,又控制了顾客决策的范围。选择成交法的要点是使顾客避开"要还是不要"的问题,让顾客回答"要 A 还是要 B"的问题。

选择成交法能否成功的关键在于推销人员能否正确地分析和确定顾客的真正需要,提出适当的选择方案。如果推销人员提出了与顾客需要相符的选择方案,就有助于顾客购买,有利于顺利成交。选择方案不宜过多,否则反而会使顾客拿不定主意。在实际工作中,推销人员应灵活运用选择成交法。

四、从众成交法

从众成交法是推销人员利用人们的从众心理来促成潜在顾客购买推销品的成交方法。例如,一位服装店的推销人员在销售服装时说:"您看这件衣服式样新颖美观,是今年最流行的款式,颜色也合适,您穿上一定很漂亮,我们昨天刚进了四套,今天就剩下两套了。"

采用从众成交法,可以用一部分顾客去吸引另一部分顾客,从而有利于推销人员提高销售的效率。在日常生活中,人们或多或少都有一定的从众心理,顾客在购买商品时,不仅要依据自身的需求、爱好、价值观选购商品,而且也要考虑全社会的行为规范和审美观念,甚至在某些时候不得不屈从于社会的压力而放弃自己的爱好,以符合大多数人的消费行为。由于产品已取得了一些顾客的认同,推销人员的说辞会更加有说服力,有利于顾客消除怀疑,增强购买信心。

但是,有些顾客喜欢标新立异,与众不同。若推销人员对这些顾客错误地使用了从众成交法,反而会引起顾客的逆反心理,从而拒绝购买。如果推销人员所列举的"众"不恰当,非但无法说服顾客,反而会制造新的成交障碍,失去成交的机会。

五、小点成交法

1. 小点成交法的含义

小点成交法又称为次要问题成交法或避重就轻成交法,是推销人员通过次要问题的解决来促成交易的一种成交方法。小点是指次要的、较小的成交问题。

小点成交法利用了顾客的成交心理活动规律。从顾客购买心理的角度来看,购买者对于重大的购买决策往往心理压力较大,较为慎重,担心有风险而造成重大损失,导致难以决断,特别是成交金额较大的交易。而顾客在进行金额较小的成交决策时,心理压力较小,会较为轻松地接受推销人员的引荐,比进行金额较大的交易决策要容易。小点成交法正是利用了顾客这一心理活动规律,避免直接提出重大的、顾客比较敏感的成交问题。在推销过程中,先让潜在顾客做出对推销品有关"小点"方面的决策,再就"大点"方面达成协议,从而促成交易实现。

2. 小点成交法的优点

(1)可以创造良好的成交气氛,减轻顾客的心理压力。
(2)为推销人员提供了与顾客周旋的余地。
(3)一个小点不能成交,可以换其他的小点,直至达成交易。
(4)有利于推销人员合理利用各种成交信号,有效地促成交易。

案例分享

办公用品的小点成交

一个办公用品推销人员到某局办公室推销一种纸张粉碎机。办公室主任在听完产品介绍后摆弄起这台机器,并自言自语道:"东西倒很实用,只是办公室这些小青年毛手毛脚,只怕没用两天就坏了。"

推销人员一听,马上接着说:"这样好了,明天我把货送来时,顺便把纸张粉碎机的使用方法和注意事项给大家讲一下。这是我的名片,如果使用中出现故障,请随时与我联系,我们负责修理。主任,如果没有其他问题,我们就这么定了。"

3. 运用小点成交法时应注意的问题

(1)应针对顾客的购买动机,选择适当的成交小点。
(2)应避免直接提示顾客比较敏感的重大决策问题。
(3)必须认真处理顾客的异议,不能故意回避顾客所提出的有关购买的重大问题。
因此,在实际推销过程中,推销人员应审时度势,根据顾客特点,合理运用小点成交法。

六、最后机会成交法

最后机会成交法也叫压力成交法,是指推销人员直接向顾客提示最后成交机会而促使顾客立即购买的一种成交方法。这种成交方法要求推销人员运用购买机会原理,向顾客提示"机不可失,时不再来",给顾客施加一定的成交压力,使顾客感到应该珍惜时机,尽快采取购买行为。例如,汽车推销人员可能说:

"这种车型的汽车非常好卖,这一辆卖出去以后,我们也很难进到同样的车子。"

"由于原材料需要进口,这批货卖完后,可能要很长时间才有货。"

最后机会成交法的关键在于把握住有利的时机,若使用得当,往往具有很强的说服力,产生立竿见影的效果,并能节省销售时间,提高销售效率。采用最后机会成交法最忌讳的是欺骗顾客。例如,有些卖水果的小贩往往采取这种伎俩,对顾客说:"就剩下这点儿了,五块钱卖给你。"等顾客买完离开后,又拿出一些水果来欺骗下一个顾客。这种做法一旦被发现,会令其丧失信誉,失去顾客的信任。

案例分享

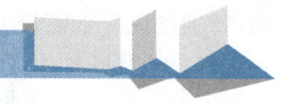

创造时间压力促成交易

某广告公司业务员小刘与客户马经理已经联系过多次,但马经理顾虑重重,始终做不了决定是否拿下这个广告位。小刘做了一番准备后又电话马经理。

小刘:"马经理您好!我是某某广告公司的小刘。"

马经理:"哦,是小刘啊。你上次说的广告牌的事我们还没有想好。"

小刘:"马经理,您看还有什么问题吗?"

马经理:"最近两天,又有一家广告公司给我们发来信息,他们的广告牌位置十分好,处于交通要道,我想宣传效果可能会好一些。另外,价钱也比较合适,我们正在考虑。"

小刘:"马经理,您的产品的市场范围我们是做过一番调查的,而且从您的产品性质来讲,我们的广告牌所处的地段是再好不过的了。据我所知,您所说的那家广告公司的广告位并不适合您的产品,而且价格还比我们高不少。不瞒您说,您看中的我公司这块广告牌,今天又有两家客户来看过,他们也有意向,看在老朋友份上先告知您,如果这两天您不能做出决定我们就不能再等待了。"

马经理:"您说的有一定道理。"(沉默了一会)"嗯,这样吧,明天早上我过去,咱们谈谈具体的细节。"

(资料来源:岳贤平,推销:案例、技能与训练,中国人民大学出版社,2018)

七、优惠成交法

优惠成交法是指推销人员通过提供优惠的交易条件来促成交易的方法。它利用了顾客在购买商品时,希望获得更大利益的心理,实行让利销售,促成交易。例如,商业推广中经常使用的"买二送一""买大家电送小家电"等,都属于优惠成交法。

正确地使用优惠成交法,利用顾客的求利心理,可以吸引并招揽顾客,有利于创造良好的成交气氛。而且利用优惠成交法,可以促成大批量交易,提高成交的效率。该方法尤其适用于销售某些滞销品,以减轻库存压力,加快存货周转速度。但是,采取优惠成交法,通过给顾客让利来促成交易,必将导致销售成本上升。若不能把握好让利的尺度,还会减少销售收益。此外,采用优惠成交法,有时会让顾客误以为优惠产品是次货而不予信任,从而丧失购买的信心,不利于促成交易。

八、保证成交法

保证成交法是指推销人员通过向顾客提供某种保证来促成交易的成交方法,即推销人员针对顾客的主要购买动机,向顾客提供一定的成交保证,消除顾客的成交心理障碍,降低顾客的购买风险,从而增强顾客的成交信心,促使尽快成交。保证成交法是一种大点成交法,推销人员直接提供成交保证,直至促成交易。例如,"我们的汽车保证您能够无故障行驶20万公里,并且还可以为您提供长达8年的售后服务保证,如果一旦遇到什么问题,我们公司的服务人员会随时上门为您提供服务。"又如,"您放心,我这儿绝对是全市最低价,如果你发现别家的货比我的货便宜,我可以立即给您退货。"

保证成交法通过推销人员提供保证使顾客没有了后顾之忧,增强了购买信心,从而可以放心购买产品。另外,该方法在说服顾客、处理顾客异议方面也有不同寻常的效果。保证成交法的保证内容一般包括商品质量、价格、交货时间、售后服务等。这种保证直接刺激顾客克服成交心理障碍,极大地改善成交气氛,有利于促成交易。使用保证成交法时,推销人员一定要做到言而有信,不能为一时的利益而信口承诺,否则必将丧失销售信用,不利于与顾客发展长久的关系。

本章小结

成交是整个推销进程中最重要的步骤之一,直接关系到推销的成败。在推销的过程中,要注意成交的一些信号,如表情信号、语言信号、行为信号、事态信号等。促成业务成交并不是推销过程的终结,而是关系推销的开始。促成业务成交的基本步骤是学习中的关键和重点。要获得推销的成功,除了掌握成交的一些基本技巧外,还应熟悉常用的促进成交方法,包括请求成交法、假定成交法、选择成交法、从众成交法、小点成交法、最后机会成交法、优惠成交法、保证成交法等。

思考与练习

一、名词解释

成交　假定成交法　小点成交法

二、选择题

1. 下列现象中,属于成交信号的有(　　)。

   A. 客户询问新旧产品比价　　　　B. 客户用铅笔轻轻敲击桌子
   C. 客户打哈欠　　　　　　　　　D. 客户皱眉
   E. 客户询问能否试用产品

2. "这种酒有两种包装,你要精装还是简装的?"推销人员使用的这种成交方法是(　　)。

   A. 请求成交法　　　　　　　　　B. 选择成交法
   C. 假定成交法　　　　　　　　　D. 机会成交法

3.推销人员对比较各种口红的客户说:"你手上这支很适合你的肤色和年龄。来,我替你装好。"这种成交方法是(   )。

A.保证成交法　　　　　　B.假定成交法
C.小点成交法　　　　　　D.请求成交法

三、简答题

1.如何理解成交的内涵?
2.什么是成交信号?成交信号有哪些表现形式?
3.推销活动中有哪些促成业务成交的主要方法?

应用分析

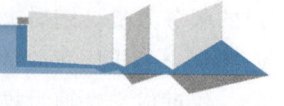

姜是老的辣

推销人员老黄带着小张前去拜访省委的一位姓郑的处长,推销计算机记事本,小张开始向郑处长详细地介绍产品,并拿出样品向他做了一番演示,郑处长接过计算机记事本摆弄一番,说:"这东西很不错。这样,我现在还有一点事情,过几天我给你打电话。"

显然,这是顾客在委婉地拒绝。小张只好抱着万分之一的希望对处长说:"那我等您的电话吧。"

老黄在旁边仔细地观察着这一幕,这时他站起来,走到郑处长的办公桌前,问道:"郑处长,使用计算机记事本很方便,您说对吗?"

郑处长点点头说:"是很方便,但我今天有点事情,改天再谈吧。"

老黄接着说:"省计委的几位处长都买了这种记事本,他们都感到使用起来很方便。"

郑处长马上问:"是吗?"

老黄接着说:"是的,而且这种产品目前是在试销,价格是优惠的,试销期过后,价格就会上涨10%,这么好的产品,您为什么不马上就买呢?"

郑处长默默地看着老黄,终于点点头说:"好吧,我买一台。"

回到公司后,老黄对小张说:"推销工作是一个以业绩定输赢、以成败论英雄的工作,推销人员应该熟练地运用推销技巧,促使顾客下定购买的决心。"

(资料来源:改编自钟立群,李彦琴.《现代推销学》.北京:电子工业出版社.2017)

【思考】

1.小张的行为说明了什么?
2.老黄在推销活动中使用了什么推销技巧和方法?

第四篇

推销管理与服务

推销管理包括很多环节及内容,要科学地侧重过程管理,才能将推销工作提升到管理的高度。

以真诚的个性化服务打动客户、维系客户和发展客户,是推销人员的一项重要工作。

本篇共分为两章:
- 第十章　推销管理
- 第十一章　推销服务

第十章　推销管理

学习目标

知识目标

- 了解推销压力管理与推销时间管理
- 了解胡萝卜加大棒理论
- 熟悉人员激励理论
- 理解过程管理与重点控制理论

能力目标

- 掌握日常推销业务管理与推销压力管理的方法
- 掌握推销组织设计的原则及推销组织模式
- 掌握推销人员激励的有效方法
- 掌握应收账款的防范要领与催收方法

案例导入

销售明星是这样炼成的

曾做过推销工作的小李,将其自我管理的经验和大家分享。刚开始时,他对推销工作充满了好奇心,干劲十足,每天都制订拜访计划,并按计划去拜访很多的客户,所以他的销售业绩很不错。而后来随着他对推销工作的熟悉,好奇心没有了,他也不再制订每天的工作计划了。认为反正自己有足够的推销经验,肯定能使顾客购买自己的产品。他每天出去拜访客户的时间越来越少,拜访的客户也越来越少,可想而知,他的销售业绩是绝对不可能有所增加的,相反,还不断下滑。因为,不管他的销售经验多么丰富,顾客是不会自己找上门来的。后来,他们公司又来了一个新推销人员,那个新推销人员每天都很勤奋地工作,业绩也不错。在新推销人员身上,他又看到了自己以前的影子,于是他感觉到了自己现在的懒惰与消沉,决定重新奋起。于是,他每天都制订详细的工作计划,研究每次拜访的方案,加上他越来越丰富的销售经验,他的业绩不断上升,重新成了公司的明星业务员,赢得了领导和同事的尊敬,也赢得了丰厚的奖金。

【思考】　小李的经验对推销管理有什么启示?

根据过程管理理论,企业管理活动是一个过程,它由很多的管理环节构成,只要每个管理环节都处理好了,好结果是顺理成章的事情。换句话说,要有好的结果,必先有一个好的过程。粗放的管理只重结果,科学的管理侧重过程。本章从管理的视角,诠释了推销过程的业务管理、压力管理、时间管理、销售队伍管理及应收账款管理等重要环节及内容,将企业推销工作提升到管理的高度,以期对推销人员,特别对主管、经理的工作有所裨益。

第一节 推销业务管理

公司管理层及推销人员,要对推销的工作过程进行有效管理,才能不断提高业务水平,提升公司经营业绩,并使公司推销工作程序化、规范化、系统化和科学化。推销管理一般包括推销业务管理、推销组织设计、推销队伍管理、销售账款控制等诸多方面,其中推销业务管理是整体推销过程管理的基础环节,也是企业推销工作走向规范和高效的基础环节。

知识链接

过程管理

过程管理主要有两种方式:

1. 走动管理

麦当劳曾经在一段时间内业绩下滑,后来人们发现,一些管理人员在办公室做管理,而很难快速、便捷地解决问题。后来,麦当劳把办公室里的椅子的靠背全部锯掉,让喜欢待在办公室里的管理人员没有了舒服的靠背,从而主动到现场去做管理了,结果快速扭转了局面,提升了业绩。其实,主管要想更好地去做销售过程管理,走动管理必不可少。娃哈哈集团作为一家民营企业,销售业绩多年来一直保持快速增长,其中一个重要原因就是娃哈哈集团的董事长宗庆后一年200多天都在跑市场,他熟悉市场,熟悉客户,熟悉营销人员,通过走动管理减少了娃哈哈集团决策失误的概率。实行走动管理能够掌握一线市场情况,出现问题时,可以做到及时处理,提高管理效率。

2. 现场管理

现场管理对于下属及客户更有吸引力。不论是销售人员还是客户,都喜欢能够现场解决问题的主管,而不喜欢在办公室、电话里指手画脚的主管。销售主管要想树立自己的威信,更好地帮助下属与客户,就必须亲自到现场去。实施现场管理的效果有以下两个:

(1)现场解决市场问题。很多问题是需要主管到现场去调查、取证、喝彩、助威的,比如窜货、乱价等问题,就不能轻信一家之言,必须到现场去调查,取得一手信息,并追根溯源,合理地予以处理。

(2)现场培训销售人员。销售主管可以通过现场管理,发现销售工作中存在的问题,以及技能方面存在的不足,找到目标达成的根本途径和方式并即时演练,可以现场手把手地提示、培训销售人员,从而提高销售人员的操作能力和水平。

一、日常推销业务管理

1. 填写推销日报表

(1)推销日报表的内容

推销日报表的内容一般包括:

①拜访活动栏。主要填写日期、推销人员姓名、组别、天气状况、当日销售目标、工作时段及内容安排。

②客户栏。主要填写客户姓名、地址、电话、联系人、拜访时间、拜访事由、主要事项。

③工作情况及业绩栏。主要填写推销性质（开拓、回访、理货、补货或收款）、送货品种、数量、金额、结款方式等。

④客户销售或使用情况栏。主要记录库存、上柜、缺货、货物陈列等情况。

⑤市场情况栏。主要记录消费者评价、意见反馈及竞争者情况。

⑥小结栏。简要总结当日工作业绩、感受、存在的问题及对策，提出次日工作计划、建议。

(2)推销人员每日填写推销日报表

推销日报表的内容因企业、产品、市场的不同而有所差异，在内容及要求上因企业而异。但管理规范的企业一般都要求相关业务人员每日填写，以便做到推销工作有计划、规范、便于跟踪检查和管理。一般而言，一份推销日报表应满足一些基本要求：包含推销工作的主要任务；反映客观推销业绩或工作成果；反映推销人员的主观努力和客观工作量；简单，易于填写；格式化，便于统计、比较；反映推销人员的工作日期、地域；反映市场信息等。

(3)填写推销日报表的作用

推销日报表是推销人员每日销售活动的小结，也是制订次日销售活动计划的基础，其中包含次日销售活动计划的内容。推销日报表是企业规范销售活动过程管理的重要工具，也是推销人员实现自我管理的一种重要方法。它的主要作用体现在以下几个方面：

①帮助企划、市场部门了解市场需求、竞争者情报、顾客意见等市场信息。

②便于主管掌握推销人员在进行推销业务过程中的效益、质量，并进行及时指导。

③推销人员可以通过推销日报表自我评价推销目标达成率，分析得失，总结经验。

④是销售效益分析、销售统计的原始资料。

⑤能反映不同阶段的推销工作状况。

2.建立客户资料卡

客户资料卡是推销人员对客户进行管理的重要工具，它记录了客户的基本情况及与公司的业务往来情况。推销人员为每一位客户建立一个独立的客户资料卡，以便分析掌握客户业务发展情况，做到心中有数、有的放矢。可以建立纸质卡或者电子卡。

客户资料卡主要包含以下内容：

①客户档案栏。包括客户名称、地址、电话、联系人、账号、税号、法人代表、经营状况、结算规定等，有时还包括信用额度、信用期限等内容。

②业务往来栏。按日期填写历次送、退货物的品种、数量、价格、销售奖励、结算方式、结款额、应收账款额和累计账款额。

③客户建议栏。填写客户对公司的要求、建议及其公司的处理情况。

④评价栏。填写对客户在信用保证、销售能力、发展潜力、对公司支持度等方面的综合评价，有的公司还定期对客户进行评级。

通过对客户资料卡的管理，推销人员可以了解目标市场的业务发展情况，客户生意的发展情况，可以从中发现潜力客户或优质客户，从而进行重点关注，进而培养成为公司的重点客户(VIP)，为公司销售业绩提升提供保障。同时，也可以发现问题客户，进行及时处理和矫正，以规避销售风险，如账款风险等。因此，客户资料卡的建立和管理对总结业务经营成果、发现问题和解决问题、发展良好客情关系、保证货款回收等都具有重要意义,是企业提高经营绩效的一项重要工作。推销人员要认真填写客户资料卡,以保障资料的客观性和分析结果的准确性。

3.填写推销周报、月报表并及时进行分析处理

推销周报、月报表的作用在于及时总结每周和每月推销人员的工作情况与工作成果,为销售主管提供了解市场信息、开展业务管理的依据,也是对推销人员的工作成效进行监督管理的工具。通过对周报、月报表的研究分析,总结成功经验,找出问题所在,为下一步工作计划的制订和应对策略的实施提供依据。

推销周报、月报表的填写是建立在详细的推销日报表及客户资料卡基础之上的,其主要内容是阶段性工作成效的回顾总结、业绩汇总、工作方法分析、计划完成率(市场目标完成率、销售额目标完成率、毛利润完成率、回款率)分析等,它为上级主管领导的推销管理工作提供了有力的依据。

同时,推销周报、月报表的填写还能够使推销人员清楚了解自己的业务开展情况,促使推销人员有的放矢,更加有效地开展工作以完成销售目标,因为每一位推销人员都希望自己的推销周报、月报表能够内容充实,令领导满意,同时也能够让自己满意。对推销人员来讲,推销周报、月报表的填写既是一种工作压力,同时也是一种激励动力。

二、推销压力管理

1.压力的概念

压力(Stress)指的是两个同时的事件:称为压力源的外部刺激以及对刺激产生的生理和情感反应(焦虑、担心、心跳加速等)。压力分为生理的压力和心理的压力,通常主要指心理的压力。消极的、威胁性的或者令人担忧的事情随着时间的积累,可以让人消沉和筋疲力尽,身体不舒服,失去上进心和战斗力。在人员推销中,存在太多的负面压力,会影响推销活动的开展和推销效率。因此,需要正确认识和缓解压力。推销压力管理问题需要提上管理日程。

2.进行推销压力管理的理由

人员推销过程会产生一定的推销压力,这主要是因为销售工作具有非常大的挑战性。推销压力主要来自销售任务目标和竞争对手,有时甚至来自个别不讲道理的顾客。推销人员每一天都有着不同的经历,都会遇到各种各样的事情,特别是遭遇挫折和困难,可能会直接产生压力。例如,拜访陌生顾客,有些推销人员可能会感觉有压力;遇到竞争对手或担心任务不能完成可能会感到有压力;工作时间太长、工作环境艰苦、休息不够以及和家人在一起的时间太少也可能导致压力。尽管生活、工作中有压力是一种必然,但是一个人能够承受的压力也是有限的。因此,如何正确地准备好、处理好生活与工作的关系,如何从生理上和心理上有效地释放和缓解与工作相关的压力,是推销人员自我管理的一项重要内容,也是销售主管的一项重要工作。推销人员只有学会把工作处理得有条不紊,把生活安排得井然有序,在轻松的生活和工作环境中工作,才能发挥最大的潜力,这是销售成功的关键要素。

然而,压力并不一定都是有害的,有些压力是有益的,压力可以转化为动力,保持适当的压力可以帮助推销人员保持动力、增强活力,但是过多的压力如不加以控制却不利于人的身心健康。推销人员欲努力完成销售指标或者计划,因此要走遍销售区域,导致压力;错过与客户的约会、在很多人面前进行产品演示,以及缺乏对自己表现的反馈及信心也会带来压

力；许多推销人员感觉他们每天 24 小时都在"随时待命"，这让他们神经紧张，感到工作的压力。在信息时代的今天，一个重要的新问题就是信息过剩代替了信息稀缺，处理太多的信息让人感到有压力。另外，越来越多的知识人士声称感到来自同事的压力，从而失去工作满足感。总之，太多的信息、太多的变化、太多的任务和销售竞争，构成现代推销人员面临的种种压力，生活中完全消除压力是不可能的，重要的是我们可以采取压力管理战略来帮助自己处理生活中的压力，排解工作上的压力，以提高推销效率。

3. 压力管理的主要策略

一个人不管生理上的或心理上的压力都需要释放、排解，否则就会像皮球一样发生"爆炸"，所以，压力管理工作对于企业的销售队伍来说非常重要。然而，每个推销人员面对的情况不一样，心理承受能力也有差异，其排解压力的方式也必然有所不同。但归根结底，压力管理的道理是一样的。推销人员必须针对自己的情况设计具体的压力释放方式，以保证自己良好的工作状态。有以下几种方式可供参考：

（1）保持乐观的工作态度

乐观主义者倾向于把问题仅仅看作是暂时的挫折，他们认为未来一定可以成功。他们关注潜在的成功，而不是失败，所以，遇到困难和挫折时，总是能够化解紧张的压力。相反，悲观主义者则倾向于认为坏事会持续很长时间并在面对挑战时更容易沮丧，并轻易放弃。对于推销人员来说，消除压力，保持积极乐观的心态是很重要的。而乐观也可以是一个后天习得行为，推销人员可以尝试让自己乐观起来，遇事想开一点，逐渐形成习惯。例如，可以花更多的时间想象自己取得了成功。如果推销人员想要取得某方面的成功，就想象你真的成功地做成了。想象的过程需要一遍又一遍地不断重复。推销人员乐观的思维可引发积极的态度，改善与顾客的关系，帮助化解压力和取得成功。

（2）建设无压力的家庭办公室

推销是一种比较自由的职业，许多推销人员在家里办公。一个人只要经过一些努力，创造一个压力较小的家庭办公室是可能的，也是可行的。例如，安装一个仅在家庭办公室使用的专用电话线（电话和传真），防止其他家庭成员接听商务电话而有损职业形象。如果推销人员的家庭办公室不是适当的会客地点，可以将会客地点改到客户的办公室或者餐厅、酒吧、茶室。推销人员要确定平时比较固定的工作时间，不要让工作时间延续到晚上和周末。推销人员可以让邻居或者朋友了解其办公时间，从而让他们不要在"工作"时间里来打扰等。

（3）保持健康向上的生活方式

推销人员在工作一段时间之后，进行适当的娱乐、休闲、聊天、朋友聚会、做家务，甚至开展一项体育运动等都可以"燃烧"血液中积累的有害物质，有效释放烦躁情绪。健康专家认为，我们每天所吃的食物——高饱和脂肪、精制糖、添加剂、咖啡因、太多的盐——不利于人们应对压力，而休闲娱乐、体育锻炼给人们提供了放松和解除与工作相关的压力的机会。应对压力的一种方式就是在休息好、放松好之后再工作，很多销售主管鼓励推销人员要最大程度利用休假，帮助员工解决他们的工作负荷问题，以便员工们能够享受休假时光，很好地释放、充电，带来好心情。

应对压力的最有效策略之一就是有节制地生活，保证足够的高质量睡眠。保证身体健康所需的睡眠时间因人而异，但是对于大多数人而言，8 小时的睡眠是合适的。另外，在很多方面，推销人员都必须像职业运动员一样进行自我约束，管理好自己的身体，不要透支。销售工作对身体素质的要求很高，缺乏适当的休息、不当的饮食习惯、饮酒过度、缺乏适当的锻炼都可能会降低一个人应对压力及紧张的能力。

(4) 学会正确地倾诉情感

当一个人产生心理压力时,生理和心理上可能会发生变化,如心跳加快、血压升高、精神高度紧张等。这时就需要释放,否则对身心健康有损害。释放的最好方式是学会找到合适的对象倾诉自己的情感,达到立竿见影的效果。

人遇到压力,有"抗争"或者"逃避"两种选择。选择"抗争"意味着胡言乱语、肆意宣泄、不顾他人感受,效果很差。当然,这种行为并不可取,它可能会损害与团队成员、顾客或者顾客支持人员的关系。"逃避"是回避问题的做法,面对困难时,不是直接面对问题而是扭头就走。这种"逃避"反应通常并不令人满意,因为问题很少会自然而然地消除。

如果推销人员对不切实际的销售定额感到有压力,就应该和销售经理谈,使其降低销售定额,而不应该仅仅是消极地妥协应对。如果推销人员和家人、朋友在一起的时间太少,就要重新审视业务管理计划,并努力制定一个更加有效的方法来进行销售拜访,平衡时间。如果推销人员不断地感到来自工作方面的压力,而又不能通过沟通获得一个更加轻松的工作日程规划,那么离开这个充满压力的环境可能是唯一的解决方案。总之,通过倾诉可以有效排解心理压力,保持身心健康是提高推销人员战斗力的保障。

三、推销时间管理

1. 时间管理的意义

时间对于任何人而言都是有限的,也都是重要的,对于推销人员来说,时间更是意味着效益和利润,因此,时间的有效管理和利用,对于提高推销人员的销售业绩和企业经营效益具有举足轻重的意义。然而,很多人在处理工作和生活中的各种事务时,往往会因不善于管理时间而影响了工作效率,或忙于应付一些突发事件或干扰性杂事,牺牲了许多享受生活乐趣的时间和处理重要事情的时间,进而影响成交的机会。生命由时间构成,人的一生中除去睡眠和用餐、交通、休闲等时间外,平均用于工作和学习的时间只有不到 20 年,一个人的一生是短暂的,应该好好珍惜时间,对于推销人员来说,销售青春更为宝贵。但仅仅知道珍惜时间是不够的,还要学会科学地利用和管理时间以提高效率。

2. 时间管理能力测验

通过回答下列问题,可以大致判断推销人员的时间管理能力。

(1) 推销人员是否清楚做一件事达到几个目的与分别做几件事之间的差别?

(2) 推销人员是否有意识主动掌握和安排自己的时间?

(3) 推销人员是否经常授权给下属去办理一些事情?

(4) 推销人员的助手是否在出现问题时才汇报工作计划?

(5) 推销人员是否有意识地拒绝陌生人的拜访?

(6) 推销人员是否在办事时遵照先易后难的规则?

(7) 推销人员是一个能够快速做出决定的人吗?

(8) 推销人员是否有勇气拒绝别人的邀请?

(9) 推销人员是否经常回顾、检查自己的日常工作?

(10) 推销人员是否注重工作与休息的平衡?

对于以上问题,回答"是"越多,说明推销人员的时间管理能力越强。回答"否"越多,说明推销人员管理时间不力,应注意加强时间管理。

推销人员可以自我检测一下,每小题以10分计。如果得分在70分及70分以上,说明推销人员是一个比较善于管理时间的人,应该继续发扬时间管理精神;如果得分在60分及60分以下,说明推销人员是一个不太善于管理时间的人,应该加强时间管理能力。

3. 推销经理的时间管理

(1)利用时间分析表安排时间

推销经理应将日常活动与所需要花费的时间对应起来,建立一个时间分析表进行时间管理,分析确定日常活动所需时间和事情的轻重缓急,确定业务行动的先后次序。时间分析表有两个基本作用:一是可以使经理人员有效地安排时间;二是能够记录每一时间段所进行的活动,便于检查和评价。如甘特图就是一种基于项目进展的时间管理方法。推销经理的时间分析表见表10-1。

表10-1　　　　　　　推销经理的时间分析表

时　间	主要工作内容	重要或紧急程度	工作完成方式
8:00～8:30			
8:30～9:00			
9:00～9:15			
9:15～9:30			
9:30～10:00			
10:00～10:30			
10:30～11:00			
11:00～11:30			
……			

在做好时间分析表后,推销经理还要考虑下列问题:

①工作任务的完成情况与时间消耗的关系如何?

②最长的一段无干扰工作时间有多长?

③哪项工作花费的时间成本最大?

④可以采取哪些措施消除或控制工作中断?(如无谓的电话、不速之客处理等,要尽量缩短打电话与交谈的时间。)

⑤会议时间是否太长了?效果与时间的关系怎样?

⑥一天所做的工作有多少是与目标,特别是长期目标相关的?

⑦是否有"自我改进"的意识?

⑧有没有提高工作效率的有效方法?

(2)根据事情的轻重缓急安排时间

许多推销经理经常采用事情先发生就先处理的原则,或者按文件的时间顺序处理事情,没有区分事情的轻重缓急,结果往往导致本来该优先处理的重要事情却被压在了最后,拖了很久一直得不到解决,处理无关紧要的杂事却浪费了时间,新的文件、新的问题又不断积压。解决这一问题的方法是推销经理每天下班前或每天上班后先查看一下放在办公桌上的文件、报告,大致了解一下应处理事件的情况,做出轻重缓急的判断,并对应处理的重要事件进行优先的时间安排。重要的事先做,次要的事后做;急的事先做,不急的事后做。按轻重缓急列出当日处理事项清单,每完成一项就画掉一项,做到有条理、有计划、不遗漏。

(3)合理安排下属的工作以节省时间

作为一个推销经理,不能事无巨细均亲自处理,这样会浪费大量的精力在一些繁杂的小事上。作为一个优秀的时间管理者,应该合理地将任务委派给下属,让他们分担一部分工作,从而将时间用在部门工作安排和重大事件处理上。在给下属分配任务时,应注意根据下属的职责和能力有效授权,明确分工,并进行监督检查。即使是一件应由推销经理自己处理的事情,也可以将其中一些简单而费时的环节交给秘书或助手去完成。在分配完任务以后要列出自己应亲自做的工作,然后逐项完成,以免遗漏。

(4)做好周工作计划以有效利用时间

周六、周日是员工放假的时间,但推销经理必须在这一段时间里做一些未雨绸缪的事情,其中很重要的一件事就是做下周的工作计划,安排下周的活动进程及时间。因为一周为一个明显的工作时段,而推销经理在周六、周日心比较静,可以将事情考虑周密、安排得当,从而使下周的工作进行得更有秩序,效率更高。

(5)预先考虑一些可能发生的困难及对策

推销经理在制订工作计划时,应考虑一些可能发生的不定事件,并留出机动时间进行处理。例如,突如其来的销售价格战、社会活动等。因此,推销经理在紧密安排工作时间的同时,应适当留有一定的空余时间,或者在完成某件事时通过提高效率来节约一些时间,这样不至于因意外事情发生占用时间而影响工作进度。

4. 推销人员的时间管理

作为推销人员,勤奋而善于管理时间者往往工作效率高、业绩良好,相反,懒散而经常浪费时间者则工作效率低、业绩差,两者的差异是很大的。推销人员的工作有比较大的自由度,工作上容易养成因时间观念不强而浪费时间的不良习惯。而且,推销人员面临的事务多,环境复杂,因此,在时间管理上难度较大。有些推销人员虽然每天都很忙碌,但最终却没有好的业绩。正因为如此,推销人员的时间管理对于其成长和创造佳绩就显得尤为重要。推销人员的时间管理重点体现在两个方面:一是杜绝浪费时间;二是更有效地利用时间。

根据经济学的"二八"原则,公司业务量的80%来自20%的客户;公司推销业绩的80%是由20%的推销人员创造的;推销人员20%的时间创造了80%的销售业绩。因此,一个优秀的推销人员应懂得抓住重点有效利用时间,将主要的精力放在销售量或销售潜力大的客户身上,而不要耗费太多的时间在没有潜力的小客户身上。每个推销人员都应该明白,时间是一种推销成本,必须做有选择的推销,做重点的业务工作,这是推销人员时间管理的重要内容。

另外,在日常的工作中,注意一些细节也会让推销人员节省很多时间,提高销售效率。以下是提高推销人员时间管理能力的一些要点:

(1)事先联络好客户,确定好时间,以免因等待而白白浪费时间。

(2)不要一味等待某客户,如果正巧客户外出或有事不能见面,应尽可能在附近开展其他相关工作,可以提前做些相关准备。

(3)不要在销售的黄金时间(10:00~11:00,14:00~16:30)去干杂事,无关紧要的杂事可以利用中午或其他零碎的时间去做。

(4)只要可能,尽量在电话或网络对话中将一些问题谈清楚,减少因小事会面的次数。

(5)事先设定好业务活动线路,将同一线路上应拜访的客户和应做的其他事情都做完,避免为一件事单独跑很远的路。

(6)对于不对产品感兴趣的客户要判断其潜力,如果客户既无兴趣,销售潜力也不大,则不要在此客户身上浪费太多时间。

(7)对客户资料进行审查,不要在无权决策或根本没有购买能力的人身上浪费时间。

(8)想办法了解客户的工作时间特点,尽量在客户方便的时间和地点接洽。

(9)上下班途中可以沿路观察市场的概况,有时可选择不同线路回家以搜集业务信息。

(10)不要和与业务无关的人员进行太长时间的谈话,否则会耽误工作,也会引起客户及主管的不满。

时间如滴水,积水成河。树立时间管理意识,掌握一些在细节上节省时间的方法,养成有效利用时间的好习惯,会帮助一个人成就一生的事业。重要的是,作为一名推销人员,工作的大多时间不应待在办公室,而应用在客户身上;时间主要应用在业务工作开展上,而不是用于其他的休闲(逛街、购物或聊天)上。从长期来看,推销人员在客户身上投资的时间越多,收获的也将越多;推销人员的时间管理得越好,工作业绩也将会越好。

第二节 推销组织设计

推销组织是企业在营销战略环境下为实现推销职能、实施推销计划而建立的推销业务运作系统。推销组织设计决定企业推销工作开展的形式,是企业销售目标得以实现的制度保证。合适的推销组织能够帮助企业提高推销效率,改善经营效益。因此,企业进行推销管理首先要建立符合市场规律和企业发展实际需要的销售组织,并确定、培养一批符合现代市场竞争要求的推销人员,以保障企业推销业务的有效开展。

一、推销组织设计的原则

1. 有利于销售目标实现的原则

企业推销组织的设计、建立、调整是否合理都应以其对实现销售目标是否有利为标准来衡量,以有利于达成销售目标为原则。哪种推销组织模式有利于达成销售目标就采用哪种推销组织模式,当然还要考虑企业的具体条件(资源状况、战略目标、企业文化、领导人偏好等)。推销组织的设计应与企业总体发展战略和经营计划相一致。

2. 组织成员分工协作的原则

企业的推销工作是一个整体运作系统,组织中的每一位成员都为实现这个系统的目标尽自己的责任。因此,在设计企业的推销组织时,应将总体任务分解,根据任务的性质、范围、数量明确成员各自的工作内容和分工范围。另外,推销工作虽然具有个人独立性的特点,但在推销组织中,成员之间相互协作还是非常重要的,如推销前的信息交换、针对某些客户的交叉销售、对组织市场的推销、市场推广中的相互协调等,都要求组织成员分工协作。

3. 责、权、利相结合的原则

推销组织成员在实施推销职能时,必须明确自己的职责和任务,同时企业也应给予推销组织和推销人员相应的权利,以便于推销人员更好地完成任务。责任与权力是对等的,权力越大,责任也越大;同样,责任越大,赋予的权力也应该相应增加。切忌出现下面两种情况:一是推销人员对销售决策没有相应的权力,什么事都不能决定,从而影响工作效率;二是推销人员滥用权力,做出违反企业政策的决定,造成损失和负面影响。另外,责权制度还必须与相应的经济利益相结合,一分付出一分回报,以激发推销人员的销售热情。

4. 推销组织精干高效的原则

企业在设计推销组织时,应根据企业的实际情况,包括目标市场、企业规模、客户类型、分销方式等,结合推销人员完成任务的能力,确定合理的机构规模和组织结构形式,尽量实现组织机构的扁平化,提高推销组织的管理效率,避免机构臃肿以及人浮于事。精干不等于精简,要使推销组织处在有效的工作状态,各尽其责,相互协作;同时,要保证企业有充分的推销管理与执行能力,以市场份额最大化、销量最大化为目标。

二、典型推销组织模式

在设计推销组织模式时,需要考虑企业的战略目标、资源状况、企业文化、偏好等条件,遵循销量最大化和市场份额最大化的目标,在综合考量的基础上进行优化整合和设计筛选,以选择最有利于实现企业经营目标的组织模式进行设计和建设。目前主要的推销组织模式有地域型、产品型、市场型、职能型、客户型等。

1. 地域型

地域型推销组织以自然地理区域为管理单元,把推销人员分配到不同的地理区域,推销人员在所负责的区域内开展面向所有客户的全部推销活动。地域型推销组织是一种除了在地域上专业化外,没有其他专业分工并且在推销努力上不重复的最常见的推销组织类型。因为地理上的界线易于划分和管理,所以我国绝大部分企业都是采用的地域型推销组织模式。就我国的地域划分和地域型推销组织的设立习惯来看,一般把我国市场划分为东北、华北、华东、华中、华南、西南、西北七个大区,也可以按照省(自治区、直辖市)进行划分和管理。地域型推销组织如图10-1所示。

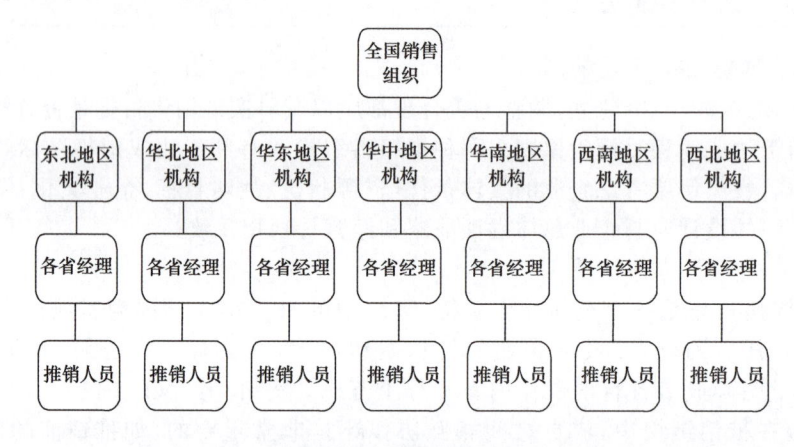

图10-1 地域型推销组织

2. 产品型

产品型推销组织就是按产品或产品线分配推销人员,实行产品专业化销售的组织模式。公司依据产品线设置相对独立的事业部,组建相对独立的销售队伍。对那些有许多不同的产品线或产品线之间关联性不大的公司来说,这是一种最为有效地实现产品最大化覆盖的经营模式。如宝洁(P&G)就是采用的产品型推销组织模式。产品型推销组织的推销队伍中,推销人员一般是该产品类别中的专家,从而有利于更好地满足客户专门化的需求,有利于产品的推销和便于监控某一产品的营销过程,便于制定专门的营销政策。但这种模式也会导致销售地理区域的交叉和推销工作的重复,以至增加推销成本。产品型推销组织如图10-2所示。

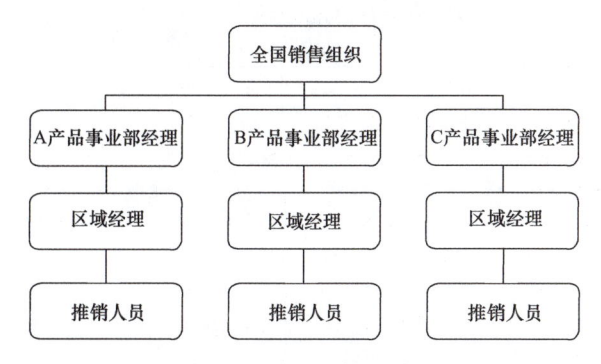

```
                    全国销售组织
        ┌───────────────┼───────────────┐
   A产品事业部经理    B产品事业部经理    C产品事业部经理
        │               │               │
      区域经理         区域经理         区域经理
        │               │               │
      推销人员         推销人员         推销人员
```

图 10-2　产品型推销组织

3. 市场型

市场型推销组织是指推销队伍按照市场类型来分配和设定,一部分推销人员专门为某一类特定的市场(顾客)服务的销售管理模式。一般来讲,我们可以把市场划分为组织市场、消费者市场和特殊市场,设立对应的推销机构开展推销,通过提供专业化的服务以提高推销工作的效率。市场型推销队伍的目标是让推销人员理解特定顾客群如何购买和使用公司的产品,从而更好地满足他们的需求以实现销售目标。市场型推销组织以特定顾客为对象,可以更好地满足不同细分客户的多样化需求,避免同一地区推销人员的重复劳动,但可能存在不同顾客类型在数量、分布、需求、销售价格方面的不平衡问题,管理起来有一定难度,需要制定相关政策进行协调。市场型推销组织如图10-3所示。

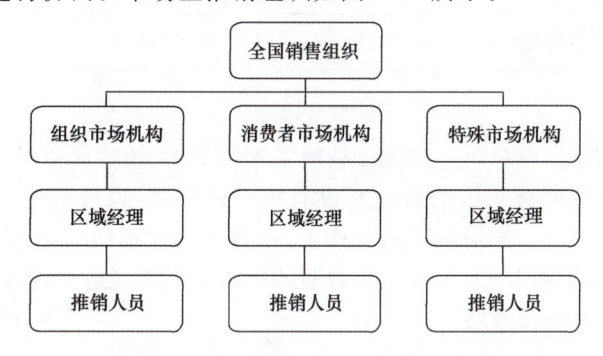

```
                    全国销售组织
        ┌───────────────┼───────────────┐
    组织市场机构      消费者市场机构    特殊市场机构
        │               │               │
      区域经理         区域经理         区域经理
        │               │               │
      推销人员         推销人员         推销人员
```

图 10-3　市场型推销组织

4. 职能型

职能型推销组织依据推销活动的具体任务来组建机构和安排推销人员,以体现多种不同的推销功能及特点,如代理、直销、电话营销、连锁经营等。当需要不同的专业人员来实现不同的推销职能时,企业适合采用职能型推销组织模式。职能型推销组织有利于培养和发挥推销人员的专业特长,但可能导致成本的增加,同时增加管理的难度。职能型推销组织如图10-4所示。

5. 客户型

客户型推销组织是指按客户的性质、规模和重要性、复杂性为基础来配置推销人员进行专门化推销管理的推销组织模式。每一个公司都有一些对公司的销售量贡献、利润贡献或品牌贡献很大的客户,我们称这些客户为大客户(VIP)或主要客户(Key Account,K/A)。主要客户对公司的发展非常重要,需要给予特别的关注和管理。因此,一些公司采用客户型

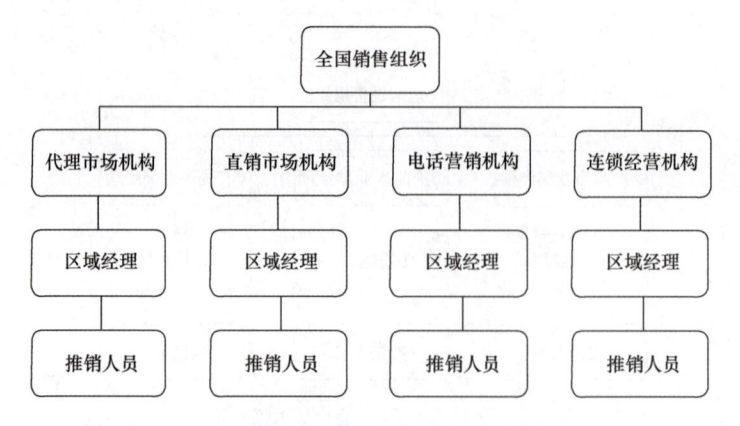

图 10-4　职能型推销组织

推销组织模式,专门设立独立的销售队伍负责对主要客户的跟进服务和管理。客户型推销组织如图 10-5 所示。

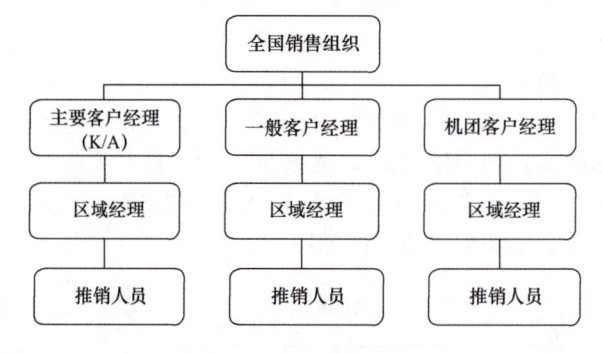

图 10-5　客户型推销组织

从公司战略层面来讲,公司组织与制度是战略实施的基础,销售队伍是实现公司经营目标的保障。事实上,推销组织与队伍的设计并没有统一的模式,也没有一个所谓最佳的方法。企业必须在分析推销目标、推销环境的基础上,结合公司产品、渠道、客户、人员及所处地理区域等因素来综合考量和取舍,选定一种合适的推销组织模式进行建设,以体现公司推销队伍的特点,提高推销效率和效益。

第三节　推销队伍管理

人是管理活动的中心,推销队伍的建设与管理是推销管理工作的一项重要内容,它包括推销人员招聘、培训、薪酬设计、绩效考核与激励等重要环节。

一、推销人员招聘

1. 推销人员招聘途径

推销人员的招聘,可选择从企业内部选拔和企业外部招聘两种最典型的方式。推销人员招聘主要有以下四种具体途径:

（1）公开招聘
所谓公开招聘就是面向社会，向公司以外的一切合适人选开放，按照公平竞争的原则公开招聘推销人员。具体包括以下几种方式：

①通过人才交流会招聘

我国各地每年都会组织大型的人才交流见面会，用人单位在交流会上摆摊设点，以便应征者前来咨询应聘。如各地几乎每年都举办春、秋季人才交流会，还举办特殊专题（如营销、中小企业）人才交流会和外资企业人才招聘会。这种招聘方法的主要优点是可公事公办，直接获取应聘人员的有关资料，如学历、经历、意愿等，根据需要招聘紧缺人才。这种招聘会对象集中，节省时间和经济成本，是主要的招聘形式。

②利用媒体广告招聘

目前企业最普遍的做法是利用报纸媒体发布招聘广告。这种招聘途径费用低，操作便捷，又便于保存和查询；报纸发行量较大，信息扩散面广，可吸引较多的求职者，备选比率大，并可使应聘者事先对本企业情况有所了解，减少盲目应聘。但通过这一途径招聘推销人员也会存在以下几个问题：

- 招聘对象来源、数量不稳定，质量差别较大。
- 招聘广告费用较高，并有不断上涨的趋势。
- 广告篇幅狭小，千篇一律，内容单调。
- 广告位置不醒目，各类广告混杂在一起，招聘广告效果不佳。

③通过网络招聘

由于信息技术和互联网的发展，越来越多的企业通过网络招聘人才。网络招聘方式成本低，可以长期持续招聘。一部分企业通过专业人才招聘网站招聘推销人员，付给招聘网站少量费用。我国主要的招聘网站有深圳南方招聘网、上海人才招聘网、北京人才招聘网、前程无忧招聘网（51job）、智联招聘网、研究生就业网等。目前更多的企业通过自己企业的网站招聘人才，这样可以随时招聘，但也存在招聘信息不能及时到达目标人群的问题。

（2）内部招聘
内部招聘就是由公司内部职员自行申请适当位置，或由他们推荐其他候选人应聘的招聘方式。许多规模较大、员工众多的公司经常采用这种方式。这种招聘方式主要是挖掘内部人才的潜力，让人才各得其所，或者本着内举不避亲、外举不避仇的原则，让内部职员动员自己的亲属、朋友、同学、熟人，经过介绍加入公司的推销队伍。内部招聘的优点包括：

①一方面，应征者已从内部职员那里对公司有所了解，既然愿意应征，说明公司对他有足够的吸引力，招聘人员具有相对稳定性；另一方面，公司也可以从内部职员那里了解有关应征者的许多情况，从而节省了部分招聘程序和费用。

②由于应征者已对工作及公司的性质有相当的了解，工作时可以减少因生疏而带来的不妥和恐惧，从而降低了人才流失率。

③有时因录用者与大家比较熟悉，彼此有责任把工作做好，相互容易沟通，因此有利于提高团队作战的效率。

但是，如果利用不好，这种内部招聘方式也会带来诸多的弊端，如内部职员引荐录用的人多了，容易形成小帮派、小团体和裙带关系网，"牵一发而动全身"，从而造成内部管理上的困难。

（3）委托招聘
委托招聘就是委托一些专门机构负责推荐、招聘人才。这些专门机构主要有以下几类：

①职业介绍所。许多企业利用职业介绍所招聘所需要的推销人员。一些企业认为,职业介绍所介绍的求职者,大多数是能力较差、不易找到工作的人。不过,如果有详细的工作说明,让职业介绍所的专业顾问帮助企业进行求职者筛选,既能使招聘工作简单化,又可以找到不错的人选。

②人才交流中心。人才交流中心是政府劳动人事部门或企业设置的常年人才市场,它们掌握大量人才储备,帮助企业进行人才的介绍与推荐,乃至人才招聘以及社会人才的管理。北京、上海、广州、深圳、武汉等大城市的人才交流中心都有大量的人才储备。

③行业协会。行业协会对行业内的情况比较了解,它们经常访问、接触行业内的厂家、经销商、推销经理和业务员,往往具有行业人才需求与供给的资源,如中国市场协会、各省市行业市场研究会、专业俱乐部等。企业可请它们代为联系或介绍推销人员。

④公司客户。公司在开展业务的过程中,会接触到顾客、供应商、代理商、非竞争同行及其他各类客户人员,这些人员都是推销人员的可能来源。

⑤猎头公司。猎头公司是掌握高素质人才信息,并与高素质人才有密切联系的专业人才经营公司。它们的主要任务是掌握高端人才信息并建立人才资料库,为企业引荐高端人才并收取相应费用。企业通过猎头公司招聘人才需要付出较高的费用。

(4)定向招聘

所谓定向招聘是指企业到大专院校或职业学校挑选推销人员的方式。通过这种渠道招聘推销人员有以下几个优点:

①能够比较集中地挑选大批量的推销人员,从而节约成本。

②大学生受过良好的专业基础知识和综合素质教育,为今后的人才培训奠定了基础。

③应届毕业生往往因为刚刚参加工作,对推销工作充满了热情,一般较为积极主动。

④从薪金上来说,招聘应届大学生比招聘具有推销经验的推销人员成本要低些。

但定向招聘方式也有很大的缺陷,主要是应届毕业生缺乏推销经验,适应工作的过程较慢。

2. 推销人员招聘程序

(1)应聘者填写申请表

应聘者要先填写一般的人事资料登记表,内容主要包括姓名、性别、身高、年龄、健康状况、学历、工作经历、家庭成员、本人特长、居住地址、电话号码、个人主页或电子邮箱、邮政编码等。

(2)企业面试

面试由企业推销经理和人力资源部负责人主持,并可以请有丰富推销经验的推销人员参加。通过个别沟通、集体谈话和侧面观察相结合的方法,考察应聘者的人品态度、知识水平、反应能力、仪表风度、健康状况以及有无心理缺陷等。同时向应聘者如实介绍企业的概况、工作任务的艰苦性,以判断其申请态度是否诚恳,对本企业的工作岗位和待遇是否满意等。

(3)业务考试

面试合格者还要进行业务专题考试,考试内容包括专业知识、综合素质、心理测验等诸多方面,主要考察准业务人员的专业能力、综合素质与心理、性格特征。企业还可通过特殊的测试方式测试应聘者的特殊技巧或某项工作需要的特殊技能。

(4)体检

对业务考试合格、企业准备录用的人,录取前还需对其进行身体检查,以判断其是否符合推销业务工作的体能要求。

二、推销人员培训

推销人员对顾客的需求必须有清醒的认识,需要不断地学习新的知识和技能以满足顾客不断变化的需求。推销人员不论是新人还是老手,都必须不断地"充电",以提高专业知识和技能水平。因此,对推销人员的培训是推销管理过程当中一个重要而且必不可少的环节。

对推销人员进行培训是为了使推销人员树立正确的推销理念、确立积极的推销态度,获得有关推销工作的专业知识和技能,从而改善推销工作绩效。

1. 推销培训的内容

推销培训是一个系统工程,其内容涉及面较广,一般包括知识培训、技能培训和态度培训多个方面。

(1)企业知识的培训

有关企业知识的培训内容包括:

①本企业过去的历史及成就。

②本企业在社会及国家经济结构中的重要性。

③本企业在所属行业中的现有地位。

④本企业的各种政策,特别是市场、人员及公共关系等方面的政策。

⑤推销工作对企业发展的重要性,企业对推销人员的期望及任务安排。

⑥行业与市场的发展特点等。

(2)产品知识的培训

有关产品知识的培训内容包括:产品的类型与组成、产品的品质与特性、产品的优点与功能利益点、产品的制造方法、产品的包装情况、产品的用途及其限制、产品的售后服务(如维护、修理等)、行业生产技术的发展趋势、相关品与替代品的发展情况等。

(3)客户管理知识的培训

有关客户管理知识的培训内容包括:

①寻觅、选择及评价潜在的顾客。

②获得约定,确定接洽日程,做准备及注意时效。

③明确有关经销商的职能、问题、成本及利益。

④与客户建立持久的业务关系。

⑤了解客户的消费行为特点等。

(4)推销技巧的培训

推销技巧的培训内容包括:做市场分析与调查,注意仪表和态度,访问、初访、再访以及推销术语的准备,进行产品说明,争取顾客好感,处理反对意见,坚定推销信心,克服推销困难,获得推销经验,更新推销知识,制订推销计划等。

(5)推销态度的培训

有关推销态度的培训内容包括:对公司的方针及经营者的态度,对上司、前辈的态度,对同僚及服务部门、管理部门的态度,对客户的态度,对工作的态度等。

(6)推销行政工作的培训

有关推销行政工作的培训内容包括:

①撰写推销报告和处理文书档案。具体包括:编制预算的方法,订货、交货的方法,申请书、收据的做法,访问预定表的做法,日、月报表的做法,其他记录或报告的做法。

②答复顾客查询。
③控制推销费用。
④实施自我管理。具体包括:制定目标的方法、工作计划的拟订方法、时间的管理方法、健康管理法、地域管理法、自我训练法。
⑤经济法律知识的学习等。

总之,对推销人员的培训是提高推销队伍战斗力的一种主要手段,是一项系统而复杂的工程。对于企业管理者而言,推销培训也是一项细致而艰巨的工作,它需要企业成立专门的机构、配备专门的人员开展专业化的培训工作。

2. 推销培训的过程

"磨刀不误砍柴工",推销队伍的培训工作需要长期、持续地开展,才能提升队伍的凝聚力、战斗力,保持推销队伍的活力。一般推销队伍的培训包括以下几个程序:明确培训需求、制定培训目标、设计培训方案、实施推销培训和测定培训效果。

(1)明确培训需求

通过调研找到推销队伍的欠缺之处及问题,有的放矢地提供专题培训。明确培训需求的目的是找到推销人员与绩效有关的技能、态度、洞察力等方面的差距,明确推销成功所必需的知识与能力,提供针对性培训。准确确定需要培训的主题内容,有助于推销人员提高其推销绩效,主要有推销技巧(Sale Technique)、商品知识(Product Knowledge)、顾客知识(Customer Knowledge)、竞争知识(Competitive Knowledge)、时间与区域管理知识(Time and Territory Management Knowledge)等方面的内容。

(2)制定培训目标

多数公司把推销培训的目标确定在增加销售额、利润和提高效率等短期目标上,但事实上,推销培训的目标不应该完全局限于此,还应该包括:
①帮助推销人员成为好的推销主管。
②辅导新推销人员熟悉推销工作。
③改进有关产品、公司、竞争者及推销技能方面的知识。
④提高访问率,稳定推销队伍。
⑤转变对推销工作的认识和态度。
⑥降低推销成本。
⑦培养适合于推销事业的个性品格。
⑧获取反馈信息。
⑨提高对某个特定的产品或某类特定顾客的推销能力等。

(3)设计培训方案

培训方案是针对某个特定培训目标所拟订的具体培训行动计划,合适的培训方案能够帮助增强培训效果。培训方案包括培训目标、培训内容、受训范围、培训时间、培训地点、培训师资、培训方法及经费预算等具体内容。

(4)实施推销培训

在完成前几步的基础上,推销培训的实施是水到渠成的事情,但整个实施过程中推销经理要监控培训的进程,了解受训人员学习的意愿和方法、成效,加强培训工作的过程管理,保证培训目标的顺利实现。

(5)测定培训效果

培训效果的测定是一个很困难的问题。有时候很难对培训效果做一个明确的陈述,即使陈述清楚,也难以用数字去定量衡量,因为推销业绩的好坏受到很多因素的制约和影响,我们不可能分辨出推销业绩的增长是培训的结果,还是其他某个方面所造成的结果。尽管如此,我们还是需要对推销培训进行评估,以了解培训的价值。一般可通过培训前后基础知识的测试、培训后顾客对推销人员服务及态度的评价变化情况、培训前后推销人员推销业绩的变动情况等来了解推销培训的效果。事实证明,有效的推销培训能够提高推销人员的推销技能,能够促进公司推销业绩的增长。

三、推销人员薪酬设计

常言道:要想马儿跑得好,就得给马儿吃好草。要充分调动推销人员的推销积极性,设计一个公平而富有激励性、挑战性的薪酬制度是其中的一个关键性保障。

1. 薪酬设计的原则

推销人员的薪酬设计要遵循如下几条基本原则:

(1)"三公"原则。公平、公正、公开,不厚此薄彼。

(2)差异性原则。薪酬设计要考虑适当拉开推销人员的收入差距。

(3)激励性原则。薪酬设计要能够达到奖勤罚懒、奖优罚劣的目的。

(4)经济性原则。薪酬设计要考虑企业的经济效益和承受能力。

(5)合法性原则。薪酬设计要符合国家的政策和法律规范。

推销人员的工作具有很大的独立性、流动性和自主性,他们的工作环境极不稳定,风险较大,因此,薪酬制度的设计首先要考虑推销人员的收益,要能够留住优秀推销人员,同时又要兼顾企业利益,考虑企业的特征、企业的经营政策和目标、财务及成本上的可行性、行政上的可行性和管理上的可行性等因素。

2. 典型的薪酬模式

企业薪酬制度的选择与设计因企业具体情况而异,没有任何固定的模式。推销人员的薪酬模式主要有纯粹薪金制、纯粹佣金制和基本薪金加奖金制等典型形式。

(1)纯粹薪金制

所谓纯粹薪金制,就是企业每月支付给推销人员一定的、固定的薪水,不考虑其业绩以及其他的成就、表现的一种薪酬制度。换句话说,无论推销人员的业务成绩如何,均可以在一定的工作时间内获得一个定额的报酬。这种薪酬模式主要以工作的时间为基础,是计时工资的一种形式,与推销工作效率没有直接联系,没有激励作用,所以较少在业务部门采用,但在行政部门有所采用。

纯粹薪金制的优点包括:

①使推销人员有安全感,在推销业务不足时不必担心个人收入。正在接受培训的推销人员以及专门从事指导购买者使用产品和开辟新推销区域的推销人员,都愿意接受纯粹薪金制。

②有利于稳定队伍,推销人员的收入与推销工作业绩并无直接关系。很多人愿意接受这种固定收入模式,是因为这意味着推销人员有一份相对稳定的工作。

③管理者能对推销人员进行控制,在管理上有较大的灵活性。因为收入与推销工作效率不直接挂钩,所以管理者根据需要在推销区域、顾客、所推销的产品等方面进行必要的灵活调整时,矛盾一般也比较少。

纯粹薪金制的弊端是:缺乏弹性,缺少对推销人员的激励,较难刺激他们开展创造性的推销活动,容易使推销人员产生惰性心理,导致平均主义,形成吃"大锅饭"的局面。

纯粹薪金制适用的情况是:企业希望推销人员服从指挥、服从工作分配;某些推销管理人员,如企业的中高级推销管理人员希望工作稳定;需要集体努力才能完成的推销工作(大型项目);产品的推销比较容易,不存在多少难度(如垄断行业)的推销工作。总的来讲,纯粹薪金制是一种比较保守、落后的薪酬模式。

(2)纯粹佣金制

所谓纯粹佣金制,就是企业对推销人员只根据业绩完成情况按一定比例提取佣金作为推销人员的全部收入的一种薪酬制度。纯粹佣金制与纯粹薪金制不同,它有较强的刺激性,即企业根据推销人员在一定期间内的推销工作业绩来支付报酬,多做多得。推销人员的推销工作业绩通常以推销人员在既定的时期内完成的推销额为基础来计算,有时也以利润额来计算。推销人员的收入主要取决于两个因素:一是在既定的时期内完成的推销额或利润额;二是给定的提成率。

纯粹佣金制的优点包括:

①能够把收入与推销工作效率结合起来,鼓励推销人员努力工作,促进销量提高。

②有利于控制推销成本。

③简化了企业对推销人员的管理。

④促进推销人员提高业务水平。为了增加收入,推销人员必须努力工作,并不断提高自己的能力,不能吃苦或没有推销能力的推销人员则自行淘汰。

纯粹佣金制的缺点包括:

①收入不稳定,推销人员缺乏安全感。

②企业对推销人员的控制程度较低,因为推销人员的报酬是建立在推销额或利润额基础上的,因而推销人员不愿意推销新产品,不愿意受推销区域的限制,也不愿意做推销业务以外的工作。

③企业支付给推销人员的佣金是一个变量,推销的产品越多,佣金也就越多,这样,推销人员往往只关心销量的增长,重结果而不重过程,重眼前利益而忽视企业长远利益,甚至可能出现用不正当的手段来推销商品的短期行为。

④容易导致地区业务和推销人员收入的两极分化,不利于公司业务的全面发展,不利于推销队伍的稳定和良性发展。

纯粹佣金制适用的情况是:某种商品积压严重,需要在短时间内削减库存,回收资金;某种新产品为了尽快打开销路,需要进行特别积极的推销。总体来讲,纯粹佣金制是一种过于粗放、简单而危险的薪酬模式,容易导致窜货、乱价、不正当竞争等行为。

(3)基本薪金加奖金制

基本薪金加奖金制是上述两种形式的结合,即在支付业务人员基本薪金的同时,利用奖金(或佣金)来刺激推销人员的工作积极性。基本薪金为推销人员提供生活保障和体现基本职位价值,它包括职位工资、职位津贴、住房补贴、电话补贴、交通补贴、午餐补贴、医疗补贴、保险、公积金、出差报销(或补贴)等,构成了业务人员收入的主要部分。而奖金(或佣金)是拉开差距、鼓励优秀推销人员的收入项目,主要根据推销人员的业绩来计算和发放,计算比例和考核方式因企业而异。

这种报酬形式通常是以固定薪金为主,以奖金(或佣金)为补充,它尽可能地吸收了纯粹薪金制和纯粹佣金制的优点,又尽量避免了两者的缺点。这种形式既可以保证推销人员获得稳定的个人收入,具有安全感,又有稳定性,同时便于对推销人员进行控制,还能起到激励的作用,求得在安全与激励之间的某种平衡。正因为如此,目前绝大部分企业实行这种薪酬模式。

但值得注意的是,企业必须处理好固定工资和佣金之间的比例关系,既要体现固定薪金带来的心理安全感,又要体现弹性佣金带来的挑战性和刺激感,以求得稳定和发展的平衡,追求企业推销工作的最佳绩效。

此外,年终红利制度、员工股份制度等都不失为很好的薪酬福利补充制度,在一些企业作为业务人员年终福利发放,具有很好的激励效果。但年终红利和股份制目前还主要是针对推销管理高层实施,未来也有希望全面实施。总之,推销人员的薪酬设计没有固定模式,企业可以根据自身的产品特点、资源状况、推销目标进行灵活机动的选择,重要的是要因地制宜,整合制定,目的是既能激励推销队伍,又能为企业带来高绩效和高效益。

四、推销人员绩效考核

推销人员绩效考核是推销业务管理的重要内容,它为企业薪酬与激励制度的实施提供依据。

1. 推销人员绩效考核的必要性

(1)绩效考核是决定推销人员薪资水平的依据。推销人员的业绩决定了推销人员的佣金或奖金的多少,这是推销人员收入的主要部分,体现了多劳多得的分配思想。

(2)绩效考核是对推销人员进行奖励和提升的依据。推销人员是否优秀,取决于其综合业绩表现,业绩的好坏是企业奖励和提升优秀推销人员的有力依据。

(3)绩效考核是对推销人员进行管理监督的依据。推销人员掌握公司货物和资金的流动情况,其工作具有非常大的灵活性和弹性,因此,推销人员是需要进行监管的,而绩效考核恰恰就是对推销人员进行有效监管的有力武器。

(4)绩效考核是了解推销人员培训需求的依据。推销人员需要全方位的培训,包括知识、方法、技能等,但针对推销人员或某个推销队伍,究竟其哪方面比较欠缺,哪方面急需优先培训,只有通过绩效考核才能发现问题,才能找到培训的突破口。

2. 推销人员绩效考核的内容

对推销人员进行绩效考核应该是全面的、具体的,其内容包括推销业绩、客情关系、专业知识及能力、团队协作能力等的考核,其中,业绩是最主要的考核项目。

(1)推销业绩考核。推销业绩考核包括推销人员个人的推销量、推销金额、回款率、毛利率、新客户开拓数、拜访客户次数、市场占有率等。在制定考核标准时,一定要考虑不同推销人员的差异,包括推销区域的市场发育状况差异、推销产品差异、基础客户的条件差异等,用设立考核系数的方式缩小个人及区域差异,避免两极分化。

(2)客情关系考核。客情关系考核包括推销人员现有客户数、解决客户问题能力、支持客户能力、管理客户能力及管理状况等。注意对不同类型客户进行分别考核。

(3)专业知识及能力考核。专业知识及能力考核包括推销人员对企业知识、产品知识、市场的了解程度,对客户情况的掌握,对竞争者情况的分析,推销技巧及管理知识等。

(4)团队协作能力考核。团队协作能力考核包括推销人员对公司环境的了解,对公司的忠诚度,与同事良好相处、协调共事的能力,与主管及同事良好沟通的能力等。

(5)其他考核。其他考核包括推销人员业务形象、推销信心、语言表达、综合办事能力等。

3. 推销人员绩效考核的方法

推销人员绩效考核的方法很多,比较具有代表性的方法有横向比较法、纵向比较法和尺度考核法。

（1）横向比较法

横向比较法是一种把各个推销人员的推销业绩进行比较和排队的方法，把推销额进行对比，还要考虑到推销人员的推销成本、推销利润、客户对其服务的满意程度等因素。这种方法有利于衡量推销人员推销业务的优劣。

（2）纵向比较法

纵向比较法是将同一推销人员现在和过去某时段的工作成绩进行比较的方法，包括对推销额、毛利、推销费用、新增客户数、流失客户数、客户平均推销额、客户平均毛利等数量指标的分析。这种方法有利于衡量推销人员推销业务的改善状况。

（3）尺度考核法

尺度考核法是将考核的各个项目都配以考评尺度，制作出一份考核表对推销人员进行考核的定量考核方法。在考核表中，可以将每项考核指标划分出不同的等级考核标准，然后根据每个推销人员的表现评分，并可对不同的考核指标按其重要程度给予不同的权数，最后核算出总的得分，以评定其综合业绩。推销人员推销业绩考核表见表10-2。

表10-2　　　　推销人员推销业绩考核表

评价指标	推销人员1	推销人员2	推销人员3
指标1：销量			
权数	5	5	5
目标	300 000	200 000	400 000
实际完成	270 000	160 000	360 000
完成率（实际完成/目标）	0.9	0.8	0.9
成绩水平（权数×完成率）	4.5	4.0	4.5
指标2：订单平均批量			
权数	3	3	3
目标	500	400	300
实际完成	400	300	270
完成率（实际完成/目标）	0.8	0.75	0.9
成绩水平（权数×完成率）	2.4	2.25	2.7
指标3：客户开发数			
权数	2	2	2
目标	30	25	40
实际完成	20	22	36
完成率（实际完成/目标）	0.66	0.88	0.9
成绩水平（权数×完成率）	1.32	1.76	1.8
业绩合计	8.22	8.01	9.0
综合效率	82.2%	80.1%	90.0%

五、推销人员激励

作为推销管理的一项重要内容，制定政策激励推销人员是一个企业推销部门主管的重要工作。正确的评价、适时的激励，对于提高推销人员的信心、激发推销人员的工作热情、挖掘推销人员的最大潜能和提升企业推销业绩都是至关重要的。

知识链接

胡萝卜加大棒理论

根据胡萝卜加大棒理论，推销经理有时需要用"大棒"对企业员工进行惩罚，才能让他们按规章行事；有时更需要用"胡萝卜"对他们进行奖励，才能充分调动员工的工作积极性。前者是一种负向激励,而后者是一种正向激励。实践证明,新时期对于推销人员的激励,"胡萝卜"比"大棒"更加有效。

1. 推销人员激励的必要性

有些推销人员即使没有管理部门的督促也会尽心竭力工作,对他们来说,推销是世界上最刺激且富有挑战性的工作,他们胸怀大志,积极主动,收入丰厚,具有工作动力。但是对于大多数推销人员来说,推销是一项艰苦而具有压力的工作,需要鼓励和特别的刺激,才能使他们的工作取得佳绩。推销人员需要激励,原因在于:

(1)工作的性质所决定

推销人员通常要独立工作,并且从事推销工作经常受到挫折,存在销量的压力。推销人员的工作时间是不规律的,还要经常离家在外,非常孤独。面对充满压力的工作环境,推销人员常常因为无法赢得理想客户或失去好客户、大订单而失望,这个时候特别需要激励,才能激发他们的斗志。

(2)人性的弱点所决定

有人认为,人的本性是懒惰的,人们不愿意承担责任,一有机会就会逃避。大多数推销人员如果没有特别的激励,如金钱、荣誉和社会地位等,就会工作懈怠,回避困难,不能发挥其最大潜能。因此,推销人员总是需要不断地激励和鞭策,才能保持上进心。

美国推销专家福特·沃克曾经对推销人员激励的问题进行了深入的研究,并提出了推销人员激励的基本行为模式,如图10-6所示。

激励措施 → 推销人员努力 → 取得成绩 → 获得奖励 → 成就感

图10-6 推销人员激励的基本行为模式

推销人员激励的基本行为模式表明,对推销人员的激励越大,他做出的努力也就越大。更大的努力将会带来更好的业绩,更好的业绩将会带来更多的奖赏,更多的奖赏将会产生更大的满足感和成就感,而更大的满足感和成就感又会提供给推销人员更大的精神动力,帮助推销人员创造更辉煌的业绩。这是一种正向的激励原理,也是一种良性的循环。

2. 推销人员激励的基本原则

根据管理学的公平理论,企业员工在接受公司的工资、奖金、福利、表彰等工作回报时都会与同行、同事进行比较,特别是与身边的人进行比较,一旦发现与其他人存在显著差异,特别是发现不如其他人,就会产生心理不平衡,产生不满情绪而影响工作。换句话说,员工都有追求公平的心态,激励员工队伍特别需要兼顾公平,否则就达不到激励的效果,正所谓"不患贫而患不均"。

一个企业推销目标的实现,与推销人员的精神状态有着密切的联系,也就是推销队伍的士气,激励是鼓舞士气的有效手段。企业通过有效的、科学的激励方法,引导、激发推销人员的内在潜力,使他们的积极性和创造性得以充分发挥,从而取得最佳的工作绩效。推销人员激励的基本原则有以下几个:

(1)公平合理原则

激励必须建立在合理确定目标任务基数的基础上,做到标准统一、一视同仁、公平合理,否则就失去了奖勤罚懒的积极意义。

(2)及时兑现原则

及时兑现原则即趁热打铁,及时奖励,及时表彰,这不但对提高推销人员的工作热情和工作绩效有积极刺激作用,而且有直接的利益驱动意义。

(3)稳定有效原则

激励具有长期性、相对稳定性,作为一种管理手段、管理制度要长期保持,才能收到更大的激励效果。激励对于个人来说是短期的,但对于企业来说应该是长期的,要将激励的短期效用与企业的持续发展结合起来。

(4)目标一致原则

激励的目标、定量、范围和方法要简单明确,易于操作,使每个推销人员都明确认识到自己应做什么和不应做什么。而且,激励个人的目标要尽量与组织的目标一致,才能帮助企业达成经营目标。

(5)投入产出原则

企业是经营实体,要考虑成本、利润问题,效率和效益问题,即经营的经济性问题。所以,推销人员激励也要考虑投入和产出状况,量力而行。

(6)物质激励与精神激励相结合原则

根据行为学家的实验,人们有物质和精神两方面的需要,人的全部潜能的发挥,有60%是由物质因素引发的,有40%是由精神因素引发的。所以,对推销人员进行激励时,不能只用物质奖励方法,还必须同时使用精神奖励方法。

3.推销人员激励的主要类型

马克思把人的需要简要地概括为物质需要与精神需要两大类。通过对推销人员物质需要与精神需要的满足,可以达到激励的效果,所以有人把激励分为物质激励与精神激励两种类型。有些人则站在企业的角度,把推销人员激励分为内部激励与外在激励两个方面。

知识链接

推销人员激励的小点子

一般推销人员的需求不外乎三个方面:收入、地位和成就感。满足推销人员的相关需求就可以使他们有不断进取的精神动力。具体来讲,推销人员的需求包括:

①合适的工资、奖金及提成。
②工作的努力和专业能力为主管所赏识。
③有接受培训及个人发展的机会。
④有一定的职位及权力。
⑤有良好的工作氛围。
⑥受到上级、同事及客户的尊敬和认同。

(1)物质激励与精神激励

①物质激励

"钱不是万能的,但没有钱是万万不能的。"物质需要是人的基本需要,物质激励是最基本的激励手段,因为工资、奖金、住房等决定着人们的基本需要的满足。企业可以运用的物质激励手段包括工资、奖金和各种公共福利的提供,以调动推销人员的工作积极性。物质激励是基础,它对处于社会基层的推销人员来说尤为重要,因为推销人员的收入水平及居住条件也影响其社会地位、社会交往,甚至学习、文化娱乐等精神需要的满足。当然,在应用时要十分注意把握物质激励的度,过与不及都达不到应有的激励效果。

②精神激励

精神需要是人的更高层次的需要,在物质条件基本满足的情况下,人们更加注重对精神愉悦和成就感的追求。现代企业管理实践表明,人总是需要一点精神激励的,物质激励必须同精神激励相结合,才能产生最大的激励效果。精神激励包括表扬、授予光荣称号、象征荣誉的奖品和奖章、职位晋升、受到认可和尊重等,这是对推销人员贡献的公开承认,可以满足他们的自尊需要和自我价值实现需要,从而达到激励的效果。正如美国 IBM 公司前营销副总裁巴克·罗杰斯在其《IBM 道路》一书中所说的:"几乎任何一件可以提高自尊心的事情都会起积极作用。我并不是说光凭赞美、头衔和一纸证书就会使一个付不起账单的人满足,但是,这些做法在物质奖励的基础上是对做出贡献的人的一个很好的、公正的评价。"

(2)内在激励与外在激励

①内在激励

内在激励(Internal Motivation)是当一项职责或任务完成后公司对当事员工的内在奖赏,如成就、挑战、责任、肯定、表彰、提升、成长、工作本身的乐趣和参与感等。如果推销人员喜欢拜访顾客并乐于解决他们的问题,那么这一活动对推销人员本身就是一种奖励,属于一种自我激励,因为推销人员能够从中感受到乐趣和价值。

内在激励通常是当推销职位提供了成就和个人成长的机会时引发的。内在激励因素常常比外在激励因素对雇员的态度和行为有更加长期的影响,更大的激励效果。从许多推销案例中我们发现,推销绩效与推销经理对出色完成工作的推销人员的赞许直接相关,而且是正相关。内心对工作满意的推销人员更倾向于努力工作,以达到高绩效的推销水平。

②外在激励

外在激励(External Motivation)是由其他人采取行动,包括奖励或者其他形式的强化,从而使员工积极行动以确保得到奖励的管理方式,如开展竞赛、发放奖品、确定定额等。公司对达到推销目标的推销人员给予现金奖励就是外在激励的一种典型做法。许多推销经理认为,企业可以通过举办更多精心设计的推销竞赛、给予更多昂贵的奖品或者挑选具有异国风情的开会地址来提高推销生产力,这就是外部激励的威力。

这一观点忽略了人们确信的有关动机的两个基本点:第一,动机是个性化的。满足了一个人的需要的东西可能对于另外一些人并不重要,如推销人员对社会地位(阶层)的欲望就可能如此。第二,动机在我们的一生中都会发生变化。因为人们把不同的兴趣、驱动力和价值观带到了工作场所,所以他们对各种激励方式的反应各不相同。激励专家提出,公司应该提供外在激励和内在激励的组合策略,才能取得最大的激励效果。

4. 推销人员激励的有效方法

推销激励的核心是对推销人员的推销工作成果进行奖励。实践表明,最有价值的激励是增加推销人员的工资,随后是职位提升、提供个人发展机会和作为某阶层群体成员的成就感。价值最低的激励是好感与尊敬、安全感和表扬。换句话说,工资、有出人头地的机会和满足成就感对推销人员的激励最为强烈,而表扬和安全感的激励效果较弱。对策总比困难多,推销人员激励的有效方法有很多。

(1)目标激励

目标激励是只要推销人员达成推销目标就对其进行奖励的方法。企业应制定的主要考核目标包括每年、每月销量目标,利润目标,访问客户的次数目标,开发新客户的目标,推销增长目标,订货单位平均批量目标等。目标能激励推销人员上进,是他们工作中的方向。为使目标成为有效的激励工具,目标必须同报酬紧密相连,推销人员达到目标就一定能兑现奖励。目标激励的好处在于它使企业的目标变成了推销人员自觉的行动,使推销人员看到自己的价值与责任,工作也增添了乐趣。所以,目标既是一种压力,也是一种动力。

(2)榜样激励

榜样的力量是无穷的。俗话说:拨亮一盏灯,照亮一大片。大多数人都不甘落后,但往往不知道应该怎么做或在困难面前缺乏勇气。通过树立先进典型和领导者的宣传及示范,可以使推销人员找到一面镜子、一把尺子和一根鞭子,为推销人员增添克服困难去实现目标、争取成功的决心及信心。企业要善于运用国内外优秀推销人员成功的案例来激励员工,并要评选本企业的优秀推销人员,使企业员工看得见、摸得着,从而促进整体素质的提高。如有些公司每年都要评选出"冠军推销人员"、"优秀推销人员"和"推销女状元"等,效果很好。

(3)工作激励

行为科学理论认为,对职工起激励作用的因素分为内在激励因素和外在激励因素两类。这两种激励都是必不可少的。工作激励首先是合理分配推销任务,尽可能使分配的任务适合推销人员的兴趣、专长和工作能力;其次是利用"职务设计"方法,充分考虑到员工技能的多样性、任务的完整性、工作的独立性,并阐明每项任务的意义,就可以使员工体验到工作和所负责任的重要性,从而产生高度的内在激励作用,使推销人员形成高质量的工作绩效及对工作高度的满足感。工作激励的关键在于知人善任,发挥所能。

(4)竞赛激励

人都有好胜的本能,企业可以通过开展推销竞赛激发推销人员的竞争精神。因为推销工作是一项很具有挑战性的工作,推销人员每天都要从零开始,充满艰辛和困难,所以推销主管要不时地对推销人员进行鼓励或充电,开展业绩竞赛是一种合理的形式,能够激发推销队伍的活力。开展竞赛的目的是要鼓励推销人员付出比平时更多的努力,创造出比平时更高的业绩。竞赛实施需要对竞赛主题、参赛对象、竞赛方法、入围标准、评奖标准、评审过程、奖品选择等各个方面进行深入细致的准备。

竞赛激励的组织实施要注意以下要点:

①奖励设置面要宽,竞赛要设法让更多的参加者有获得奖励的机会。

②业绩竞赛要和年度推销计划相配合,要有利于公司整体推销目标的完成。

③要建立具体的奖励颁发标准,奖励严格按照实际成果颁发,杜绝不公正现象。

④竞赛的内容、规则、办法力求通俗易懂,简单明了。

⑤竞赛的目标不宜过高,应使大多数人通过努力都能达到。

⑥专人负责宣传推动,并将竞赛进展情况适时公布。

⑦要安排宣布推出竞赛的聚会,不时以快讯、海报等形式进行追踪报道,渲染竞赛的热烈气氛。

⑧精心选择奖品,奖品最好是大家都希望得到的,但又舍不得花钱自己买的东西。

⑨奖励的内容有时应把推销人员的家属也考虑进去,如奖励去某地旅行,则应将其家属也列为招待对象。

⑩竞赛完毕,马上组织评选,公布结果,并立即颁发奖品,召开总结会。

除此之外,推销人员激励的手段还有:提供良好的生活条件和工作环境;关心推销人员的思想、生活情况;为推销人员解决各种个人困难;任人唯才,任人唯德,不任人唯亲;根据推销人员能力、特点合理安排工作;提供考察、学习机会,促进推销人员成长等。

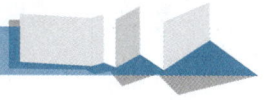

> **知识链接**
>
> ### 人员激励的"三大法宝"
>
> 根据人力资源管理的思想,人员激励有"三大法宝",即目标激励、奖励、工作设计。推销目标既是一种工作压力,但它也可以转化为一种激励动力;奖励包括物质奖励和精神奖励,都会形成直接的激励动力;把业务人员放到合适的区域、负责合适的客户或工作,让业务人员能够发挥自己的才能,体现自己的价值,同样具有激励的效力。

第四节 销售账款控制

销售账款控制问题是推销管理中的一个重点和难题,因为销售就是把货物卖出去,把货款收回来并从中获利的企业经营行为。销售的重点在回款,只有把货款收回来了,一个单元的销售工作才算完成。一些新的推销人员在缺少销售经验的情况下,为了追求业绩,往往陷入一种误区,急于把产品"推"出去,而往往忽视了收款的环节,稍一疏忽,就会给企业带来账款风险,甚至造成呆账、坏账,给企业经营带来危害。而很多企业把账款管理当作一种事后行为,等到呆账、坏账发生了才去想办法催收,等于是亡羊补牢,这是很危险的!因此,我们应该学会运用管理学中的过程控制、重点控制、例外控制的思想和方法有效防范账款风险的产生,把握销售账款的"例外"情况,进行及时有效的催收。

一、应收账款的含义

所谓应收账款,顾名思义就是企业销售产品以后按理应该回收,但还没有实际收回的销售货款。因对方企业倒闭、恶意拖欠等原因造成的企业实际无法收回的账款,叫作呆账、坏账。一般超过应收日期6个月以上还不能收回的应收账款就会被视为呆账、坏账纳入处理程序。应收账款从理论上视为可回收货款,从财务上计入企业的流动资产。应收账款过多就会使企业现金流不足,重则造成企业资金链断裂而出现严重经营风险。应收账款如果不能及时催收,超过一段时间就会转变为呆账、坏账,给企业带来严重的经济损失。

在现代市场经济条件下,企业将产品"推"出去并不等于经营成功,成功的经营是将商品转变成现金流,而不是将商品转变成债权。但激烈竞争的市场环境使赊销行为无法回避,特别是中小企业销售困难,为了生存不得不赊销,引发应收账款问题。这种情况下,很多企业选择销量,甘愿冒应收之风险,因此陷入应收账款的泥潭。赊销在中国是一种常见的销售行为,也意味着一种经营风险,所以,应收账款问题需要预先防范。

二、应收账款的成因

长城不是一天建成的,企业应收账款问题也并非一朝形成。有人说现款现货或者先款后货,是避免推销过程中应收账款产生的最好办法。但是,在如今的买方市场条件下,现款现货或者先款后货政策较难执行。市场上存在着众多竞争对手,某个企业不允许赊销,而别的企业允许赊销,竞争对手就会因此将客户抢走。甚至在我国消费品行业,赊销已成为一种风气,不赊销就无法销售,因此,赊销现象的普遍存在是应收账款产生的最主要原因。

当然,在推销过程中,其他因素也会导致应收账款的发生,总结起来有以下几个方面:

1. 公司销售政策方面

公司如果采用销量导向,单纯以销量考核推销人员的业绩并计算报酬,推销人员为了完成销量任务不得不冒险赊销,有时甚至是明知故犯。

2. 推销人员主观心态方面

有的推销人员具有消极心态,由于没有认识到应收账款的危害,对货款回收问题采取无所谓的态度,在销售活动中容易出现疏忽、松懈,导致把关不严。

3. 公司销售管理方面

公司销售管理环节松懈,制度不严或者是主管管理不力,例如,在发货管理和信用审批或发放环节出现了漏洞,因客户流失或客户人员异动导致应收账款产生。

4. 推销人员专业知识方面

由于很多新推销人员缺少警惕性,欠缺销售方面的知识和经验,只知道发货不知道收款,容易轻信客户的承诺而误入陷阱,特别因为新推销人员的畏惧心理会造成应收账款的产生。

5. 客户方面

部分客户因经营道德水平低下,出现恶意拖欠货款的不道德商业行为,这类客户从一开始就没有打算回款,他们的经营目的就是"滚款"。有的客户因为对企业的政策有所不满,所以就以拖欠货款的方式来报复。另一些客户则因为自己经营不善而无法偿还货款,或者希望通过拖欠货款来获取经营资金,这在中国极为常见。

因此,根据对应收账款成因的分析我们发现:推销人员必须尽可能现款交易,因为收不回资金的销售,比没有销售更糟糕;要账比销售更困难,与其将大量的时间和精力花费在要账上,不如用这些时间去开发更多更好的客户;企业现金流才是根本,宁可失去这笔生意,也不抱着侥幸心理冒险赊销;客户尊重做事专业而且严谨的企业,在账款问题上的妥协不可能换来客户的友情,也不可能换来客户对推销人员的尊重。

三、应收账款的危害

应收账款只是账面销售、账面利润,一旦应收账款成为呆账、坏账,是需要企业用其他赢利来冲抵的。不良账款吞噬销售额、侵蚀企业利润。为压缩成本,增加利润,企业必须控制应收账款。应收账款问题使企业的渠道运营成本增加,主要表现在以下方面:

1. 费用支出增加

应收账款使企业的费用支出增加,包括税金、账款管理成本、讨债费用等,当然最重要的是财务费用和税金。客户欠着企业的钱,企业还得替这笔钱支付利息和税金。

2. 导致周转不良

应收账款使企业的产品转化为现金的时间拉长,不良资产增加。应收账款的产生,使资金停止参与循环,就如同人体血液停止循环。

3. 呆账、坏账损失

不是所有的应收账款都能收回来,如果应收账款变成了呆账、坏账,造成直接经济损失,后果更加难以弥补。

4. 市场运作困难

如果企业被不良客户和已发生的应收账款牵制,要账也不是,不要账也不是,还不能停止供货,结果导致应收账款越积越多,企业越陷越深,形成恶性循环。

5. 精力、心理上的危害

许多企业为要账问题所累,明明是别人欠企业的钱,而企业却要为之支付利息、税金,想要回自己的钱,还要付出应酬费,耗费精力和财力。

因此,作为一种投资,赊销如果控制得好可以提升销售业绩,提升企业竞争力,增加经营利润;如果管理不当就会陷入应收账款泥潭,造成经营被动,失去市场竞争力。应收账款要以10倍、20倍的销售额来弥补,呆账、坏账犹如洪水、猛兽侵蚀着企业的利润。

四、应收账款的防范要领

应收账款的控制是一件未雨绸缪的事情,应收账款的防范必须抓住以下几个要点:

1. 树立应收账款风险意识

推销人员大多对应收账款的危害性认识不足,对自己赊销行为的可能后果认识不足,对客户可能的阴谋手段认识不足,于是在有意或无意之中就会造成应收账款问题。这就需要加强培训,让员工认识到应收账款问题的极端危害性,认识到自己肩负的责任,以提高应收账款风险的防范意识。

2. 树立良好的收款心态

应收账款的形成有客观因素,也有主观因素。有的应收账款是由于推销人员的胆怯、软弱和碍于情面造成的。推销人员应该认识到,客户是利用公司品牌赚钱的,赚钱之后支付货款是天经地义的,推销人员催收货款也是理所当然的,不要感到不忍心,碍于情面,没有什么难为情的。

3. 掌握适当的收款方法

收款是一门学问,光有胆量还不行,还必须有耐性,讲究一定的方式、方法,例如,收款时机的掌握,提前准备,提前催收,整存零取,利用第三方的压力催收等。

4. 坚决催收,形成习惯

一旦应收账款形成,推销人员必须坚决催收,采用"逼迫式"方法,直到收回为止。如果客户恶意拖欠或抵赖,那就坚决诉诸法律。

五、应收账款的催收方法

应收账款的催收是一件艰苦而富于挑战性的工作,催收方法如下:

(1)应收账款发生后,立即催收。据英国销售专家波特·爱德华的研究,赊销期在60天之内,账款要回的可能性为100%;在100天之内,要回的可能性为80%;在180天之内,要回的可能性为50%;超过12个月,要回的可能性为10%。另据国外专门负责收款的机构研究表明,账款逾期时间与平均收款成功率成反比。账款逾期6个月以内应是最佳收款时机。如果欠款拖至一年以上,成功率仅为26.6%,超过两年,成功率则只有13.6%。

(2)对那些不会爽快付款的客户,经常催收。如果推销人员要账时太容易被打发,客户就不会将还款放在心上,他会觉得这笔款项对推销人员来说不重要,能拖就多拖几天。推销人员经常要账会使得客户很难再找到拖欠的理由,不得不归还账款。

(3)对有信誉,只是一时资金周转不开的客户,适当给予延期,诚信催收。尽可能帮客户出谋划策,帮客户联系业务等,以诚心和服务打动客户,达到收回货款目的。推销人员要注意在收款完毕后再谈新的生意。这样,生意谈起来也就比较顺利。

(4)对于支付货款不干脆的客户,提前催收。如果推销人员只是在约定的收款日期前往客户处,一般情况下收不到货款,必须在事前就催收。事前上门催收时要确认对方所欠金额,并告诉他下次收款日一定会准时前来,请他事先准备好这些款项。这样做,一定比推销人员收款日当天来催讨要有效得多。

(5)对于付款情况不佳的客户,直截了当催收。推销人员在和客户碰面时不必跟他寒暄太久,应直截了当地告诉他你来的目的就是专程收款。如果收款人员吞吞吐吐、羞羞答答,反而会使对方在精神上处于主动地位,在时间上做好如何对付收款人的思想准备。

(6)为预防客户拖欠货款,明确付款条款。推销人员在双方交易时就要规定清楚交易条件,尤其是对收款日期要做没有任何弹性的规定。例如,有的代销合同或收据上写着"售完后付款",只要客户还有一件货没有卖完,他就可以名正言顺地不付货款;还有的合同写着"10月以后付款",这样的模糊规定事后也容易导致纠纷。双方的约定必须使用书面形式(合同、契约、收据等),并加盖客户单位的合同专用章。

(7)到了合同规定的收款日,推销人员上门的时间一定要提早,这是收款的一个诀窍。否则客户有时还会反咬一口,说他等了推销人员好久,推销人员没有来,他要去做其他更要紧的事,推销人员就无话可说。

登门催款时,推销人员不要看到客户那里有另外的客人就走开,一定要说明来意,专门在旁边等候,这本身就是一种很有效的催款方式。因为客户不希望他的客人看到他的债主登门,这样会搞砸他的其他生意,或者在亲朋好友面前丢面子。在这种情况下,只要所欠货款不多,客户一般会赶快还款,打发了事。

(8)如果客户一见面就开始讨好推销人员,或请推销人员稍等一下,他马上去某处取钱(对方说去某处取钱,十有八九是取不回来的,并且对方还会有"最充分"的理由,满嘴的"对不住"),这时,一定要揭穿对方的"把戏",根据当时的具体情况,采取实质性的措施,迫其还款。

(9)如果只收到一部分货款,与约定有出入时,推销人员要马上提出纠正,而不是要等待对方说明。如果推销人员的运气好,在一个付款情况不好的客户处出乎意料地收到很多货款时,就要及早离开,以免他觉得心疼。

(10)如果经过多次催讨,对方还是拖拖拉拉不肯还款,推销人员千万不能放弃,而是要开动脑筋,采用一些非常规的手法灵活催收;得知对方手头有现金或对方账户刚好进了一笔款项时,就立刻赶去催收货款。

本章小结

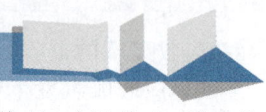

本章主要从过程管理的视角,诠释了推销过程的业务管理、压力管理、时间管理、销售队伍管理及应收账款管理等重要环节及内容,力图将企业推销工作提升到管理的高度。其中,推销时间管理是让推销人员学会科学地利用和管理时间,推销压力管理是让推销人员学会正确认识推销工作压力和有效释放压力,以提高销售效率。推销组织是企业销售目标得以实现的制度保证,本章探讨了地域型、产品型、市场型、职能型、客户型推销组织模式以及各自的优势和劣势。销售队伍的建设与管理是推销管理工作的一项重要内容,本章讨论了推销人员招聘、培训、薪酬设计、绩效考核与激励等重要环节。最后讨论了企业应收账款管理这个推销管理中的难题,以树立应收账款风险意识。

思考与练习

一、名词解释

压力　客户型推销组织　内部招聘　应收账款

二、选择题

1. 根据过程管理理论,过程管理主要包括走动管理和(　　)两种方式。
   A. 区域管理　　B. 现场管理　　C. 看板管理　　D. 流程管理
2. 目前主要的推销组织模式有:地域型、产品型、(　　)、职能型、客户型等。
   A. 稳健型　　B. 市场型　　C. 需求型　　D. 风险型
3. 每一个公司都有一些对公司的(　　)、利润贡献或品牌贡献很大的客户,我们称这些客户为大客户(VIP)或主要客户(Key Account,K/A)。
   A. 产品开发　　B. 销售量贡献　　C. 广告支持　　D. 创新贡献
4. 推销人员薪酬设计的"三公"原则主要指公平、公正、(　　),不厚此薄彼。
   A. 公共　　B. 公开　　C. 公民　　D. 公选
5. "不患贫而患不均"可以用管理学的(　　)加以解释。
   A. 期望理论　　　　　　　　B. 公平理论
   C. 需要理论　　　　　　　　D. 胡萝卜加大棒理论

三、简答题

1. 时间管理对于推销人员的业绩提升有什么意义?
2. 压力管理对于推销人员的成长有什么价值?
3. 你认为哪种推销组织形式最适合我国国情?其优势、劣势是什么?
4. 假如你是销售经理,你打算怎样制定你的销售队伍的激励政策?

应用分析

老板的良苦用心

某公司曾经有个30多岁的推销人员,为了推销公司的产品,整整一年没有回过家。到了年底,回到了公司,他创造了全公司销售额第一的成绩,获得了"销售冠军"的称号,非常高兴。按照公司销售提成比例的规定,他应该得到三万元。而庆祝会开完后,他却只拿到一万块钱的销售提成。此时,他十分恼怒,准备找老板谈谈,然后拍桌子走人。就在这时,老板约他去吃年饭。当他匆匆忙忙赶到酒店时,一下傻眼了,在酒店的包厢里,除了他一年没见的父母和他的妻儿外,没有别人。老板笑呵呵地说道:"来来来,辛苦辛苦,好好吃一顿团圆饭吧。"然后,对他的父母说道:"感谢两位老人,为公司培养出这样优秀的人才,我代表公司向二老表示深深的敬意!送一万块钱给你们过个好年吧。"又对他的妻子和孩子说道:"对不起你们,公司对你们关心不够,这一万块钱是给你们的,是要奖励你们,因为你们有一个好丈夫和一个伟大的父亲,就是陪你们的时间太少了!"这时,这位推销人员再也忍不住了,哭着说道:"老板!你放心,明年我一定还是最优秀的!"人性的管理,人心的沟通,这位老板不但运用了现代生活中诚信的原则,而且还巧妙地将管理激励艺术发挥得淋漓尽致。

(资料来源:瞧这网官网,推销案例:以不变应万变.)

【思考】
1. 你认同销售公司老板的这种做法吗?为什么?
2. 假如你是那个业务员,你会怎么想?怎么做?

第十一章 推销服务

学习目标

知识目标

- 了解推销服务与顾客满意
- 了解客情关怀与顾客投诉
- 了解80/20原则与大客户管理
- 了解客户忠诚与客户关系管理

能力目标

- 掌握推销服务的基本原则和内容
- 学会正确认识和处理顾客投诉
- 熟悉大客户管理的关键要素及方法
- 学会运用CRM提升客户忠诚度

案例导入

乔·吉拉德的秘密武器

　　乔·吉拉德是世界知名的推销大王。乔·吉拉德在销售成功之后，需要做的事情就是，将那位客户及其与买车子有关的一切情报，全部记进卡片里面。另外，他给买过车子的人都寄一张感谢卡。他认为这是理所当然的事情，但是很多推销人员并没有这样做。所以，乔·吉拉德特别注重寄小感谢卡，买主对感谢卡感到十分新奇，以至于印象特别深刻。不仅如此，乔·吉拉德在成交后依然站在客户的一边，他说："一旦新车子出了严重的问题，客户找上门来要求修理，有关修理部门的工作人员如果知道这辆车子是我卖的，那么他们就应该立刻通知我。我会马上赶到，设法安抚客户，让他先消消气，我会告诉他，我一定让人把修理工作做好，他一定会对车子的每一个小地方都特别的满意，这也是我的工作。没有成功的维修服务，也就没有成功的销售。如果客户仍觉得有严重的问题，我的责任就是要和客户站在一边，确保他的车子能够正常运行。我会帮助客户要求进一步的维护和修理，我会同他共同战斗，一起去对付那些汽车修理技工，一起去对付汽车经销商，一起去对付汽车制造商。无论何时、何地，我总是要和我的客户站在一起，与他们同呼吸、共命运。"乔·吉拉德手中有一本书那么厚的客户名单与每年固定的几百份客户订单，这些都是由与他成交的客户提供的。

　　（资料来源：陆兴华．卓有成效的推销人员．北京：中国经济出版社，2009，第218页）

【思考】 乔·吉拉德的做法有什么意义？

　　根据产品的整体概念原理，消费者越来越注重对附加产品的需求，即越来越重视服务的价值，企业也越来越重视服务的提供，并且把增加产品销售的服务价值作为一种竞争手段。从某种程度上来说，在竞争日趋同质化的今天，唯一可以让顾客将推销人员与其竞争对手区分开来的办法，就是提供与众不同的、更好的服务。因此，以真诚的人性化服务打动客户、维系客户和发展客户，就成为推销人员的一项重要工作。

第一节　认识推销服务

一、服务与推销服务

服务是指以无形的方式在顾客与推销人员、服务系统之间发生的，可以解决客户问题、满足客户需要的一种或一系列经营行为。服务可以分为两大类：一类指的是服务产品，它是用于交换、满足顾客核心需求的无形产品，如咨询公司提供的咨询服务、教育培训机构提供的知识服务、快递公司提供的货物快速递送服务等；另一类指的是客户服务，或者叫作售后服务，它是企业为促进其核心产品交换（销售）而提供的支持活动，属于附加产品。

推销服务属于客户服务，它是指由推销人员向顾客提供额外的利益或帮助，目的是促进推销的成功、客户的维系或销售业绩的持续增长。

1. 开展推销服务的原因

推销的目的是让客户放心和愿意使用企业的产品，达到企业的销售目标。但推销工作不能是"一锤子买卖"，企业需要想办法让顾客在购买和使用过程中感到满意，然后持续购买、持续消费，成为忠诚顾客，这才是企业最终的推销目标。要达到这个目标，企业只有在推销服务环节下功夫，努力增加顾客的附加价值，才能培养顾客忠诚度。因此，在各行业竞争激烈的今天，企业通过生产技术或工艺制造获得的差异性越来越小，越来越多的企业通过提供独特、优质的服务获取竞争优势，推销服务对于企业销售业绩的提升也显示出越来越重要的意义，并且成为企业推销成功的关键。

（1）推销服务能够帮助企业实现顾客满意

推销服务的目标是使目标顾客的需要和欲望得到很好的满足，达到顾客满意和顾客忠诚的效果。其中，顾客满意是指顾客购买产品以后一种很满足的心理状态。顾客是否满意取决于两个要素：一是期望值，二是产品价值。如果顾客购买产品以后感觉获得的产品价值超过期望值，就会感到满意，反之，则不满意。顾客忠诚是指顾客对该产品产生依赖并重复购买的消费行为。企业只有努力提高产品价值，才可能让更多的顾客满意，培养顾客忠诚，而提高产品价值的主要方式就是提高推销服务的质量和水平。

（2）推销服务有助于企业提高销售业绩

良好的服务不仅能有效地创造差异化优势，提高顾客的满意度，使成交率提高，还可以赢得顾客的信任，从而建立长期的互信互助关系。一个得到满意服务的顾客，更容易成为企业的忠诚顾客，不仅会再次购买企业的产品，而且他还是企业的义务宣传员，帮助企业拓展潜在顾客群，可以大大节省企业的推销成本，还可能使企业的业绩得到稳步提升。

（3）推销服务有利于企业树立良好形象

现代市场竞争激烈，消费者的要求也越来越高，能打动顾客的不再只是产品本身，在很大程度上是推销人员所表现出来的服务热情、能提供的服务内容和服务质量水平。在销售过程中,推销人员代表着公司的形象,推销人员对客户关怀备至的服务,代表了公司的服务精神、服务气质。这种精神能在顾客心目中留下深刻的印象,可使企业在社会大众中形成良好的口碑,从而为拓展市场、扩大销售带来机会。

(4)推销服务有助于企业提升市场竞争力

由于信息技术的发展,社会经济、技术的交流变得便捷、频繁,表现在企业竞争中,就是企业在产品技术、工艺方面的改进很难形成持续的竞争优势,技术的壁垒变得越来越脆弱,因此,很多企业转向通过提供高质量、高水平、差异化的服务来打造竞争优势,形成竞争力。在我国企业中,海尔就是一个典型的代表,海尔率先通过提供"五星级服务"赢得了市场先机。所以,企业是可以通过推销服务提升竞争力的。

2. 推销服务的基本原则

推销服务是为满足顾客需求和期望而开展的一系列经营活动,它包括售前、售中、售后的服务,主要是售后的跟进、关怀和投诉处理、客户关系管理等。但要做好推销服务也不是一件容易的事情,推销人员应该遵循如下的一些基本原则:

(1)顾客导向原则

推销的目标是满足消费者的需求,所以,推销首先要坚持顾客导向原则,即要求推销人员处处以顾客为中心,以顾客需求为依据,尽力了解顾客的需要,按照顾客希望的时间、地点、方式、内容和要求提供优质的服务,反对违背顾客意志的强行推销行为。

(2)及时有效原则

现代生活节奏加快,对于顾客而言,时间就是金钱,所以时间也是推销人员要考虑的成本因素。及时有效原则要求推销人员能够与客户进行及时有效的沟通,及早发现顾客的各项需求并迅速做出回应,帮助顾客及时解决问题,不浪费顾客时间,要急顾客之所急。

(3)个性差异原则

服务具有易变性和异质性特点,不同客户对服务的感知和要求是不同的,这就要求推销人员具有较强的灵活性,能够根据不同顾客的需求特点以及顾客的服务偏好量身订制不同的服务方案。为顾客提供独特性、差异化的服务,有助于留住老顾客和吸引更多的新顾客。

(4)换位思考原则

推销是一种站在厂家的立场,说服顾客购买的销售行为。从本质上讲,推销是企业导向的。但推销也是一种人际销售行为,讲究感情的交流和平等利益。现代推销要求企业要兼顾客户利益,站在顾客的角度考虑,为客户设计切实有效的购买方案,实现双赢。

(5)长期坚持原则

推销是一项长期的工作,需要推销人员真情投入。在推销服务过程中,推销人员需要通过服务打动顾客,对顾客体贴入微,而且需要始终如一、长期坚持。企业要把服务作为一种经营战略,通过长期细微周到的服务,树立服务品牌形象,才能赢得顾客的忠诚。

3. 推销服务评价的标准

服务是无形的,顾客对服务质量的感知不仅包括其在推销人员服务过程中所得到的东西,而且还要考虑他们是如何得到这些东西的,是主观感受和客观效果的结合。服务营销专家认为,顾客对企业服务质量的评价(按相对重要性由高到低)主要从以下五个方面进行判断:

(1)可靠性

可靠性是指可靠地、准确地履行服务承诺的能力,是客户寻求的基本利益。它通常包括三个方面的内容:一是信息的真实可靠性。在正常情况下,客户会与推销人员接近,期望这样的关系给他们带来真实可信的信息。二是服务的准确无误性。顾客期望服务能以相同的方式、无差错地准时完成,增加价值。三是人的可靠性。顾客期望与一个真诚、可信赖的推销人员打交道。

(2)响应性

响应性也就是及时性,是指推销人员帮助顾客并迅速提供服务,这需要推销人员具有很强的责任感。服务效率是客户一直强调的问题,客户希望能够便捷地并在合理的时间内与推销人员取得联系、达成结果,推销人员能迅速、及时地解决客户遇到的问题。

(3)保证性

保证性是指推销人员所具有的知识、礼节以及表达出的自信与可信的能力,能够保证为顾客提供高质量的产品、正确而优质的服务。保证性包括如下特征:推销人员具有完成服务的能力、对顾客的礼貌和尊敬、将顾客最关心的事放在心上的态度、与顾客有效沟通的能力等。

(4)移情性

移情性是指推销人员能够设身处地地为顾客着想和对顾客给予特别的关注和照顾的特点。移情性具有下列的特征:推销人员具有与顾客接近的热情,能够用顾客喜欢和听得懂的语言向顾客传达信息,具有情感敏感性,能有效地理解顾客的各种需求并及时做出回应等。

(5)有形性

有形性是指服务提供者通过有形的人员形象和沟通材料等达成服务提供的目的。无形的服务经常是需要用有形的东西来帮助展现的,例如,推销人员个人得体的仪表、着装、产品样品的展示以及精美的推销资料都能给客户留下良好印象,有助于推销的达成。

二、推销服务的内容

很多推销人员都认为成交是销售的终点,以为成交了就等于为销售活动画上了一个圆满的句号,就万事大吉了。其实不然,世界知名的推销人员都不把成交看成销售的终点。乔·吉拉德有句名言:"成交之后才是销售的开始。"没有售后服务的推销,在客户的眼里,是没有信用的推销;没有售后服务的商品,是一种最没有保障的商品;而不能提供售后服务的推销人员,也不可能是优秀的推销人员。因此,售后服务是推销的一部分,是推销工作的延续,也是新的推销的开始。因为推销服务不但可以增强顾客满意,还可以发现、挖掘新的顾客需求,有远见的推销人员,对于商品的售后服务,都不会掉以轻心。

推销服务应该包括顾客购买商品过程中的售前、售中、售后服务。其中售前、售中的服务内容已经在本书之前各章当中有所体现,这里重点讨论商品的售后服务内容。

1. 商品售后服务

售后服务是指企业和推销人员在商品到达客户手里后所继续提供的各项服务内容。开展售后服务是企业参与市场竞争的利器,对于推销人员而言,良好的售后服务不仅可以巩固已开拓的老客户,促使他们更多消费和继续购买,还可以通过这些老客户的宣传,争取到更多的新客户,开拓新的市场。售后服务也是一种有效的销售手段。

商品售后服务的内容一般包括以下方面：

（1）包装服务。根据客户的要求，推销人员为客户提供各种形式的包装，以满足客户的需要。

（2）送货服务。对购买大件、大批量商品，自行运输不便的顾客，推销人员需要提供送货服务，尤其是有特殊困难的客户，更要提供送货上门服务。

（3）安装服务。有些商品由推销人员上门提供免费安装服务，有些商品更是需要专业技术人员上门免费安装和指导，当场调试，保证客户放心，它是售后服务的一项主要内容。

（4）维护服务。维护服务是指对售出商品的售后维护、保养等环节。有的产品需要维护，如空调、机器设备等，维护服务方便客户，可以让客户放心使用，有利于树立企业的声誉。

（5）技术培训。有的产品具有较高的技术要求，或者需要掌握比较复杂的操作程序，如电脑、机械设备等，这就需要企业派专门技术人员对顾客进行技术操作培训，帮助顾客更好地使用产品。

（6）信用支持。有的大件商品或昂贵的商品，顾客在购买时不能一次付清货款，需要保险等其他金融方面的帮助时，企业应该为客户提供信用等金融支持。

售后服务的形式、内容还有很多，在此不一一列举。要注意的是，售后服务是企业的销售工作，并不都是由推销人员个人来完成的，是需要企业各个部门协同才能做好的。但推销人员有责任也有义务不断向企业提供客户对售后服务的反映和要求等信息，同时需要加倍努力帮助客户获得各种售后服务的满足。

有人说，售后服务是产品的一面镜子，它可以反射出产品的优点和不足。也就是说，售后服务会反映出很多产品的问题，可以通过售后服务发现产品存在的问题，为企业产品的改进与创新提供信息依据，同时，售后服务还能折射出企业的形象以及推销人员本身的能力，为企业形象的改进和推销人员能力的提升提供参考。

知识链接

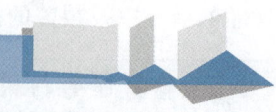

售后服务黏住顾客

为顾客提供售后服务时，重要的是使顾客真正享受到产品带给的利益和满足感。销售人员促成第一笔生意之时，就是售后服务的开始。第一次成交，也许在于产品的魅力；第二次成交，可能更多依靠服务的魅力。向顾客提供尽可能多的售后服务，提升顾客价值。除了产品本身的售后服务外，还可以提供顾客需要的其他各种服务。实际上，销售人员能够为顾客做一些有益的事情，就是客户需要的最好的售后服务。比如：

（1）定期不定期向顾客提供一些介绍行业新产品、新技术的资料。

（2）向顾客传达公司战略规划或最新促销信息。

（3）告诉顾客买到新产品、获取新技术的途径。

（4）组织或邀请顾客参加一些文娱、体育活动。

（5）帮助顾客办理一些私人的事情，与顾客成为朋友。

2. 推销后续服务

推销服务除了一般商品售后服务内容外，还包括与所销售商品有连带关系且有益于购买者的其他服务，称为商品的推销后续服务，包括推销商品的经营信誉维护和相关资料提供等。

(1)推销商品的经营信誉维护

推销后续服务最主要的目的是通过提供服务价值让顾客满意以维护商品的经营信誉。一件品质优良的商品,在销售时总是强调其推销后续服务,在类似或相同商品推销的竞争条件中,推销后续服务也常常成为客户取舍的重要因素。因此,商品推销后续服务的好坏也就代表着企业的信誉。一般商品信誉的维护工作包括:

①保证商品品质

推销人员在出售商品之后,为了使客户充分获得购买产品的"核心利益",他必须常常做些跟进保障产品品质的售后服务工作,这不仅是对客户道义上的责任,而且也是维护本身商誉的必要行动。例如,电信器材推销人员出售了一部电话交换机,为了使这部交换机发挥应有的功能,推销人员就应该定期进行检查和保养的工作,以使机器正常运行。

②履行服务承诺

任何推销人员在说服客户购买时,都会做出一些与商品有关的服务承诺,这些服务承诺,对交易能否成功起着极其重要的作用,而切实地履行所做的承诺则更为重要。有些推销人员往往在推销洽谈中,随意地向客户做出某种服务承诺,结果后来却忽略了,由此很容易与客户发生误会或不愉快,如果这样,就会导致客户的不满,甚至放弃,可能以前的努力都因此白费了。如有的推销人员,在与客户进行推销洽谈时,提出不少的优惠条件,承诺客户买了推销产品以后,就可以成为该产品客户联谊会的永久会员,可以享受一些永久性的特别服务,但实际情况却不尽其然。如此的生意只是"一锤子买卖",而且还会留下招摇撞骗的恶名。这种做法,不仅损坏了推销人员个人的信誉,而且也损坏了公司形象。

(2)推销商品的相关资料提供

让客户了解商品的最新变动情况,是推销人员的一项义务。在说服一位客户购买产品以前,推销人员通常需将有关商品的简介、使用说明及各项文件资料递交给客户参考,而在客户购买产品之后,推销人员却常疏于提供最新资料,这样是不妥的。推销人员必须认识到:发展一位新客户远不如维持一位老客户合算,前者的投入成本远远大于后者,而且后者带来的收益远远大于前者。发展新客户在功能上属于"治标",维持老客户才算"治本"。维持老客户的方法,除了通过建立客情关系使客户对推销人员以及公司商品产生信赖之外,推销人员如能继续提供给客户有关公司商品的最新资料,也是一种有效的服务方式,顾客会感觉到受重视,增强信任感。

推销商品的相关资料包括以下两种:

①商品商情报道资料

有的商品销售资料是媒体报道性的文字记载,推销人员将它赠送给客户并作为联络感情的工具,是最好不过的了。例如,销售钢琴的企业,每个月有一份音乐及乐器简讯,企业按时寄给客户,一方面可以供客户参考,另一方面借以报道商情。这样的做法,可以使客户对商品产生持续的好感。在连续提供商品资料的影响下,由于间接宣传的效果,老客户又往往会引导更多的新客户购买,如宜家家居、DHC化妆品都是这么做的。

②有关推销商品的资料

当推销商品销售出去以后,客户基于某些需要,常常希望了解商品本身的动态资料。例如,药品的推销,当推销人员将企业生产的抗生素送交至西药房后,如果在成分、规格、等级等方面有任何变动时,这些资料都应该立刻提供给西药房,特别是有新产品推出信息时,更应该及时提供。

(3)推销商品的赔偿制度

商品在销售过程中,不仅要发生"商流""资金流",还要发生"物流",即商品的转移。商品在转移过程中发生损坏是难以避免的,但由于生产者与消费者之间的利益矛盾以及产品质量和物流过程等方面的原因,必然会产生退货现象,对此,企业应该建立合理的理赔认定和赔偿制度,推销人员也要积极妥善处理退赔与不良品,以帮助顾客树立消费信心。

3. 服务跟踪与客情维系

如前所述,推销人员与顾客签约成交后,并不意味着销售活动的结束。成交后,推销人员必须及时履行成交协议中规定的各项义务及承诺,及时处理各种问题,搜集客户的反馈意见等。这就意味着,成交后推销人员还需要与客户保持紧密的联系,时刻关注顾客的满意程度、需求的变化趋势以及新需求的产生,这就是成交后的服务跟踪与客情维系。

(1)服务跟踪

服务跟踪是现代销售理论的一个新发展,推销人员要主动进行服务跟踪。服务跟踪的内容虽然包括售后服务但也不全是售后服务,而应该是售后服务的延伸、发展,就是与客户保持良好的关系并建立持久的联系。推销人员在将商品销售出去后,还需继续保持与客户的联系,以利于做好成交善后工作,提高企业的信誉,增进客情,同时结识更多的新客户。对于推销人员而言,重要的是对于每一位客户,都应保持一份详尽的记录,以保持同他们的联系,从而加深感情。销售成交后,推销人员能否有效跟进并保持和客户的关系,是销售活动能否持续的关键。

①推销人员与客户保持联系的益处

推销人员是企业与客户之间联系的纽带,销售成交后,还经常保持与客户之间的联系有如下好处:

a. 有利于做好成交后的善后处理工作

做好销售的善后处理工作,可以使客户感觉到推销人员及其所代表的企业为他们提供服务的诚意。和客户达成交易,不可能都是很完美的,成交后常常会出现客户抱怨商品、批评推销人员及企业以及退货索赔等情况。推销人员保持与客户的联系,便于解决这些问题,从而提高推销人员及其企业的经营信誉。

b. 有利于在激烈的竞争中维系老客户和发展新客户

推销人员成交以后还经常访问客户,了解产品的使用情况,为顾客提供售后服务,与之建立并保持良好的关系,可以使客户连续地、更多地购买和消费公司产品,可以防止竞争者介入抢走老客户。同时,通过老客户还可能介绍和发展更多新客户,这种方式值得信赖并且有效。有些推销人员致力于新客户的开发,却忽视与老客户的联络,这是一种错误的做法。

②推销人员与客户保持联系的方法

推销人员与客户保持联系的方法有以下几种:

a. 登门拜访

推销人员可以借助各种理由去访问正在使用其推销产品的客户,可以了解产品使用情况或客户意见等。面对面的访问可以实现充分交流,有利于增进客情,建立私人的感情关系。推销人员可以制订一个专门的访问计划,保持与客户的见面频率。

b. 电话联系

由于业务繁忙,推销人员不能亲自登门拜访老客户时,可采用电话联系的方式。推销人员可以在节假日打个电话问候客户,或者闲时打电话咨询或通报一些信息。打电话时推销人员先向客户致谢,然后询问产品的使用情况,最后请客户多提意见,并表达经常保持联系的愿望。

c. 信息联系

有些客户居住地较远,登门拜访有困难,推销人员可采用写信或发信息的方式,加强与客户的联系。推销人员可借助节日,向客户寄一张贺卡或祝福卡,发一条祝福信息,在客户收到货物后写一封感谢信或征求客户的意见等。

d. 电子邮件

随着网络的日益普及和网上销售的开展,很多企业都实行了网上下单与网上售后服务,尤其是信息化的产品与服务。因此,推销人员最好有一个简单而又明了的个人网站网址或邮件用户名。但由于电子邮箱中垃圾邮件过多,推销人员的问候也许会被直接删除。电子邮件可以大量、快捷地传送信息,在网络时代,这种方式也许会成为推销人员首要选择的联系方式。

e. 赠送小礼品

推销人员在某些有意义的时间送给客户一些小礼物,价格不高,但有纪念意义,可以起到联络感情的作用,如印有本企业名称的挂历或精美的宣传册等。

f. 提供上门服务

有些商品,需要定期维护,或者出现故障以后需要推销人员上门维修,推销人员要充分利用这些机会与顾客沟通交流,抓住机会加强与客户的联系,变被动为主动。

总之,在现代销售活动中,服务跟踪不仅有着丰富的内容,更有着广泛的未被开发的领域。推销人员以及他所代表的企业,都在以前所未有的热情和精力,探索成交后服务跟踪的新内容。在未来的销售活动中,服务跟踪会显示出它独特的魅力。

(2)客情维系

客情维系,就是指推销人员通过一定的途径与其顾客之间建立并保持良好的关系。客情维系包括双方利益关系的维系和感情关系的维系,它是售后服务追求的目标。推销人员开展售后服务工作,本质上就是为了维系良好客情,稳定客户。售后服务是否圆满,客情关系的维系是关键。推销人员要想维系良好的客情关系,可以从以下几方面入手:

①重视客情关怀

客情关怀指的是推销人员从生活上、感情上对客户的关心和爱护。做生意首先是做人的生意,人与人之间感情上的交流最重要,所以,客情关怀是销售工作不可忽视的方面。由交易而产生的人际关系,是一种很自然且融洽的关系,售后服务的大部分工作,实际上就是联络客户的感情。人常常因为买东西而与卖方成为朋友,推销人员及其推销机构同样因为与客户的交易促成了深厚的友谊,于是客户不但成为商品的购买者、使用者,而且也变成企业、品牌的拥护者,成为推销人员的好朋友。

推销人员对客户的客情关怀是通过一点一滴的事情做到的。例如,不时去拜访一下客户,询问一下产品使用情况,有没有什么问题,与客户聊聊天,让客户觉得推销人员关心他,也愿意对所推销的商品负责;遇到节日的时候发个信息、打个电话或者发一个邮件,表示一下问候,都会让客户感觉很温暖;企业或行业有什么信息及时告诉客户,有什么活动或聚会通知客户参加;平时有什么礼品别忘了送给客户,有什么新产品计划请客户参与讨论,听听他们的意见;客户家里遇到什么困难主动出面帮助解决等,都可以增进客情。

案例分享

成交之后的客情维护

乔·吉拉德有一句经典的名言:"我相信推销活动真正的开始在成交之后。"推销是一个连续的过程而不是一锤子买卖,成交既是本次推销活动的结束,也是下次推销活动的开始。推销员在成交之后继续关心客户,将会赢得老客户又吸引新客户,使客户越来越多、生意越做越大。乔·吉拉德把成交看作新一轮推销的开始,继续关心老客户并用他的方式表达这份关心,如平时打电话沟通、及时通报公司新产品信息和促销活动信息、节日寄贺卡、没事儿就登门拜访、有时寄送一些样品或有意义的纪念品、找机会请喝咖啡等等,总之时刻惦记着顾客,特别是好的潜力顾客,把"客情"当事业来做,结果是加深了老客户的感情,增强了老客户的信任,老客户满意了,自然又会介绍新客户,产生"滚雪球效应",如此一来使乔·吉拉德客源不断、生意兴隆。

(资料来源:岳贤平,推销:案例、技能与训练,中国人民大学出版社,2018)

②妥善处理顾客投诉

顾客投诉往往是因为产品本身有问题或某个服务环节内容不能让顾客满意所致。顾客不满意有两种处理方式:一种是不满意但不投诉,心里不高兴,下次不再购买,还会把不满告诉亲戚、朋友;另一种是不满意立即投诉,要求企业给个说法,甚至索赔。客观来讲,前者更可怕,顾客流失了,企业还不知道是怎么回事,而后者对于企业来说反而是好事,让企业知道问题出在哪里,从而进行改进。因此,我们要善待顾客投诉,并妥善处理顾客投诉。

顾客投诉的处理有两种结果:一种情况是如果处理不好,顾客更加不满意,相当于雪上加霜,结果更可怕;另一种情况是处理得很恰当,顾客谅解了,甚至被企业的诚意所感动,反过来对企业更信任、更认可了。可见,推销人员对顾客投诉的处理结果如何,关系到客情维系的成败。妥善处理顾客投诉,并不是一味满足顾客的要求,推销人员应该站在客观公正的立场摆事实、讲道理,如果是企业的问题,决不推卸,要真诚地给顾客道歉,弥补损失,还要表明改进的决心。要学会换位思考,站在对方角度考虑问题,为客户排忧解难,赢得客户尊重,就算是客户误解了也要给客户留面子,不要与客户争吵,更不要指责客户。

因此,推销人员一定要注意倾听客户的声音,学会妥善处理销售过程中的投诉,在维护企业声誉的同时,尽量弥补和挽回给顾客带来的损失,以真诚地赢得客户的信赖,并不断为巩固老顾客、吸引新顾客而努力。总之,"你如何对待别人,别人也就会如何对待你。"

③实施客户关系管理

客户关系管理(Customer Relationship Management,CRM)首先是一种技术解决方案,它是通过一系列的过程和系统来支持企业的总体战略,以建立与特定客户之间长期的、有利可图的关系;CRM还是一种管理哲学、营销理念,其核心思想是将企业的客户作为最重要的资源,通过全面的客户认识、完善的客户服务和深入的客户分析来满足客户需要,培养客户忠诚,实现客户价值最大化。客户关系管理的实施以客户数据库为基础。

售后服务的另一个目的是搜集情报和进行数据挖掘,以便于决策。推销人员可以利用各种售后服务增加与客户接触的机会,实现情报搜集的目的。推销人员应该把握任何一次售后服务的时机,尽量去挖掘有价值的客户,搜集任何有益于商品推销的情报。在与客户联系感情时,无论何种场合,推销人员都可以巧妙地通过询问和观察,了解客户的背景情况,包括客户的家庭、职业、教育程度、经济收入、宗教信仰、个人偏好等。对客户的背景了解愈多,就愈能把握客户,挖掘客户。因此,推销人员应该花时间去整理、研究客户的背景资料,建立客户数据库,进行客户关系管理,以提高销售业绩。

④开展交叉销售

交叉销售(Cross Selling)是借助 CRM,以发现现有顾客的多种需求,并为满足其需求而销售多种产品或服务的一种新兴营销方式。交叉销售不仅是一种营销方式,更是一种营销哲学,即充分利用一切可能的资源来开展营销、服务市场、赢得顾客、与合作伙伴共享市场。交叉销售可以增加顾客使用同一公司产品或服务的数量。

推销人员可以开展交叉销售,因为一位以真诚、热情打动客户的推销人员,碰见一些热心助人的客户时,许多事情的沟通都会很顺利地进行。老客户可以成为推销人员的义务"通信员",推销人员可以请客户连锁介绍更多的目标客户,也可以促使老客户购买更多的公司产品。但企业在实施交叉销售时应该注意,交叉销售的核心在于数据库的应用和良好的客情关系,关键是与特定顾客进行高效率的沟通,其最终目的则是为企业创造更多的销售和利润。

第二节　顾客投诉的处理

任何企业的产品都不可能十全十美,任何企业的服务都不可能完美无缺,因此,企业希望没有顾客投诉是不可能的。常言道:智者千虑,必有一失。既然出现顾客投诉是正常的事情,那么关键就在于企业如何看待顾客投诉,如何正确处理顾客投诉。

一、正确认识顾客投诉

一个成功的企业必然会以积极的心态看待顾客投诉问题,尊重顾客意见,帮助顾客解决问题,尽量减少顾客的不满,甚至通过处理顾客投诉赢得顾客信任。

1. 有顾客投诉是企业的幸运

当顾客向企业投诉时,企业不要把它看成问题,而应把它看成市场信息来源,看成企业改进的机会。当顾客抽出宝贵的时间,带着他们的抱怨与企业接触的同时,也是免费向企业提供了应当如何改进业务的信息。虽然顾客投诉的语言往往难听,投诉的态度似乎让人难以接受,但企业一定要加以理解,因为他们会确切地告诉企业如何来满足他们现在和将来的需求,这对企业来讲是件好事。很多顾客感到不满会默默地离企业而去,顾客来投诉是企业的幸运,企业可以因此找到问题之所在,知道未来需要改进的方向。如果顾客有不满但不投诉,那么企业就失去了信息反馈的渠道。所以,企业应该感谢来投诉的顾客。

2. 把顾客投诉当作信息的来源

顾客投诉是企业发现顾客的真正需求、尽可能消除差异、贴近市场的机会。将顾客当作朋友对待，那些肯花费时间去投诉的顾客才是企业真正的支持者。因为他们对企业的产品和服务的期望值甚高，足够信任企业，所以才会坦言对企业的失望。推销人员要倾听他们的抱怨，询问更多的信息，必要时甚至请他们提宝贵意见，直到推销人员确信真正找到了顾客想要的东西，然后再把顾客真正想要的东西提供给他们。

同时，一切新产品的开发，新服务的提供，无一不是对消费者需求的一种满足，而这些潜在的需求往往表现在顾客的购买意愿和消费感觉上，企业要通过对顾客的牢骚、投诉、退货等不满意举动的分析，来发现新的需求，并以此为源头，开发新产品。

处理顾客投诉是顾客管理的重要内容，若处理不好，将直接影响推销人员的销售业绩和企业的利润。因此，推销人员要加强与顾客的联系，倾听他们的不满，挽回给顾客带来的损失，维护企业声誉，提高产品形象，不断巩固老顾客，吸引新顾客。

3. 挖掘顾客投诉的服务价值

顾客投诉可以表明企业的缺点；顾客投诉为企业与顾客的沟通提供了机会；顾客投诉为企业提供了继续为顾客服务的机会；顾客投诉可以促使顾客成为公司的忠诚顾客；顾客投诉可以使公司更好地改进产品；顾客投诉可以提高投诉处理人员的工作能力。顾客投诉不仅给企业带来了无限商机、产品创新，而且可以使服务进一步完善。对于现在竞争激烈的市场而言，不论顾客投诉有多么"无理"，能够满足这种"无理"已成为企业竞相争夺顾客的"长胜法宝"，通过顾客投诉管理并挖掘顾客价值。

4. 变消极的顾客投诉为积极的引导

顾客的抱怨就是顾客不满意的一种表现，妥善处理顾客投诉可以消除顾客的不满意，甚至可以转化为顾客满意，因为积极地处理顾客投诉是企业负责任的表现。其实，顾客关系的维护是最重要的一个环节，其中最主要的表现就是企业对顾客投诉的重视，只有这样才能使顾客满意，才能为企业创造更多的顾客价值贡献。顾客是企业生存之本、利润之源，他们表现出不满给企业提供了与顾客深入沟通、建立顾客关系的机会。

经调查发现，服务不能令顾客满意，会造成90%的顾客流失，顾客问题得不到解决会造成89%的顾客流失，而一个不满意顾客往往会向其他人叙述自己的不愉快购物经历。可见，处理好顾客投诉非常重要，而顾客投诉处理好了，不但能够消除顾客的不满，还能够带来顾客满意，有助于形成正向口碑和顾客忠诚。

二、顾客投诉的种类

在销售中出现的顾客投诉多种多样，但主要表现在以下几个方面：

1. 产品及其质量方面的投诉

顾客对产品质量的投诉，主要包括产品在质量上有缺陷，如产品规格不符、产品技术规格超过误差标准、产品故障、产品品牌不符、产品式样差异、花色品种不符、产品包装不符以及产品假冒伪劣等。

2. 买卖合同方面的投诉

买卖合同方面的投诉主要包括购买产品在数量、等级、产品规格、交货时间、交货地点、交易条件、结算方式、价格等方面与原买卖合同的有关条款不符而产生的投诉。

3. 货物运输方面的投诉

货物运输方面的投诉主要包括产品在运输过程中发生超规定的损坏、丢失和变质或因包装、装卸不当而造成的损失以及时间延误等而产生的投诉。

4. 销售服务方面的投诉

销售服务有着丰富的内容,既有业务技术方面的服务,也有满足顾客心理需要方面的服务,顾客在这些服务项目上都可能产生认知偏离,进而产生不满而投诉。对销售服务方面的投诉具体包括对质量保证的投诉,对安装、调试及检修等现场服务的投诉,对产品供应服务的投诉,对技术培训服务的投诉以及对售后维护的投诉等。

三、顾客投诉的性质

对于来自顾客的投诉,企业既要重视,但又不能茫然"听之任之",要针对顾客投诉,迅速找出引起顾客投诉的真正原因,以辨识善意的投诉与恶意的投诉,并根据实际情况进行妥善处理。如果是善意的投诉,企业必须迅速给予回复,给顾客一个满意的答案;如果是恶意的投诉,企业必须加以说服和引导,必要时拿起法律武器维护企业的权益。

1. 善意的投诉

一般来讲,大多数顾客投诉都是没有恶意的,当企业产品的规格、质量等要素不符合协议要求,或企业在向顾客提供服务的过程中某些环节没有完全履行承诺时,顾客感到不满意时才会投诉。企业在接受此类投诉时,应该首先从自身找原因,若态度诚恳,处理方式积极,对顾客加以及时安抚,例如,给予顾客一定的补偿或赠送礼物等,那么就可以及时消除不满,化解危机;反之,则会影响顾客与企业的关系,甚至影响企业形象。

2. 恶意的投诉

面对竞争激烈的市场,有些企业不顾商业道德,恶意投诉竞争对手,或者可能会利用顾客投诉事件夸大事实,借助媒体传播,致使竞争对手陷入"困境",从而一举战胜竞争对手。还有一小部分顾客以投诉为名,受金钱利益驱使而恶意欺诈企业,要求企业赔偿。企业在面对顾客的恶意投诉时,一定要缩小扩散面,采取可行的应对措施,注意维护本企业的形象,有必要时可以求助于法律维权。

案例分享

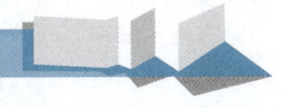

某海鲜批发市场张老板和李老板都主要面向餐饮行业批发海产品,由于下游市场基本相同,在经营中产生了利益冲突,并逐渐产生了矛盾。为了在该市场取得主导地位,张老板动了歪脑筋,准备打垮李老板,于是买通了某公司采购的周经理。周经理某日到李老板那里订了一大批海鲜产品,产品运回去后,周经理和张老板一起做了一些手脚,很快又将产品运回市场进行投诉,说产品有质量问题,员工吃了都拉肚子,要求李老板退货。李老板不从,于是周经理叫来一些员工到市场大吵大闹,甚至把李老板的档口砸了。李老板迫于压力不得不接受退货,损失惨重,而且在该市场的名声也坏了,不得不关门走人。

四、顾客投诉的处理流程

"商场如战场",在今天市场竞争激烈的环境下,企业面临着各种各样的生存危机,对顾客投诉的处理是一个挑战,也是企业顾客关系管理的核心内容。通过对顾客投诉的妥善处理,可以为公司节约成本,留住老顾客;通过对顾客投诉的分析挖掘,寻找商机,开发创新,增加服务价值,可以使顾客投诉成为企业利润的"引擎"。因此,企业预防投诉、受理投诉、处理投诉,都必须遵循一定的方法和流程,目的是形成顾客投诉处理的科学解决方案。顾客投诉处理流程如图11-1所示。

```
认真倾听顾客的抱怨
        ↓
对顾客的遭遇表示同情
        ↓
   主动从自身找原因
        ↓
   真诚地向顾客道歉
        ↓
   诚恳表达改进的意愿
        ↓
   提出可行的解决方案
        ↓
   严格执行解决方案
        ↓
   及时进行反省和检讨
```

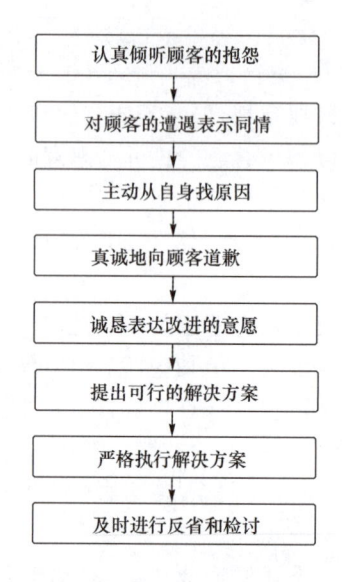

图11-1 顾客投诉处理流程

1. 认真倾听顾客的抱怨

妥善处理顾客投诉的首要技术是学会倾听。当顾客对企业产生抱怨或投诉时,情绪一般都比较激动或态度恶劣,这时接待人员一定要冷静,一定要很好地控制自己的情绪,不要有任何不满的情绪表露出来。接待人员要认真地倾听顾客的不满,先不要做任何的解释,要让顾客将不满彻底发泄出来,使顾客的心情平静下来,然后再询问具体细节问题,确认问题的原因。在倾听时,接待人员要善于运用一些肢体语言以表达自己对顾客的关注与同情,如目光平视顾客、表情严肃地点头等,千万不要就其中的问题与对方争论。不要任意打断顾客,因为打断顾客的陈述,是不礼貌的表现,可能会激起顾客的反感。专注倾听,仔细分析,正确理解顾客投诉的意图,避免投诉受理与处理的偏误。

2. 对顾客的遭遇表示同情

顾客进行投诉,本身就是因为所购买的产品或服务与期待价值具有一定差距;顾客感到不顺意时,特别需要得到心理上的认同和关怀。在认真倾听了顾客的抱怨以后,推销人员要学会站在顾客的立场来看待、处理问题,设身处地地表达对此情况的理解和同情,让顾客感受到被重视、被关心,逐渐把推销人员看成同路人。尽量争取时间,缓和气氛,安抚顾客情绪,使顾客意识到推销人员或企业非常重视自己,企业管理层将全力以赴来解决问题。推销人员对有关原因的了解,语言要尽量婉转和客观,不要先入为主,更不要使顾客产生被审问、

被怀疑的感觉,否则不利于问题解决。例如:

"非常抱歉,我对事情的整个过程不了解,您能详细说一下吗?"

"对不起,有一个细节我想问一下。"

3. 主动从自身找原因

当发生顾客投诉时,主动从自身找原因是企业敢于负责任的表现。推销人员应该坚持从顾客的角度来考虑问题,一定要相信顾客和尊重顾客,相信"无风不起浪"。在思维方式和具体做法上首先应该从自身找原因,看是不是企业的产品的确存在缺陷,企业的服务是不是哪里不周全,要承认企业也可能犯错误。推销人员不能盲目自大,千万不能简单推卸责任以及敷衍搪塞,更不能动不动就责怪顾客。企业推销人员如果勇于承认自身的不足,反而有利于化解纠纷和平息抱怨。

4. 真诚地向顾客道歉

出现错误了敢于承认错误,才能赢得尊重。无论责任是否在企业,一旦发生顾客投诉,管理人员都应该以"顾客永远是对的"为原则,感谢他们发现了企业经营中存在的不足,要真诚地向顾客道歉,对因为这个事情影响了顾客的心情、浪费了顾客的时间而表示歉意,以平息顾客心里的怒气,然后才去探讨事情背后的原因,也就是谁对谁错的问题。

5. 诚恳表达改进的意愿

中国有句古话,"有则改之,无则加勉",它表明了一种诚恳和谦虚的态度。顾客投诉有时并不是希望得到赔偿,而是希望看到企业改正错误的态度。因此,有时,坦率地承认自身的不足,诚恳地表达改进的意愿,顾客满意了,问题也就解决了。当然,如果顾客投诉是因为顾客的误解,企业方面解释清楚就好了,以后想办法加以避免;如果顾客投诉的确是因为企业方面存在问题,一定要勇于承认不足,敢于承担责任,并表达改进意愿。

6. 提出可行的解决方案

前几个步骤表明了企业处理顾客投诉的明确态度,即尊重顾客,维护顾客利益,想顾客之所想,急顾客之所急,但问题的最后解决还需要了解顾客投诉的原委,洞察顾客抱怨与投诉的动机,提出可行的解决方案。在确定解决方案时,需要注意以下几点:

(1)分析投诉问题的严重性。通过倾听了解并掌握问题的关键所在,判断问题的严重性,并了解顾客对企业的处理期望。例如,顾客对购买了某企业不新鲜或变质的食品所导致的投诉,就必须了解顾客是否已经食用,食用的数量、时间,给顾客造成的危害程度,顾客希望企业怎样解决,期望的赔偿金额等。

(2)确定问题责任的归属。虽然一旦出现顾客投诉,企业都要主动向顾客表示歉意,但问题的真正责任还是需要明确的,要明确是因为顾客误解还是厂家在产品或服务方面存在问题。有时造成顾客投诉的责任不一定在生产厂家,也可能是顾客自己的缘故。例如,顾客没有看清楚包装上的说明而将产品生食,造成肠胃不适,误以为是产品有质量问题。如果责任在厂家,推销人员要积极解决,应该在合理的范围内给顾客一个满意的答复;如果责任在顾客,企业要有使顾客信服的解释,以澄清误解。

(3)按照企业既定的政策处理。在产品销售过程中,发生顾客投诉与抱怨的情况是难以避免的,企业一般都会提前制定相关危机处理办法。事件发生后,对于常规性的抱怨,可以遵照既定的办法处理,如退换产品、慰问、适当赔偿等;如有例外事件发生,则在遵照既定原则的情况下,根据一定的弹性法则处理,使双方都能够满意,严防例外事件使负面影响增大以及危机事件被媒体曝光。

（4）明确划分处理权限。企业内部要视顾客投诉或抱怨的影响程度（危害程度）来划分处理的权限，如产品退换，推销人员就可以办理；对顾客的赔偿问题则必须由销售管理人员或其他管理人员来处理落实。顾客投诉和抱怨一旦发生，应根据其影响程度的大小来确定相关的处理责任人，目的是使投诉问题得到迅速而妥善的解决，赢得主动。

（5）与顾客协商处理方案。在通常情况下，发生顾客投诉时顾客情绪都比较激动，顾客的要求与企业的原则及承受能力之间往往会有一定的差距，这时厂家一厢情愿的一些想法或处理方案都可能火上浇油，不利于问题解决，这就需要厂家对顾客做耐心的说服工作，使顾客能够冷静下来，双方共同协商解决问题，制订大家都能接受的方案。

7. 严格执行解决方案

解决方案一经双方协商同意，就要尽快严格执行，否则会影响顾客满意。拟订的有关协议，企业与顾客各持一份，必要时中间人持一份。顾客方面的签字者必须是当事人，或者是当事人委托的代表；企业方面的签字人必须是法人代表，或者是法人代表委托的有关责任人员。协议一旦签订，就具有法律效力，受法律保护。责任方必须积极有效地落实解决方案，任何的拖延或懈怠都会令顾客不满，给企业形象造成损失。

8. 及时进行反省和检讨

如前所述，顾客投诉是市场信息的重要来源，是企业进行产品革新和服务改进的动力源泉，因此，企业应该珍惜顾客投诉，应该从对顾客投诉的反省和检讨中吸取营养，获得进步。具体来讲，对顾客的每一次投诉，企业都应该指派专人登记备案，并分析、检查产生问题的原因，对典型的投诉应该在一定范围内展开讨论，引以为戒。如果责任在产品推销人员，应追究其责任，并制定有关规定，杜绝此类事件再度发生；如果是意外事件，应制定和完善危机处理的原则和方案，以便日后有章可循。

案例分享

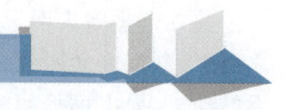

丰田汽车召回事件

据《南方都市报》报道，日本丰田汽车在北美地区曾经销售状况很好，但有一些顾客投诉，其中某款汽车的刹车系统在冰雪天气有点问题，容易出现刹车失灵现象。丰田汽车公司得知这一情况后，马上派出技术人员前往检查、测试，的确有隐患，于是丰田汽车公司决定，召回全球所有该款式汽车，公司进行技术攻关，全部免费实现刹车系统的升级替换，召回期间给车主提供临时用车。丰田汽车公司总裁分别到北美、欧洲、中国等地与车主会面，召开新闻发布会表示道歉，并提出解决方案，承诺以更优异的服务回报消费者的厚爱。丰田汽车公司的诚意和责任感得到了消费者的认可，丰田的品牌在这次危机事件中没有受到损害。因此，好的危机处理方案可以变消极的投诉为积极的推动，如果顾客投诉处理恰当而且被新闻媒体正面报道，还可以扩大企业的知名度和提升企业形象，使消费者更为信赖。

总之，整个顾客投诉处理过程，都要以"投诉"带动企业管理的完善，只有正确处理顾客投诉，才能减少企业危机问题的发生，维护企业形象；只有正确处理顾客投诉，才能为企业留住老顾客，降低经营成本，同时又吸引更多新顾客；只有正确处理顾客投诉，才能变消极的顾客投诉为积极的顾客推动，从而提高企业的顾客吸引力。

五、与不满的顾客结成伙伴关系

我们知道,不满的顾客总会将他们的糟糕经历告诉其他人。一个不满意的顾客常常会向 8~10 人讲述他的遭遇。当顾客停止购买企业的产品,并劝说其他人也不要购买时,企业就会遭受双重损失。一旦出现顾客抱怨或投诉,企业应该把它视为一次加强合作并建立伙伴关系的机会。而且,顾客的不满往往不都是以口头或者书面的方式来表达的,这意味着顾客投诉问题可能不会引起推销人员或公司内其他人员的注意。其实,真正投诉的顾客是企业的好顾客,可以理解为是对企业比较关心的顾客,因此,企业需要尊重他们,甚至还要争取他们的认同,与他们建立伙伴关系,这是顾客投诉管理的未来方向。

为了与不满的顾客结成伙伴关系,企业可以遵循以下建议:

1. 给顾客一切机会表达他们的感受

很多以卓越的顾客服务闻名的公司,很大程度上依赖于它们的电话系统,如用免费"热线电话"确保与顾客进行便捷的联系。很多国内外知名企业都有经过特别培训的客服人员,负责接听电话,并为顾客提供帮助。当顾客通过电话或者亲自来抱怨时,客服人员鼓励他们说出心中的全部愤怒和不满,不打断他们,也不进行自我辩解。在客服人员听完顾客所经历的所有事情之前,不要做任何评论。如果顾客不再说了,客服人员可以试着让他再多说一些。

2. 以体谅的心态对待顾客的投诉

顾客来投诉,一定是企业与顾客之间产生了什么误解,一定是企业的产品出现了什么问题或服务有什么不周,总之,投诉是需要勇气的,企业要体谅顾客的投诉,因为绝大多数的投诉都是善意的。当顾客说话时,推销人员要仔细倾听,避免主观情绪。必要时简要重复一下顾客的话,以表明推销人员一直在认真倾听,表示理解和尊重。切记,不论顾客抱怨、投诉的是真实情况,还是顾客的个人感受,都不是问题的关键。如果顾客不开心,推销人员应该很有礼貌并体谅他们。不要试图说:"这事实上没什么问题","这实际上不是我们的事"。当顾客感觉问题存在时,它就存在,顾客的心理疙瘩需要解开。

3. 不要与顾客争论,也不要辩解

推销人员一定要控制自己的情绪,千万不要生气,在顾客投诉的时候要采用"冷处理"的策略,千万不要卷入任何争论之中,更不能推卸责任和辩解,因为任何的争论都不利于解决问题,只能是火上浇油,任何的辩解都只能让顾客更生气,增加顾客的不信任感。特别要避免试图把责任推给运输部门、安装部门或者任何其他相关人员,永远不要拆你所工作的公司的台。如果问题出在推销人员的身上,推销人员就应该主动承担处理它的责任。"踢皮球"只会让顾客感到无助并增加顾客的不满意。需要特别提醒的是,当推销人员处理重要的或者较小的顾客服务问题并需要道歉时,不要采用电子邮件的方式。当出现较小的问题时,推销人员要亲自给顾客打电话,不要把这个任务让组织内的其他人代为履行。如果推销人员需要为一个发生的重要问题给顾客道歉,尽快安排会面的日期,最好亲自会见顾客。

总之,处理顾客投诉要掌握两个原则:一是不要人为地给客户下定论,客户是因为信赖企业,觉得企业可以为他解决问题才向企业求助的;二是换位思考,学会站在客户的立场上看问题。顾客抱怨的价值也体现在两个方面:一是顾客抱怨可以成为重要信息的来源,这些信息通过其他方式很难获得;二是顾客抱怨为公司提供了与顾客沟通的机会及改进服务承

诺的机会。如果企业很好地解决了顾客的问题，就会减少顾客的不满，增加顾客满意，并有助于与顾客建立伙伴关系，培育顾客忠诚。

第三节 大客户管理

当前，大客户管理已不再是个陌生的名词了，越来越多的企业开始谈论大客户管理，并且开始尝试推行大客户管理。根据经济学的80/20法则，对于一个销售公司，往往20%的客户为公司贡献80%的销量，其中20%的生意又为公司带来80%的利润，因此，管理好这20%的客户和生意对于公司的生存和发展至关重要。

> **知识链接**
>
> **80/20原则：锁定最能创造价值的重要客户**
>
> 意大利著名经济学家维尔弗雷多·帕累托指出：80%的社会财富集中在20%的人手里，而80%的人只拥有社会财富的20%，这就是80/20法则。80/20法则反映了一种不平衡性，但社会、经济及生活中却无处不在。在销售过程中，销售人员若能遵循80/20法则，往往能够达到事半功倍的效果。80/20法则告诉我们，80%的产品销量，往往来自20%的客户。这就意味着销售人员必须关注大客户与长期客户。所以，在工作中，销售人员要分配更多的时间和精力用于重点客户、长期客户的维护，因为这些客户创造的利润最高。

一、大客户认知

1. 大客户的含义

所谓大客户，也称重点客户（Key Account, KA）、关键客户（Very Important Person, VIP），一般是指市场上卖方认为对自己很重要或具有战略意义的客户。大客户一般规模大或者实力强，在行业里、在目标市场具有很强的影响力，在卖方企业里具有举足轻重的地位，它或者能够给卖方带来巨大的销量，或者能够给卖方带来可观的利润，或者能够帮助企业提高品牌知名度和影响力。企业的大客户可能是大零售商、大经销商、某个大的机团客户，也可能是某个大供应商。例如，对于一个家电制造商而言，苏宁、国美无疑是它的大客户，某重要地区的经销商也是大客户，某部队、某医院用户也可能是大客户。

大客户是公司销量和利润的主要来源。大客户管理是卖方采用的一种有效的分类管理方法，目的是通过持续地为大客户量身定做产品或服务，满足大客户的特定需要，从而赢得重要生意，并培养忠诚的大客户，为企业生意的持续发展提供保障。大客户管理体现了管理学"重点管理"的原则，体现了"牵牛要牵牛鼻子"的管理思想，实践证明，这种分类管理的思想能够帮助企业大大提高管理效率和效益，因此为许多企业所采用。现代很多大企业、成功企业都纷纷成立"大客户服务部"或"KA管理部"，对公司的重点客户进行"一对一"的重点经营，中国移动是实施大客户管理的典范。

案例分享

中国移动 ABC 客户管理法

中国移动公司按照 ABC 分类法进行客户管理。他们把公司全部客户按照购买金额的多少划分为 A、B、C 三类。其中 A 类为大客户,购买金额大,客户数量少;C 类为小客户,购买金额小,客户数量多;B 类为一般客户,介于 A、C 两类之间。公司管理的指导思想是重点抓好 A 类客户,照顾 B 类客户,对 C 类客户采取顺其自然的态度。其中,对公司客户中占总数 10%,其通信费合计占运营商通话费总收入 38% 的高端客户群实施优先服务、优质服务。另外,中国联通公司分别给连续六个月通信费大于 300 元、500 元、800 元的客户颁发三星、四星、五星级服务通行卡,星级会员享受所有与其会籍相匹配的通信优惠,同时还可以享受到其他如全国范围内的免费预订房等许多通信外的优惠服务项目。

2. 大客户的甄别

企业客户很多,我们一般可将公司客户分为大客户、小客户与一般客户。那么,什么是大客户?什么是一般客户?什么是小客户?以什么标准来划分呢?大客户主要是指对企业而言产品销量高、客户利润贡献高、忠诚度较高的核心客户;小客户则指那些产品销量、客户利润贡献低甚至可能为负利润的客户;一般客户则是情况介于两者之间的客户。对于企业而言,往往 80% 的利润来源于 20% 的大客户,这些大客户在一定意义上来讲支撑着企业的运营,代表着企业的未来,而另外 80% 的客户可能带给企业的只是 20% 的销量或利润,所以,企业管理应向 20% 的大客户、重点客户倾斜。客户类别、构成与其销量、利润贡献关系如图 11-2 所示。

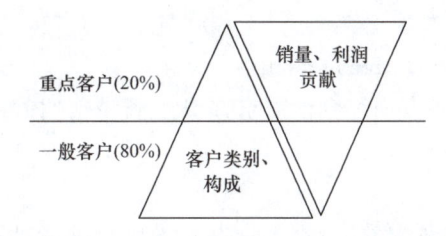

图 11-2 客户类别、构成与其销量、利润贡献关系

我们之所以要对客户进行甄别并进行分类管理,是因为企业在人力、物力有限的情况下,可以采取差异化的客户管理政策,抓住主要客户的主要业务,突出重点,"抓大放小",以保证企业的经营业绩和经营利润。但值得注意的是,事情不是一成不变的,无论是大客户,还是小客户,他们又可能会相互转化,要以动态的、发展的眼光看问题;而且客户的甄别同时也能帮助企业节约成本,帮助企业识别客户与筛选好客户,从而达到节省费用、提高效率的目的。

在甄别客户的过程中,要注意不能仅以一次的消费量大小来作为衡量其"大""小"或"好""坏"的标准,要考虑客户的持续性、发展性,考虑其能为企业带来高销量、高利润和较大影响的贡献能力。因此,甄别客户要有前瞻性,要考虑其成长性。对于企业而言,确认大客户是需要严肃、认真对待的,因为大客户意味着公司的发展期望,意味着享受公司的特殊政策和公司更大的投入。确定大客户应考虑的是,需求量大且重复消费,能够帮助企业降低成本,与企业合作过程中能够带来高销量、高利润的回报。

3. 大客户选择的标准

对于企业来说,大客户的甄别与选择是一件重要的事情,它是大客户管理的基础。传统意义上的"大客户"一般是指具有大宗购买能力和大量销售能力的客户,如果一个分销机构向其供应商(厂家)一次购买或多次购买相当数量的产品,它就会因为贡献了较大的销量或利润而享受到供应商的特殊待遇,供应商会自发提供额外的资源,帮助该分销机构发展生意。为此,大客户的选择必须建立一套可行的标准,才能使企业的客户分类管理落到实处。总体来讲,客户的规模、销售贡献、利润贡献、影响力都是选择大客户的主要指标,具体体现在以下多个方面:

(1)凭借其在现有市场突出的销售业绩和市场份额而具有良好成长前景的客户。

(2)凭借其在小规模或中等规模的扩张性市场占据主导地位而具有良好成长前景的客户。

(3)凭借其在现有市场的销售业绩和利润率而帮助企业取得良好经营业绩的客户。

(4)通过与供应商共同开发新产品而成为市场创新伙伴的客户,以及允许并配合供应商在其市场试销、推广新产品的客户。

(5)属于企业新产品的早期采用者并帮助企业的系列产品在市场上实现扩散的客户。

(6)帮助企业实现有效信息收集、市场开发和渠道管理并与企业建立良好关系的客户。

(7)帮助提升供应商的形象和声誉,在当地分销渠道中享有很高声誉的客户。

(8)对于企业竞争至关重要的、直接竞争对手所服务的客户也属于争取对象。

二、大客户管理认知

1. 什么是大客户管理

大客户管理(Key Account Management)就是供应商(厂家)瞄准并满足潜在重要客户在市场营销、管理和服务等各方面综合性需求并侧重满足他们的需求的策略。按照地理上分布的广泛程度可以将大客户分为全球性的大客户(IKA)、全国性的大客户(NKA)、某地区(城市)的大客户(CKA)。

大客户的第一个特点是规模效应,要想获得大客户身份,客户必须有很高的销售潜力。大客户的第二个特点是采购和销售行为的多样性,大客户不但采购大量各种各样的商品,而且通过复杂多样的渠道和方式将商品销售出去。因此,企业更多会将大客户身份给那些需要维持长期联盟或合作关系以求共同发展的客户。这种客户关系一旦确立,购买方就可以获得来自供应商的包括稳定供应、优惠价格、信用支持、问题快速处理、更好地沟通和更到位的服务等诸多方面的收益。

大客户管理具有以下三个特征:

(1)差异性。大客户管理包括对重要客户的特殊待遇,而其他客户不会享有,这可能包括在产品供应、价格、服务、分销和信息共享等方面的特惠待遇,也可能以产品定制化、特殊价格、特殊服务的提供、服务定制化、分销和操作流程的倾力协调、信息共享和商业项目的联合开发以及新产品优先销售等形式体现出来。

(2)专门化。大的企业(供应商)在企业内部专门设置大客户管理机构,它们以专门服务一些大客户为特征。它们可能被安置在供应商的总部,也可能被安置在大客户所在地区的销售机构,主要职责是帮助大客户发展生意、管理市场。

(3)协同性。大客户管理要求多个职能部门的协同努力才能完成,其中除了销售部门以外,制造、财务、人力资源、信息技术、研发和物流等部门也要通力合作。

大客户管理需要供应商提供一些超出常规销售队伍所能提供的特别政策和关注。大客户经理的主要职责在于规划发展与大客户公司内部各种人员的关系,并动员公司内部的人力、物力及各种关系帮助大客户发展,协调并激励公司销售队伍快速响应大客户公司不同部门、不同市场及相关人员的各种需求,帮助大客户发展生意的同时也发展自己企业的生意。有专家研究提出,要保证大客户管理的成功,必须做好以下几个方面的工作:

①高层管理者对大客户有充分的理解和认识。
②把大客户管理作为公司整体销售管理的重点。
③建立对大客户进行清晰定义和识别的标准。
④确立内部和外部明确的销售目标和管理任务。
⑤构建销售服务机构之间有效的信息沟通方式。
⑥建立销售管理人员和销售队伍之间和谐的工作关系。
⑦建立供应商与重要客户之间融洽的客情关系。

但需要说明的是,推销管理向20%的重点客户倾斜,并不意味着企业可以忽视另外80%的一般客户和小客户。根据"长尾理论"的观点,现阶段由于产品的丰富化、多样化,企业产品链条中重点的品类越来越少,企业客户结构中,绝对大的客户也越来越少,而更多的小品类产品和更多的中小客户在企业业务活动中扮演重要的角色,产品或客户的"长尾"不可忽视。企业在重视大产品、大客户的同时,也应该兼顾小产品、小客户。

2. 大客户管理的利弊

(1)大客户管理对于供应商的有利之处

①优化厂商沟通和协作关系。大客户知道有一名专门的厂家(供应商)推销人员或者专门的销售队伍是为其服务的,因此在合作过程中可以方便联系,提高效率。

②实现更紧密地与客户合作。推销人员通过大客户管理能够了解客户决策者是谁、使用者是谁,以及在决策过程中对销售决策者有影响的是些什么人,以便有针对性地进行沟通和交流,促进业务开展和良好合作。

③实现更高的销售额。大多数采用大客户管理模式的企业实践都表明,对大客户量身定做销售政策,提供一对一的销售服务和营销策划,其销售额都会明显上升。

④提供更好的销售跟进和服务。一项关键销售任务完成以后,投入大客户处的额外资源就意味着企业有更多的时间进行销售跟进并提供服务,使服务更到位,增进顾客满意。

⑤更深入接触客户决策机构。厂家(供应商)的推销人员可以有更多的时间与大客户决策机构建立联系。推销人员可以从用户、决策者、影响者和购买者入手影响销售决策,而不是硬性地推动销售进程。

⑥对于公司推销人员而言,大客户管理更有利于其职业生涯的发展。在销售队伍的分级系统中,大客户推销管理处在顶层,这就为希望在销售队伍内晋升的推销人员提供了升迁机会,通过大客户管理又能够提高推销人员的管理水平。

⑦通过推行大客户管理可以优化生产、交货日程和需求预测等联合协定,降低成本。

⑧可以实现在新产品研发上的合作和联合,以及通过联合促销提高渠道管理效率。

(2)大客户管理对于供应商的不利之处

①当公司资源倾向于少数大客户时,供应商要冒着过于依赖相对少数客户的风险。

②如果企业滥用大客户政策,有可能得罪更多的一般客户而面临客户减少的危险。

③大客户一旦了解到其处于优势地位,就会不断提高对高水平服务及关注的要求。

④过分关注大客户会导致对一些较小客户的忽略,不利于培养具有潜力的小客户。

⑤对大客户服务的团队管理要求可能与团队中某些精英的个人奋斗方式相矛盾,因为赢得大订单时的团队成就需要与他人共享,因此,在招聘大客户推销人员时需要注意这一点。

三、大客户管理的关键要素

大客户管理对于企业(供应商)来讲是一项重要的工作,也是一项复杂的工作,它需要推销人员具有出色的管理能力,更需要企业各个部门之间的通力合作。根据成功企业的管理经验,大客户管理要想取得成功,必须注重以下几个方面的关键要素:

1. 大客户管理者的称职程度

大客户管理者是否称职的评价因素包括管理者的正直程度、人际关系能力、个性特征、综合素质和与大客户企业文化、经营理念一致的能力。

2. 对大客户经营状况的深入了解

对大客户经营状况的深入了解被确定为第二个关键要素,因为只有"知己知彼",才能"百战不殆",而深入了解客户最根本的目的是预测客户未来的需求,以便更好地满足其需求。

3. 对合作关系的有效承诺

第三个关键要素是对合作关系的有效承诺,这包括给予大客户管理者充分的时间和资源来建立关系以及为大客户管理者提供必要的培训,在销售政策、市场推广方面的支持等。

4. 建立相互信任

相互信任也是一个关键要素,彼此信任需要建立在长期信守承诺的合作关系上。供应商将信任看成伙伴间机密信息的共享,而大客户认为信任意味着任何一方都不违背协议。

5. 传递服务价值

供应商也应该建立一个有效的系统,评估大客户管理计划的核心能力,并通过向顾客提供优质服务和传递服务价值的方式让顾客满意。为了达到这个目的,供应商需要认真、细致地了解大客户的服务需求,建立跨职能项目团队有助于双方在贡献和价值传递上达成共识。

6. 正确地理解和执行大客户管理计划

正确地理解和执行大客户管理计划被认为也是一个关键要素。执行不仅要求大客户管理者而且要求其他部门人员对该客户业务有全面、深入的了解,如运营、物流、采购和营销这类职能人员需要了解大客户管理计划制订的缘由和意义。除此之外,需要对大客户进行关于大客户管理计划的培训,特别是大客户应当了解供应商通过制订一个大客户管理计划而期望达成的目标,以便更好地配合,达成理解和执行的一致性。

7. 建立和维护与大客户的伙伴关系

建立和维护与大客户的伙伴关系非常重要,它关系到供应商销售活动的持续发展,其主要措施包括：

(1)建立个人信任

建立个人信任,使顾客放心的方法包括：

①保证承诺一定会兑现。

②对疑问、问题及抱怨要快速回应。

③与大客户保持密切的沟通。

④安排访问工厂、工地并举行座谈会。

⑤对于可能出现的问题和风险给予提示。

⑥参加客户举行的各种社会活动等。

(2)提供技术支持

为大客户提供新技术并提高生产力的方法包括：

①开展专业技术培训指导。

②开展合作研究、开发。

③提供售前、售后服务。

④提供销售队伍的培训。

⑤供应商主动帮助大客户推销等。

(3)提供资源支持

提供资源支持的目的在于减少大客户的财务负担,降低风险,方法包括：

①提供信用、赊销政策。

②提供低息贷款。

③提供渠道费用补贴。

④共同促销以降低成本。

⑤支持大客户开展对销贸易等。

(4)帮助提高服务水平

帮助提高服务水平的目的在于帮助大客户改善服务,提高业绩,方法包括：

①可靠的产品质量。

②快速、及时、准确交货。

③安装计算机信息系统。

④快速、准确的报价。

⑤减少交易过程的错误等。

(5)帮助降低经营风险

帮助降低经营风险的目的在于降低大客户产品和服务的不确定性,方法包括：

①开展免费展销。

②免费、低成本试用期。

③产品保证。

④交货保证。

⑤预防性维护和约。

⑥优先的售后跟进等。

四、大客户管理的方法

大客户是企业的重要客户、关键客户,大客户管理的成功与否,对企业的经营业绩及利润具有决定性的作用。大客户管理是一项复杂的系统工程,它有着非常严密的工作流程,涉及企业许多部门的合作与协调,目的是满足大客户的特殊需求。大客户管理需要调动企业的一切资源,深入细致地做好管理工作,紧抓大客户,扩大市场占有率,增强市场竞争力。因此,大客户管理需要掌握特定的策略与方法。推销人员可以从以下几个方面做好对大客户的管理工作:

1. 充分调动大客户的销售力量

调动一切与大客户销售相关的力量,帮助大客户提高销售能力。许多推销人员往往认为,只要处理好与客户中上层主管的关系,就意味着处理好了与客户的关系,产品销售就畅通无阻了。客户的中上层主管掌握着产品的进货与否、货款的支付等大权,处理好与他们的关系固然重要,但产品是否能够顺利销售到消费者的手中,却与基层工作人员的工作积极性和效率有关,如业务员、营业员、仓库保管员等,特别是一些技术性强、使用复杂的大件商品的销售,更加需要依靠基层业务人员的努力,因此不能忽视他们。

2. 优先保证向大客户供货

大客户的采购量大,对公司的销量贡献大,因此,优先满足大客户对产品数量及系列化的要求,是大客户管理的首要任务。尤其是在销售上存在淡旺季的产品,要随时了解大客户的销售与库存情况,及时与大客户就市场发展趋势、合理的库存量及客户在销售旺季的进货量进行磋商,在销售旺季到来之前,协调好生产及运输等部门关系,保证大客户的货源需求,做好备货工作,避免因货源断档导致客户不满等情况。

3. 向大客户及时提供新产品

大客户在对一个产品有了良好的销售业绩之后,在其所在地区市场对该品牌产品的销售也就有了较强的渠道影响力,新产品的试销理当以大客户为先导。而新产品在大客户中进行试销,对于收集客户及消费者对新产品的意见和建议,具有较强的代表性和良好的时效性。同时,新产品又具有较好的利润空间,当然要先考虑大客户的利益。大客户管理部门应该提前做好与大客户的前期协调与准备工作,以保证新产品的试销能够在大客户所在市场顺利进行,并给大客户带来更大的市场影响和经营利润。

4. 充分关注大客户的社会活动

关注大客户的一切经营活动和社会活动,是处理好与大客户的客情关系的重要工作,包括大客户的社会公关活动、促销活动、渠道开拓、商业动态等。供应商应及时给予大客户以经济支援或精神支持,协助大客户开展相关的商业或社会活动,以提升其渠道影响力和市场销售力。总之,大客户的一举一动企业都应给予密切关注,力所能及进行支持协助,利用一切机会加强与大客户之间的感情交流,如参加大客户的开业庆典、项目签字等。

5. 经常征求大客户对销售工作的意见

推销人员是企业的代表,其工作的好坏,是决定企业与客户关系的一个至关重要的因素。要保证渠道畅通,需要经常征求大客户对销售工作的意见,以获得大客户的帮助和支持。大客户管理部门对负责处理与大客户之间业务的销售人员的工作,不仅要协助,而且要监督和考核。对于工作不力的人员要上报上级主管,以便及时安排合适人选。

6. 与大客户一起设计营销管理方案

每个客户因区域、经营策略等不同,所呈现出的经营环境也就具有差异性。推销人员应该根据各个大客户的不同情况,与大客户共商市场开拓与管理的大计,一起设计营销管理方案,提高管理的有效性并增进客情。大客户管理部门应该协调推销人员及相关部门与大客户共同设计营销解决方案,使大客户感到其被高度重视,是企业营销渠道重要的一分子。

7. 保证与大客户的信息传递及时、准确

大客户的销售状况事实上是公司产品在目标市场营销的"晴雨表",大客户管理很重要的一项工作就是将销售状况及时、准确地统计、汇总、分析,上报上级主管部门,以便针对市场变化及时调整生产和营销计划。同时,企业也有责任及时将行业信息、公司产品信息和经营信息传达给大客户,以增强信息透明度,促进沟通的有效性。

8. 对大客户制定适当的优先奖励政策

既然大客户是企业的重要客户、关键客户,在企业的市场份额及经营利润方面起到举足轻重的作用,那么就应该享受优于其他一般客户的优惠政策,体现大客户的价值,发挥大客户的主导作用。所以,供应商应该对大客户采取适当的优先激励措施,如优惠折扣、销售竞赛、梯级返利、市场推广支持、渠道费用支持、优先信用政策等,可以有效地刺激大客户的销售积极性和主动性,激发其市场潜力。

9. 安排高层主管对大客户的拜访

高层主管对大客户的访问是企业重视大客户的一种表现,也显示出对大客户的尊重。一个有着良好营销业绩的公司的营销主管每年大约有三分之一的时间是在拜访客户中度过的,而大客户正是他们拜访的主要对象。大客户管理部门的一个重要任务就是为营销主管提供准确的信息,协助安排访问日程,以使营销主管有目的、有计划地拜访大客户,给客户以"面子",从精神的层面激励大客户。

10. 组织每年一度的大客户与企业之间的座谈会或联谊会

每年组织一次企业高层主管与大客户之间的座谈会或联谊会,听取客户对企业在生产、服务、营销、产品研发等方面的意见和建议,是企业客户关系管理的有效举措。通过座谈会,企业与大客户交流总结经验,吸取教训,对企业的新产品计划和下一步市场推广计划进行研讨,对未来市场发展趋势进行预测,以共同制订企业未来的发展规划。这样的会议,是对大客户的一种参与性激励,不仅对企业的经营决策有利,而且可以加深与大客户之间的情谊,培育大客户的忠诚度,有助于促进厂商之间伙伴关系的建立。

第四节 客户关系管理

根据服务营销专家的研究,开发一个新顾客所花费的货币、时间、精力成本是保持一个老顾客的5~6倍,甚至8~10倍。可见,建立客户关系和做好客户关系管理工作是企业保持和提高经营业绩的有效途径,也是企业持续发展的需要。企业可以通过开发客户资源(如消费者、分销商、合作伙伴的需求等)获得经营价值,以强化其市场地位。因此,客户关系的维持与发展是现代企业的核心管理内容,也是保证企业竞争优势的关键要素之一。

一、认识客户关系管理

1. 客户关系的界定

客户关系(Customer Relationship)是指企业和自己的分销商、服务商、供应商以及消费者之间因为业务往来而形成的交互关系,它既包括业务关系,也包括情感关系。企业中通常称为"客情关系",而书面用语通常称为"客户关系"。

客户关系≠庸俗关系。在企业实践中,老板或经理通常都会要求业务员"处理好客户关系",于是,业务员就去与分销商套近乎,请其吃饭、喝酒、玩乐,其结果是业绩没有提升上去,生意没有什么进展,业务员还花费了不少精力和钱财。为什么会出现这种得不偿失、枉费心机的事情呢?原因在于业务员错误地理解了"客户关系"的内涵,以为"处理好客户关系"就是请客户吃饭、喝酒、玩乐,就是结交酒肉朋友,陷入了建立"庸俗关系"的误区。当然,这跟我们的社会风气有关,社会上流行哥们义气,对商业文化也产生了影响。

我们认为,客户关系需要建立在一定的沟通和交流的基础之上,需要投入一定的感情,但是客户关系并不简单地等同于感情关系;客户关系是厂商之间的业务关系,它首先表现为一种业务员与客户之间的人际关系,但并不简单地等同于人际关系,而更重要的是体现为一种厂商之间的交易关系和利益关系。

2. 客户关系管理的内涵

客户关系管理(Customer Relationship Management,CRM)是把企业的客户作为一种企业资源进行管理的经营思想和管理技术,旨在挖掘客户资源的价值。客户关系管理可以帮助企业提高顾客的满意度和忠诚度,帮助企业提升经营业绩。有专家研究认为,客户关系管理包含如下三个层次的内涵:

(1)从思维方式的层面看,CRM 是一种营销理念、一种管理哲学。其核心思想是将企业的顾客作为企业最重要的核心资源,通过全面的顾客认识、深入的顾客分析、完善的顾客服务来满足顾客的需要,培养顾客忠诚,最大程度发展顾客与本企业的关系,实现顾客价值的最大化。

(2)从广义和战略的角度看,CRM 是全面的顾客关系管理,是一种战略,应用于企业的市场营销、销售、服务与技术支持等与顾客相关的领域,通过向企业的销售、市场和顾客服务的专业人员提供全面、个性化的顾客资料,并强化跟踪服务、信息分析的能力,使他们能够协同建立和维护一系列与顾客之间卓有成效的"一对一关系"。

(3)从狭义和战术的角度看,CRM 是一种技术解决方案。CRM 通过一系列的过程和系统来支持企业的总体战略,以建立与特定顾客之间长期的、互利双赢的关系。企业必须有效采用先进的数据库和决策支持工具,有效收集、分析顾客数据,并将顾客数据转化成顾客知识,以便更好地理解和管理顾客行为。

案例分享

巧妙利用客户"杠杆"

广东某地区最大的装饰玻璃经销商,同时经营着十多种装饰玻璃,当地的学校、高档娱乐场所、星级酒店等几乎被其垄断。

该老板做事最厉害的地方是,他首先将可能存在的客户,比如学校、KTV、星级酒店等进行分类,然后对其进行评级,找出各个类别中最有影响力的标志性企业,并想尽各种方法攻克这些企业,使它们的满意度达到最高,并且留下各种资料作为日后与其他客户交谈的证据,如果有机会他还会要求客户给他做一些转介绍。就是凭借这种方法,他几乎垄断了很多地方的装饰玻璃的供应。

其实,他的方法并不新鲜,但是的确非常有效,我们通常的说法就是"树标杆、立典型",因为很多时候客户无法信任企业,或者面对众多品牌无法选择时,企业就必须通过一些大家都信得过的事情给他信心,让他一看就觉得:"行,××企业也是用这个,应该不会差,我们也用这个好了!"尤其当客户累积到一定程度的时候,就会产生巨大的光环效应,从而能得到更多的客户,大大降低自身的谈判成本。

3. 客户关系管理的分类

(1) 按客户规模分类

①大企业 CRM。大企业 CRM 在业务方面分工明确,并在各个地区设立自己的机构。大型企业在业务规模运作方面信息交错而庞大,也就是说大企业 CRM 操作复杂。

②中小企业 CRM。相对于大企业 CRM 而言,中小企业 CRM 内容简单,操作简易、灵活。

(2) 按应用性质分类

①销售管理 CRM。销售管理 CRM 是企业以专业推销人员为主,使得与客户能够完全一对一或渠道对渠道地进行销售业务,应完全考虑到对 CRM 的功能扩展性与共享性的开发。

②服务支持 CRM。服务支持 CRM 涉及整个客户群体的培养与维护以及强化客户资源,必须使服务与支持同步进行。

③综合应用 CRM。对于企业而言,综合应用 CRM 关系到客户关系管理的运作是否通畅,不仅包括企业 CRM 的完整性,而且对于企业的财务、物流、信息、ERP、营销等多方面应用都起着集成性作用。

(3) 按系统功能分类

①操作型 CRM。按照业务方法提高企业、员工在销售、营销和服务方面的能力,采用操作型 CRM 最佳。例如,销售自动化、营销自动化、客服自动化等软件工具的应用,都属于操作型 CRM 的范畴。

②协同型 CRM。协同型 CRM 是指整合企业内部、企业与客户之间的互动渠道,包括客服管理中心、企业网站、电子邮件、通信工具等,其目标是提升企业内部、企业与客户的沟通协同能力,并强化客户关系管理。

③分析型 CRM。分析型 CRM 是指分析 ERP、SCM 等系统,以及从不同渠道所收集或生成的各种与客户相关的数据资料,以帮助企业全面地了解客户的心理、行为、需求和偏好等,企业可以据此为参考拟定即时的经营决策。

二、客户关系管理的原则

1. 动态管理原则

客户是多层次、多类型的,客户同时又是变化的。因此,客户档案建立后,就应当及时维护和更新。要对客户的资料加以调整,针对客户情况的不断变化,剔除过时的或已经变化了的资料,及时补充新的资料,对客户的变化进行跟踪,使客户关系管理保持动态性。同时,要注意对新客户的筛选,全力留住大客户,淘汰无利润、无发展潜力的客户。

2. 重点管理原则

重点管理原则包括以下几点:

(1)要加强对重点客户的管理以突出重点。推销人员要透过客户资料找出重点客户,重点客户不仅包括现有客户,而且还应包括未来客户或潜在客户。

(2)应建立不同的客户档案。客户购买企业产品后有两种情况:一是再销售赢利;二是自己直接使用。因此,要建立两种"资料卡"对客户加以管理,即针对销售店的"经销资料卡"和针对使用者的"用户资料卡",以免主次不分,造成管理缺陷而降低管理绩效。

(3)对不同类型的客户应采用不同的销售策略和管理办法。因为企业的资源有限,应将有限的资源用在最有效益的客户身上。

3. 灵活运用原则

收集和管理客户资料,目的是在销售过程中加以运用。所以,企业在建立"客户资料卡"或"客户管理卡"后,应以灵活的方式及时全面地提供给推销人员及其他有关人员,使他们能进行更详细的分析,提高客户关系管理的效率。推销人员在开展客户关系管理工作时应分析每次预订、销售的情况,注重改进销售质量,更好地为客户服务,使企业与客户的长期交易关系更为稳固和可靠。要灵活运用客户关系管理资料就要做到以下几点:

(1)专人负责。由于许多客户资料是不宜流出企业的,只能供内部人员使用,所以客户关系管理应确定具体的规定和办法,由专人负责管理,严格规定客户情报资料的利用和借阅方式。

(2)总结经验。从每次的销售评估活动中,推销人员都应认真总结自己的行为模式,找出自己被隐藏的优势或者是被忽视的缺点。能够时常总结销售经验的推销人员通常会比较成功,而不善于总结销售经验的推销人员通常工作没有什么起色。

(3)评估交易。交易完成后,推销人员应评估整个销售过程,分析优势行为,找出不足的地方,适时改进,提高客户关系管理水平。

(4)提高业绩。推销人员要将自己的经验用之于实践,同时建立起一套有效的销售工作程序,不断追求自己销售业绩的进步与提高。

4. 保持距离原则

厂商之间作为相互独立的经济主体,必然存在各自不同的利益和立场,也就是说,厂商关系有合作的一面,也有对立的一面,因此,生产企业(供应商)在进行客户关系管理时与客户适度保持距离是非常必要的。鉴于此,厂商关系的创建者、维护者必须站稳自己的立场,在政策允许的范围内为对方谋利益,不要落入对方布置的陷阱,绝对不能以出卖公司利益为代价获取个人利益,这是原则问题。俗话说:距离产生美。所以,必要时还需保持一定的关系距离,以使厂商关系更纯洁、更持久。

有的厂家派驻的销售代表,由于经不起分销商的利诱,往往容易丧失立场,置公司利益于不顾,与分销商勾结,谋取私利,重则造成公司重大的经济损失,破坏公司形象,轻则出卖个人尊严和价值,影响了厂商之间客情关系的良性发展,甚至身败名裂。因此,厂商之间、厂商人员之间保持一定的距离是必需的,坚定自己的原则立场是必要的。换句话说,只有适度保持距离,才能使得厂商之间的关系朝着健康的方向发展。

案例分享

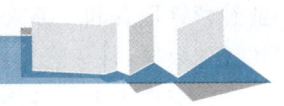

如此客情关系

某公司李经理,平时为人豪爽仗义,喜欢交往,还喜欢看球、喝酒和唱歌,在公司人缘很好,领导和同事都很喜欢他。李经理是公司驻杭州的地区经理,他在浙江地区发展了十几个经销商。李经理善于交朋友,和他的经销商个人关系都很好,甚至亲密无间,每次去拜访经销商,经销商都热情款待,请他吃饭、喝酒、唱歌,甚至提前买好整箱李经理喜欢的白酒放在办公室里。经销商来杭州,李经理也是非常大方地接待,大家合作很好。但后来问题出现了,经销商在旺季推说资金紧张,要求李经理在超信用额度的情况下发货,旺季过后付款,李经理冒险答应了。之后李经理去拜访客户催收账款,经销商更加热情地款待他,请他吃饭、喝酒、唱歌,还洗桑拿,第二天李经理催款时经销商说最近几天资金紧张,过两周打款。经销商用此方式一拖再拖,李经理所辖地区经销商的应收账款数额越来越大,公司发现不对,就不再发货了,市场陷入停滞状态,李经理的业绩也直线下滑,不久便辞职黯然离开了。

三、顾客数据库的建立与管理

要使客户关系管理富有成效,首先需要建立客户数据库,获得客户全面的信息,以便跟踪管理客户和挖掘客户资源。而客户数据库,其实就是企业所拥有的客户情况档案资料,反映企业与客户之间有关联的商业流程和信息的集合。

1. 建立客户数据库的意义

客户数据库的建立,对于企业具有非常重要的作用,这意味着企业能够有效服务客户,增加企业的利润来源,减少市场风险,扩展市场渠道。通过建立客户数据库,企业可以把握和影响客户的投资理念与购买决策。除了一些最基本的客户情况以外,企业还需要对客户的经营方向、规模、信用及资产状况、业务拓展等方面进行细致的汇总、筛选和挖掘,通过改进客户满意度、忠诚度、赢利能力以改善企业的经营效率,为企业创造和维护客户资源。因此,客户数据库的建立应侧重于将各类客户信息用于辅助企业做出正确的分析和决策,侧重于挖掘客户信息中隐含的商业信息,以充分实现客户价值。

2. 建立客户数据库的方法

客户数据库包括客户与公司联系的所有信息资料,如客户的基本情况、市场潜力、经营发展前景、财务信用情况、经营方向、企业规模、客户信用及资产状况、业务拓展等有关客户的方方面面的信息。

(1)收集有关客户的详细资料

①基本原始资料。基本原始资料主要包括客户的名称、年龄、性别;专业、学历;性格、兴趣、爱好;地址、电话、负责人、联系人;与企业交易的方式、金额、内容;企业组织形式、经营状况、资产、业种、付款方式等。

②客户特征资料。客户特征资料主要包括市场区域、业务范围、经营规模、代理产品、服务区域、销售能力、发展潜力、市场观念、经营方向、经营特点、经营政策、法人代表、主管等。

③业务状况资料。业务状况资料主要包括客户与企业间业务关系、销售业绩,客户与企

业经营管理者和业务人员的合作情况,客户在市场上的竞争力和地位,企业和其他竞争者相比较的数据,每一笔交易业务的历史记录等。

④交易历史资料。交易历史资料主要包括客户与企业间业务交易往来的规模、信誉状况、对客户未来销售的估算、交易条件、销售动态等。

(2)收集客户详细资料的方法

推销人员对于自己的客户要留心观察,随时记录客户的个人资料,以便综合整理。同时还要留意各种媒体发布的行业信息和客户信息,以便提高客户管理水平,正所谓"处处留心皆学问"。收集客户详细资料的主要方法有以下几种:

①细心观察记录客户。对客户购买要有意识地仔细观察,包括客户挑选商品的过程情况、购买时间、次数等。结束后,要对这些信息进行记录,分析客户的购买偏好、频次、数量等方面有规律性的信息。

②主动询问客户。对于比较熟悉又热情、开朗的客户,推销人员可以采取主动询问的方式收集信息,询问他们最近有何购买打算,有什么特别需求,对公司的产品有什么意见等,询问时要表现出对客户的关怀和尊重。推销人员主动询问时一定要注意态度要真诚,不能引起客户的反感。

③与客户聊天交流。在客户购买产品的时候,针对客户的年龄和职业特征,抛出一个话题,引起客户的兴趣,然后顺势和客户交流看法,以了解客户的观点。聊天可以让客户感到亲切、自然、友好,客户会在不经意间透露自己各方面的情况信息。

④让客户自己动手填写资料卡。设计一些有关客户个人资料的卡片,以加入公司会员俱乐部等名义,在客户购买产品的同时,请客户自己填写一份详细的个人资料卡。但一定要让客户清楚,填写卡片的目的是更好地为他开展个性化的服务,争取客户的自愿和理解。

⑤业务主管整理客户资料卡并入库。业务主管应关注客户数据库的建档情况,注意督促推销人员重视、利用客户资料卡,并及时将资料卡信息输入数据库进行信息化管理。业务主管应将客户资料卡的收集、整理作为推销人员业绩考核的一项内容,贯穿于业务活动的始终,业务主管应及时整理、分析客户资料卡,从中获得有用信息,用于指导业务活动的开展。同时,主管应安排专人将客户资料卡内容输入数据库,并进行及时更新,实现客户数据库的动态管理。

3. 客户数据库的分类整理

客户信息是动态的,每天都有新的情况发生,所以,客户数据库需要不断地补充、增加新资料、新内容。但客户数据库内容庞杂,需要根据一定的脉络或主题进行分类整理,才能满足客户关系管理的需要,以提高信息分析的准确度和有效性。根据企业客户数据库资料的内容与其营销运作程序,可以把客户数据库资料分成五大类分列管理,包括客户基本资料、合同订单资料、欠款还款资料、交易状况资料以及退换赔折价资料等。客户数据库资料分类整理流程如图11-3所示。

4. 客户数据库的利用

(1)如何利用客户数据库

企业进行客户数据库管理,仅仅对客户资料的收集、分类、整理是不够的,对客户数据库信息的挖掘和利用才是客户关系管理的真正目的。要把客户数据库作为企业信息资产加以

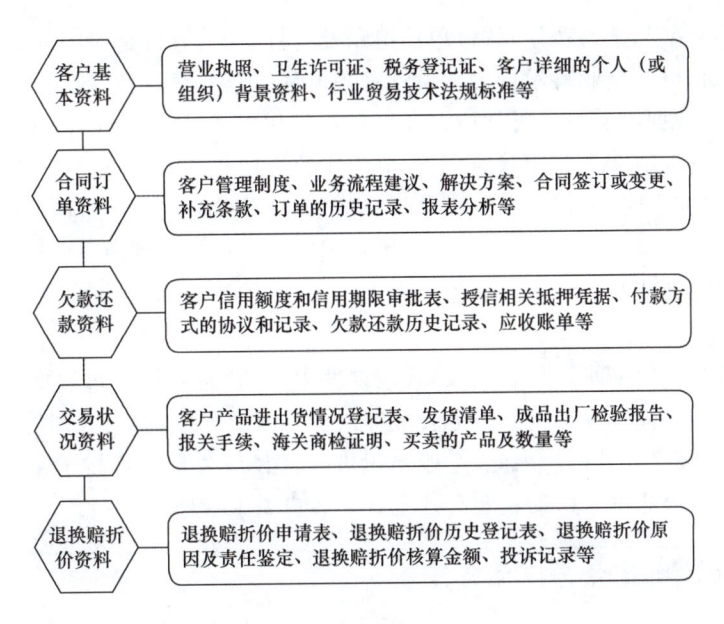

客户基本资料	营业执照、卫生许可证、税务登记证、客户详细的个人（或组织）背景资料、行业贸易技术法规标准等
合同订单资料	客户管理制度、业务流程建议、解决方案、合同签订或变更、补充条款、订单的历史记录、报表分析等
欠款还款资料	客户信用额度和信用期限审批表、授信相关抵押凭据、付款方式的协议和记录、欠款还款历史记录、应收账单等
交易状况资料	客户产品进出货情况登记表、发货清单、成品出厂检验报告、报关手续、海关商检证明、买卖的产品及数量等
退换赔折价资料	退换赔折价申请表、退换赔折价历史登记表、退换赔折价原因及责任鉴定、退换赔折价核算金额、投诉记录等

图 11-3　客户数据库资料分类整理流程

管理和利用，只有通过对客户数据库的整理、统计、分析、挖掘，才可以提高大客户、中小客户和潜在客户管理的有效性，为企业的经营决策提供有价值的参考信息。

①利用客户数据库信息，为不同类别的客户"量身定做"合适的促销政策。企业通过对客户数据库资料的整理、分析，对客户进行有效分类。首先根据客户原始基本资料、客户特征资料、客户业务状况资料、客户交易历史资料等细分客户类别，然后按照一定的标准对每一类客户再进行细分，如所在地区位置、购买能力、购买行为、消费趋势、对产品的服务期望值、产品价格等，从而细分出不同客户类型，以便有针对性地制定差异化的营销组合策略。

②不断收集和研究客户需求的变化，针对客户数据库中的客户需求开展营销，并使之反馈到企业产品和推销策略中去，提高已有客户满意度和忠诚度，吸引新客户。

③根据客户数据库资料，锁定大客户，并采取针对性措施，挖掘大客户价值。可以根据客户数据库资料将客户分成不同的级别，针对不同级别客户制订差异化的客户管理和维护计划，参考已实现的历史交易、合同订单记录，采取积极主动的营销策略提升大客户对企业的价值贡献。

（2）利用客户数据库需要注意的事项

企业对客户数据库的挖掘和利用需要注意以下三个方面，才能在有效利用过程中不断补充、完善客户数据库资料系统。

①利用客户数据库中各类客户的资料信息分析市场，把握和预测企业扩展市场或开发新市场的可行性及风险性，为寻找、培养新客户、新市场提供积极的参考信息。企业建立客户数据库，在收集客户背景材料的同时，要充分了解客户的销售区域和区域贸易相关法律法规；在利用客户数据库时要整体评价客户的市场占有率和市场份额，以及产品销售的流向，以便制定企业生产和经营战略的整体方向和布局决策。

②利用客户数据库中交易状况的资料，加强企业自身管理的适应性和把握市场定位，降低生产成本和经营成本，实现企业资源整合。例如，从订单的附加值高低、批量大小测算生

产成本、设备利用率和销售费用;从订单的退赔及折价情况,分析企业内部管理和原料供应、质量控制的能力,以便企业科学合理地设计管理流程,确保流程的有效性与持续性。

③利用客户数据库的交易付款信息和客户背景材料,把握企业销售业务中赊销情况的合理性,同时正确评估客户信用状况,重视应收账款管理与催收工作,减少交易风险。例如,在判定公司重要客户时,不仅要看其订单量、订单附加值,而且要评价其真正的货款支付能力。因此,需要强化信用管理职能,并将信用管理风险的权责合理地分配到公司相关的各业务部门中去,落实到从开发客户到货款回收工作的全过程,以解决"增加销售额"和"回收货款"这个矛盾问题。

另外,由于客户数据库信息量很大,管理难度大,在利用数据库过程中涉及企业的生产调度、技术管理、原料供应和营销、财务管理等诸多方面的内容,数据处理的重复性、频率大,靠人工的方式无法有效进行。因此,企业要积极导入客户关系管理技术系统,如 ERP 系统软件,通过信息技术的手段帮助企业有效地开展客户关系管理。

四、运用 CRM 提升客户忠诚度

客户忠诚指客户对公司及其产品极为信任和依赖,并不断消费和重复购买的行为。客户满意、客户忠诚是企业追求的服务目标,只有客户满意才可能形成客户忠诚,而企业只有培养出一大批忠诚的客户,才可能持续发展。CRM 是一种经营管理技术,企业可以通过运用 CRM 技术提高客户忠诚度,提高企业效益。

案例分享

印刻效应

印刻效应来自德国习性学家海因罗特的一个动物实验,引申到销售领域表现为:客户总是钟情于他最满意的产品或服务,并会在很长时间内保持对该产品的忠诚,在这段时间内他不会对其他产品产生更大的兴趣与信任。由此可见,销售人员要在工作中注重培养客户忠诚,尽量留住回头客。为了留住客户,销售人员应该:第一,向客户提供服务保证;第二,为客户提供个性化服务;第三,尽量弥补自己工作的失误;第四,与客户保持有效的沟通。

1. 运用 CRM 提升客户忠诚度的步骤

(1)树立理念——客户重要性
①获得企业上层的支持(树立服务营销理念)。
②获得企业员工的支持(开展企业内部营销)。
(2)赢得客户——满意和信赖
①提高客户的兴趣与关注度。
②与客户有意接触并发现商机。
③实施反馈机制,倾听客户意见。
④妥善处理客户的不满、抱怨,减少不满意发生。
(3)接触客户——发现需求
①主动发信函给客户,积极询问客户的需求和建议以及改进措施。

②定期专访了解客户需求。
③定期召开客户见面会或洽谈会等进行沟通。
④将企业新开发的产品或服务及时告知客户。
⑤应客户所想、所需,获得客户的赞赏。
(4)建立反馈——倾听意见
①妥善处理客户的不满和抱怨情绪,了解客户心声。
②建立客户意见反馈的路径与机制,获得反馈信息。
(5)分析需求——发展关系
①企业服务部门应该从客户的不满、抱怨中了解客户需求的变化以改进销售服务,发展顾客关系。
②企业的管理部门应该从客户数据库的分析与挖掘过程中发现新需求,并以此为依据开发新品。

2. 运用 CRM 提升客户忠诚度的方法

(1)加强员工的服务意识

客户的满意和忠诚来自企业高质量的产品和全体员工真诚而周到的服务,企业最前线的员工就是现场推销人员和服务人员,他们会直接与客户接触,他们是企业的"门面"和"窗口"。因此,企业上层主管要树立服务营销理念,企业内部要开展内部营销,树立员工的服务意识,主动开展客户关系管理,这是提高客户忠诚度的保证。

(2)积极帮助客户解决问题

推销人员应利用 CRM 了解客户的困难,尽可能地帮助客户解决实际问题。如果不能直接帮助客户,也可以向客户推荐别人或其他公司,这样容易获得客户的好感,增进客情。客户生活中碰到的一些困难,只要是推销人员知道又能做到的,就一定要帮助客户。这样,推销人员与客户就不仅仅是合作关系了,而更多的是朋友关系,可以获得销售产品的先机。

(3)满足客户的急切需求

企业实施 CRM,需要进行客户档案和信息管理,将其整理加工,而后进行客户细分,利用各种市场与客户的信息来预测未来客户的需求动向,想客户之所想,帮助企业制定更准确地市场策略,开展有的放矢的推销。要真正实现想客户之所想,就必须借助客户数据库进行数据挖掘,满足客户的急切需求,实现客户的潜在价值。

(4)为客户提供新的方案

推销人员应与客户随时保持有意接触,利用 CRM 发现客户的新需求,及时帮助客户提出解决方案,成为顾问型的推销人员。例如,与零售商打交道的推销人员有很多机会向客户提供促进零售经营的信息,为客户带来新的思想,可以向零售商提出新的产品组合和定价策略、特殊通道的拓展、体验服务方式等建议,帮助零售商改善经营。

(5)为客户提供个性化的服务

推销人员应该用心为客户着想,利用 CRM 掌握客户需求的特点和个性偏好,做到"知己知彼",努力提供个性化的服务让客户满意。推销人员也应该注重发挥个人魅力吸引客户,可以用网络或手机经常与客户联系,让客户从推销人员的思想中感知其知识和智慧,选购时会主动征求推销人员的意见,从而信任推销人员并经常购买其产品。

(6) 培育客户关系管理文化

企业开展CRM,就应该在企业内部培育重视客户服务的文化氛围,提倡"客户至上"的文化。培育客户关系管理文化,就是要在经营过程中推行"客户导向",外部营销与内部营销相结合,做到对客户和员工最好,培育客户忠诚、员工忠诚。培育客户关系管理文化,还有利于形成客户和员工的团队精神,有利于发展伙伴型关系。

本章小结

现代营销理念已经从交易营销转向了关系营销,客户也对公司提供的"附加产品"越来越重视。所以,推销工作也不是简单的"一锤子买卖",也需要加强售后服务与管理,重视客情关怀和客情维护以培养忠诚客户。通过正确认识和妥善处理客户投诉,以提高客户满意度;通过开展交叉销售,提升企业销售业绩;通过实施以客户数据库为基础的大客户管理和客户关系管理,以提高客户忠诚度。

思考与练习

一、名词解释

大客户管理　客户关系　客户忠诚

二、选择题

1.根据服务营销专家的研究,顾客对企业服务质量的评价可以从(　　)、响应性、保证性、移情性、有形性五个方面进行判断。

　　A.可靠性　　　B.公平性　　　C.长期性　　　D.差异性

2.客户关系管理既是一种管理哲学、营销理念,也是一种技术解决方案,它以(　　)为基础。

　　A.互联网　　　B.客户数据库　　C.区域市场　　D.市场份额

3.商品的(　　)一般包括包装服务、送货服务、安装服务、维护服务、技术培训、信用支持等。

　　A.售前服务　　B.售后服务　　C.售中服务　　D.销售管理

4.客户关系是指企业和自己的分销商、服务商、供应商以及消费者之间因为业务往来而形成的交互关系,它既包括业务关系,也包括(　　)。

　　A.金钱关系　　B.情感关系　　C.市场关系　　D.合作关系

5.企业可以通过运用客户数据库,实施(　　)以提升客户忠诚度。

　　A.SCM　　　　B.CRM　　　　C.ERP　　　　D.CS

三、简答题

1.企业开展推销服务有什么现实意义?

2.客户投诉对于企业经营有什么价值?

3.企业应该怎样平衡大客户与一般客户的管理?

4.企业怎样通过实施CRM挖掘客户价值和提高客户忠诚度?

应用分析

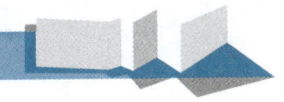

乔·吉拉德怎样做"客情"？

乔·吉拉德是世界上最有名的营销专家，被誉为"世界上最伟大的推销人员"。在商业推销史上，他独创了一些巧妙的方法，被世人广为传诵。

乔·吉拉德创造的是一种有节奏、有频率的客户关系管理方法。他认为所有自己已经认识的人都是潜在的客户，对这些潜在的客户，他每年大约要寄上12封广告信函，每次均以不同的色彩和形式投递，并且在信封上尽量避免使用与他的行业相关的名称。

1月份，他的信函是一幅精美的带有喜庆气氛的图案，同时配"恭贺新禧"几个大字，下面是一个简单的署名："雪佛兰轿车，乔·吉拉德上。"此外，再无多余的话。即使在大拍卖期间，也绝口不提买卖。

2月份，信函上写的是："请你享受快乐的情人节。"下面仍是简短的签名。

3月份，信函中写的是："祝你圣巴特利库节快乐！"圣巴特利库节是爱尔兰人的节日。也许客户是波兰人，或是捷克人，但这无关紧要，关键的是他不忘向客户表示祝愿。

然后是4月份、5月份、6月份……

不要小看这几张印刷品，它们所起的作用并不小。不少客户一到节日，往往会问夫人："过节有没有人来信？"

"乔·吉拉德又寄来一张卡片！"

这样一来，每年中就有12次机会使乔·吉拉德的名字在愉悦的气氛中来到客户的家庭。

乔·吉拉德没说一句："请你们买我的汽车吧！"但这种"不说之语"，不讲推销的客情维护方法，反而给客户留下了最深刻、最难忘的印象，等到他们打算买汽车的时候，往往第一个想到的就是乔·吉拉德。

（案例来源：岳贤平.推销：案例、技能与训练.人民大学出版社，2018）

【思考】 从以上案例中你受到什么启示？这种方式在今日还有效吗？

参考文献

[1] 陈守则,戴秀英.现代推销学教程(第二版)[M].北京:机械工业出版社,2018
[2] 陈守友.每天一堂销售课[M].北京:人民邮电出版社,2013
[3] 崔利群,苏巧娜.推销实务(第二版)[M].北京:高等教育出版社,2015
[4] 郭奉元.现代推销技术(第三版)[M].北京:高等教育出版社,2014
[5] 郭国庆.服务营销管理(第4版)[M].北京:中国人民大学出版社,2017
[6] 李文国,夏冬.现代推销技术(第二版)[M].北京:清华大学出版社,2015
[7] 谢和书,陈君.推销实务与技巧(第二版)[M].北京:中国人民大学出版社,2013
[8] 岳贤平.推销:案例、技能与训练,中国人民大学出版社,2018
[9] 钟立群,李彦琴.现代推销技术(第四版)[M].北京:电子工业出版社,2017
[10] 张启杰.销售管理实务(第3版)[M].北京:中国电力出版社,2013
[11] 郑锐洪.营销渠道管理(第3版)[M].北京:机械工业出版社,2020
[12] 郑锐洪.服务营销(第2版)[M].北京:机械工业出版社,2018
[13] 郑锐洪.现代企业管理(第二版)[M].大连:大连理工大学出版社,2018
[14] 杰拉尔德·L·曼宁,巴里·L·里斯.现代销售学:创造顾客价值(第11版)[M].欧阳小珍等译.北京:机械工业出版社,2011
[15] 迈克尔·阿亨等.当代推销学(第11版)[M].吴长顺等译.北京:电子工业出版社,2010
[16] 瓦拉瑞尔·A·泽思曼尔等.服务营销(第七版)[M].张金成,白长虹等译.北京:机械工业出版社,2018
[17] 詹姆斯·A·菲茨西蒙斯等.服务管理:运作、战略与信息技术(第七版)[M].张金成,范秀成等译.北京:机械工业出版社,2013
[18] 克里斯托弗·洛夫洛克.服务营销(第8版)[M].范秀成等译.北京:中国人民大学出版社,2018